总 主 编 李红权 朱宪
本卷主编 李红权 朱宪

近代蒙古文献大系

政治卷

◇ 第 五 册 ◇

中华书局

目　录

日本在满蒙力行文化侵略…………………………………… 2159

蒙藏官民应速起研究总理遗教……………………………… 2161

蒙藏会调查蒙旗地亩、牧场纠纷…………………………… 2163

蒙藏会调查外蒙独立事……………………………………… 2164

蒙人续请增加国议代表名额未准…………………………… 2165

蒙委会驻平处长之谈话……………………………………… 2166

内蒙亦任苏俄之"赤化"耶?………………………………… 2167

蒙旗现拟组织首都观光团…………………………………… 2168

察省蒙旗促进会之劝告书…………………………………… 2169

怵目惊心之俄图上外蒙……………………………………… 2172

国议蒙藏代表选所筹备会议纪闻…………………………… 2177

留平蒙人最近之统计………………………………………… 2179

卓索图盟全体官民一致拥戴新副盟长……………………… 2180

新监委奇子俊在平之谈话…………………………………… 2183

察省两新党务特派员就职…………………………………… 2185

蒙藏会本年第二期行政计划………………………………… 2186

喀喇沁中旗最近之政权……………………………………… 2189

伊盟准噶尔旗之文事武备…………………………………… 2190

蒙古民族减少之可忧与其补救之方法……………………… 2191

喀喇沁左旗整顿政务………………………………………… 2195

蒙藏同胞对于今年五月革命纪念日应有之认识及其努力……… 2197

察省党政各委补行就职宣誓…………………………………… 2200

赤俄别府下之外蒙………………………………………………… 2201

库伦活佛之赤白两宫……………………………………………… 2203

外蒙政府侵略内蒙之野心………………………………………… 2205

外蒙最近情况……………………………………………………… 2206

又一察、绥近况之重要谈片……………………………………… 2208

中俄会议中之划界问题…………………………………………… 2210

日人侵略内蒙之两大政策………………………………………… 2214

赤俄侵略外蒙真相：察省国议代表谈话………………………… 2216

国民会议关于蒙古之三大决议案………………………………… 2222

章嘉活佛之最近行动……………………………………………… 2227

察省清乡局成立…………………………………………………… 2229

察省党部工作近况………………………………………………… 2230

成吉思汗纪念大会之盛况………………………………………… 2234

章嘉拟来京晋谒…………………………………………………… 2236

口北三省迁治与巩固蒙疆………………………………………… 2237

苏俄"赤化"下之外蒙阴谋……………………………………… 2241

蒙藏人民与监察院………………………………………………… 2243

卜氏畅谈日人侵略满蒙…………………………………………… 2245

那彦图条陈治蒙意见三项………………………………………… 2247

中法考察团侮辱事件与蒙藏人应有之觉悟……………………… 2248

察哈尔高等法院整顿司法………………………………………… 2251

外蒙兵枪杀乌盟章京案…………………………………………… 2253

对万宝山案与朝鲜排华事件内蒙同胞应有之认识……………… 2255

喀喇沁左旗人民望治情殷………………………………………… 2258

喀喇沁中旗蒙民之诉讼争执……………………………………… 2260

各盟长电请保留盟旗制……………………………2265

内蒙各盟旗驻平代表会之成立……………………2267

内蒙各旗拥护中央…………………………………2272

察省府拥护国议电…………………………………2274

察省党部对中华国产商场案之表示………………2275

察省政治之概观……………………………………2276

中俄外交史中之外蒙现状与将来…………………2278

外蒙国民党与三民主义……………………………2308

蒙古之政治史要……………………………………2323

外蒙古独立运动的剖析……………………………2371

极应打倒的一个劣绅………………………………2387

本省旅平同乡会及学会驳斥《大公报·平绥旅行通信》

　　之一封公开信………………………………2390

读平绥旅行通讯后——由第一到第十一…………2394

献给《大公报》的平绥通讯记者…………………2400

到底还是省委会…………………………………2403

《约法》第八条与绥远…………………………2405

由武川第二区区长全致珍逃跑说到绥远的政治…………2407

一个贪官的劣迹的评论与希望……………………2410

从赤俄手中夺回外蒙………………………………2415

对于蒙古将来之希望………………………………2417

民国二十年后所希望于蒙古同胞…………………2419

改良蒙旗行政制度之商榷…………………………2421

边患危言……………………………………………2423

苏俄对我国西北之威胁……………………………2425

苏俄之侵入外蒙及其现状…………………………2438

敬告蒙古同胞书……………………………………2470

开垦工作云。

《蒙藏周报》
南京蒙藏委员会
1931 年 64 期
（朱宪　整理）

蒙藏官民应速起研究总理遗教

努 力 撰

本党总理孙中山先生为使我全中华民族脱离各帝国主义者之压迫，解除水深火热之痛苦，致力国民革命四十年，满清之威力所不能屈，穷途之困苦所不能挠；愈挫愈奋，再接再厉，卒之满清帝制为之推翻，外邦侵略为之敛迹，此诚我全中华民族之救主，而全世界一切被压迫弱小民族之导师也。其全部遗教，语其高者远者，则今日世界文明各邦亦尚有未能施行之处，国人苟能遵其指导，努力不懈，则不难与世界文明各邦并驾齐驱；语其近者浅者，以远受数千年专制束缚之吾国，一旦共跻于民主法治之域，则舍其所指示之途径，其道莫由。故凡吾国人民，无论老幼男女，无论蒙、藏、满、回，均须对于总理之全部遗教，有烂熟之诵读，有深刻之研究，然后对于国家大计，始能作明确之判断；对于自身痛苦，始能求彻底之解除：此全国政治伟人、革命巨子之所以日夜孳孳不息，奉行总理遗教，而党政军各机关及大中小各学校之所以日夜孳孳不息研究讽诵者也。至我蒙古、西藏，远在边陲，交通梗塞，文化落后，教育幼稚，风气闭锢，民智不开，且在英、日、俄各帝国主义者铁蹄之下，其情势尤迫，其危殆尤甚，故对于总理遗教，亦尤应速起从事研究。惟因蒙藏人民智识浅陋，欲其奋起自动研究，诚属困难，惟希望各该地方政府先为之提倡及督促；而各该地方政府之官吏亦同时从事研究，则一方面官吏人民，同时对于总理遗教，皆能有相当之明了，一方面风行草偃，亦可收上行下效之功效：盖一举而两德〔得〕也。

　　至研究之法，在蒙古者，余以为即由盟、部、旗各级政府，于各该级政府所在地，及其所属各乡村，设一总理遗教研究会；在西藏者，亦由与蒙古盟、部、旗相等之各级政府，于各该级政府所在地，及其所属各乡村，设一总理遗教研究会，多购总理遗教各种书籍，无条件的借与官吏及人民阅读，并就各该地方之官民中，指定一二智识较高，较能明白总理遗教者，随时为一般人负指导解释之责。又于每月终定期开一总理遗教演讲会，请各该地方之对于总理遗教较有研究者，以蒙语及藏语为之演讲，招集该地官民往听：如是，则不识汉文及不识蒙、藏文者皆得聆总理之遗教，不待三年，则蒙藏官民必强半能知总理遗教之大概，其裨益蒙藏前途，讵可以言语形容哉？

《蒙藏周报》
南京蒙藏委员会
1931 年 65 期
（朱宪　整理）

蒙藏会调查蒙旗地亩、牧场纠纷

派郭牛康等员前往　两案一并查勘处理

作者不详

察哈尔右翼四旗，以蒙民生计窘促，迭次请向西北四子王旗连界处迁牧，蒙藏会以事关重要，应派有科学知识之专员，前往详细查勘其地形、水草，是否年〔丰〕富，并遵〔边〕界有无纠纷。

又绥远蒙旗之席力图台〔召〕、土默特旗、在〔土〕默特公三方互争大青山后地亩一案，纠纷甚久，该会刻派郭文田、牛载坤、康玉书等员，即日前往，一并查勘处理云。

《蒙藏周报》
南京蒙藏委员会
1931 年 65 期
（刘哲　整理）

蒙藏会调查外蒙独立事

外蒙"赤化"可虑，并向苏俄借款

作者不详

　　日来平电盛传，内蒙来人谈，外蒙已为苏俄"赤化"，推翻旗盟王公制度，实行苏维埃政策，自称独立共和国，内外蒙交通，完全断绝，外蒙在沿边设置武备，步哨仿俄，时至内蒙边扰乱，常将蒙民马群劫去，骚扰异常，内蒙民毫无防备，相约不敢至边境，此种情形在国防上，深为可虑。又讯，外蒙政府向苏联借款三百万金卢布，扩充图拉河金矿场，俟开冻即动工。兹据蒙藏委会消息，该会尚未接到上项之报告，蒙古行文，仍照常传递，据报载后，已电各处询其真相，日内定有覆电到京。并据该会委员长马福祥谈，内外蒙之意见，素不甚和，或因而发生种种误会，以致讹传云。

《蒙藏周报》
南京蒙藏委员会
1931 年 65 期
（丁冉　整理）

蒙人续请增加国议代表名额未准

蒙藏会转呈国府　现奉令碍难照准

作者不详

　　蒙藏会前呈请增加国议蒙代表名额，及改订选举团体办法，府方以全体代表，业经规定，未便变更，至于改订选举办法，可酌量情形，便宜行事。旋经该会第八十一次常会决议，蒙区范围以内，分新疆、青海各旗及蒙古八盟四特别旗，此次选举国议代表名额，应分配为蒙古八大盟部各一人，伊克蒙安、阿拉善、归化吐默特、额济纳四特别旗共二人，新疆蒙民二十三旗共一人，青海二十九旗共一人，总额仍为十二人。此项消息，叠载第六十三、四两期本报，嗣悉蒙古各盟旗联合驻京办事处，以本区所订代表名额过少，续呈蒙藏会，仍请酌予增加，该会随即转呈国府鉴核，顷已奉令，碍难照准云。

《蒙藏周报》
南京蒙藏委员会
1931 年 65 期
（刘哲　整理）

蒙委会驻平处长之谈话

现因经费不充足　诸事简略仍进行
决定宣传之工具　蒙文周报与季刊

作者不详

（北平通讯）蒙藏委员会驻平办事处处长李芳春，自到任以来，对于蒙藏各事，均甚改进，记者昨特往访，以便探询蒙藏消息，比蒙接见，畅谭甚久。据谭，该处从前中央规定每月经费七千余元，后因阎锡山以政费多移作军费，该处经费减为三千余元，现以战乱之后，财穷民困，以致该处经费仍支三千余元，但事实方面，实不够开支，不过原分四科，现已为三科，所谓裁员减政是矣。近来蒙藏方面，尚称平静，西藏达赖已派代表入京，前途自可乐观，并闻班禅不久亦将莅辽，今年之西藏会议，当然不成问题。该处现为宣传总理主义，及传达中央政令，特创办一蒙文周报，现已诸多齐备，不日即出版，再出一季刊，系完全汉文，乃介绍蒙藏情形给内地人看，至该报经费，已另请矣。谭至此，因有客至，记者乃兴辞而出。

《蒙藏周报》

南京蒙藏委员会

1931 年 65 期

（丁冉　整理）

内蒙亦任苏俄之"赤化"耶?

俄人计划分两路南侵 并成立蒙古党军两团

作者不详

蒙藏委员会昨接驻外蒙探员电报称:苏俄近在外蒙积极宣传"赤化",并使外蒙势力侵入内蒙,彼在内操纵一切,其策划有二:(一)东北方面,以索伦山为根据地,利用该处胡匪实行内侵。(二)西北方面以锡、伊两盟为宣传"赤化"、联络青年之策源地,现在乌珠穆沁旗东北境,并拟成立蒙古党军步、骑各一团,准备侵入内蒙,并在库伦城中,实行大规模"赤化"运动云。

《蒙藏周报》

南京蒙藏委员会

1931 年 65 期

(丁冉 整理)

蒙旗现拟组织首都观光团

教育、实业与宗教皆应视察期效法

塞 撰

蒙古现在区域，分为三部，近于辽宁，曰东蒙（日本垂涎），接于热、察、绥者，曰南蒙（苏联炙手），混于甘、青者，曰西蒙（英吉利窥伺）。各蒙情形，虽有不同，其所关于国防则一也。地方政府，以及首都之蒙藏委会，胥为重视，然鞭长莫及，总有疏虞之处。近则各蒙旗王公，自动的拟组织首都观光团，拟在南京蒙藏会馆筑成后即实行。闻观光团之组织，以各蒙之王公、贝勒为团员，经费自由的筹备，期前照会地方政府保护，并函请蒙藏会临时指导。其在观光之前，先行招集观光团员，然后规定路线，西蒙、南蒙，在绥远小集合，东蒙会合西、南，在北平大集合，然后由蒙藏办事处，备车南下。其观光之目标，除谒陵外，即视察蒙藏委会对于蒙旗教育、实业、宗教之设施与计划，以便各回原地，酌量进行，免得空文往返，需时误事，就便看看金陵古迹，其外学校、工厂、寺院，亦拟同时参观，并拟举出善于言词者，在公共乐部，开一研究西北问题演说会。蒙人如此开通，可谓近数十年来所未睹云。

《蒙藏周报》

南京蒙藏委员会

1931 年 66 期

（刘哲 整理）

察省蒙旗促进会之劝告书

劝告蒙旗同胞书，全篇实有数千言
重要纲领在立国，次属边防与民生

丁　撰

本委员会以察省人民蒙旗居多，地方辽阔，教育未兴，民智锢蔽，风尚殊异，既妨训政之进行，复碍国防之设施，爰集合士绅，组织团体，以期群力倡导，共策进行。兹恐蒙旗同胞未明斯旨，特将教育关于国家、地方之重要，摘其荦荦大者，言之如左：

（一）教育不兴无以立国　国家由人民组织而成，有健全之人民而有健全之国家，欲图国家、人民之健全，舍普及教育，其道末由。是以东西各国，皆行强迫教育，一国无目不识丁之民，人人咸知政权在民之义，而后参政之权可以行使，民治之基于以巩固。回顾我国，自满清维新以来，学校之设，有名无实，内乱以后益形废弛，以言普及，相去更远，各省皆然，蒙旗尤甚，目不识丁者比比皆是，有参政知识者寥若晨星，遂致国虽共和，政仍专制，祸乱相寻，迄无宁岁。推原其故，职是之由。以是立国，国何以立。蒙旗教育，素称幼稚，现值统一告成，训政开始，亟应及时倡导，力谋普及，俾蒙旗同胞均能行使参政之权，而奠我国民治之基。此本委员会所以掬诚劝告蒙旗同胞注重教育者一也。

（二）教育不兴无以巩固国防　查赤俄以共产之名行专制之

实，内而人民咨怨，外而各国反对，自知孤立难以图存，乃辇巨资，广事宣传，意在"赤化"世界，借以巩固国基，不图东西各国，民智较高，多方煽惑，卒无效果，遂乃转其视线，施其伎俩于祸乱频仍之中国，未几青年专横于外蒙，共党"残杀"于湘、赣，盖物必自腐而后虫生，国必自伐而后人伐，共党宣传所以独能收效于中国者，亦以民智未开，易受蛊惑，狡黠之徒，乘机思逞。察省北连朔漠，南障长城，外面控制蒙古，内而蔽翼中原，当汉蒙交通之孔道，处华俄贸易之要冲，现在"赤化"已达外蒙，唇亡齿寒，岌岌可危，若不及早兴学开通民智，人民无知，必受煽动，察省一沾"赤化"，内地将无净土，赤俄暴民专制之祸将再见于中国，此本委员会所以掬诚劝告蒙旗同胞注意教育者二也。

（三）教育不兴无以发展实业　天然富源，待人开发，彼东西各国因教育发达，科学进步，故其各种生产增进不已。今试举例以明之。美国土质，素不宜豆，今因化学发明，产大豆甚多。朝鲜素不宜果，今由日本研究，产苹果甚富。他如家畜之类，均可用人工选种、改良牧草种种方法而增加其生产之量。农业如此，他业可知。察省阴山南北，天然牧场所在皆是，水草苍翠，弥望无垠，牧畜一业，自来称盛。冀北之马，名铄今古，牛羊之众，各省所无，若能稍加人工，改良牧场、选择畜种，则察省牧畜一项，必能于世界生产业中占一重要位置。就农业言，则内地所产，察省均备，沙壤之地，最宜果棉，通水之区，皆能种稻，若能利用牧草，改良沙壤，开发水利，灌溉高原，研究各处之土宜，选择相当之种籽，则察省农产之富，当不亚于中原膏沃之区。就林业言，则考诸地理，长城以北、阴山以南，昔时森林遍布，湖泊星罗，后世林木尽绝，水始干涸，今日阴山两麓梓、杨、松、杉之类犹多，足征此处古时为一极大之森林区，将来若能加以人工培植，不难恢复旧观，雨量既可调和，水患亦可防止，材木不可胜用，农业随之而兴。就矿产言，则察省山饶煤炭、湖富蒙盐、铅、银、金属蓄藏亦多。就工业言，则将来牧畜业兴，毛织、皮革、乳酪之制造必盛，农业发达，原料丰富，各种工业亦必随之而兴。

综观上述，察省宝藏丰富，地利无穷，端赖专门人才蔚起，共策发展，尤须人民知识普及，群力进行。若不振兴教育，则察省天然富源将永无开发之时，蒙民生活将永无改良之日，此本会所以掬诚劝告蒙旗同胞注重教育者三也。

教育关系国家、地方及个人生活之重要如此，凡我蒙旗同胞，其各猛醒，急起直追，应知教育为民治、民生及民族团结、共御外侮之基础，对于地方教育，各自力谋发展，其已办者速行整顿，其未办者迅即创设，排除万难，勇迈前进，如有障碍，本会当为设法，务期蒙旗教育逐渐普及，国基以立，边防以固，民生以裕，本委员会有厚望焉。

《蒙藏周报》
南京蒙藏委员会
1931 年 67 期
（李红权　整理）

怵目惊心之俄图上外蒙

大好河山与我异色　八十五处改用俄名
新旧地名对照一览　宗主权而今安在哉

作者不详

俄人对外蒙古，经营不遗余力，因与我国内地交通阻隔，外蒙现况若何，殊难详知。蒙藏委员会驻平办事处，近为调查蒙藏情形起见，特设编译处，从事翻译各国有关蒙藏事务之著作，觅得俄人所绘《东亚分析图》，外蒙地图，即与中国异色，所用八十五处地名，完全更改。兹录原地名并附所改名称如次（参阅第六十四期本报北平通讯）：

（一）杜鲁古赤王（罕德里格尔乌喇旗）、达赖公（布林托合托乌喇旗）、莫尔根公。

（二）阿海公（那郎札尔喀兰图乌喇旗）。

（三）绰克台贝子（努求古乌喇旗）。

（四）阿赤图王（罕呼横乌喇旗）。

（五）车臣王（车臣萨尔塔古拉旗）。

（六）巴图鲁王（古鲁班赛抗札尔喀兰图乌喇旗）。

（七）乌依增公（蒙库乌力泽图乌喇旗）。

（八）扎萨克图汗（罕泰什尔乌喇旗）。

（九）沙毕管地及边卡。

（十）巴图鲁公（赛治土巴图赛治图哈罕乌喇旗）。

（十一）墨尔根公（阿尔善乌喇旗）。

（十二）鄂尔和公（巴音阿克塔乌喇旗）。

（十三）依特公（额尔德尼绰克车拉克三乌喇旗）。

（十四）扎亚班吉达（扎亚班吉达），胡土克图或宰音沙毕（胡土克图音沙毕）。

（十五）萨尔公（绰特海陵乌喇旗）。

（十六）依特该力图贝子（那求南乌喇旗）。

（十七）土谢图公（杜兰罕乌喇旗）。

（十八）毕希勒尔图贝子（白音白什里旗）。

（十九）苏治克图贝子（活敌图乌喇旗）。

（二十）依力登王（乌里泽图乌喇旗）。

（二一）佐里克图公（訾罕苏梅乌喇旗）。

（二二）岱钦王（土音果喇旗）。

（二三）阿赤图公（齐齐尔里克果喇旗）。

（二四）车臣王（罕乌尼杜尔乌喇旗）。

（二五）达尔罕公（胡参乌喇旗）。

（二六）绰克召公（巴音横格依尔罕乌喇旗）。

（二七）钦苏治克图诺蒙汗（胡土克图旗、钦苏治克图诺蒙汗音沙毕旗）。

（二八）额尔德尼王（波克多海依尔罕乌喇旗）。

（二九）卓嫩贝子（胡尔内马拉乌喇旗）。

（三十）墨尔根贝子。

（三一）该旗之乌里雅苏牧厂（沃特抗哈依尔罕乌喇旗）。

（三二）那拉班禅胡土克图（那拉班禅胡土克图音沙毕旗）。

（三三）达赖王（钦达玛尼乌里泽图达赖旗）。

（三四）额尔德尼大钦王（布鲁根罕乌喇旗）。

（三五）阿海公（巴伦布鲁罕乌喇旗）。

（三六）额尔德尼王（尊布鲁音罕乌喇旗）。

（三七）巴图鲁王（额颜乌喇旗）。

（三八）达尔罕王（波科多乌喇旗）。

（三九）依力登公（胡土克图乌依杜尔乌喇旗）。

（四十）苏治克图公（已音哈召乌喇旗）。

（四一）绰力克图王（公泽力智伯特罕乌喇旗）。

（四二）乌依增公（叶和霍尔果乌喇旗）。

（四三）卓嫩公（萨齐克布拉乌喇旗）。

（四四）毕希勒尔图公（河布粗克海依罕乌喇旗）。

（四五）土谢图汗（抗爱海依罕乌喇旗）。

（四六）车臣王（德里格尔罕乌喇旗）。

（四七）达尔罕贝子（罕肯特乌喇旗）。

（四八）边卡地。

（四九）额尔德尼卓嫩上（滨杜力亚罕乌喇旗）。

（五十）达钦贝子（巴图诺尔波乌喇旗）。

（五一）赛尔该伦公（依德尔麦克白音罕乌喇旗）。

（五二）苏治克图公（蒙克札布哈兰土乌喇旗）。

（五三）车臣汗（乌杜尔罕乌喇旗）。

（五四）墨尔根公（乌恩杜尔督罕乌喇旗）。

（五五）巴图鲁王（巴音汗乌喇旗）。

（五六）绰里克图贝子（达石巴勒巴尔乌喇旗）。

（五七）河海贝子（达尔里罕乌喇旗）。

（五八）车臣王（鄂绰勒桑三尔乌喇旗）。

（五九）达钦王。

（六十）依力登公（城达马尼乌喇旗）。

（六一）卓索图贝子（扎布哈兰图乌喇旗）。

（六二）卓嫩王（巴白音温杜尔乌喇旗）。

（六三）额尔德尼班吉达胡土克图（额尔德尼班吉达胡土克图音沙毕旗）。

（六四）三音诺颜汉（罕库克申乌喇旗），阿海贝子（杜力根乌喇旗）。

（六五）乌依增王（阿尔白贺尔乌喇旗）。

（六六）卓索图贝子（古尔班赛杭乌喇旗）。

（六七）达赖王（白音温杜尔乌喇旗）。

（六八）土谢图王（德里格勿杭爱乌喇旗）。

（六九）阿赤图公（哈赤图活尔活乌喇旗）。

（七十）额尔德尼公（活依勿乌力泽图乌喇旗）。

（七一）墨尔根王（叶和杜兰乌喇旗）。

（七二）毕希勒尔图王（喀拉赤尔乌喇旗）。

（七三）尔和公（乌里泽图乌喇旗）。

（七四）达尔罕王（土蒙绰克昭乌喇旗）。

（七五）额尔德尼公（巴图罕乌喇旗）。

（七六）萨尔古勒公（土石勒格罕乌喇旗）。

（七七）钦阿赤图王（白音土蒙罕乌喇旗）。

（七八）额尔德尼达赖王（蒙和罕乌喇旗）。

（七九）卓索图贝子（白音家克图乌喇旗）。

（八〇）乌依增贝子（蒙达勒罕乌喇旗）。

（八一）乌嫩苏治克图依力发王（喀尔喀果勒旗）。

（八二）尔齐求赛克贝子（罕陈达马尼乌喇旗）。

（八三）绰克图公（索田勒兹乌喇旗）。

（八四）胡尔泽活（作特拉罕乌喇旗）。

（八五）达里干格州（达里干格）。

《蒙藏周报》
南京蒙藏委员会
1931 年 67 期
（李红权　整理）

国议蒙藏代表选所筹备会议纪闻

蒙选救济法总所已准，派定各旗盟选举监督选举手续照章制履行，限令各代表先期到京

作者不详

国民会议代表蒙藏选举事务所于三月二十八日开筹备会议，出席者，国议蒙藏选举总监督马福祥，班禅驻京办事处长罗桑坚赞，西藏驻京办事处总代表棍却仲尼，暨蒙古各蒙旗联合驻京通讯处处长及参事等，主席马福祥。报告事项：

一、总事务所来电，为蒙古选举救济办法二项，准予照办由：

（一）蒙古代表准由每盟、部各选三人，每特别旗各选一人，到京后，再互选十二人为法定出席代表，其余均为列席代表，除列席代表无表决权外，所有旅费及招待等项，均与出席代表同等待遇。

（二）对于以盟旗为选举团体，可变通办理，至由各盟旗选举代表来京，复选正式代表十二人，余为列席代表一节，关系国民会议组织法，应请由中央核定办理。

决议事项：

一、察哈尔旗群选举监督，以该旗群联合政治办公处值月总管充任之，即电查明，以便照派。

二、新疆二十三旗选举区，以乌纳恩苏珠克图、巴图赛特奇勒

图两部为一区，青赛特奇勒图部为一区，其选举监督，暂行搁置。

三、外蒙选举监督，暂行搁置，连同新疆、青海各处另议妥善办法，再提出讨论决定。

四、卓、昭、哲、伊、乌、锡六盟，呼伦贝尔，及四特别旗选举监督，均依照蒙藏委员会所拟定推派。

五、选举手续，一律照政府颁布各项规定，俟有窒碍时，再酌予变通。

六、通行各地当〈选〉代表限四月二十五日以前到京。

七、训令蒙古各蒙旗联合驻京办事处，转知各盟旗查照。

该处《蒙古旬刊》第十期国议选举法，及第十三、十四期同上法施行办理，兹将派定各监督姓名探录于后：哲盟盟长齐默特三帔勒、卓盟盟长达克丹彭楚克、昭盟盟长札诺尔、锡盟盟长索诺木喇布坦、乌盟盟长云端旺楚克、伊盟盟长沙克都尔札布、青海左翼盟盟长索诺思旺济勒、青海右翼盟盟长林沁旺济勒、呼伦贝尔副都统贵福、察哈尔旗群伊克明安旗札萨克哈钦苏荣、归化土默特旗总管满忝、阿拉善旗札萨克塔旺布哩甲拉、额济纳旗札萨克达什、乌纳思〔恩〕苏珠克图部、巴图赛特奇勒图部、青赛特奇勒图部、车臣汗部盟长、图什业汗长、札萨克图长、三音诺萨汗、赛音济稚〔雅〕哈图部唐努乌梁海总管、达里冈厓牧场总管。

《蒙藏周报》

南京蒙藏委员会

1931 年 68 期

（李红权　整理）

留平蒙人最近之统计

蒙人居留北平数　学生已达二百余
现任职务逾二十　惟有赋闲卅四名

作者不详

（北平通讯）近年来留平蒙人，日见增多，据最近调查，可分三类：（一）学生。蒙人近因潮流激荡，多知进取，每年来平求学学生，渐岁有增加，现已达二百余名，计北京大学四名，北大学院十二名，民国大学三名，郁文大学三名，蒙文学校三十二名，蒙藏学校一百一十九名，北平两级女子中学三名，市立第十小学四名，其他各校三十余名。（二）任事者。蒙委员驻平办事处十余人，河北省政府二人，先农坛一人，民国大学二人，其他任事七人。（三）闲居者三十四人。曾在各机关服务，嗣因时局转变，遂至被裁，现蜗居旅店，困苦异常云。

《蒙藏周报》

南京蒙藏委员会

1931 年 68 期

（李红菊　整理）

卓索图盟全体官民一致拥戴新副盟长

喀喇沁右旗全体官员公函欢迎就职
喀喇沁右旗公署电京催令即日任事
卓盟全盟民众代表电京撤惩反对派

作者不详

（一）喀喇沁右旗全体官员公函

阿公盟长勋鉴、际此大地回春、万象更新之会，遥维我公政躬康泰，与时俱盛，定符私祝。某等远托福庇，粗适如恒，堪慰廑注。敬肃者：顷奉京电，得悉已由中央任命前副盟长为本盟盟长，并简任吾公为副盟长，喜报传来，欢声雷动。窃惟吾公平生服务于蒙事机关，掌理盟长公务已有年所，勋绩久著，功德俱隆。于今党治之下，中央关怀蒙政，选贤与能，大彰公道，从此民命有托，盟政之清明可待，幸何如之。惟应兴应革，百端待理，务乞迅速就职，早日莅新，以慰全盟百万民众喁喁之望。某等忝任旗务，谨代表所属官民，额手庆贺，无任翘企欢迎之至。肃此，敬请勋安。协理乌兰图那苏图、管旗章京温哲辉、梅伦长安、梅伦白音吉尔嘎拉、梅伦德山、印务参领那逊巴图、参领达伦泰、管事处长福宝同启。

（二）喀喇沁右旗公署电

国民政府行政院、蒙藏委员会钧鉴：顷奉钧令，任命达克丹彭楚克为卓盟长，阿育勒乌贵为副盟长，仰见明鉴万里，任用得人，合盟民众，一致欢迎。惟闻盟长等，以盟务棘手，不愿到盟视事，务乞电令即日任事，造福地方，至深感盼。卓盟喀喇沁右旗公署叩。宥。

（三）卓盟全盟民众代表电

南京国民政府行政院、蒙藏委员会、辽宁张副司令钧鉴：中央任命阿育勒乌贵为卓盟副盟长，既符体制，复得人才，全盟官民，同深庆幸，热烈欢迎之不昵〔暇〕。乃于本月二十日，《世界日报》载齐默特散披勒致张副司令一函，内容确系保护帝制，维护封建。夫齐某帝制迷梦，迄今不醒，举措乖谬，人所共知，今竟于青天白日旗帜之下，瞻〔胆〕敢以世袭罔替之旨，雌黄邻盟盟长公缺，且捏砌黑白，进言张副司令，信口诬蔑新任卓盟阿副盟长，并阴联无赖，制造蜚语，宣诸报纸，冀图萤〔荧〕惑听闻，维护封建，殊为悖谬之至。查齐默特散披勒为现任盟长，亦党国地方长官之一，竟敢公然出此反革命之言动，自属罪有应得，至其对于所属各旗内，依然实行帝国主义压迫人民之种种反革命行为，于此亦可概见。于今党治之下，任用似此冥顽帝孽，为一盟表率，不但蒙旗专制之毒，无日消除，且于党治前途，殊为危险，务乞准予饬查本年三月二十日北平《世界日报》载齐某所致张副司令之函，严予讯究其公然维护封建而谋反革〈命〉之罪，依法撤惩，以遏乱盟〔萌〕为幸。卓盟全盟民众代表乌鲁希业勒图、和喜业勒图、李天顺、包文治等同叩。敬。

《蒙藏周报》
南京蒙藏委员会
1931 年 68 期
（丁冉　整理）

新监委奇子俊在平之谈话

畅谈警备与建设　匪为人民心腹患
兴学置邮求完善　重商首创合作社

奇子俊　谈话

（北平通讯）新任国民政府监察院委员奇子俊君，于日昨由原籍内蒙伊克昭盟准噶尔旗经平绥路抵平，即下榻北京旅馆，在平稍作勾当，即行入京就职。记者与奇君别来经年，特往访之，比询以该旗近况，答覆甚详，据云：本旗去冬下雪不大，今年牲畜甚好，惟垦地之收成不甚见佳。然此皆小焉者，现地方上最大之患，即为土匪。在去冬十一月间，曾充晋军之军长王英，带土匪二千余名，至旗下抢掠，所幸得消息甚早，预为防范，该匪虽未能入境，但包围准旗竟至一月之久，此一月中之损失，不言可知。该匪等后因粮绝，始行退去，现仍盘踞西河套一带，此乃我乌、伊两盟心腹之大患，一日不去，则绥西无宁日也。至于教育方面，敝旗曾设立一同仁学校，费一年多之时间，始经营成立，现下学生有一百余名，教职员多在内地聘请，内部组织，系分教务、训育、事务，课程则蒙汉文并重，英、算、史、地均有，以预备将来升入内地大学或服务社会之初步。余之接监委命令，系在阳历二月廿号，本应早日赴京，因旗务会系定三月六号，只好等开完此会，始能首途。虽然旗务会议在敝旗每年照例举行一次，但在

蒙藏会本年第二期行政计划

蒙藏委员会　拟

蒙藏委员会，已将本年第二期（四、五、六三月）行政计划草案拟就，并经该会前日第八十五次常会修正通过，兹录原案全文如次。

民政类　调查事项：（一）调查蒙藏地方长官之服务状况；（二）调查蒙藏人民年来因水旱灾匪所受之疾苦。宣传事项：（一）宣传中央召集国民会议之重要及其意义；（二）宣传在训政时期制定约法之重要；（三）继续宣传党政要义。筹备事项：（一）继续筹备开西藏会议；（二）筹备分派合格人员于各地方机关服务；（三）筹备规复外蒙办法。实施事项：（一）办理国民会议藏〔蒙〕藏代表选举事宜；（二）按序解决康藏问题；（三）按序解决西藏问题；（四）完成蒙古盟旗组织法。

财政类　调查事项：（一）调查蒙藏各地收支状况。实施事项：（一）实行蒙藏行政经费独立及财政公开。

交通类　调查事项：（一）调查蒙藏各地设置邮局之适宜地点；（二）调查蒙藏各地急待修筑之路线；（三）调查蒙藏各地之安设〔之〕无线电台〈之〉适宜地点。筹备事项：（一）筹备设置青海、中央间无线电台；（二）筹设南京、西邦〔康〕间无线电台；（三）筹设南京、拉萨间无线电台。实施事项：（一）继续整理蒙古各台站。

宗教类　调查事项：（一）调查蒙藏各地寺庙之僧众数目及其生活状况。实施事项：（一）在北平雍和宫筹设喇嘛职业学校。

军事类　调查事项：（一）调查蒙藏地方现有之军额，及其驻防各地情形。实施事项：（一）调解康藏纠纷。

实业类　调查事项：（一）调查蒙藏垦牧现况；（二）调查外人在蒙藏兴办之垦牧事业；（三）调查外人在蒙藏经营工商业状况；（四）调查蒙藏水利情况；（五）调查蒙藏矿产情况；（六）调查蒙藏地方工商出产品及其销售状况；（七）调查蒙藏土质及耕作情况。宣传事项：（一）继续编译关于垦牧各种宣传品；（二）继续编译关于农林各种宣传品。实施事项：（一）通令蒙藏各地于荒山旷野植林。

外交类　调查事项：（一）调查外人用政治、军事、文化、宗教侵略蒙藏之情况。实施事项：（一）敦睦中尼两康〔方〕友交。

教育类　调查事项：（一）调查蒙藏各地各级学校之现况及学生总数；（二）调查留学内地及国外之蒙藏学生总数及其现况；（三）调查蒙藏地方原有教育经费。筹备事项：（一）继续筹备开办南京、康定蒙藏学校；（二）筹设云南丽江蒙藏师资养成所；（三）筹设西宁蒙藏学校；（四）筹设宁夏蒙回学校。实施事项：（一）扩充北平蒙藏学校，添购校舍；（二）继续协助教育部，编审蒙藏各级学校应用之教科书籍；（三）确定蒙藏教育经费。

司法类　调查事项：（一）调查蒙藏现行司法情况。宣传事项：（一）修正蒙藏司法法令；（二）改进蒙古司法办法大纲。

备考　本会此期重要工作，着重催促蒙藏考察团之出发，改进蒙古司法办法大纲，筹办国民会议蒙藏代表选举事务，解决康藏之纠纷，西藏问题之解决，确定蒙藏〔藏〕教育经费，南京、康藏无线电台之设置，筹备南京及康定蒙藏学校之成立，完成蒙古盟旗组织法。

《蒙藏周报》
南京蒙藏委员会
1931 年 70 期
（朱宪　整理）

喀喇沁中旗最近之政权

县立公安分局　竟代管理旗务
加税民感痛苦　诉讼概行受理

作者不详

　　（卓盟通讯）喀喇沁中旗所属境内，向为旗署管理，不受县署支配，自去岁以来，该旗治理权限，完全由平泉县侵去，并于今岁在大城子设立一平泉县公安分局，专为管理中旗地方之大小事件及征收事宜，不但压迫旗民，即对旗署，亦多干涉，至烟款亩捐，亦丝毫不得过问，只其敢怒而不敢言。于农民方面，则聚敛不已，于政治方面，则垄断一切，其他各税，亦随时增加，鲜顾蒙民之生存。所以现在中旗，政权旁落，名存实亡，扎萨克专为保持地位计，亦取敷衍主义，凡事听诸他人，谗佞高张，只图迎合，故统治力量，亦随之而减，人民如发生词讼，竟越旗径往公安分局或赴县呈控，司法权亦可谓荡然尽失矣。

《蒙藏周报》

南京蒙藏委员会

1931 年 71 期

（萨如拉　整理）

伊盟准噶尔旗之文事武备

设立学校启民智　训练蒙兵图自强

作者不详

（伊盟通讯）准噶尔旗当局，深感该旗文化落伍，民智不开，又鉴诸般权利，日形丧失，故锐意从新整顿，力挽颓势。以奇子俊、贡端绅等，任以重要职责，乘机灌输革命文化，决意维新，秕政一律推翻，并操练蒙兵一千余人，枪枝、马匹，均各完备，由本旗当局节制之，其组织亦分营长、连长、排长，蒙兵服食费用，皆由自备，颇有武勇强悍之风。对于教育上，复立一同仁两级高小学校，贡端绅现任校长之职，由北平聘男教员二人，女教员二人，薪金从丰，俾其新文化早日输入，以宏造就青青。该旗如此励精图治，前途诚未可量也。

《蒙藏周报》

南京蒙藏委员会

1931 年 71 期

（朱宪　整理）

蒙古民族减少之可忧与其补救之方法

白明远　撰

世界之独立国家，必有人民、土地、主权、政府四个要素，要是四者缺一，就不能算是〈真〉正独立。可是四者，最重要者，厥为人民。要是没有人民，土地、主权、政府亦无从归束。以此可见，国家以人民为主体，人民为国家之要素也明矣。所以三民主义视民族较为重要者，也就是这个意思。试看我们蒙古★〔民〕族，自十二世纪之时，成吉斯汗崛起漠北，奋飞世界，像拔都西征，率兵五十万，他如忽必烈、旭列兀所属，以及其他军队，与留守者，当亦不下百余万人，与现在蒙古人口相比，几乎相等。可见当时蒙古之人口，数倍于今日，可断言也。论起来，应当逐渐增加，才为正理。可是竟至减少，这个原因，其最大者，厥有两端：

一、被他族所同化者——蒙古势力，远抵欧西，且有四汗国家之设，与帖木儿、蒙兀儿帝国，所带之军士，与官员之眷属，及移居之人民，散布各地者，所在多有，及至瓦解以后，遂同化于他族矣，这是蒙古民族减少的第一个原因。

二、当喇嘛之减少者——蒙古民族，迷信喇嘛，崇尚寡欲，故男子之当喇嘛者，十之四五，又加上天灾人祸，生殖率减，而死亡率增加，这是蒙古民族减少的第二个原因。

当现在世界各国人口增加很快的时候，而蒙古人口反而减少，殊堪致忧。像近百年来，美国增加十倍，英国环〔增〕加三倍，日本也是三倍。俄国四倍，德国两倍半，法国四分之一。可是增加的多少不同，却没有一个减少的。这是以百年而论，就如此之快。像我们蒙古民族，七百年前，大约可以有一千万人，若是像其他民族之逐渐增加，至今不知有几万万了。可是不但没有增加，而且减少。人口若是太少，就可以招致祸端，招致祸端的原因，有以下数点：

一、易起帝国〈者〉之侵略心——人民稀少之地，文化不开，反抗力微弱，团结力绵薄，故易于诱惑，亦易于吞并，且富源未开，土地未辟，所以易引起帝国者之侵略心。

二、易引起列强之殖民心——侵略与殖民，似乎无甚差别，但侵略为主权之侵略，得特殊之权利而已。殖民为实际之侵略，以繁殖人民为目的。若徒侵略而不殖民，仍有复活之希望。若是殖民，则无振兴之一日矣。现在世界人口，成为大患之秋。我蒙古以广大之土地，而仅有数百万之人口，所以易引起列强之殖民心。

三、易于被他族所同化——总理说过："如果美国人来征服中国，那末百年之后，十个美国人中，参杂四个中国人，中国人便要被美国人所同化。"再以事实上来考查，百年以前内蒙古之汉人，多被蒙古所同化，彼时因汉人少故也。近数十年来，内蒙南部之蒙人，亦有渐同化于汉人之趋势，此时因内蒙南部之汉人多故也。所以民族太少，就易于被他族所同化。

四、不用人力淘汰而自然淘汰——人口若是太少，不用天灾人祸来淘汰他，就是自然而然的，也得灭亡。像古时有许多很有名的民族，现已都绝迹了。再看白人到了美洲之后，红番人就逐渐减少，至今几至于绝种，这个就是铁证。若是我们蒙古名〔民〕族，再如前之逐渐减少，恐有灭亡之一日矣，可不惧哉?!

民族人口之减少，致有种种之危机，上边已经说过。然则任其自然而自消自灭乎？抑想去〔出〕方法，而思有以救之乎？当此世界各国奖励增加人口之秋，所以我们也不能不想出方法来补救，以图种族之不灭亡。兹以管见所及，略述补救之方法于次：

一、禁止人民之当喇嘛——蒙古民族，有兄弟二人者，差不多有一个充当喇嘛，所以社会中，一半男子，不生不育，因而家庭中也多是单传。所以人口不见增多，喇嘛之害，影响于民族，这是应当禁止之。此为补救的第一点。

二、奖励喇嘛之娶妻——禁止当喇嘛，为积极的办法。奖励喇嘛之娶妻，为消极的办法。且禁止为将来者，奖励为现在者。若是喇嘛还俗以后，所有日度费用，暂由公给，则喇嘛自能绝迹矣。此为补救的第二点。

三、奖励人民之生殖——从前法国，人口太少，奖励生育，收效颇大。我们也可以依照他的办法去作。如生二子者便有奖，生四五者，便有大奖。生双胎者，更格外有奖。如此人口必能增加。此为补救的第三点。

四、预防瘟疫之流行——瘟疫之减少人口，为害最烈，这是都知道的。像东蒙一带，时发鼠疫，而外蒙古，花柳病又最烈。像这都可以事先预防。此为补救的第四点。

五、禁止独身及晚娶嫁者——独身而不能生育，晚娶嫁而减少生育，这都能影响人口之增加。若有独身者，可以征诸独身捐。若是男子二十五而不娶，女子二十二不嫁者，可以为违法论。如此则人口亦可增加。此为补救的第五点。

六、卫生之讲究——病菌之发生，流疫之传染，大半由于不卫生的原故。蒙古地方，对于卫生一项，向不注意，所以人口减少。须知卫生，能以保持康健，且能增加生率，可以极力研究之。此为补救的第六点。

七、医药之研究——人不能不有死，也不能不有病。有病则非医药不可，医药又非研究不可。蒙古地方，对于医术尚欠研究。有病则不认医药，而专认念经。以致越念越重，甚至于死。须知医药能以活人，可以极力研究之。此为补救的第七点。

　　总上所述，蒙古人口减少之可忧，与其补救之方法，略已述其梗概矣。吾人既知人口之减少，有种种之危机，上边已经述过。可是"亡羊补牢，犹未晚也"，可以获着补救的方法而补救之，庶可以转危为安，不然将有灭种之忧矣！望我蒙族同胞其各儆惕，而加之意焉可矣！

《蒙藏周报》

南京蒙藏委员会

1931 年 72 期

（李红权　整理）

喀喇沁左旗整顿政务

正心厚俗，完成组织；设立五局，实行自治

恒　撰

（卓盟通讯）喀喇沁左旗近来选贤任能，整顿旗务各节，迭见本报，现复感于内部组织，尚未完密，地方自治，极待实施，以及鸦片之流毒，风俗之腐败，亦均有制止及改善之必要，故特招集全旗官警学绅，开旗务会议，开此次会议，决议案计有四十余件，均为该旗兴革之要务，兹择录其重要决议案如下：

（一）教育，决议实地整顿高级小学校及各区初小校，并请本旗素负众望，而热心教育之杨荫村回旗主办中学，至于创办中学之手续及组织大纲，俟许处长（赫弈）于清明回籍扫墓之际，再行讨论一切。

（二）军备，决议除积极整顿及训练现有之警、甲卫队外，再招募一百骑兵为本旗暂编游击，以资保卫地方。

（三）政治，决议于最短期内成设财政局（由度支局改组）、教育局（由教育委员会改组）、土地局、卫生局、建设局，并于蟒牛营子县街创设蒙旗驻县办公处，处长以乌翔甫充任。

（四）宗教，决议凡本旗青年子弟，此后一律禁止充当喇嘛，如有故违，惩其父兄。

（五）自治，决议最短期内创立自治训练班，凡本旗各区长及村正副均须受一度训练，而作实行自治基础；并严禁旗民吸鸦片、

扎药针，其办法首由各村正副，调查本村有烟瘾者若干，建立一公共戒烟所，迫令其入所戒烟，如有不服或忌〔戒〕后再染者，由村正副呈报旗署，罚以苦工，劳其筋骨。

（六）建设，决议建设局成立之后，首先提倡林业，凡各村闲荒余地，河边水岸，均须栽植树木，借兴林业而防水患。

（七）改俗，决议凡婚嫁时送亲人，上等人家，至多不许过三十五人，中等二十五人，下等十五人，帮忙人亦不准随便带往，必须由办事人预请，被请者亦不准推托。

（八）改装，凡本旗妇女均须一律改为京头，扁簪、手镯、珊瑚簪、珊瑚坠，均一律取禁用。以上各决议闻一经布告后，即须实行云。

《蒙藏周报》

南京蒙藏委员会

1931 年 72 期

（李红权　整理）

蒙藏同胞对于今年五月革命纪念日应有之认识及其努力

召宣 撰

革命纪念日之性质，大别为四：（一）民国或先觉诞生，民国或国府成立，及国民革命中重要过程（如举义、誓师、建都等）；（二）赤白帝国主义者对我之苛约束缚及其屠杀；（三）先觉先烈之蒙难殉国或逝世；（四）国际或本国之民众运动——（一）（四）两项，属于普遍庆祝方面；（二）（三）两项，则属于特殊悲悼方面。至于革命纪念日之意义，不外对过去提明发生之史略，因以认识意义之重大，而定今后应行采取之途径，为唤醒全国同胞一致之努力。

一年十二月中，惟五月革命纪念日最多，而其性质与意义亦最为重大："五一"之国际劳动节，"五三"之济南惨案，"五四"之学生运动，"五五"之总理就任非常总统，"五九"之二十一条约〔件〕，"五十八"之陈英士先烈殉国，"五卅"之上海惨案，举一月中纪念日，为数凡七；而此七纪念日之性质，则"五一"、"五四"、"五五"为普遍之庆祝，"五三"、"五九"、"五十八"、"五卅"为特殊之悲悼。更析言之：民十七"五三"日人在济南之屠杀，民四"五九"日人之亡国二十一条件，民十四"五卅"英人在上海之屠杀，为集历来国耻之大成。民五"五十八"陈英士先烈在上海之被害，为国内军阀与外人租界之罪恶，固无论已；

即民八"五四"全国学生之外交运动，民十"五五"总理就任非常总统之政局改造，何一莫非［常］帝国主义者威胁及勾结国内军阀两重压迫下所发生之严重结果！

故严格言之，五月中纪念日，除公元一八八七年"五一"劳动节，为国际工友"三八"制度运动成功之普天同庆，此外六种纪念，无一不含有极重大之耻辱与极惨痛之创痕！就各纪念日发生先后言，多者至十七年，少者亦达三载。年复一年，未忘纪念，然耻辱未雪，创痕宛在；而时至今年，又届五月，循例纪念，明示悲悼，庄严沉痛，自无或异；惟纪念意义之重大，与往岁更有未同，我蒙藏两地同胞，对此似应加认识，决定采取之途径，而谋求一致之努力！

今年五月革命纪念日，以"五五"之性质与意义最为重大，亦以"五五"为五月各纪念日之中心。所谓"重大"者何？即中央遵奉总理遗嘱遗教，顺从全国民视民听，特定于五月五日，举行国民会议是已。所谓"中心"者何？即国民会议所应讨论之主重部分，当为废除苛约无疑，而"五三"、"五四"、"五九"、"五十八"、"五卅"诸案件，推原福〔祸〕始，无一莫非不平等［条平等］条约所造成。故总理遗嘱中"最近主张"所昭示于吾人者，即"开国民会议及废除不〈平等条〉约"两端，竟于民国二十年五月五日之"期间""实现"，此今年"五五"之性质与意义所以"重大"，而形成五月各纪念日之"中心"所自由也。

进一步言之，为其性质与意义之"重大"，吾人当坚持革命主义，不为敌人软化；当巩固革命基础，不为外力摇撼，故开国民会议，即所以纪念总理就任非常总统之精神。为其形成五月各纪念日之"中心"，吾人当努力于撤销租界及领判权运动，以求土地完整及司法独立；当急极图谋国货之振兴，以求脱离帝国主义经济侵略之羁束；当永铭勿忘苏俄所给予我国之奇耻，一面遏止

"赤化"宣传，扑灭各地"赤匪"，一面力争中俄交涉胜利，收回中东铁路；故废除不平等条约，为纪念"五三"、"五四"、"五九"、"五十八"之根本办法。

最后吾人尤须特别认明者：纪念陈英士先烈，当收回租界，固属根本办法；但陈先烈伟大精明、廉洁自持之性格，与其勇于服善、坚决不贰之精神，更应矜式而服膺之。总之，纪念国耻，纪念先烈，皆宜先从本身知耻功夫做起，人人发愤，事事图强，不畏帝国主义之狰狞狡毒，而畏全国民族无坚强进取之意志。我亲爱之蒙藏同胞，尤当一致奋起，从耻辱中求觉悟，从创痕中求医治；坚忍不拔，内外团结，切实奉行三民主义，真诚拥护国民政府；则不特五月纪念日之惨痛，即全年纪念日之惨痛，五年以内，有大体减轻之希望；十年以后，或竟变悲悼为庆祝，由减轻而废除之矣！

《蒙藏周报》
南京蒙藏委员会
1931 年 72 期
（李红权　整理）

察省党政各委补行就职宣誓

中委吴铁城监誓致训　张家口民众开会欢迎

作者不详

　　吴委员铁城，二十二日午偕随员麦朝枢、王星舟、黄剑荣等四人由平抵张家口，群众欢迎极热烈。二十三日晨十时，察省府主席刘翼飞及各委员补行就职宣誓，吴代表中央监誓致训，大意谓察省为中国边防重地，过去因内地战乱频仍，察当局及军民，孤身奋斗，得有今日现状，现告统一以后，中央至竭力谋察省建设，巩固边防，并希望两点：（一）须防止赤俄危险思想南侵；（二）援助外蒙人民，脱离俄赤压迫。刘翼飞主席代表答词：当遵奉中央政令，解除人民的痛苦，并谓宣誓不在形式，贵在躬践誓言云。吴午应刘等公宴。下午二时，察党务特派员刘翼飞、高惜冰补行就职宣誓，吴并代表中央监誓，四时出席民众欢迎大会，演讲中华民族之完成，大意谓以五族来造成一大中华民族，须恢复我民族固有精神及民族自信力，中国方能得救云。听众五千余人，极为动容。吴已于二十四日晨返平。

《蒙藏周报》

南京蒙藏委员会

1931 年 72 期

（丁冉　整理）

赤俄别府下之外蒙

政府新组织，完全法赤俄
军民财三政，掌中来操纵

作者不详

近据平方外蒙归客谈，外蒙政府，最近之新组织，完全取法苏俄：（甲）最高胡鲁丹官厅；（乙）次级胡鲁尔丹行政官厅，直辖经济院、国防处；（丙）国务总理直辖政治宪警，即"吉别乌"；（丁）内阁以下分：（一）总司令部，（二）内政部，（三）财政部，（四）教育部，（五）陆军部，（六）公用部（即储藏部），内设公卖局、献〔兽〕医内部检验局、蒙古运输处，（七）审计局，（八）核计局等重要机关。

又讯，外蒙自并俄而后，即改称大蒙古国，形势上似与蒙人以独立之机，其实不过苏俄之傀偏耳。鼎革之后，尚未暴露其丑态，自临时大总统大车载盛（蒙首领）于民国十八年春故后，外蒙政府，不啻赤俄之别府矣，财政为之支配，民政任其改革，陆军由其调动。现全蒙军队约计在三万五千名以上，以骑兵为主要，马种大加改良，较蒙马高大。过山炮、迫击炮以及高射炮悉由俄京兵工厂供给，以外又有飞机十架。最高级武官，俄人充之，中级军官，布达子充之，布达子者，即唐努乌梁海外与苏俄毗连之地所产之一种民族，久隶于俄，简言之，即俄蒙口〔结〕合种也，性极慓悍，好驰马，今皆入蒙矣。军队现皆集中车臣汗部之克鲁伦河畔，取其地东联东三省，南界热、察、绥，乃一可攻可守之要塞云。国人于此未可轻视，而蒙人甘作走卒，视俄军官及布达子若神圣，亦大可哀矣。

《蒙藏周报》
南京蒙藏委员会
1931 年 72 期
（朱宪　整理）

库伦活佛之赤白两宫

喇嘛所造共党盘据　山有裂罅中多宝藏

作者不详

　　据库伦来客谈，该处南峙大汗山，中控图拉河，山上松柏插天，翠接霄汉，奇花怪石，点缀幽谷，著名寺院，星罗棋布。中有一极伟丽之大建筑，即活佛之宫殿，建筑式样，取法汉规，划壁〔画壁〕雕梁，金碧流光，盖因砖瓦皆色赤金，故耐久而灿耀夺目。据谈掌故者云，斯殿建于康熙四十八年，出殿外南行，跨一吊桥，能自由升降，桥之南，东西各有一宫，东曰红宫，其砖瓦悉红色，望之如玫瑰当风，西曰白宫，其砖瓦悉白色，春雨过后，如白渠出水，此活佛之偏殿，中藏经卷甚富。库伦之南，那林之北，有一山，绵亘数十里，奇峰中间，裂一大罅，宽三尺许，愈下而愈广，长度不知有几千寻，天风下吹，人般〔难〕立足。相传清帝康熙驾征北藩，回銮经此，所携饷银笨重，遂弃此大石罅内，以备边疆有事，再重提出，免得往返运输。其后蒙人贪得，系人而下以取之，及上，系者固抱宝出，然已冻僵多时矣。继则不敢轻取，又剥整羊一具，不去油腻，送之而下，果沾数宝出，盖借凝冻之力而上。不料及罅口，方欲取之，凝冻力被暖气薰陶，仍坠原处。近被赤俄探险家尼洛夫侦知，拟用科学方法，如数取出，以作宣传"赤化"之基本金，刻正呈请外蒙政府，予以援助，以期早日成功，此数百年遗藏金银，不久将为碧眼儿所得矣。

《蒙藏周报》
南京蒙藏委员会
1931 年 72 期
（朱宪　整理）

外蒙政府侵略内蒙之野心

修筑侵入四大汽车干线　在四交界地设警备司令
内蒙投效青年一律重用　内地人入境皆搜查捕获

作者不详

据内蒙藉〔籍〕旅京某君云，俄蒙政府势力，现积极向内蒙各地扩充，凡内蒙青年投效外蒙者，一律委任要职，并修筑东西南北四大汽车干线：

一、南面由库伦经阿拉善到乌得，直达张家口北界。

二、北而由买卖城经恰克图到上乌金克斯，过该处即黑龙江界。

三、东面由库伦经克鲁伦到呼伦贝尔，直通伦边。

四、西面由库伦到科布多入新、甘。并在乌得、上乌金斯克、呼伦贝尔、科布多四处内外蒙交界地，各该警备司令，搜查过往行人，凡内地人到外蒙者，皆被捕获云。

《蒙藏周报》
南京蒙藏委员会
1931 年 72 期
（丁冉　整理）

外蒙最近情况

赤俄竭力宣传　变换人民思想
整顿军队交通　垄断全境贸易

作者不详

（北平通讯）某君新由外蒙到平，深悉外蒙近况，记者往访，据其报告如下：

（一）党务与政治　外蒙自民国十一年后，苏俄即用"赤化"手段，派遣多人，到外蒙各处演说，宣传数年之久，以之蒙人保守性过大，虽知识落伍，亦不致尽为共党所惑。然其各机关服务之人员，亦聘有俄顾问或教练官等，其政府之组织，设总理一人，阁员八人，分任党、政、兵、农、财政之工作，而俄人于中用其笼络手〈段〉，行动迎合蒙人之心理，更改各地名称，于此可见苏俄之用心于外蒙可知矣。

（二）军备与交通　自苏俄用心于外蒙以来，对于军队大加革新，积极整顿，厉行征兵制，蒙人由十五岁至三十岁者，均有服兵役义务，法定三月，为训练更换之期，如按人口总数五与一之比例计算，则全蒙六十余万人民，战时约有十万左右，编制训练，均甚严密。交通设备，则颇注于商业运输，除旧有张库汽车路外，以库伦为中心，至乌里雅苏台、买卖城、科布多均行联贯。今年之计划，尚拟加购汽车三百辆。其他各种要地点，设有邮局、电局。内地与蒙地之通信，均须经满洲里由西比利亚、维里尼、乌丁斯克各站转递。此外关于新的设施，尚无所见。

（三）文化、思想及教育　蒙人思想向称落伍，教育素不发达，自该独立以来，对于倡导文化，普及教育，颇知努力，办有蒙文报纸，以资变换人民思想，一面施行强迫教育，设立各级学校，课程悉以蒙文为主，优秀者，遣送各国留学，以造成独立的干部人才。思想分青年、老年两派，日在争持之中。

（四）社会经济状况　蒙人因地处不毛，夙从事于游牧，其财富以牲畜数额为计，他项物品，多仰给内地。商业情形，民十六以前，向以张家口、绥远为内外货物交换集合场，自苏俄把持之后，蒙人与内地交通、经济全行断绝，改由苏俄营之蒙古转运局等贸易机关经营之，若不速谋挽救之道，蒙民将陷于苏俄手里，完全破产矣。

《蒙藏周报》

南京蒙藏委员会

1931 年 72 期

（丁冉　整理）

又一察、绥近况之重要谈片

刘翼飞谓察省财政困难
李培基谓绥省驻军太多

作者不详

察哈尔省政府主席刘翼飞氏，以张副司令业经离沈来平，特于十八日晚七时偕同教育厅长高惜冰、建设厅长赵兴德等，由察省赶来北平，稍事休息，即赴东站迎张。在候车室中，对《华北日报》记者谈：本人此来，系专诚欢迎张副司令。察省情形不比他省，煤、盐等矿产，蕴藏本甚丰富，惜以民智未开，地利未辟，政府收入既极短绌，则积极建设，自难如愿达到。察省在过去已甚贫困，国税、特税、地方税等收入，合计全年不过三百万，近以中央明令裁厘，并令停止举办特税，收入已一落千丈，每月收入不过五万，政费不敷甚巨，若以之维持一师两旅驻军，实属万难。拟即派财政厅长随同张副司令赴京，向中央请示办法。本人近为深切了解各县真实情形起见，曾往涿鹿、宣化、怀来、延庆四县一度巡视，地方情形，至为困苦，民智甚为闭塞，甚有一县中识字者只数十人，小学教员薪水，每月八元，膳费在内。好在本省党务业已开始，今后一切建设，终须相当经费始可实行开发。至于本人补行宣誓就职典礼日期，须与吴委员铁城商洽后，始可确定云。又绥远省政府主席李培基氏，对《新闻报》驻平记者谈话，谓绥省近况，较前已大为安静，前此趁火打劫之流民，近因春暖，多已返乡，忙于农事，秩序业经恢复原状。目下所最感困难者，厥惟驻军太多、财政支绌二点。绥省驻军，步兵有傅作义、王靖国各一师，骑兵有郭凤山、赵承绥、孙长胜各一旅，共计步兵二师、骑兵三旅，此外尚有袁庆增之宪兵，军饷虽不能全发，而兵士之食用，则不能不妥为供给，即此已觉十分困难。绥省税收每年原仅有四百万，实行裁厘之后，减少二百万，即使将来开征特种税，每年至多亦不过增加六七十万，相差甚远。此次来平系晋谒张副司令，陈述绥省军政状况及困难情形，请求设法补救云云。

《蒙藏周报》
南京蒙藏委员会
1931 年 72 期
（李红菊　整理）

中俄会议中之划界问题

崇农　撰

中俄会议代表，此次赴俄重开会议，中俄前途，系于斯会者甚巨，我国决定方针，东路问题以外，复交、通商，可以次第开议。惟划界问题，尚少注意，国境确定，端赖于此，区区窃有不能已于言者！

夫土地、人民、主权，为立国三大要素，缺一不可，我国已改建共和，人口号称四万万，而全国土地达三四四四万余方里，多由揣测，沿边万里，不见详图，因此各言所是，无能确证其界址，立国如此，安得不腾笑环球。近见报载，内政部以我国边地，自前清乾嘉以降，为邻国侵占者，不可胜纪，其原因虽为国势浸衰，外交懦弱，亦由于吾国昧于边境地势之故，前次内政会议，关于整理国界提案，议决交由该部主持办理，似宜专设机关，从事整理。惟国界与国际间，关系甚重，须由界线相联之国家，共同设立国界委员会，及其他勘测界线委员会，方足以资解决。并先从事调查整理，以为将来实行勘界之准备等语。足见整理国界，为目前之重要问题，亟宜从事办理。然与其全部办理繁难而缓，不若局部办理迅速而易，何况值此中俄会议重开之际，应照划界原案提议履行，确定国境，免生纠纷，时不可失，期在必行。对于中俄国界图表，不乏探讨之士，近人除姚亚英氏著有《中俄交涉观》一书，深密研究外，当以谢彬氏所著《中俄重划国界问题》

为最简明扼要，尤易检阅，记者依其排列，谨述梗概，以告国人。

　　中俄国界，依区划便利，分东境为五段，西境为九段。东境历次划界之地点如下：东一段，自恰克图起，迤东过们子江、鄂嫩河，至阿巴海图止，是为雍正五、六两年，令尚书图理琛，与俄所订之《恰克图条约》也；东二段，自阿巴海图起，循额尔古讷河，至入黑龙江之河口止，是为康熙二十八年，令内大臣索额图，与俄所订之《尼布楚条约》也；东三段，自额尔古讷河口起，循黑龙江曲折东南，迤至乌苏里江口止，是为咸丰八年，令黑龙江将军弈山，与俄所订之《爱珲条约》也；东四段，自乌苏里江口起，溯乌苏里江，过兴凯湖，至白棱河口止，是为咸丰十年，令和硕恭亲王，与俄所订之《北京条约》也；东五段，自白棱河口起，沿绥芬河，循长岭而西南，抵土们江土字界牌止，是为咸丰十一年，令侍郎成崎，与俄所订之《兴凯湖条约》也。惟光绪十二年，令左副都御史吴大澂，与俄所订之《岩杵河条约》，其界址，尚待确查。

　　西境历次划界之地点如下：西一段，自恰克〈图〉起，迤西绝色楞格河，循萨彦岭至沙滨达巴哈止，系与东一段，同时勘定；西二段，自沙滨达巴哈起，曲折西南，迤过唐努山西陲，至博果苏克山止，是为同治三年，令勘办西北界务大臣明谊，订立《塔城条约》也，惟同治九年，令乌里雅苏台大臣荣全，订立《乌里雅苏台条约》，其界址亦待详查；西三段，自博果苏克山起，过奎屯山及阿尔泰山西陲，至阿克哈巴河源止，是为同治八年，令科布多大臣奎昌，订立《科布多条约》也；西四段，自阿克哈巴河源起，至阿列克别克河口止，是为光绪九年，令科布多大臣额福，订立《阿列克别克河条约》也，同年又续订《科布多条约》，自阿列克别克河源起，至肯得尔利克河源止；西五段，自肯得尔利克河源起，经塔尔巴哈台山，至哈巴尔阿苏山口止，是为同治九年，令塔尔巴哈台大臣奎昌，订立《塔尔巴哈台条约》也；西六段，自哈巴尔阿苏山口起，迤南经巴尔鲁克山西麓，至哈拉达坂止，是为光绪九年，令伊犁参赞大臣升泰，续订《塔城条约》也；西七段，自哈拉达坂起，迤西过伊犁河至纳林廓勒山口，是为光绪八年，令哈密帮办大臣长顺，勘订《伊犁条约》也；西八段，自纳林廓勒山口起，绝阿克赛河，至别牒里山口止，是为光绪八年，令巴里坤领队大臣沙克都林扎布，订立《喀什噶尔条约》也；西九段，自别牒里山口起，绝阿克赛河，至乌仔别里山口止，是为光绪十年，令沙氏续订《噶〔喀〕什噶尔条约》也。

　　以上分十四段，东二段至东五段，是为东界，东一段及西一段，是为北界，西二段至西九段，是为西界。自清康熙二十八年，以至光绪十二年间，统计中俄划界，前后凡十八次，皆有丧失，就中以咸丰八年之《爱珲条约》，及十年所结之《北京条约》，两次丧地，计有三百七十万余方里之多，其他九次之勘划，亦失不少。当苏俄改进新邦，要求承认，允还权利，遂于民国十三年五月三十一日在北京，与我缔结《中俄解决悬案大纲协定》，共十五条。其第七条中，有两政府允在将来之中俄会议，将彼此疆界，重行划定明文，据此则我失地，或可返诸我矣。不料十八年五月一日双方失和，直至十二月下旬，中止冲突，形势陡变，会议停顿，几经波折，今幸重开，欲议划界，必根据苏俄一九一九与一九二〇两次宣言之内容，何者系自由掠取，何者系共同侵夺，何者系侵占所得，当局不可不精密审查与折冲，完全领土，国人不能不速为研究及准备，以作后盾，如欲获得胜利，必须注重测量人才，始克有济。我国历来划界，仅立碑为志，效及一时，故迁移、侵占，任人处置。近代各国通例，多用经纬度测勘国界，且因科学仪器进步，可以精至秒数以下，每一界点，在空间所占位置，差不逾丈，纵界碑遗失，彼此仍可按经纬度，以求得真确之点，万世永无纠纷，将来划界，亟宜采用，以救已往之失。此次中俄重开会议之中，乃认划界为重要问题之一，何可轻忽，事在必办，机不可失，较诸国界委员会之设立，尤为迫切者也。

《蒙藏周报》
南京蒙藏委员会
1931 年 73 期
（丁冉　整理）

日人侵略内蒙之两大政策

利用宗教，派僧宣传；利用学生，兴办实业

恒舜　撰

宗教

（哲盟通讯）日本垂涎蒙古，而欲攫为己有者，诚非一日，其所施侵略政策，真无微不至。最近日本政府复妙想天开，欲利用蒙人迷信佛教，而施行蒙人易信、国人易忽之宗教侵略，以期达到素来抱负之目的。乃拟多派素谙蒙语、蒙情之僧侣，来蒙交结王公，联络喇嘛，借言宣传宗教，实施侵略主义，其包藏祸心，处心积虑，可谓险矣！曾经奉命首先到蒙者有吉田、善心二僧，现正在东蒙各旗从事预定工作，闻二僧在库伦居住多年，故于蒙语、蒙情，颇为熟练。倘该僧进行各件稍见顺利，即不难再有多数僧侣，大批来蒙，以继其后。我蒙古王公、喇嘛等，应知其居心巨〔叵〕测，作闭门不纳，庶不致误中阴谋，而沦于鬼域〔蜮〕也。

实业

近据东京电讯，谓日本拓殖学院研究院春季毕业生十五名，定于五月出发至内蒙，长住内蒙中央之赤峰。据其计划，于青岛、

天津设分驻所，于东京设分部，以本国之玩具、杂货、海货，与蒙古特产，开始物物交换之贸易。一方面着手农业与牧畜，于牧畜以羊为主，拟以陆军为顾客。其入蒙途程，预定取道天津、北平，由张家口徒步，约十日抵赤峰。一行推清水清七指导，清水曾于中、韩活动二十年，因开拓内蒙而入拓大，现年四十有七云。返观我国日本留学生中，尚无一康、藏、青、察四处学生，而蒙古亦仅四人，热河六人，绥远一一人，统计蒙藏留学生，数额极为有限。现时我蒙藏青年学生，急宜奋起直追，以打破其侵略之计画云。

《蒙藏周报》

南京蒙藏委员会

1931 年 73 期

（朱宪　整理）

赤俄侵略外蒙真相：察省国议代表谈话

外蒙虐待华商

张铎　郭堉恺　谈

察哈尔国议代表张铎、郭堉恺与中央社记者谈苏俄侵略外蒙情形云：民九之役，俄人谢米诺夫，乘直皖战争，边邦〔防〕空虚之际，煽惑外蒙活佛哲布尊丹巴独立，进兵库伦，蒙古人起而响应，我防军始则奋勇拒敌，终被内外夹攻不能抵御，纷纷溃退。其时华人如惊弓之鸟，跟随高在田军队南归，行至乌蓝哈登地方，被俄蒙军残杀一万七千余人之众，白骨累累，赤血盈盈。其由恰克图绕道乌金斯克逃难返国之华人，雪地冰天，冰〔冻〕饿而死者，尸横遍野。而饱受艰险，漏网脱笼，未致殒命者，行至满洲里地方，俱各形容憔悴，面无人色矣。至于库伦附近东营子地方，不及逃避之华人，竟被屠杀三千七百余名，事后绩〔责〕成商会，用大车载尸，弃附近瓦窑之内。而桑贝子旗之华商，被驱在木板房内，由周围窗户开枪射击死而后已，事后及〔乃〕传该旗附近未死之华人，到板房内背负尸身，弃于荒郊，负尸之人，亦被枪决。更有最惨酷者，将华人衣服剥去，以刀将肠子剜出，系于树上，然后拖人远走，肠未尽而命已绝。如此种种非刑，不胜枚举。其各处财产、货物被抢劫没收者，为数更属不赀。迨民国十年，苏俄红军，借驱逐谢米诺夫为名，入据库伦，种种侵略，较白俄尤为狠毒，倡言扶助弱小民族，阳假亲善之名，阴行"赤化"之实。其时蒙古各机关，皆聘俄人为顾问，凡一切发号施令，完全操于俄人之手，蒙古官吏，不过苏俄政策之傀儡耳。民国十三年，蒙古政府成立，建首都于库伦，改名为乌兰巴路和硕，俄人利用培养于苏俄教育的蒙古革命青年，极力宣传，使其仇华蒙屠杀华人数万人之多。倘有亲华嫌疑之蒙古王公、喇嘛等，即以政治势力，由内防处逮捕下狱，误〔诬〕以内乱罪或革命罪，处以极刑，哲布尊丹巴活佛，呼吐克图扎音活，加汗曾活佛，策楞多尔济，且曾塞达旦多巴尔济等，其余被害者，尚不知凡几。

施行征兵制度，聘俄人为总监及教练官，其军械、服装、飞机车，一切军需品，皆以巨价购自俄国。实行"赤化"教育，凡学校教科书籍，皆以俄文为主，蒙文附之，其言论、出版、著作、宣传等刊物，均系苏仇〔俄〕"赤化"学说，而蒙古青年，除苏俄外不知世界尚有其他国家，除马克斯、列宁外，不知尚有他大学家及大政治家。设立俄蒙合办之农商银行，发行纸币，名为俄蒙合办，实权均由俄人操纵，蒙古听其驱策而已。所有各地行使之银币，如俄之卢布，每元重量约五钱，而中国重量七钱二分钱币，反顶该币之八九折耳，其排斥华人之阴谋，不言而喻。至印铸钞币，俱由俄国监制，并借造币名义，吸收蒙古现金。更由苏俄之远东银行办理汇兑，垄断独登，华商金钱不能自由。自中东问题发生，该银行停止营业，华商汇兑，完全断绝。蒙古当道受赤俄唆使，强派人民积股设立之西合公司，设总号于库伦，分支店于各盟旗，均请俄人为总理，间有蒙人，亦不过供其指使。但西合公司因俄人中饱，屡屡亏累，而蒙古当道，为维持该公司营业，排斥华商贸易起见，勒令全体蒙民，向该公司交易，否则即行罚办。凡该公司贸易机关发达之处，竟用威迫手段，恫吓蒙民，排斥华商，并禁止华商设立分庄，以达经济垄断之目的。俄人处于反宾为主地位，视我华人如眼钉肉刺，恨不立即驱逐出境为憾，于是暗中诱惑蒙古官吏，通告民众，不准归还华人债款，此种非法律之手段，我华商损失不下数千万元，因而倒闭歇业者，比比皆是。查外蒙各处，蕴藏最富之矿产，如汗山、唐努山、肯特山、杭爱、阿尔台山、萨彦岭等处，则有金、银、铜、铁、铅、晶石、煤炭诸矿，平地则有盐、碱等泊甚多，乌梁海属之库素古尔泊附近，则产大宗金砂，彼处乌、俄居民，及韩国多数亡命者，均恃此泊工作为生活。山林之中，则有熊、豹、狐、鹿、豺狼、猞猁、灰鼠等兽，草地则多产旱獭及羚羊角、黄耆一切贵重药材，并蘑菇等物。种种天然富源，可谓万里金穴，为世界冠，然外蒙执政者，咸被俄人利诱赂买，任意搜罗，自由开采，每处采得各种产物，均以汽车运送俄国享用。至关于蒙民私有之牲畜，按数抽收重捐，例如骆驼一项而言，每年每头竟抽六元之多，其余概可想见。倘因报告不符，或无力纳捐者，即将牲畜充公。去年冬，曾下令实行共产，素称富有之蒙民，只留给有限之牲畜，及需用器具而已，其余全数归官。蒙古人民，莫不痛恨苏俄"赤化"外蒙之暴虐，但敢怒而不敢言，对于华商收买獭皮之时，事前并未禁止，及至收买到手，因俄商将外蒙所产大宗獭皮，售与他国商人，订立合同，无货可交，即怂恿蒙古当道，通令各地用严厉手段，将华商所有失①，不下近千万元之巨。自中东事变，华商在外蒙各地所存皮毛等货物，悉被封锁，禁止出境，而内地旅蒙商业之总号，既因汇兑来源断绝，复受货〈物〉封锁之困难，实无余力，再往外蒙发货。蒙俄之西合公司，诚恐我国官厅，因彼不放华商货款出境，势必难免扣留该公司货物不放出口，暗使某国人出名，以某洋行名义，代伊购发货物约一万余担。查某洋行所购用之货驮到达乌得，即改正西合公司名义，发往外行，一面接济蒙人需

---

　　① 　原文如此，似有脱漏。——整理者注

要，一面借以抵制华商。查外蒙对于华商捐税奇重，任意留难，实为破天荒之横暴，例如资本万元之商号，每月所纳各种捐项，不下六七百元之多，所有运往库伦之货物，必经过乌得等处三道卡，百般留难，迨至库伦税局，将货卸在该局，先行呈报各机关查验，然后购买俄蒙文之联单，填写货色、数目，呈报税局，估价纳税，此报税单每张纸费洋一元零五分，只限填写货色十三税〔种〕，按商众所发各种货物，每一次必有数百种或千余种，按报税联单纸费一项，竟达数十元或百余元之多。其估价办法，尚无一定，任由税局员信口开河，以喜怒为转移，往往有税价超出值价数倍者。及至报税之后，最早亦半月或二十天，始能验讫，甚至积压两月之久，而不能查验者。在税局纳税时期，除估价完纳正税外，另有过秤捐、看护费、出入税局门件捐、拆包费、转用局来往车费等等苛捐杂费。凡未占门柜之华商，得住官店，每人每日饭食洋一元五角。对于华人入外蒙境内，须先将本人像片三张，寄至库伦，由三家商号加盖水印，呈请商会转呈内防处请领照，经过数月之久，始能将照领出，运回内地，本人持照入境。沿途经过各卡不论冬夏，必须脱去衣服，遍身检查，倘有字条、单据者，一经查出，即行拘留黑暗地窖之中，不给饮食，必须戚友送饭，更遭狱卒之凌辱拷打，非设法托人经商作保恳求，不得释放。凡在外蒙之华人，均得有护照，到期即得照章换领，倘或逾限，日少处罚，否则驱逐出境，并将财物充公。若贫苦无照之农工，轻则驱出境外，重则以奸宄论罪。若出境之人，除护照外，得领期限一月之路照，方能通行，每人只准带经费二十元，并不须〔许〕多带行李，如带稍新之衣服，即征以重税，否则以最少之价收买之。以上所述，乃留难中人之大概情形也。至于种种蹂躏不堪忍受之事，不胜枚举。华商在外蒙境内，因不堪受其苛捐重税，无力负担，近有呈报歇业之字号，该蒙古官厅即声言如报歇业，将来远东银行复业，不准汇兑，即华蒙政府有相当之解决，亦不能再行营业。又有商号因特别捐税之款，无处筹借，即央求该蒙官厅可否以货作价，抵补捐款，该蒙官厅即指该商有意违抗其定章，即将该商人迅为出境。捐税种类、数目略志于下：丝织品、烟类、化妆品值百抽三十；皮革类、磁木器类值百抽十五；铜铁锡类值百抽十六；棉织品、〈纸〉张及一切粗笨货物值百抽六；出境皮货细皮类值百抽三十，粗皮类值百抽十五；报税联单费每张洋一元零五分，税局过秤捐每百斤三分，税局看护费每百斤每日一角二分，出入税局门件捐每件五角，税局拆包费每件二角，转运车费每百斤一元四角；护照每人一张，限期一年者照费八十元。附加警捐五元。旅行路照每人一张，限期一月，照费九元；薪金捐商号执事人每年一百二十元，伙友每年三十元；营业照捐分八等，特等不限人数多寡，每年九十元，头等不限人数，每年四千五百元，二等不限人数，每年二千五百元，三等十二人，每年一千五百元，[四等限八人，每年一千五百元]四等限八人，每年一千元，五等限六人，每年五百元，六等限四人，每年二百五十元，七等限二人，每年一百五十元；资本捐每千元抽二十五元；流水捐每年抽百分之十二，按实数加三倍或五倍，任由捐局估加；红利捐每年抽百分之五十，不论有无余利，即按流水数目，每千元估红利一百五十元；门牌捐分八等，特等每年一千二百元，头等每年八百元，二等每年六百元，三等每年三百元，四等每年二百元，五等每年一百五十元，六等每年一百元，七等每年八十元；地基分三等，头等每年每步一角八分，二等每年每步一角四分，三等每年每步一角；房院捐按实价估算，每千元每年六十元，又捐住人之房，每年每间十五元，存货房每年每间三十元，厨房每年每间五元；度衡捐，尺子〈一〉杆每年捐洋三元，大秤一杆每年捐洋三十元，小秤一杆，每年捐洋八洋；烟牌照捐，不论何种烟，凡整售者每年一百二十元，零售者八十元。综上所述，我华人在外蒙所受赤色帝国主义者政治与经济的侵略，早已不堪其命，无如旅蒙古之财产、货物，据确实调查，现在尚有五万万四千万之巨，悉被封锁，无法收拾，只有奄奄待毙而已。除旅蒙商业及西北各商埠，受其直接间接损失将无噍类外，即如平、津两地往年输出口外华货，为数甚多，今则一旦停顿，平、津商业，亦受重大之打击。税关收入，虽无明确之调查，然出入口货物锐减，其收入势必大受影响矣。

窃以外蒙为国防屏障，华商尾闾，今竟被赤俄把持操纵，任意横行，若长此以往，不独外蒙版图变色，内蒙亦岌岌可危。最近俄人兴〔与〕外蒙政府，复在达里冈，又设立大规模之牧畜场，逐渐发展其经济势力于内蒙。又在内蒙一带，招收青年子弟，至外蒙施以教育，其侵略之野心，实较其他帝国主义者尤为狠毒。查《中俄》、《奉俄》两协定，俄人均承认外蒙为中国之一部，乃赤党阳示亲善，阴事侵略，外蒙不能收回，国难正无已时。其惟一补救方法：（一）在乌德及内蒙边境冲要地带，屯驻相当军队，俾得保护华人暨内地人民，并防苏俄之南侵。（二）移民实边，使蒙地人口，逐渐增加，防止赤俄〈侵〉占。（三）实行兵工政策，将国内余额兵士，移住蒙古，从事垦殖。（四）建筑铁路以利交通云云。

《蒙藏周报》

南京蒙藏委员会

1931 年 73 期

（李红权　整理）

国民会议关于蒙古之三大决议案

通告国内外特许外蒙自治 保障蒙古盟旗
及蒙民生计 兴办蒙古教育及文化事业

作者不详

国民会议蒙古代表吴鹤龄、春德、荣祥等一百七八十人，提出关于蒙古之三大案：（一）通告国内外特许外蒙自治，以期早日完成统一；（二）保障蒙古盟旗及蒙民生计；（三）由中央指拨专款，并奖励兴办蒙古教育及各项文化事业。以上三案，于五月十五日国议第七次大会通过，兹将各案理由、办法及决议，分志如次，以资参考。

通告中外外蒙自治

（理由及办法）查外蒙为中国领土之一部，久为世界所公认，清末因在外蒙添练新兵，引起蒙众之猜忌，适值武昌起义，遂乘机宣布独立。迨民国四年，鉴于中央待遇内蒙之优厚，乃取消独立而改为自治，承认中国有宗主权，及外蒙仍为中国之领土。假使信约不渝，本可以长治久安，无如民国九年，因徐树铮拥兵筹边，强迫外蒙取消自治，以致引起外蒙官民之反动，而宣布二次独立。慨自一再归来，一再扬去之后，其民众眷恋故国之热忱，已因绝望而变为掉头长往之心理，彼苏俄帝国主义，遂蹈辙抵隙，以宣传其"共产邪说"，卒造成今日险恶之现象。外蒙有志之士，非不知饮鸩足以杀人，然为立止窘渴计，亦不得不茹苦如饴耳，盖苏俄最终之目的，虽在吞噬外蒙，顾其标榜与设施，则无一不迎合蒙古青年之过激思想，以售其奸，如宣传、指导、辅成蒙古独立共和国，如资送内蒙学生留学欧美各邦，如接济军火，充实武备，如供给机械，兴办各项实业，如派遣教员，灌输共产学说，一方并竭力宣传中国对于蒙古之苛虐情形，以肆其挑拨。凡此种种，皆蒙古青年所极乐闻而极愿提倡之事，一旦有人出而协助之，安能不认为厚爱，而受其麻醉乎。现在苏俄在外蒙之势力，虽未十分巩固，然近年以来，已大有进窥内蒙之趋势，如指使蒙兵，掠夺内蒙牲畜，如派遣党员，到内蒙多方煽动，及招诱青年赴外蒙求学等伎俩，亦已日急一日。若长此不图，则数年之后，不特苏俄与外蒙之关系愈臻密切，滋蔓难除，即内蒙各盟旗暨沿边诸省，亦多因俄、蒙暴力之向外发展，而有燎原不可扑灭之祸，况现在外蒙华商财产、货物，尽被没收，呼吁之声，不绝于耳，而外蒙逃来之人民，备述共产之惨酷，及望救于中国者甚殷，惟因不知中国将如何待遇，不敢遽行归来之景况，令人闻之，尤为痛心。值兹国民会议共筹统一建设之际，对此隐忧所在之重大问题，不能不急谋一妥善解决之办法。代表等再四思维，以为外蒙人民之所以徘徊不决者，一则囿于苏俄之曲说，一则怀疑于我国之政府，为今之计，亟应揭橥本党扶植弱小民族，使能自决自治之主张，特许外蒙自治，由国民政府规定扶植办法，昭告中外，以示大信，然后本此主旨，从事宣传，则外蒙眷恋祖国之人民庶可放心归来，而彼已受麻醉之青年亦必因多数人之趋向，而有觉悟者。如此次第经营，则已缺乏之金瓯，庶几复归完整，否则养痈待溃，遗患无穷。代表等来自蒙疆，见闻较确，特贡刍荛，敬请公决。

（决议）提案人吴鹤龄说明后，彭济群发言，对本案提出决议文："关于蒙古地方制度，已于约法第八十条明白规定为另以法律定之，本案应送交国民政府作为制定法律时之参考。"主席以此付表决，无异议通过。

保障蒙盟旗及生计

（理由）查民国元年公布之《蒙古待遇条例》，内有蒙古原有管辖治理，一律照旧之规定，前年一八一次中央政治会议，复有蒙藏行政制度，暂准照旧之决议，足证蒙古固有之制度，确有继续存在之必要，而内蒙各盟旗之拥护中央，始终不渝者，亦实基于此。再辽、吉、黑新各省之设置，远在前清末叶，而各该省内之蒙古盟旗，并无更变，自前年热、察、绥、青、宁各处设省以后，各该省内之蒙古盟旗，亦只有相助为理之益，并无任何妨碍之处，更可见蒙古地方，虽经设省，其盟旗仍可以照旧存在。且民国二十年来，外蒙一再独立，而内蒙仍得维持安全，至于今日者，实以各盟旗相互维护之力为最多，事实显著，未可湮没。盖盟旗为蒙古数百年来之政治团体，一般蒙民，已视同第二生命，若予继续维持，则蒙地自益巩固，倘无形废止或经〔轻〕予变更，则影响所及，必致引起蒙疆之骚动，是国家不啻自撤其藩篱，故与帝国主义者以可乘之隙，其为害于国家者，实较内地今日之"共祸"为尤烈，危机所在，不容掩饰。今为蒙疆安全计，为统一前途计，应予盟旗以明文之保障，借以安定蒙古之人心。再查蒙古地瘠气寒，蒙民向以畜牧为业，近年以来，垦区日广，牧场日狭，蒙民习于故常，不能改牧为农，因而生计日蹙，故其诟病垦殖，亦日以加剧。究其原因，并非蒙民反对垦殖，实因垦殖足以夺其生计也。假令对于蒙民生计，兼筹并顾，则不独为蒙民之幸，并可减少垦殖之窒碍，否则垦殖所至之处，即蒙民生计断绝之地，愈逼愈促，必至挺而走险，不为共产主义所煽动，亦必至相率逃赴外蒙，为渊驱鱼，夫岂励行垦殖之本意。况畜牧、农业，相互为用，未可偏废，今以我国之广，牲畜肉、骼、骨、角、毛、革需要之多，又岂可无广大之牧场所能济事，若将蒙古牧畜加以改良，收益之大，当亦不在农产之下。果有开垦之后，收益实较牧畜为优之地，则开垦时，亦应先行保障蒙民生计之安全，及蒙古公共事业之基金地，以免蒙民生计发生恐慌，而副民生主义之精神。代表等来自蒙疆，对于保障蒙古盟旗及蒙民生计之需要，知之綦详，故略陈实情，并拟具办法两条如左，敬请大会公决，送由国民政府明令公布施行之，蒙古幸甚，国家幸甚，是否有当，敬请公决。

（办法）（一）蒙古各盟旗管辖治理权一律照旧；（二）蒙古不适于垦殖之土地，仍留为蒙民牧场，由中央奖励改良牧畜，其适于垦殖之土地，如开垦时，须先为蒙民留给优厚生计地及公共学田。

（决议）提案人吴鹤龄说明后，张学良以代表资格发言，谓本人来自东北，对蒙疆一切情形，较为稔悉，关于奖励蒙古地方垦殖及筹画蒙民生计，从前本有规定，只以办事人处理弗善，致未能一一施行，使蒙民胥沾利益。且东北一带，汉蒙两民族因语言、文字、习俗不同之故，每易发生一切隔阂，致政治上易感受影响，今后甚希望国内人士，放大眼光，一致以开发边疆为发展经济、杜绝觊觎之要图，尽力经营，俾蒙疆之文化、经济事业，及民族生计，与内部各省具同等之发展。旋由主席团拟就决议文，宣付表决，无异议通过。

兴办教育、文化事业

（理由）查蒙古民族，为构成中华民族之一分子，其文化之进步与否，影响于整个中华民族之发展，至为重大，故国民政府自奠都南京以后，关于振兴蒙古教育之决议与方案，已应有尽有，惟以经费未经确定，迄无一案见诸实行。当此"共产邪说"，弥漫漠北，青年学生，求学无地，既有苏俄招致于北，复有日本引诱于东，现在留学日俄之蒙古青年，已较留学首都之学生为多，帝国主义者之文化侵略，大有一日千里之概，我国政府，倘不速筹实施既定之方案，则蒙古纯洁之青年，难免尽为赤白帝国主义者之教育所薰染，与其事后矫正，费力多而成功少，何如未雨绸缪，早纳蒙古青年于正轨。代表等为求国内各民族之文化平均发展，以及防止帝国主义者之文化侵略起见，特拟办法两条，敬请公决。

（办法）（一）由中央指拨专款，按照既定方案，积极兴办蒙古教育；（二）由中央制定奖励办法，奖励蒙人自动兴办教育及各项文化事业。

（决议）提案人吴鹤龄说明后，众无甚讨论，经主席团拟就决议文，宣付表决，无异议通过。

《蒙藏周报》

南京蒙藏委员会

1931 年 73 期

（朱宪　整理）

章嘉活佛之最近行动

由晋到平，即将来京　关心蒙事，中央契重

作者不详

久居五台山之章嘉活佛，近有事须与蒙古王公接洽，特于五月中旬由五台山启节，转道大同至张家口，当与察哈尔主席刘翼飞，于平绥二次快车后，附挂包车二辆，离张垣来平，就任五台山向善普化佛教会督监。至二十日下午二时许，公安局派保安第一队到站警卫，欢迎者除公安局乐队、龙泉孤儿院乐队，及军政各界要人外，五台山向善普化佛教会会长王春恺，及名誉会长、孳〔孤〕儿院长百川和尚等，率领该会职员及附设平民学校学生五六百人，手持欢迎小旗到站欢迎。至下午四时二十五分车始抵西直门站，一时军乐大作，欢迎学生并高唱欢迎歌，刘翼飞当偕章嘉下车，欢迎中之蒙民均跪地，章嘉即在候车室中与欢迎各要人寒喧〔暄〕毕，即乘佛教会所备之黄色大汽车，赴锦什坊街佛教会办公处休息。该处并为章嘉设禅榻，铺垫慢〔幔〕帐，均用黄绸制成，极为庄严灿烂。章在此休息后，晚间即下榻于雍和宫，刘主席则率随员宴于中央饭店，旋移嵩祝寺。闻章嘉在平稍有耽搁，即来京谒蒋，条陈治理内蒙之彻底计划。现内蒙之东四盟西二盟以西盟之形势较为重要，蒙民近受外蒙红军压迫，损失极巨，中央对于蒙事，决议救济办法，将有整个计划，事先并以宣抚为入手，决派大员从事宣抚，将以章嘉为宣抚使，齐王为宣抚副使，

同时并组织宣传队，分往内蒙各地宣传党义，以使蒙民受党的领导，普及党化教育，凡此种种，均待章嘉到京后，切实商定后即可施行。又章嘉每月办事经费为八千元，中央近核减为三千三百元，章嘉尚未同意，决赴南京向蒋主席面陈困难情形，请为维持云。

《蒙藏周报》

南京蒙藏委员会

1931 年 73 期

（朱宪　整理）

察省清乡局成立

弭患防匪，保护商旅　分设要地，治安无虞

选　撰

（察哈尔通讯）察省近年以来，土匪滋扰，日甚一日，地方商旅，时遭匪害，省府主席有鉴于此，拟在省设立清乡局，清查地方，肃清匪患，保护商民，维持治安。该局已于四月廿六日成立，局长由省主席自兼，另任民政厅厅长伍墉及公安局管理处处长张九卿为副局长，局内分事务、行政、审判三处，每处设有主任一人，职员若干人，人选业已确定，并将于各县成立分局，各市镇成立区分局，专业调查、击剿之责。闻各县市镇之商民因卫护有人，可免土匪之扰乱，均表欢迎云。

《蒙藏周报》
南京蒙藏委员会
1931 年 74 期
（李红菊　整理）

察省党部工作近况

调查蒙族　设立民校

作者不详

　　察哈尔省东望热河及东三省，北界外蒙，西联绥远，南接冀、晋，为东北边疆之枢纽，亦开通西北之要道。按察哈尔三字，原系蒙语，意谓保卫，盖足为旧都之保卫也。今者外蒙"赤化"，背叛民国，共产"邪说"，甚且有波及内蒙之势，是均有待于三民主义之阐发，俾人民对于党义有深切之认识，与党国政府共图五族联合，以创造新中华民族及新国家。该省党务自本年一月恢复工作以来，一面遵照中央法令，一面适应地方需要，积极进行，成绩颇有可观，爰分科调查如次。

一　组织科

　　一、组织本处直属第一、二区分部。

　　二、指导各县党部关于审查党员，及组织划分区党部等事宜。

　　三、派刘创勋为第一、二直属区分部监选员，及执行委员、宣誓监视员。

　　四、派赴各县之保管员姓名，开列于下：王友仁、姜佐周、许秉彝（张家口市）、张仪三、吴鸣珂（宣化）、韩志诚、阮维藩（赤城）、马光民、赵润生（万全）、孟纯甫、冯万雨（龙关）、李大钧、杨少泉（怀安）、成达民、刘熙元（怀来）、马效贤、李天姿（蔚县）、井义成、李继兰（阳原）、刘执中、张金声（延庆）、李广训、蔡大瑗（涿鹿）、曹国章、常永春（张北）、刘岐文、乔毓瑞（沽源）、郭作新、田九龄（多伦）、胡序东（康保直属区分部）、乔彭仙（宝昌直属区分部）。

五、派韩养初、达光甫为内蒙东四旗调查员。

六、派李敬武、穆盖华为内蒙西四旗调查员。

七、派赴各县审查党员指导员兼选举国议党代表监〈选〉委员之姓名，开列于下：龚若愚（宣化、涿鹿）、郭堉恺（怀来、延庆）、刘创勋（阳原）、王宪章（蔚县）、张志端（怀安）、姜佐周、马光民、许秉彝、赵润生、王友仁（万全）、马亨贞（龙关、赤城）、赵依仁（张北、沽源、多伦、宝昌）、赵文蔚（康保、商都）。

八、调查本省禁烟情形。

九、调查本省裁厘情形。

十、调查本市灾民状况，及救济情形。

十一、调查本省蒙旗人口、风俗、政治组织等情形。

十二、调查本市平民生活状况。

十三、调查本市附近农村生活状况。

十四、其他与党政有关之各种调查。

十五、编制审查党员及调查各种表册。

十六、办理应试中央军校学生一切事宜。

二　训练科

一、直接派员指导全省县镇商会十四个。

二、直接派员指导改组全省工会八个。

三、直接派员指导组织全县教育会十六个。

四、直接派员指导组织全省县农会十六个。

五、直接派员指导改组文化团体、慈善团体、宗教团体、妇女团体、学生团体等九个。

六、督促成立各级学校学生、各机关工作人员党义研究会。

七、指导参加各学校党义竞赛会。

八、举行全省各中等学校党义竞赛会。

九、督促各县党部组织民众学校，各县应设民众学校之数目如左：万全五所，宣化四所，蔚县四所，阳原三所，怀来三所，怀安三所，延庆二所，赤城二所，龙关三所，涿鹿三所，多伦二所，张北二所，沽源一所，康保一所，宝昌一所。

十、派员测验各县军、政、警各机关及各学校人员。

十一、组织三处门警工友训练班。

十二、派员视察各县人民团体。

十三、组织党义教师资格审查委员会。

三　宣传科

一、发刊《察省民国日报》。

二、编印《察省画刊》。

三、编印《察省灾情》小册字〔子〕、《国民会议之意义与使命》、《蔡公时烈士遗像及传略》。

四、审查《延庆民报》、《怀来民报》、《涿鹿间日报》。

五、调查本市各清真寺，并分别派员前往宣传党义。

六、翻印《建国大纲》、《总理遗教》、《三民主义之阐扬》、《党国旗之认识》、《中国国民党历年来之重要》、《第一二次全国代表大会宣言及决议案》、《七项运动宣传纲要》、《党史研究》、

《节制资本浅说》、《政权与治权》、《宣传<u>丛书十种</u>》等六千本。

七、撰印各纪念日、各纪念会及裁厘赈灾、《为审查党员〈告〉各同志书》"等传单三十种。

八、编制各种标语五十种。

九、洗刷本市张贴各反动标语。

十、调查本市各书店之阴阳合历书。

十一、派员会同邮电〈部门〉检查邮电。

十二、编制每周宣传要点。

十三、召集各种集会二十余次。

十四、按月编制工作总报告。

《蒙藏周报》

南京蒙藏委员会

1931 年 74 期

（朱宪　整理）

成吉思汗纪念大会之盛况

留平蒙古人士，纪念成吉思汗
欲继伟大精神，增进民族光荣

作者不详

（北平通讯）五月八日为成吉思汗纪念之期，一般留平蒙古人士，于是日上午十时，为〔在〕蒙藏学校礼堂，举行盛大纪念会，到场者二百余人，秩序井然，礼极严肃，各人均有演说。兹将会场情形，分志于下：（一）开会。（二）奏军乐及雅乐。（三）全体肃立。（四）唱纪念歌。（五）向元太祖遗像行最敬礼。（六）读祝词。该会人等，因有不懂蒙语者，为明了起见，分两项诵读，一为蒙文，一为汉文，其祝词之慷慨淋漓，足使人动听，录其词曰：猗欤太祖，崛起朔方。天锡神武，干戈维扬。自北徂南，铁骑腾骧。奄有中夏，爰及八荒。率期〔其〕健儿，无坚不破。声威所被，震欧铄亚。飒爽雄姿，风云叱咤。睥睨汉唐，秕糠五霸。开疆拓土，功莫与京。至今想像，虎虎犹生。盛衰有时，寒暑代更。缅怀兹烈，触事心惊。回溯升遐，甫七百岁。风景已殊，新亭陨涕。欣逢纪念，继述是励。维神来临，鉴兹盟誓。读毕。（七）主席报告开会宗旨，大意谓我们今日所要纪念成吉思汗的，约有两点：一、纪念他的伟大人格；二、他能统一中夏，使全欧震慌，致令后人景仰不及，而我们蒙族，现在又萎靡不振，吾辈青年成〔诚〕作如何感想等语。（八）自由讲演。首由马星南讲，词谓：为什么成吉思汗能成伟大的功绩，就是他能坚忍耐劳，以诚感人，用人不分界限，均以平等地位相待，所以结果成了一个不可磨灭事业。那么蒙族今日怎不如从前了，以我个人眼光说因为蒙族没有知识，故后来受了满清的愚弄政策，以致现在到了不可收拾的地位，欲免去这种积病，必须蒙古青年起来一致的奋斗。次第均各有痛快淋漓之演说，词长不尽录。（九）奏军乐及雅乐。（十）茶点。（十一）摄影。（十二）闭会。

《蒙藏周报》

南京蒙藏委员会

1931 年 74 期

（李红权　整理）

章嘉拟来京晋谒

抵平后谒张学良，现拟入京觐主席
并与班禅佛协议，但一说决不前来

作者不详

　　章嘉呼图克图，自来平后，即驻锡于嵩祝寺，现以张副司令北返，特偕其副官李寿山及蒙藏委员会驻平办事处处长李芳春等，晋谒张副司令，由张亲自接见，章对内蒙近状，有所报告，欢谈约半小时始去。闻章电京，谓将由平来京，代表内蒙民众，晋谒蒋总司令，面陈该地民众拥护中央之诚意，并请示施政方针，定于月初来京。中央以内蒙情形复杂，现已定有整个彻底计划，将畀章嘉以宣抚名义。同时章嘉将谒见班禅额尔德尼，接洽蒙古宗教问题，闻章嘉驻京办事处接电后，除转达班禅及蒙藏委员会外，并已筹备招待事宜云，国府并通令沿途妥为保护。但据正闻通讯社消息，则谓章嘉以南京天气酷热，不宜于本人身体之营养，决不赴京，俟在平将内蒙各事办理完竣，即行离平，返驻五台山之镇海寺。章嘉并声明在普化教会与某记者谈话，本人并未表示有赴京之意云。

《蒙藏周报》

南京蒙藏委员会

1931 年 74 期

（丁冉　整理）

口北三省迁治与巩固蒙疆

召宣　撰

民国以还，内地多故，边陲夐远，鞭长莫及，北若蒙古，西若西藏，或受日俄之侵略，或遭英人之唝诱，近则康藏纠纷，已及一载，道路传言，英人嗾使。西陲祸患，固无论已，而俄助外蒙，压迫汉商，骑军四出，骚扰察边；日营南满，势侵东蒙；而西而北，警报迭至。虽谋国之士，殷忧綦切，怀柔远人，冀其内向，然关河远隔，交通梗滞，志纵向往，力有未逮；逊至萦虑经年，迄难定算，长此延宕，弥滋损失。且边耗频传，有加靡已，未可兵争，遽生大衅，此今日蒙疆，亟宜巩固，而三省迁治，堪供对策者也。

曷以言之？愿申其说。盖闻省会设置，犹诸国都：或以地居险要，军事攸关；或以接近海岸，外交利便；或以交通枢纽，运输敏捷；或以工商猬集，经济发达；凡此诸端，胥定趋舍，首邑确立，关系全区。岁月既久，适用以微，情势渐非，重心自易，一成不变，无此局理。远古欧西，例难遍指，姑举近事，以观明证：国民政府初乃开府羊城，继复迁都武汉，终则定鼎金陵；都宁弃故，建设新京。省如西康，首邑康定，接壤川西，交通甚便；近顷藏军侵康，已入腹心，而中央明令设省，改治巴塘。盖咸以政治之力量，转移因循之局势，而确立适用之重心。此口北三省迁治，堪供巩固蒙疆之对策，亦即记者本文之所由作也。

　　口北三省者：东热河而西绥远，察哈尔则居其中；近今地学家术语，统名之曰漠南区域，或塞外草原。三省省会：热置承德，绥置归绥，而察置万全；承德在热南，万全在察南，归绥则在绥东，三地俱不适中，为偏安之局面；吾人试披舆图，一加缔视，将知三省重心，固别有在！倘热由承德而移赤峰，绥由归绥而移包头，察由万全而移多伦，则不仅为政治作用，蒙疆问题，欲以政治造成之局面，实际亦区域形势，商务趋变，有以自然推移之结果。

　　先言赤峰。赤峰为旧直隶州，民二改县，民三开埠，人口十万以上，而土质腴饶，地当辽河上源——老哈、英金两河，于此会口；踞河北之背，扼内蒙之吭，塞外冲途，由来重镇，为汉蒙互市之场，而家畜集散之地；四面交通，水陆咸宜。东经朝阳而达辽宁，西越围场以接多伦，东北逾洮南可通吉、黑，西南由承德进抵北平；锦赤铁道，已达朝阳，如朝赤一段告竣，可与北宁接轨，倘更由赤延至多伦，则满蒙间之腹心沟通；又贯穿赤峰之洮热（或北洮）路与葫芦岛、克鲁伦线，一旦完成，益增便利；而赤峰繁盛，可操左券！故蒙藏委员会拟设交易所于赤峰，以发展东蒙之商业，盖观于日人之侵略东蒙，根据该地，已着先鞭。至若承德偏处热南，山岭复沓，河航未便；徒以其地有避暑山庄，为昔清帝游幸而臻繁盛，然居民所需食粮，尚多仰给赤峰；故虽迭经开发，终不足为省区之重心！

　　次言包头。包头旧为萨拉齐县之一乡镇，民十二始设治；据包绥之终点，傍黄河之北岸，倚山面河，形势扼要。东经归绥而至北平，西越西套蒙古而至新边哈密，若由此建筑铁道前往，当为欧亚交通上（太平洋海岸至伦敦）开一新捷径；南逾东胜而至陕边榆林；北趋赛尔乌苏，与张库路会合，视由张垣以往库伦，道路既属平衍，里程亦减三分之一；西南汽车道，直驶宁夏而抵兰皋，或溯黄河而航石嘴子（宁夏北二百里），倘包宁路筑成，当更形便利；西北由包库线至赛尔乌苏，分道西驰，直抵乌里雅苏台及科布多；故包头之交通，实扼西北之枢纽。凡平、津、陕、甘、新及内外蒙古诸地货物，咸来萃集，市肆之盛，凌驾归绥，不特为汉蒙间之一大市场，抑亦我国皮毛贸易之唯一中心；故蒙藏委员会发展蒙古工商业之计划，亦拟定设交易所及毛织、制革、罐头、肥皂、洋烛等厂于包头。夫包头设县，不及十年，而繁荣程度，已足惊人；其未来希望，足与东北之哈尔滨，遥相辉映。至若归绥偏于绥东，虽有平绥、绥包两路，便利交通，然近数十年来，河侵为患，商务遂渐迁于包头，有自然推移之趋势！

末言多伦。多伦旧为直隶厅，民三与归绥、万全、赤峰诸地，同时自行辟为商埠；位滦河上流之上都，河南有汉族风，河北则为蒙古风，为汉蒙民族区域之划界；其地无山岭阻隔，浅草平沙，一望无垠，最宜牧畜；形势冲要，通途四达，不特察区之中心，抑亦三省之枢纽，而大漠南北之都会；先总理尝谓多伦诺尔当为极北殖民之基，故其《实业计划》中，所列东北、西北两大铁路系统，咸以多伦为重心，主干及间接通过线，计多至十三道；而最近蒙藏委员所拟定公路，复有四线，自多伦向各方发展，其交通之四达，地位之重要，庸俟多言？（关于多伦在蒙古铁路交通上之地位，本报第六十四期崇农君已为文详论。）前清察哈尔都统署原定多伦，只以距京未便，遂暂驻张口，故昔日已认为重要区域，莫敢轻视；当繁盛时代，其他殷实商户，多至三千余家；惟自平绥路成，经济势力，多移张垣，其地乃大不如前；加以迭经兵燹，精华耗失，遂益趋衰落；使将来锦赤铁路达围场后，延至多伦，以接张多汽车道，与平绥路相连，则多伦商务，必大起色，堪与张口相伯仲！观于俄人在多伦所设之协和贸易公司，操纵市价，垄断商场，益资吾人之儆惕。至若万全（即张家口），虽现为北通库伦之要道，军事、商业之重地，然北境多山，依蔽长城，每届夏令，时遭浩瀚；而近今我国砖茶之输往俄境者，多改由海道，直趋海参威〔崴〕；故就其地位言，终逊多伦一筹！

　　总之，三省迁治，实为目前巩固蒙疆之唯一对策，使省会地点适中，则交通建设，自易长足进展，俾可消息灵通，控制全局；日俄之侵略行动，固较易防止，且进可规抚外蒙，退足保守三省，不使"赤祸"蔓延漠南；吾人不当耽于目前逸乐，而畏新兴建设，须知多难兴邦，事在人为，愿我三省人士，亟起运动，力主迁治，则五年已后，蒙疆情况，必大改观，可预言也！

《蒙藏周报》
南京蒙藏委员会
1931 年 76 期
（李红菊　整理）

苏俄"赤化"下之外蒙阴谋

武备扩充　文化侵略

作者不详

武备

外蒙归客谈，外蒙一切政军各权，被苏俄削夺殆尽，政府组织亦取法苏俄。近复经俄人怂恿，扩充军备，刻集中车臣汗部克鲁伦河畔，有陆军三万，骑兵四万，飞机二十一架，过山、迫击各炮及他种战斗品颇多。军官均由俄人及唐努乌梁海之布莲子充任。内蒙居民颇抱不安，据伊克昭盟某王谈，外蒙自十八年达军载圣临时总统故后，俄人久已主持蒙军内向，近见某国鼓励达赖侵康成功，故尤跃跃欲试。车臣汗东联东三省，南接热、察、绥，为外蒙东南要冲。

文化

俄人除用武力压迫之外，更以文字宣传"赤化"主义。外蒙政府教育委员会所制定之新教科书，逐渐推行于内蒙学生，并怂恿内蒙青年学子组织赤色青年团，向一般无知民众宣传"赤化"。照此情形，内蒙实现"赤化"，料不甚远。至俄之兵备，不仅对内蒙，实对中国及列强具〔俱〕有大规模之计划云。

《蒙藏周报》
南京蒙藏委员会
1931 年 76 期
（朱宪　整理）

蒙藏人民与监察院

崇农　撰

得民者昌，失民者亡，古训昭垂，百世不易。吾国数千年来政治，奉为良谟，虽在专制时代，以官吏为臣仆，而对人民，则如保赤子，对于官吏之虐民，裁制防范，惟恐不周，于其私产则限制之，经商则取缔之。其尤著者，则为台谏制度，言官得议君主之过失，可以风闻弹劾官吏，事之虚实，不负责任，言论文字，绝许自由，其精神固极端独立也。

民国成立，人民易仆为主，由赤子一跃而为成人，治人而不治于人，自保而优于人保矣。乃二十年来，军队无限之征发，官吏法外之诛求，任意朘削，顾忌毫无，人民宛转呻吟于暴政之下，反不若屈服而受保护之时，此中原因虽多（其原因非本文所应论及），而制度之不良，则为重要之一。总理准今酌古，舍短取长，合台谏与议会弹劾权，创监察独立制度，其周备为古今中外所无。国民政府特设监察院，以为试验，成立以来，已公布弹劾案多件，内地官吏受惩戒者，颇不乏人，苟能勇往迈进，人民更加督责与援助，则内地政治修明有望，而人民安居乐业可期矣。

自监察院实行弹劾职权，及将推行监察区制以来，内地官吏，已多知顾忌与儆惧，即素称跋扈者，亦略知敛迹，成效渐著矣。顾内地如此，而蒙藏则若何？蒙藏地域，亦吾国土；蒙藏人民，亦吾同胞也。前清以传统之怀柔政策，但求不我侵扰，为我藩篱，于愿已足，蒙藏之文化落伍，有清数百年实不能不负其咎。民国五族平等，若政府目光仅及内地，是轻蒙藏也。凡有良法美制，务求普及，而以监察制度，与人民更利害切身，尤不应视为化外。其形格势禁者，中央且宜设法推行，在政令所及之地，除设适宜之监察区外，因蒙藏人民之知识浅陋，更宜设法使之有真确之认识，则善政之施，不胫而走，只须真能解除一二民间痛苦，风声所树，整个蒙藏必倾心景从，统一前途，关系甚巨，民心得失，于此觇之！

至于蒙藏人民现时所受之痛苦，既深且巨，实因不肖官吏，素见民情驯顺，民力涣散，逞其贪残朘削之性，颐指气使于上，而人民乃俯首屏气于下，有讼狱之冤，而不敢争；有水旱疾病之灾，而不敢诉；有敲骨吸髓之诛求，而不敢不供；任意摧残，无从申诉。所幸监察院已履行职责，不分畛域，一视同仁，使身受压迫之人民，随时随地，根据法令所赋与之权利，要求保障。深望蒙藏有识人士，须力为倡导，作政府之后援，并联合同志，一面督促政府进行，一面宣传真谛，使同胞自求解放，上下合作，则前途乐观，可预卜焉！

《蒙藏周报》

南京蒙藏委员会

1931 年 77 期

（李红权　整理）

卜氏畅谈日人侵略满蒙

全国一致，不忘侵略　伪称彼属，常及儿童

舜　撰

（北平通讯）近访留学东瀛，因事旋国卜君，询以日本侵略满蒙之事件，据其答话如下：

（一）日人既以满蒙为其势力范围，对其经营不遗余力，不惟政府特别注意，即草茅之士亦刻不去怀，故一般文人，专门研究满蒙者有之，实地考查满蒙者有之，以致每年往满蒙调查者不下千余人，关于满蒙之著述，每年亦逐渐增加，其侵略之积极，其用心之险毒，诚令人触目心惊矣。

（二）日本对于满蒙，莫谓各大学必须研究，小学尤为注意。记一教习手持之桃对幼童而言曰："此桃汝欲食之乎？"众答曰："愿。"复又勃然变色而言曰："汝等既愿欲食此桃，当知此桃乃满蒙土产之果，在古者满蒙原属我国领土，后为中国攫有，现在尚未收回，实属莫大耻辱，汝等欲食满蒙所产之桃，当与中国努力奋斗，收回满蒙可也。"其故为此说者，不过欲其国幼童，对于满蒙有深刻之印像，以备将来侵略之中坚也。并且将满蒙绘入其国版图之内，对学生教授时，称之曰"我满蒙"。据此种种，虽侵略事实未全暴露于外，而侵略之心，实根深蒂固于内，吾爱国同胞当

注意及之。彼言之此，即因事外出，记者遂兴辞而返云。

《蒙藏周报》
南京蒙藏委员会
1931 年 77 期
（朱宪　整理）

那彦图条陈治蒙意见三项

蒋主席批交行政院核办　将派外蒙各部驻京代表

作者不详

　　蒙古宣慰使外蒙亲王那彦图，日前来京谒蒋，蒋曾在总理陵园招宴，那氏那〔即〕当面呈对于外蒙办法，条陈数项，蒋即批交行政院查核办理，其条陈内容，约分三项：一、请明令将蒙古宣慰使改组为蒙古绥靖督办；二、请征集蒙古王公及熟悉边情人才，组设蒙古建设委员会（或设治委员会）；三、请援内蒙古各盟旗联合驻京办事处例，准设立外蒙各部联合驻京办事处。并闻外蒙旅京同乡会那会长，已呈明国府，派余建中为驻京代表，请予备案云。

《蒙藏周报》
南京蒙藏委员会
1931 年 77 期
（丁冉　整理）

中法考察团侮辱事件与蒙藏人应有之觉悟

克兴额　撰

中法考察团，即中国与法国两方学术界人员组织而成之西北学术考察团体，曾订有中法两方《合作办法》，以资双方遵守，我方团长为中委褚民谊先生。其目的系中法双方互助，考察西北，俾在文化落后、辽阔广漠的边陲中能获得有学术价值上之贡献。不料法方团员，别有用心，自上月间双方团员在百灵庙会合出发后，不及旬日，法方即违反合同，举动蛮野，予我国团员郝景盛君以重大之侮辱！据郝等之通电内称："法方蔑视合作办法，在宣化摄照妇女小脚，乞儿丑态，以造成对我国作不利宣传之电影，不受中国团员监视（依照《合作办法》第十五条，摄取电影时，须由中国团长派中国团员随时监视，如监视员认为不得摄取时，得陈明中国团长，随时制止）。在张垣、百灵庙、贝勒王府以及会合前所经各处，任意摄照有声无声电影；六月一日，车队驻绥西乌盟哈亚尔麻图地方，法人正摄电影，中国郝团员往车上取物，误入摄影范围以内，车队长法人卜安，始而恶声相责，继而拳足交加，且云虽枪毙汝亦无不可，堪为电影片增加材料，兹先给汝华人一点教训。我国褚团长在侧，亦无法加以阻止。"此外所举受辱之事，不遑毕引，此种蛮行暴举，在我国领土内公然施行，不特有辱我国之学术团体，即我国家体面亦蒙莫大之耻辱矣。现已激动国人公愤，群起斥责，政府已下令停止该团前进，切查其行动，此可不论。

按此次中法考察团，立以合同，标以学术，其始也国人多在其蒙蔽之中，认为友谊的组合，学术的作用，无其他之野心在其内。而会合后出发未出旬日，即将此帝国主义者之狰狞面目暴露无余。再一按及彼方团员构成之分子，泰半属于军人，彼方之团长，曾为著名之探险家，又曾在菲洲迭演惨酷之凶剧，此来一变而为考察学术分子，宜乎其有"虽枪毙汝亦无不可"之兽语，加诸我方。然而吾人闻之，宁不骇汗咋舌乎！

又据《大公报》巴黎通讯：中法科学考察团之名义，在法国始终为"黄种巡察团"，而与"黑种巡察团"由菲洲携来之许多野蛮部落的东西，同占殖民地博览会之一室。嗟呼！吾之西北边陲已被任为野蛮部落矣！吾之种族已被任为同等于野蛮之黑种矣！吾之土地已被任为殖民地矣！无怪其照小脚，拍乞儿，摄有声无声电影，将我边地之风俗习惯，制为殖民地博览会之材料，此等大耻大辱，吾蒙藏同胞能不知所羞愤警惕、奋发洗涤耶！？

且于此吾人犹不能不唤醒吾蒙藏人士者：即历来之各国向我边疆组来之"考察团"、"调查团"等等云者，无论其标榜何义，揭橥何由，其骨子里皆包有侵略之野心，而实为先一步之调查、窥探与准备也；特此次中法考察团乃其中之显著焉〔者〕耳。他如边地之教堂林立，又何莫非帝国主义侵略之先锋。吾蒙藏同胞对以上侵略之团体，今后须善加注意，破其阴谋，勿与合作，方为吾人雪耻图强之一道。

抑且更有进者：此次中法考察团侮辱事件之起因，以我国团员不满意法方有摄照我边地不利宣传之电影为种子，是则国人对边疆之荣辱，引为一己之荣辱，国家之荣辱，无民族界限之意念存其间；则向来各帝国主义者，以民族之界限挑拨吾人分化者，观举国此次对法人侮辱我边地之一致愤慨，敌忾同仇，则吾边疆人民，凡有血气者，能不团结一致，以巩固整个中华民族之力量，共御帝国主义之凶焰耶？

《蒙藏周报》

南京蒙藏委员会

1931 年 78 期

（朱宪　整理）

察哈尔高等法院整顿司法

拟就计画六项　呈报中央部院

作者不详

本年三月间，东北最高分院简任推事萧敷详奉张副司令派长察省高等法院，该院长以改良司法必须详知各县之司法情形为入手办法，到任后曾亲往所属各县考查司法情形及看守所状况，回院后□以各县承审员职司审判，管狱员管理狱囚，任重事繁，非学识俱优、经验宏富不克胜任，对于以上两项人员资格，极为认真，不使其滥竽充数，近复委派本院主任书记官包箐露为张北等县之视察专员，作彻底整顿之准备。曾以考查、视察之所得，拟有改革计画，呈报中央部院及东北政委会，内容共分六种：

（一）修葺院署房舍。

（二）整顿司法收入。

（三）慎重人选资格。

（四）添设正式法院。

（五）提倡监狱作业。

（六）划一各种用纸簿册。

刻均逐渐见诸施行。以上六项，以添设正式法院一事尤为煞费经营，盖察省只万全首县设有地方法院一处，张北、多伦两县亦仅有简陋之司法公署，余均由县长兼理司法，窳败不堪，此次将两法署改组为正式法院，使之完全与行政脱离，定期七月间正式成立。而察省司法经费又极竭蹶，努力整顿，尤费苦心云。

《蒙藏周报》
南京蒙藏委员会
1931 年 78 期
（朱宪　整理）

外蒙兵枪杀乌盟章京案

边卡守兵越境图财害命　准绥省府咨报呈院核办

作者不详

　　蒙藏委员会准绥远省政府咨据乌兰察布盟咨陈：章京图布登丕勒、昆都松达尔等，带领喇嘛、黑人，于旧历四月三日，前往本旗东北边界致祭察拉山。行抵山岭，正在堆记前讽诵经卷时，适外蒙边卡台站，来有枪兵十余人，不分皂白，开枪击射，章京等均被边兵枪杀毙命，请予严重交涉，以安蒙民。该会据情，已提交九一次常会，决议呈院核办。兹录该项原咨于下：

　　为咨请事：顷据乌兰察布盟盟长喀尔略〔喀〕〈右翼〉扎萨克云栋旺楚克咨称：兹据本属梅楞章京达米陵锡楞报称：管旗章京图布登丕勒、昆都松达尔等，带领喇嘛、黑人、兵丁共十余人，于旧历四月三日前往本旗东北边界致祭察拉山。行抵山顶，正在堆记前陈设祭品、讽诵经卷间，适有由外蒙边卡台站来有乘马者十数人，猝然开枪射击。渐到近处，经昆都松达尔等高声呼喊云：我等系来祭山之人，请勿开枪，遂即迎往见面，始暂停枪声。及至跟前，不令返回，一言不发，仍接连放枪。当时无法，只得将所有帐房、祭品、财物、全鞍鞯马六匹、带屉架驼一只、铺垫、吃食等物，全行抛弃，各人仅只身逃脱。不意管旗章京图布登丕勒、喇嘛奇哩克巴勒桑等，卒视〔被〕枪弹击中身死。其余生存者，幸未被拿获等情，据报前来。当经本处行文外蒙西南边界管理台站处质问，因何枪击管旗章京图布登丕勒、昆都松达尔、喇嘛奇哩克巴勒桑、兴丁呢玛等，并何故将马匹、帐房、财物抢去，请速答覆，以便遵照处理。第两次差人前往，递送公文到边卡时，经该卡兵迎阻，不令入境，声言将公文须交我转送。收文后，并不发给回执。等候月余，亦无片纸只字答覆，徒然返回。查外蒙边界台站卡兵，不讲公理，俨然以盗匪能力欺压本中国边界懦弱蒙民，杀伤人民，抢掠马匹、财物，显系有意扰乱，似应援照彼例，派兵将该台站官兵拿获，并将牲畜赶回。惟此案既关两国交涉，自应先行陈报，相应咨请鉴查，此事究应如何办理，即请迅速示覆，以凭遵办等情到府。查该站兵等竟敢图财害命，殊属凶顽已极。现在外蒙受赤俄诱惑，属〔屡〕在边境肇事，毫无忌惮，若不严重交涉，深恐益长恶焰。据称前情，相应咨请贵会查照，转请核办，并希见覆，以凭转知。此决议。主席李培基。

《蒙藏周报》

南京蒙藏委员会

1931 年 78 期

（朱宪　整理）

对万宝山案与朝鲜排华事件
内蒙同胞应有之认识

真　撰

自骇人听闻之万宝山与朝鲜排华事件发生后，我全国同胞莫不心痛发指；报纸记载，几至泪同墨流，狼子野心之日本，势必重演五三惨剧而后快。东部内蒙为近火先焦之区，对此惨无人道之悲剧，尤应有明了之认识。兹列举三点，以告内蒙同胞。

日本以三岛小国，地狭人稀，粮食不足半年之用，势不得不向外发展；但环顾周围，列强林立，惟一出路，只有侵略我国，实行其满蒙政策。所谓满蒙，指辽宁、吉林、黑龙江三省及东部内蒙（热河）而言。其地势平坦，土质肥沃，气候温和，特产丰富，在中国农业上占重要之地位，全面积为七万四千方里，人口不过三千余万。即以农产物一项而论，在经济的价值上全年农产物及杂谷等不下十三亿元，倘再加以改良，每年产量不难达到二十亿元。其他如煤、铁、石油等皆为日本生存之资料，是以感受原料缺乏之日本，事实上不得不仰赖满蒙之供给。满蒙与日本之关系既如是，故万宝山案与朝鲜排华事件发生背景，不外以下各种原因：

（一）币原外相初任外交，所抱对华外交政策为稳健的外交，对华表示好感。嗣为国内反对党责其懦弱无能，当局为缓和空气计，不得不一转亲善的好感，而为积极的侵凌。

（二）苏俄五年计划，无异对日准备作战，日本为预为布置计，不得不以万宝山事件为借口，出兵东北。

（三）中日感情甚恶，将来难免一战，朝鲜将来如帮助中国，日本之大陆政策，根本必须失败，是以必须先离间中国、朝鲜之感情，使无携手之机会。

（四）日本之不景气，日加紧迫，失业问题，日趋严重，为解决失业问题，遂将朝鲜人逐至我东北境，移植其国民至朝鲜。

有以上四种原因，故万宝山案与朝鲜排华事件，明白为日人所演之双簧剧；假手杀人，日本应负全责。吾人必须认清敌人为日本，并非受愚弄之朝鲜人，此内蒙同胞所应认识者一也。

阴险鬼祟，狡诈卑污，为日本民族之特性。导之以分化，临之以武力，尤为日人惯用之伎俩。前曾利用朝鲜人以杀朝鲜人，如以朝鲜之"京城青年会"、"火曜会"、"扶风会"、ML 党等，以减削朝鲜独立运动，于一九二六年，又以减〔阴〕谋暴动之罪名，将各会党数千青年，扫数处以徒刑。其侵略满蒙也，亦利用各种小团体如所谓"皇化联名"以愚弄满清余孽与蒙旗不肖王公，以分化我边疆同胞，冀以乘机攘夺。今则极分化之能事，利用朝鲜人残杀吾同胞，此种狡猾之惯技，凶横之野心，吾人应识透其阴谋，幸勿堕其陷坑，此为内蒙同胞所应认识者二也。

总理孙中山先生有言："抵抗帝国主义的方法有两种：一是积极的，就是振起民族精神，求民权、民生的解决。一是消极的，就是不合作，不合作是消极的抵制，使帝国主义者减少作用，以维持民族的地位，免致灭亡。"此总理诏告吾人以完善之方法，凡吾同胞，应时刻莫忘。积极的办法，须全体同胞统一意志，团结精神，生聚教训，卧薪尝胆，以求我中华民族自由独立于世界。消极的办法，即目前应付之方策，凡帝国主义者一切巧妙名目，多含有侵略之野心：如中法考察团事件，名为学术团体，不旋踵间，其阴谋即以暴露，前期本报已论之甚详。万宝山案由于租种水田为导火线，假使不与合作，屏弃于千里之外，则帝国主义之毒计，亦无由得逞，此又为内蒙同胞所应认识者三也。

以上三点，于内蒙同胞，有切肤之关系，生死存亡，必须努力自拔，望勿河汉斯言也可！

《蒙藏周报》

南京蒙藏委员会

1931 年 79 期

（朱宪　整理）

喀喇沁左旗人民望治情殷

政治不良，匪势猖獗；人民困苦，应速兴革

周　撰

（卓盟通讯）卓盟喀喇沁左旗，自近年来，水旱天灾，土匪扰攘，几无宁岁。但最甚者，惟有去岁春夏酷旱，秋重水灾，水灾之后，即有土匪盘旋于左旗境内，勒绑人民，蹂躏地方，但该管之扎萨克不敢过问，于是人民被迫为匪，或被绑毙命，或倾家破产，种种惨痛，不堪言状。因此共同团结，求救于扎萨克，该扎萨克见势难已，即派人往热河省城购买快枪二百支，以为击匪之用。枪价每枝九十元，运到旗下，向民间按地亩摊派，每有三十亩必派枪一枝，每五十亩派枪两枝，但每枝均以一百五十元为实价。还有派枪的旗员，每到乡间，借端敲诈，任意勒索，稍有不及，即行捆绑吊打。当这水旱天灾、土匪扰攘中的一般艰难困苦的农民，购此重价之枪，犹感痛苦，又经这种无人道的贪员勒索蹂躏，虽非土匪，其害倍甚。及将枪支派竣之后，虽云击匪，因无真正领袖负责，所以击匪反为引匪，匪见势即公然猛进，盘踞于该旗附近之唐神庙及西山咀子一带，民团与匪对峙，相攻不下。当此声势日紧之时，该扎萨克竟以七百元欲纳民女为姜，卒在附近寻得，就派人接至旗署内居住，于此可见该扎萨克之腐化，及对民众之心理如何了。及匪与民团在此两处对垒之际，幸于某夜大雨滂沱，该贼多在山谷间盘旋，又为饥寒所迫，渐次退出。且

该扎萨克每日只以吸食鸦片、坐拥姬妾为事，对于政治若何，毫不过问。因此一般贪官污吏，任意剥削，每有事于民间，所谓委派之旗员，皆系乡间无赖，曾在旗署内向某贪官运动而来，所以去到民间，大张贪囊，任意搜括，不论民间困苦如何，只图肥己而已，回到旗署，贡献贪官，因此受任长久，弄得现在民穷财尽、困痛难堪，倘该扎萨克再不觉悟自新，设法改良旗政，将置人民于死境，真是危极险极。

《蒙藏周报》

南京蒙藏委员会

1931 年 79 期

（朱宪　整理）

喀喇沁中旗蒙民之诉讼争执

越诉意在逞强　听诉必求明察
酿成权限争执　审判须顾双方

作者不详

（卓盟通讯）本盟喀喇沁中旗，前据蒙民老虎尔、明善庆等，呈控其族人银线子、林沁扎布母子二人，图霸近族绝支柱隆阿〔吱〕之遗产等情，当经该旗署于去年秋间，查明判决，两造均已具结完案。迨至今春，复据该老虎尔等，呈诉银线氏母子，强种园地，不服邻佑调解，且径赴大宁设治局越诉，领来身着军衣之人，强行传拿，被迫无奈，为此呈恳提讯，维持原断等情。该旗署正核办间，适接大宁设治局咨达此案情形，旗署当即覆文，咨请设治局，即将被告银线母子，就近交由驻宁旗员，带回候讯。设治局则以蒙民诉讼案件，应归县审理，交涉将老虎等交出，以故彼此争提，相持不下。且大宁设治局以据银线母子呈诉后，曾派法警持票往传被告人等，旋据法警禀覆，该被告老虎、明善庆，率弟虎劳，伙同蒙古牌头福全，不但不服传唤，且一齐下手，殴伤法警，撕毁传票等情，故认为此案，已由民事转入刑事范围，更应由县提传，依法侦查办理。闻将详细情形，呈报上宪，现已奉令，该老虎等，既属殴警撕票，应由设治局严传究办，以示儆戒。旗署并准省政府咨文，令将各该当事人，即行交出，听候法办。此案将来究竟如何解决，现尚不悉，而该蒙民等，因争产涉讼，情节微末，本不足道，惟查蒙民习惯，因不能精通汉文汉语之故，恐到县有词不达意之虞，每逢县役传拘，率多夤缘敷衍，避不到案，而在旗署败诉者，又必赴县以求直，故此类案件，不一而足，诚现在蒙民词诉之纠纷问题也。此案设治局暨旗署之呈咨内，层层理解，各执一词，尤足为国人关心蒙事者之参考焉。兹将设治员呈热河高等法院等处原文探录于左：呈。为呈请事。窃查属治境内，汉蒙杂居，设治员莅任之始，迭经正式宣言，化除界限，平等待遇，一视同仁，不稍歧异。嗣于四月初旬，受理蒙民长有告诉蒙民老虎分霸遗产等情一案，经职依照普通讼诉程序，批示传讯，并即派警持票往传。旋据去警党有序呈覆内称：遵即前往，协同蒙古牌头福全，按名指传，此时被告老虎、明善庆，均在家中，并不服传，声言须归王府管辖，决不受设治局传唤等语。法警稍事理诘，该被告老虎率弟虎劳，并明善庆、牌头福全等，一拥下手，将法警痛打一场，并将传票撕毁，腰中所带现洋二元，亦被搜去，法警孤身无奈，只得负痛逃回，请迅速设法拘办等情。查该警所称各节，该被告等胆敢恃为蒙民，公然妨害公务，殊属大干法纪，即经分令大城子公安分所所长崔长青，公安游击马队队长乌维龙，就近拘捕此案现行犯老虎及其弟虎劳，并明善庆、牌头福全四名，送案讯办，仅将明善庆获案。一面将本案经过情形，函达喀喇沁中旗扎萨克公署，请其转饬各蒙民，以后勿再发生此种行动，触犯刑章去后。兹准该旗署覆函称：径启者：案据旗属下八素台乡蒙民老虎、明善庆等，呈为图霸遗产，借端诬赖，牵累无辜，恳乞鉴准提讯，维持原断，以安懦弱事：窃民等近族绝支柱隆呋遗产，被其已嫁孙女银线子、林沁扎布等，谋霸变卖得财，爰于去年八月二十四日，民等举发，呈报钧署，蒙准饬查俱实，经亲邻色卜扎布、必力古路尔等七名，出为调解，奉批照准，柱隆吱绝支，按旗例规定，查明近族统系，合令老虎之侄双宝承续，接嗣香烟，将遗产房身地一亩，园地五亩，野地六十亩，草房三间，碾子一盘，大小果子树四株，给继子双宝作为差产，至其孙女银线，虽属已嫁之女，但念穷苦无倚，姑准给牛三头，在园地所获之本年烟物，一并给拨，免生枝节。该银线等，甘愿具结完事，有案可稽。不料于今春该银线、林沁扎布母子，将野地五十亩，硬行强霸，又复不足，勾串讼棍赵青云、赵青山，欺民懦弱，蓄意谋霸，竟于三月二十四日，率领众人，将民侄双宝之园地强种，经邻人解劝，为此曾据实呈报，奉委查实，传案候质。讵知银线等心怀叵〔叵〕测，灭良诬赖，领来面生身穿军衣之人，并无当地官人，径至民家，银线率领多人，将民第〔等〕住宅包围，该军人直入住屋，自称由大宁县所派，捉拿明善庆、老虎等语，来势汹涌，如捕贼匪，不容置词，逢人便拿，使民等全家，不得工作，被迫无奈，只得叩乞鉴核，恩予提讯，维持原断，以安懦弱，并惩不安分之徒，以儆刁邪，则感大德无极矣等情。据此，查该银线氏，既系已嫁之女，又得该遗产之一部，何得再生事端，遇事滋扰。案查前热河都统汤第二二八号咨开：为咨行事：案准蒙藏院咨开：准卓索图盟长咨呈称，近据本盟各旗先后呈报，准热河都统咨转，据考察吏治委员报称，各蒙旗公署，既为行政机关，即无权受理司法，所有蒙民民刑讼诉，一律改归各该兼理司法之县公署呈诉，勿再由蒙旗受理，咨请查照见覆等语。查蒙旗原有之管辖治理权限，一律照旧，载在《蒙古待遇条例》，前奉大总统明令，通行遵照在案。且蒙旗言语、习惯不同，实有特殊情形，应请鉴核，对于蒙旗权限，重申公布，俾资信守等因到院。查关于蒙汉讼诉办法，前于民国六年三月间，东蒙宣抚使呈规复旧章以清诉讼案内，经由本院会同司法部，咨呈国务院，当经国务会议议决，凡蒙民一切刑事案件，及蒙汉民相控之民刑案件，概归县知事审理，维蒙民互控民事案件，得由扎萨克自行处理，庶清权限等因，函由本院通行在案。兹准卓盟长咨称前因，相应咨行贵都统查照，凡关于蒙旗诉讼案件，仍宜依照前案办理，俾免纷歧等因。准此，查本案前据审判处处长张永德呈称，据考察吏治委员报告，此次考察凌源、建平、朝阳、阜新、赤峰、经棚、绥东各县蒙旗公署，对于所管蒙民民刑诉讼案件，仍沿前清旧习，受理审判，殊与现行法制不合，且不合诉讼程序，于司法影响甚巨，即应取缔，以重法权等情，同时并据各县蒙汉人民，呈控各蒙旗扎萨克及蒙员等，擅理民刑诉讼，勒贿刑讯之案，层见叠出，甚至平泉县有蒙旗台吉，公然私设公堂，擅理词讼，讹诈乡民，节经本署饬县查禁，适审判处所呈各节，切中时弊，当经指令照准，并咨行蒙旗各在案。准咨前因，援引民国六年规复之蒙汉诉讼法，既无明令废止，当然有效，但对于办法内所订之范围，若不明晰解释，稍涉含混，易滋流弊。查原办法，凡蒙民一切刑事，及蒙汉民相控之民刑诉讼，慨〔概〕归县知事审理，自无疑问，惟蒙民互控之民事案，系专指家务、财产权之争执，及承继涉讼而言，因蒙民家世统系，多有差缺，关连册档，均存扎萨克，故属此项诉讼，划归扎萨克自行处理，以期捷便，并非言语、习惯上，有若何特别情形也。准是论断，除属于蒙民家务、财产所有权争执，及承继涉讼事项，得由扎萨克受理外，其余蒙民一切民刑诉讼，均应归所管县知事，或设治员，依法审判，以重法权，而免流弊。除咨覆并分行各蒙旗暨通令外，相应咨请贵旗查照，并转饬所属，一体知照，此咨喀喇沁中旗等因。查该蒙民等呈诉各节，适与前咨相符，自应归敝旗署受理，依法讯办，以资捷便，并符功令。兹据该民呈诉前情，自应准予提案讯办，除指令外，相应函请贵设治局，烦为查照文内事理，

希将原被当事人（未完）①

《蒙藏周报》
南京蒙藏委员会
1931 年 80、81 期
（李红权　整理）

---

① 未见后续刊载。——整理者注

各盟长电请保留盟旗制

文化习尚，异于内地　请留旗制，卫国利民

作者不详

内蒙各盟旗驻平代表会，近已正式成立，特联电国府，请保留盟旗制度，兹将原文照录于后：

南京国民政府、陆海空陆总司令蒋、副司令张、行政院、立法院、蒙藏委员会钧鉴：窃维建国之首要在民生，训政之初，端资建设，是以诸凡措施，固贵依势而利导，庶政治理，尤重因地以制宜。况我国民族，风俗、习惯、言语、文字、宗教等各族不同，趋向亦异，设不变通制治，匪特徒法莫能行，且感扞格而难入。此蒙古民族情形之特殊，历世以来，未加变更，即或变更，亦必循诱渐进，概未操之过急，唯恐启惊伯有，贻误边陲，唇亡齿寒，实深畏惧，筹谋盟旗事务者，无不审慎周详，再三致意焉。查盟旗制度由来既久，蒙民信仰，印像已深，内蒙各盟旗迄今相安无事者，确赖该制度以相维系，非如外蒙被赤，容易煽惑，朝秦暮楚，甘为他人奴隶，一蹶不振，良由外蒙民众心理，以从前中央措施，胁迫威吓，背乎蒙情，故不惜挺而走险。盟长等曾经电请保留盟旗制度，职是之故，并非自图荣誉，无病呻吟。再查《蒙古待遇条例》，系孙先总理为临时大总统时所拟定公布，垂二十年，遵守勿替，深佩总理洞悉蒙情，若不优加待遇，诚恐边陲有事，噬脐何及。乃末谙者，顿以盟旗制度应加更改，《待遇条例》

应予免除，殊非良谋至计。现时赤俄倡乱，久欲内侵，盟旗制度若勿保留，如失长城，《待遇条例》必予废止，如去指臂，真不啻为渊驱鱼，为丛驱雀，将来祸患伊于胡底。近见各扎萨克之任命状均特书荐任，是何根据，莫由臆揣，似宜援照《待遇条例》，仍旧承袭，以符其制。在现时承袭二字，视觉非当，惟前所陈述，具有特殊情形，赖以维持，亦势之必然。至于蒙民生计，向恃游牧以为生活，自开垦政策施行，蒙民莫得游牧，司农不惯，均经迁移，民族人口非特减少，且于治安尤有关系，我先总理之所以提倡民生者，谅非此意。矧游牧关于工商，裨益匪浅，应速奖励扶助，不当摧残破坏，已开垦者姑置无论，未开垦者迅速禁止，则蒙民生活，庶其有豸，巩固边陲，胥于是赖。以上陈述保留盟旗制度，维持《待遇条例》，禁用开垦，以图生存等事项，业经盟长等飞电恳求，幸蒙政府采纳，于《约法》第七章第二节第八条载有蒙古、西藏之制度，得就地方情形，另以法律定之等语，并议交立法院办理，仰见政府一视同仁，体念边陲之至意。但法律本乎人情，立法尤采诸习惯，内蒙情形既属特殊，所有以前之恳请，伏乞俯念边防重要，予以充分采纳，明令公布法律保障，使内蒙民众安居乐业，勿相惊扰，于民国前途莫大希望，则不胜切祷待命之至。哲里木盟盟长齐默特色木丕勒，昭乌达盟盟长札葛尔，锡林果勒盟盟长索纳木拉布坦，乌兰察布盟盟长云端旺楚克，伊克昭盟盟长沙克都尔扎布，呼伦贝尔副都统贵福，阿拉善亲王搭旺布加拉，察哈尔代表卓特巴扎布叩。漾。印。

《蒙藏周报》

南京蒙藏委员会

1931 年 81 期

（李红权　整理）

内蒙各盟旗驻平代表会之成立

议决要案有九件　成立驻平代表会
专为蒙民谋利益　招待记者告经过

（北平通讯）在国民会议时期，内蒙各盟旗代表，为谋永久协进各盟一切事宜起见，纷纷来平集议蒙众利益，先后到者，计三十余人，特假地安门内嵩祝寺，集议研究，期近两月，凡所议决要案多件，实属妥善精详。拟地〔在〕北平设一办公处，以期便利，已将所拟办法，具呈副司令行营转呈国府行政院核准备案，未蒙核准之前，暂在东单西裱褙胡同九号，先用驻平代表会名义，开始办公，业已宣布正式成立。旋即联电国府，请保留蒙旗制度。该会又特假撷秀食堂招待新闻界，由锡盟副盟长兼察省府委员德穆楚克栋鲁普，与哲盟盟长代表兼驻平代表会首席代表阿穆尔沁格勒图等招待，报告经过，该代表等近以事毕，均拟离平回旗，德副盟长，先行遄返。兹将该代表会议案，通电（文见要闻），与驻平代表会简章，分志如次。

内蒙各盟王公代表会议决案：

（甲）旗制、待遇及游牧：（一）查盟旗制度有攸〔悠〕久之历史，内蒙迄今相安无事者，全赖该制度以相维系，《待遇条例》，系先总理所拟定公布，良由内蒙关乎边防事宜，若不优待，诚恐边陲有事，噬脐何及。至于游牧生计，蒙众赖以生活，自开垦政策施行，蒙众所感痛苦，笔难罄述，设不禁止开垦，祸患将来伊于胡底，应速分别电请国府等速予保留维持，以固蒙疆而维秩序。（乙）驻平代表会组织：（一）为协进内蒙各盟部一切事宜，而谋蒙众利益起见，议决即时组成内蒙各盟旗驻平代表会，并通过该会简章，已于本月二十三日成立。（二）议决共推哲里木盟长代表阿穆尔沁格勒图为首席代表，以总理该会一切事务。（三）该会经费，暂由内蒙各盟部及特别旗分别担负，俟驻平联合办事处成立时，请由国府及地方政府补助之。（丙）关于兴革之议决：（一）现在内蒙情形，正当外患逼迫之秋，所有一切政治制度，绝保持原状，以固边防。（二）内蒙一切事宜，必须各盟部采取一致，不得各自为谋，以害全体而乱秩序。（三）关于南京蒙古会议决议案，本会同人等以为既非内蒙全体所参加，又不适用于实际，似宜视为参考之用，不能认为具体适用之方案。（丁）关于教育之议决：（一）对于内蒙教育通行方案，应由驻平代表会拟定详细办法，交由各盟旗长官采择施行。（二）对于中央所拨蒙古教育经费，应由内蒙驻平代表会与蒙藏委员会接洽，必须共同决定公平妥实之处理办法，以专备蒙古教育费用。（三）应于最短期内在北平筹设蒙古学院，造就各种人材，其经费一项，应由中央蒙藏教育经费内拨出相当额数，作为基金。（四）内蒙各盟旗就现有各级小学竭力整顿外，其未设学校之各旗，亦应于最短期内一律设法创办。（五）对于内蒙各盟部应设中等学校之问题，除将已经设立中等学校外，应由中央教育经费内补助之。（戊）关于文化之议决：（一）对于促进蒙古文化之团体，必须加以充分之赞同并予以相当之协助，以为提高吾内蒙文化之张本。（二）对于内蒙固有之建筑、雕刻、绘画、音乐、游艺、诗歌、赛马、摔跤等等文化，均当加以研究，并当努力提倡。（三）为沟通各种文化而开发蒙众知识起见，俟筹有相当经费时，必须设立规模宏大之图书馆，重印蒙文《甘珠尔》《丹珠尔》等佛经，及编译各种书籍。（己）关于宗教之议决：（一）黄教为感化人心、维持蒙古社会之最大势力，而喇嘛等之宗旨，即〔既〕以讲经说法感化人心为唯一职业，故对于喇嘛等之行为，整顿教规，刷洗积习则可，若视为失业流氓，另为谋有职业，是不啻毁灭黄教也，故本会同人等为振兴黄教、尊崇喇嘛起见，必须一致拥护喇嘛等，请由政府维持生活，而尽护国宣化之功德。（二）为发扬黄教、崇奉班禅起见，由内蒙各盟部及特别旗捐助巨款，在内蒙锡盟建筑班禅驻锡大庙以便礼拜，而坚信仰，业经公推阿穆尔沁勒图筹备一切事宜。（三）章嘉呼图克图为内蒙黄教之著名首领，亦为内蒙各盟部最所崇奉，今因用人失当，授人口实，发生种种不幸事变，窃为吾内蒙人民共所痛心，兹为保障黄教、拥护章嘉起见，对内则必须促其整顿教规，对外则必须使其恢复尊严，是为发扬内蒙黄教之要图，亦即为完成吾内蒙各盟长通电拥护章嘉之最大事件也，故对于维持章嘉呼图克图运动，必须继续努力，不得半途废弃。（庚）关于交通之议决：（一）整顿内蒙各盟部原有之站台设备，而在各盟部间，必须互相联络，接成一体。（二）设立资本雄厚之内蒙长途汽车公司，使各盟部及与内地均能交通无阻，是为目前要图。（三）现在内蒙方面，实为今日西北边防之要冲，故为消息灵通、关系密切起见，请由政府责成交部，就内蒙各盟部重要地点，必须急速设立有线无线之电报及电话，以为巩固边防要图。（辛）关于联防之议决：（一）现因内蒙方面，内则匪患蔓延，外则外蒙犯边，一盟骚动，往往波及他部，兹为保障内蒙安宁起见，必须互通声气，共同防御。（二）为充实内蒙各盟部之筹备势力起见，请由政府拨给专款，以充军实，并发枪械、子弹以固边防。（三）为急求军事学识人才起见，各盟旗择选精干青年，投入各军事学校以资造就，或在蒙旗择相当地点筹设军校，请由最高军事机关派员教导之。（四）为整顿各盟部之警备实力起见，必须勤加训练。（壬）关于生计之议决：（一）现时内蒙人民，除一部分蒙汉杂居之处，稍有从事农业外，其他各盟部，所有人民，均以游牧为生活，而游牧生活之存在，完全以牧场为基础，兹为遵照中山先生所提倡之民生主义，而保障蒙古民族生计起见，除已开放各处不计外，其他各盟旗所有牧场，不得任意放荒，而断送蒙众之生路。（二）吾内蒙人民之生计，既以游牧为基本，故研究保护牲畜、蕃殖牲畜之方法，实为唯一要图，如愿发展，尤以改良牲畜最为适当，此为今日必须提倡奖励者也。（三）当此工商经济竞争之世界，欲使吾蒙古人民急起直追，必须提倡工商业，如黄油、肉类罐头，及皮革、毛织等，实为吾内蒙人民发展实业之最要办法。

附内蒙各盟旗驻平代表会简章：

第一条　本会定名为内蒙各盟旗驻平代表会。

第二条　本会以协进内蒙各盟旗一切事宜，并谋蒙众利益为宗旨。

第三条　本会代表，由哲里木盟、昭乌达盟、卓索图盟、锡林果勒盟、乌兰察布盟、伊克昭盟、呼伦贝尔旗、察哈尔十二旗、阿拉善旗、额济讷旗、西土默特旗、依克明安旗各派代表一人组织之。

第四条　本会各代表，各盟旗长官择名望素著、熟习蒙情者派充之。

第五条　本会由各盟部长官，指定首席代表一人，总理一切事务。

第六条　本会所有一切事务，由代表会议表决之。

第七条　本会开会，由首席代表召集之。

第八条　本会选任秘书长一人，秉承首席代表意旨掌理会务。

第九条　本会各股职权如左：

1. 总务股，掌管文牍、会计、庶务、交际，及不属后二股之事项；2. 文化股，掌管关于筹划教育、编辑书报、提倡学艺等事项；3. 经济股，掌管关于发展牧畜、振兴工商等事项。以上各股设主任一人，股员若干人，及雇员若干人，均由代表会委任之。

第十条　本会经费，须经代表会议编造预算，由各盟部分担之。

第十一条　本简章如有未尽事宜，得由代表大会修正。

第十二条　本简章自本会成立之日施行。

《蒙藏周报》

南京蒙藏委员会

1931 年 81 期

（李红菊　整理）

内蒙各旗拥护中央

作者不详

内蒙地接外蒙，外蒙已为赤色所化，抗命已久，稍一不慎，必受荼毒。内蒙较大区域，厥为绥省所辖之乌兰察布盟、伊克昭盟，共有十三旗，绥远省府曾遴选干员分派各旗实施调查，关于山川形势、特产、户口，以及各旗之组织法，民生经济，无不分类列表统计。现据各员报告，颇称详尽，而于调查之中，尤寓宣抚之意。以是汉蒙官吏感情极称融洽，各蒙旗长官对于政治的兴味，亦日渐浓厚。因乌、伊两盟盟长云栋旺楚克，与潘弟若〔恭〕札布，皆充省府委员，并为各旗联合起见，又办一乌伊两盟十三旗联合办事处，各旗轮班领事，以是汉蒙之间，毫无隔阂。

近各旗札萨克，每联翩晋省，其倾向之热忱，大异寻常。向来各旗讼案，悉由王府滥断，毫无规程，近则案情稍重，即解省府，以表尊重中央及地方政府之意。只看各旗王公情势，不仅于所在地于汉官如此接近，即南京蒙藏委员〈会〉，与东北之政务委会，凡有所召，无不兼程而往，且各携有汉文秘书，条陈设施意见，恭缮整顿计划，并不落后。顷者绥之乌、伊两盟，察之锡盟，与左右行〔四〕旗，热之卓盟各旗，悉奉东北长官司令公署政委会之召，均先后东下，出席议会。并闻锡盟盟长德王希贤，携珍品多类，以献当道，借表倾向之殷。据现在内蒙各旗情势论之，苏俄□化，尚不致遽伸到内蒙，彼除封锁交易，与苛待库伦华商外，毫无进展之可能云。

又近各蒙旗王公拟自动的组织首都观光团。闻观光团之组织，以各蒙之王公、贝勒为团员，经费自由筹备。期前照会地方政府保护，并函请蒙藏会临时指导。其在观光之前，先行招集观光团员，然后规定路线，西蒙、南蒙在绥远小集合，东蒙会合西、南在北平大集合，然后由蒙藏办事处备车南下。其观光之目标除谒陵外，即视察蒙委会对于蒙旗教育、实业、宗教之设施与计划，以便各回原地酌量进行，免得空文往返，需时误事，就便看看金陵古迹，以外学校、工厂、寺院，亦拟同时参观。并拟举出善于言词者，在公共俱乐部开一研究西北问题演说会。蒙人如此开通，可谓近数十年来所未睹云。

《中央周报》

中国国民党中央执行委员会宣传部

1931 年 145 期

（刘哲　整理）

察省府拥护国议电

作者不详

（衔略）均鉴：本年五月五日，为中央召集国民会议，遵奉总理遗教，以竟革命全功，上体谆谆付托之重，下慰喁喁望治之殷。不平等条约，首予铲除，大无畏精神，从兹发展，训政建设，次第实行，巩固邦本，薄海腾欢。除率全省各界敬谨庆祝，并竭诚拥护外，特此奉闻，诸维谅查。察哈尔省政府叩。铣（十六日）。印。

《中央周报》

中国国民党中央执行委员会宣传部

1931 年 155 期

（朱岩　整理）

察省党部对中华国产商场案之表示

作者不详

　　察哈尔省党部以上海中华国产联合大商场，无故被英国帝国主义者勒令停业，实属无理横蛮之极，特通电全国反抗，俾交涉胜利，原电如次：

　　（衔略）顷阅报载，得悉上海中华国产联合大商场，于六月九日下午三时，横被公共租界捕房派捕勒令停业，将全场各门一律关锁，并派捕监视不准出入，厂商、职员及来宾、因事来场者，竟被门捕殴辱，复拘捕看押商场职员王建新、叶祖声等。查帝国主义者挟其不平等条约，占我土地，毁我法权，种种横行，殊属已极，凡我国人，无不愤恨，故于国民会议宣言废除一切不平等条约。现值国人一致拥护努力废除之际，而彼帝国主义者，稍明是非，应如何顾全友邦，从事放弃一切不平等条约，乃不此之图，犹肆凶暴，逞其兽欲，是而可忍，孰不可忍。本处除电请中央严重抗议，并加紧废约外，尚望国人一致奋起抗争，以雪国耻，而安民生，党国幸甚。中国国民党察哈尔省党务特派员办事处叩。皓（十九日）。印。

《中央周报》

中国国民党中央执行委员会宣传部

1931 年 161 期

（朱岩　整理）

察省政治之概观

作者不详

张家口通信：察省主席刘汝明就任以来，对于察省政治，力谋改进，曾标示"保卫治安，澄清吏治，严禁共匪，敦睦邦交"四项政策，以作施政之张本。月来在困难环境中，应付一切，颇为得当。惟察省目下唯一之难关，厥为财政问题。盖察省财政收入，向赖税收为唯一来源，地方田赋，尚居其次，良以张家口为与蒙古库伦通商之咽喉，往年张多关每岁收入，皆在一千数百万元，张家口商务繁盛，地方税收，亦大有可观。自蒙古问题发生，库、张间停止通商，非特税收断绝，张家口商业，亦大受影响，又加察北六县，相继弃守，田赋收入，减出三分之一。察省十六县，每年田赋总额为三百余万元，现预计本年收入，已不足二百万元，而间接巨大之损失，尚不在内。刘汝明接任主席时，适当上下忙并征之后，赋税已无收入，而且财政亏空三十余万元，大感无法应付。故现在察省几无财政预算之可言，仅采取撙节政策，对开支力求减缩，在无办法中，努力苦撑，但对于地方建设，仍就财力所及努力为之。新建设大洋河宣洋桥，用款三万余元，对于教育经费，亦力谋改进，本年并增加教育费四千元，以为增设高中班之用。察省驻军，除刘氏之一四三师直属二十九军，军饷由中央拨发外，此外尚有保安处每月经费三万余元，地方军四旅每月开支十三四万元，两项共在十七万元，悉赖地方收入以资维持。

察北口外之张北、沽源、康保、宝昌、商都、多伦六县，及崇礼、尚义、化德三设治局弃守之后，消息隔绝，一切真相，外间知者极鲜。张垣与察北六县之交通，现仅有日商经营之文林、东鲁、张多、大北四汽车公司，往返车辆，检查乘客甚严，除商人外，他人殊难通行。据此间所得消息，蒙古伪政府，号称三军，实不过万人，李守信充伪军政部长，所部约二千人。另有王道一充任边防司令，所部亦在千人左右，闻山东之杂牌军人赵奎阁、王子修等，皆在王部任职。闻蒙古伪政府设在嘉卜寺，刻正扩充势力，编制飞机队、机关枪队、坦克车队等，故前途尚未可乐观也。察北六县弃守后，张家口大境门外数里之遥，即为他人势力范围，幸张家口市面，安谧如常，人民亦尚安居，每日太平公园、森林公园、中山公园等地，皆游人云集，傍晚尤众，不过市面商务，因受时局影响，萧条异常。据商会主席王道修、常务委员王桂堂等谈称：张垣商号共三千三百家，加入商会者二千三四百家，未入商会者千余家，商品以皮毛、粮食为大宗。在昔察省与蒙古库伦照常通商时期，张家口贸易额在五千万元以上，今则营业一落千丈，已不满三千万元矣，且商家赔累者，十居八九，叫苦连天，有不胜今昔之感。张家口人口，约在十万以上，现日侨日见增加，已达三百余人，俄侨人数减少，则仅有四五十人。日俄两国，均在张设有领事，日军部亦在张设有特务机关，蒙古人亦常有人来往蒙古、张垣间。此外张垣上东营、下东营住有满人一部分。

——《中央周报》

中国国民党中央执行委员会宣传部

1931 年 427 期

（朱岩　整理）

中俄外交史中之外蒙现状与将来

漠野 撰

绪言

西北边陲，极目荒凉，以〔已〕成近数年来不可为讳的一件事情！然而荒凉不只西北，塞外寒风息息，已将这般憔悴病容，由西北一直吹入平、津了！

据熟悉华北贸易情形，而久为天津西商会长之毕德氏，曾在本年二月间年会中发表报告书，伸述津埠衰落状况，悉用数字表示，最引人注意者，谓去年津埠各种进出口贸易，都有巨额之跌落，例如对美输出一项，较前年即减少百分之四十二——合美金一千七百万元，津市商业，从此可以知道一个概况。

毕氏又称华北商业衰落的原因有四：一，银价低落；二，国内战争；三，受世界凋敝影响；四，蒙古市场为苏俄垄断，致津埠毫无沾润。据海关调查数字：津埠去年进出口贸易总数的比较，减少约有二千九百二十五万两——进口为三千一百二十五万两，出口为三百万两。税收方面，虽施行新税则和金单位，但收入竟减少二百万两，轮船运输吨位，大约也减少百分之十。

此外毕氏论苏俄垄断蒙古贸易情形，非常精确，大意谓苏俄禁止蒙古与中国通商，对于中国一般商务有重大的影响，此种影响，尤以平、津两埠商业所受为大。俄国在帝制时代，对于侵略领土，虽属野心勃勃，但是对于外商贸易之扶助，倒是十分周到。自从苏维埃政府成立以后，凡是俄国势力所能到的地方，财政就有破产的危机，试以张家口商会之呼吁，就可以明了俄人在蒙古之独霸淫〔矣〕！因此我们不得不向伦敦方面，与国际商会呼吁，但丝毫没发生效果。观现在华人所受之损失，以及张家口各处之凋敝，我们以为应由国民政府采用有力之办法云。

从毕氏这段论说里，定可以知道苏俄垄断外蒙商业的结果，不只是中国西北各省在贸易上受最大的影响，就是平、津两埠，也渐受其摧残。北平在清代虽是首都，但那时官吏的生活俭约，社会的风俗朴质，当时政治的力量，未必就是繁荣北平的唯一原则，而对蒙古贸易的交通，商业的发达，倒是一个重要的原因。

平、津和外蒙商业之交通，兴盛于民国八年平绥路告成之后，那时平绥货运之繁盛，要驾各国有铁路而上之，输出货以粮食、胡麻、菜子、绒毛、皮革、牲畜、药材为大宗；运到津埠后，大半由洋行转运销售欧美。只拿羊毛一项说，就有二万零数百万磅。牛皮出口，每年也不下七十万张——值价一百七十万元以上。由内地输入之货，以砖茶、糖食、布匹、煤油、洋货为大宗，销售于平津〔绥〕沿线各地，或由包头转运到蒙古、新疆、甘肃等省。

沿平绥线而为西北贸易之中心市场者有二：一为东部之张家口，一为西部之包头；天津有〔为〕北方商埠重镇，坐收土洋货进出转口之利，市面十分活跃，而北平直接间接，也占去不少的利润。但自外蒙独立，华商破产，整个经济大权，完全移入俄人之手：彼以国营贸易，操纵商场；所有外蒙的一切出口皮毛、货物，非经俄国境内，不准自由运输，中蒙交通，至此直告断绝。平、津各业商人，无处不受其威迫；加以年来内战频仍，税捐苛重，外侵内蚀，利源丧失，以致数千万内地商人，顿陷绝境，其素性忠厚者，改途服力于田亩，险诈者却与匪相混！一直弄到现在，平绥沿线，匪众人少，罂花遍地，寒风荒原，不胜满目凄凉，感慨系之矣！

　　然而外蒙地处中国边陲，原属中国领土；中国为完整自己的领土，收回北方财源的宝藏，恢复中蒙交通与发展西北计划，均须根据已往的历史，目前的实况，急向俄国提出严重正当的交涉——在续开的中俄会议中——爰将外蒙历史之沿革、地理之概况、中俄外交史上之过去，以及苏俄宰割的现状、外蒙问题解决的途径，约略述之，给留心外蒙问题者一个讨论的资料与注意。

外蒙历史之沿革

　　蒙古在史书上能稽考者，当夏、商、周三代时，有〔为〕獯狁、獯鬻、山戎等所据；至秦汉时为匈奴，累寇中原，始皇筑长城以御之。后魏时为柔然，其势力较匈奴时微弱。唐时为突厥，声势较大于柔然。至宋末，酋长成吉思汗崛起漠北，雄才大略，造成一个地跨欧亚两大洲空前未为〔有〕的大帝国。及忽必烈出，更亡宋而入据中原——继宋有元——此为蒙古族的极盛时期。但不久便被明太祖驱逐出境，于是退蒙古而为喀尔喀诸邦。明亡，满人入主中原，先征蒙东，后平漠北（内蒙古编为现在之热、察、绥三省），蒙古遂为中国领土之一部。其初尚属安静，光绪以后，用人失宜，蒙情日散，同时更以俄人之怂恿，复有辛亥革命之机会，哲布尊丹巴借俄人之携助，脱离中国而宣布独立。哲布尊自称为蒙古独立国大皇帝。在民元间和俄国并订立许多秘约——开矿、借款、练兵、装电线……等特权全盘贡献于俄人。

外蒙之地理概况

蒙古为中国极北部之一大高原，以戈壁沙漠横亘中间，而分内外蒙古——沙漠南者为内蒙古，北为外蒙古。

外蒙北邻俄属之西伯利亚，与后贝加尔、伊尔库次克、叶尼塞斯克及多木斯克等州为界，界长为四千四百余里。东与黑龙江毗连。西与新疆接壤。南接甘肃、宁夏、绥远、察哈尔、热河五省。西北〔东西〕之最广处为三千八百七十里，南北最长处为二千三百六十里，面积为五百七十一万方里。疆域之广大，几等于甘、陕、晋、冀、宁、绥、热、察八省面积之总合，约占中国全面积三千四百九十六万六千四百五十八方里的六分之一，为中国五大边疆中最大的一个区域。

外蒙全境共分三区：喀尔喀区辖车臣汗部（三十二旗）、土谢图汗部（二十旗）、三音诺颜部（二十二旗）、扎萨克图汗部（十九旗）。科布多区辖杜尔伯特部（十四旗）、辉特部（二旗）、新土尔扈特部（二旗）、新和硕特（一旗）、札哈沁（一旗）、明阿特部（一旗）、额鲁特部（一旗）。唐努乌梁海区辖阿尔泰乌梁海部（编入新疆）、阿尔泰淖尔乌梁海部（清廷割与俄国）、唐努乌梁海部。

外蒙山脉绵亘于西北部，发源于阿尔泰，其主要干脉为赛流格木岭。河流则以色楞格河、乌鲁克木为最大，皆北流入俄境，而为叶尼塞河之上源。

中俄关于外蒙之外交史的研究——中俄交通至《恰克图界约》

当十三世纪的时候，蒙古族曾经大兴兵戎，西征俄罗斯，使其臣服者二百余年。到十五世纪末，俄国渐次强盛，遂逐蒙古族而据莫斯科，从此俄势蒸蒸日上，经营东方之野心因之咄咄逼人。

自明万历四十一年（一六一三）至清顺治六年（一六九四〔四九〕），俄国东浸〔侵〕之步骤，跨叶尼塞河流域，一跃而达黑龙江，再进而至不勒喀河畔，筑尼布楚城为根据地。

顺治十一年清世祖第一次和俄国通书之后，内地始有俄商之足迹。康熙二十一年，圣祖见外蒙俄商日多，货财之流入俄国者日甚，曾令喀尔喀车臣汗〔两〕部拒绝俄商内地之贸易，而断其交通之路。然以喀尔喀之土谢汗部与西伯利亚相接，贸易自难断绝，边疆〈时〉起纠纷。俄皇彼德虽遣人至北京（康熙二十八年）向清廷请求改订商约（前有《尼布楚条约》），恰好当时在库伦之俄商，有不受监督官指挥之事，同时天主教又有对俄人交恶之感，因此清廷逐俄使而拒绝改约。一直到了俄皇加太邻一世即位之后（雍正五年），俄复遣使，重伸〔申〕前请，而有《恰克图界约》之订立，划清两国之界限，自此俄、蒙比邻，边疆恐怖开始擅动矣！该约之第四条：

> 按照所议，准〈其〉两国通商。既已通商，其人数仍照原定，不得过二百人，每间三年进京一次。除两国通商外，有因在两国交界处〈所〉零星贸易者，在恰克图、尼布楚，择好地建筑〔盖〕房屋，请〔情〕愿前往贸易者，准其贸易。周围墙〈垣〉栏〔栅〕子，酌量建造，亦勿庸取税……

自《恰克图界约》订立后，我国内地商人运烟、茶、缎匹、杂货赴库伦、恰克图贸易者日盛，而俄国输出之皮革反减少，因此北京贸易受到影响，日就衰落。而监督俄罗斯馆御史赫庆更奏请清廷停止北京贸易（乾隆二年），令蒙古交易统归恰克图，恰克图之贸易，因之较前益盛。高宗曾令台吉等董理其事，并置库伦办事大臣二人（乾隆二十七年），专理边务及中俄交涉事宜。但以俄国奸商，时有渝约私理税务之事，高宗怒，曾一再查封恰克图市场——与苏、俄断绝交通者十余年，最后又有《恰克图市约》之订立。其第二条：

> 中国与俄国贸易，原系两边商人自相定价。俄国商人，应由俄国严加管束，彼此货物交易后，各令不爽约期，即时归结，勿令负欠，致起事端。

俄国在彼德大帝及加太都〔邻〕一世时代，因有事于西欧，对东方侵略之野心虽没有一天忘怀，然而忽续忽断，并不采取任何积极行动；尤以俄国东侵之初，倾全力于满州〔洲〕，外蒙情形尚称缓和。所以从中俄开始交通至《恰克图条约》的过程中，蒙俄贸易，和中俄外交关系，可以说它是平等的，同时俄国对蒙古之侵略，也可以算个初期。

《北京条约》至俄国强迫改约

自从鸦片战败，《南京条约》成立后，中国内部的弱点暴露，列强对华之轻视毕至；在此鹰瞵虎视之下，俄国便趁机联合法、美，迫订《天津条约》。顺势而以调解英法联军居功，擅自求报，复订《北京条约》。兹将该约中关于外蒙之第五、九两条摘录于后：

> （五）俄国商人除在恰克图贸易外，其由恰克图照旧到

京，经过之库伦、张家口地，如有零星货物，亦准行销。库伦准设领事官一员，酌带数人，自行盖房一所，在彼照料，其地基及房间若干，并喂养牲畜之地，应由库伦办事大臣酌核办理。

中国商人愿往俄罗斯内地行商亦可。

俄罗斯国商人，不拘年限，往中国通商之区，一处往来人数，通共不得过二百人，但须本国边界官员给与路引，内写明商人头目名字，带领人多少，前往某处贸易，并买卖所需，及食物、牲口等项；所有路费，由该商人自备。

（九）现在买卖，比前较大，且又新立交界，所以早年在尼布楚、恰克图等处所立和约，及历年补续诸条，情形多有不同，两国交界官员，往来行文查办所起争端时，势亦不相合，所以从前一切和约有应更改之处，应另订新约如左：

向来谨〔仅〕只库伦办事大臣与恰克图固毕尔那托尔〈及西悉毕尔〉总办〔督〕与伊犁将军往来行文，办理边界之事。至〔自〕今此外拟增阿穆尔省〈及〉东海滨省固毕尔那托尔，〈遇〉有边界事件，与黑龙江〈及〉吉林将军往来行文。恰克图之事，由恰克图边界廓米萨尔与恰克图部员往来行文……该将军、总督等往来行文，俱按天津〈第二〉和约[第二条]，彼此平等。且所行之文，若非所应办者，一概不管。遇有边界紧要之事，由东悉毕尔总督行文军机处或理藩院办理。

自《北京条约》订立之后，俄国侵略满蒙前后凡三四次，其版图扩张至现在之大。所以外蒙经济侵略的色彩便日紧一日的浓厚起来：不只贸易范围力求扩大，商人团体亦渐有组织；由此更进一步，想打破关税的壁垒，做操纵外蒙商业的一个事前的准备；因之二十一条之《陆路通商章程》遂告成立（同治元年，一八六二年），其重要的两节是：

（一）两国边界贸易在百里内，均不纳税，其稽查章程，任便两国各按本国边界限制办理。

（二）俄商小本营生，准许前往中国所属设官之蒙古各处，及该官所属之各蒙〔盟〕贸易，亦不纳税。其不设官之蒙古地方，如该商愿前往贸易，中国亦断不阻拦。惟该商应有本国边界官执照，内用俄、汉、蒙文钤印……

观此，则俄国侵略外蒙之努力，由野心的阴谋，一步一步，已变成了具体的有组织、有计划的一种事实！这种吞并外蒙的色彩表现最浓厚者，不在通商章程上，而在强迫改约的问题中。

据《中俄改订条约》（光绪七年，伊犁问题发生后）第十〈二〉款规定：准俄国在内外蒙古各处贸易，照旧不纳税，并准俄民在伊犁、塔尔巴哈台、喀什噶尔、乌鲁木齐，及关外之天山南北两路各城贸易，暂不纳税，俟将来商务兴旺，由两国议定税则，将免税例废除。第十五款规定：此项通商条约，每十年酌改。至光绪十七年为酌改之期，我国当局囫囵过去，迨二十七年改期又到，中国内有拳匪之乱又作罢。而俄国自该约成立以来，于已设领事馆等处，添设专管居民地、华俄银行支店，及邮便局等；故俄国商业之在外蒙者日见发展。到第三期改约期迫时，俄国为另立新经济侵略政策计，迭次赴外蒙调查俄国商务实况，以备改约时提出进一步的交涉。其后俄政府果为先发制人〈之〉计，突于宣统三年正月十八向外务部提出六项要求，迫令中国承认，其重要者有：

蒙古及天山南北诸地方，俄国臣民得自由移转居住，不受何等独占及禁止之防〔妨〕害。且一切商品，皆为无税贸易。（三条）

俄国政府于设领事馆地方之外，更于科布多、哈密、古城

三处有设领事之权。此权利之实行，虽应与中国协商，然斯等地方，两国人民屡起诉讼，足见实行此权利之不可缓。（四条）

中国官吏须认俄国领事对于管区内之权能，关于两国人民诉讼，不得拒绝俄国领事会审。（五条）

俄国于伊犁、塔尔巴哈台、库伦、乌里雅苏台、哈〔喀〕什喀〔噶〕尔、乌鲁木齐、科布多、哈密、古城、张家口等处，俄国人民对于是等地方有购置土地、建筑房屋之权。（六条）

当时中国处于武力威吓之下——俄兵向新疆、伊犁动员——对于此等无理要求，只好委曲承认。至斯外蒙全局已陷入岌岌恐怖的状态，同时也是俄国侵略外蒙的一个严重猛进的时期。

外蒙独立至《中俄协定》

俄国侵略外蒙之野心，跟着西伯利亚铁道之完成而益坚决，故自该路完成后，对于外蒙经营，穷极智谋，不遗余力；直到俄国强迫改约之时止，整个经济财源已被俄人操纵，而政治大权尚未完全入于掌握；因之一方面对于贝加尔等处之佛教徒备极优待，以联蒙人之感情；他方更以珍藏宝类、犬马、下女，贡献于活佛、王公之前，种种怀柔下策，不谨小惠蒙民，而活佛亦渐被耸动，加以当时活佛哲布尊丹巴有鉴于达赖之被清廷裁撤，时存自危之念，在此恐怖诱惑之下，俄人更以蒙古独立先锋自任，直向我国提出：限我政府刻日裁撤兵备，调回练兵人员！火线既起，哲布尊遂趁势借俄军之力驱逐中国官吏，宣布外蒙独立（宣统三年十月）而改称大蒙古国。

俄政府更进而向中国提出在外蒙享有的特种权利，要求承认，我国虽未予答覆，而《俄蒙协约》在威挟劝诱中遂订立，该约内容虽极复杂，要以俄化外蒙，排斥中国为主旨。

当外蒙独立之时，正是中国革命势力澎涨之秋；在此革命紧张的风波里，中国自然不能以全力对俄，而俄国则恃有日俄互订宰割中国之秘约，便毫无忌惮的擅自订立《俄蒙协约》，后虽经政府几次撤换外交总长，多方提出抗议，最后才有什么中俄伸〔声〕明文件之定立（民国二年），什么《中俄蒙协约》之成立（民三年九月）。然而协约终属具文，实际上除了"外蒙承认中国宗主权，中国、俄国承认外蒙古自治，为中国领土之一部分"（协约第二类）而外，所有殖民、派官、驻兵，皆在不规定之列。至其独立之名虽去，而内政则完全自主，且外蒙亦谨〔仅〕有一部分之限制，所谓自治，还不是一种变相的独立么?!

蒙古有〔为〕中国之领土，俄国虽亦承认，然只限于"宗主权"。其意义和英国之承认土耳其对于埃及之宗主权，还不是一样的虚伪么？且我国既承认俄蒙之《商务专条》，而又不收外交之监督权，这样中国之于外蒙，既不能干预其内政，又无监督其外交之专权，将来蒙古之政治实力，必全归于俄国之掌握是毫无疑意。

所以俄国自从空前之大革命起（一九一七，民六年），红党勃兴，外蒙顿陷于恐惶，此时外蒙虽有不能自治之觉悟，而向中国呈请撤消自治，请求出兵防俄之机会，然一则以中国处理实〔失〕当——不能取得外蒙人深刻之信仰，再则俄人在蒙古之政治已有巩固的基础，不易动摇；且赤俄虽有三次对我亲善的宣言，声明不承认帝俄时代所订立之一切条约，然此不过要求得中国一时之同情，而扩张其对列强之声势，所以无论俄国怎样巧言如簧，而实际上俄蒙密约竟会实现！结果蒙古还不是俄国之蒙古，于中国有什么相干?!

因为这种原故，在最后的《中俄协定》上（一九二四，民十二〔三〕年）也始终没有把外蒙弄个清处〔楚〕——除了将《中俄协定草案》，改成《中俄协订〔定〕》，三月十四宣布的日期，改为五月三十一日，外交总长王正廷，改成顾维钧，别的还有什么？从协约中说来，俄国的一贯精神，是威吓搪塞，计诱；而中国则隐忍，畏缩，叹气！至于说外蒙怎么样？那不但是在协定中找不出一条真确的条文，即使有真确的条文，试问能把俄国怎么?！

　　自从《中俄协定》成立之后，丧权辱国之处甚多，因此，外交总长顾维钧，在协定条文中向俄国修改三点：一、废约一节，苏俄仅限于废止前俄帝国时代与第三期〔者〕所定之约而止，而俄国改政后，凡俄与第三期〔者〕所订有防〔妨〕害中国主权之约，则未提及；二、外蒙撤兵问题，苏俄应负有较为详切之责任；三、移交教堂产业于苏联一节，应暂缓办理。经过几次秘密交涉，只把第四条改了一下：

　　　　第四条：苏俄〔联〕政府根据其政策及一九一九与一九二○两年宣言，声明前俄帝国政府与第三期〔者〕（外蒙）所订立之一切条约、协定等项，有防〔妨〕碍中国主权及利益者，概为无效。〈缔约〉两〈国〉政府声明，嗣后无论何方政府，不定〔订〕立有损害对方缔约国主权利益之条约及协定。

　　事实上蒙俄密约依然有效，外蒙侵略并未放松一步！条约还不是一纸具文么！

　　实在说外蒙自取消独立，还改〔政〕中央之后（民国八年），清廷后〔政府没〕有把这个机会处理得当，外蒙便再没有收复的希望：那时清廷〔政府〕以徐树铮督办外蒙善后，徐致以筹边使之权统辖全蒙而主持其一切行政，置活佛、王公之威权于不顾，其威焰逼人，于总监无殊，此种态度甚为外蒙上下所同恶。当时徐氏志在中央政权，故于外蒙一切边政之改善，毫无计划与成绩之可言。

再以军队驻防说，徐之多数军队，完全驻于北平附近之各省重要地点，以谋与直军对抗，外蒙仅留一小部分，因此，直皖变后，徐以内乱罪被查办，同时边防军散，而外蒙军队各怀疑惧，俄党、蒙匪乘之从中作乱，于是二次独立又告宣布。从此俄国侵略外蒙之政策遂告完成。而外蒙莽莽长原之大地，从此亦陷入赤色笼罩之焰中。

苏俄宰割下之外蒙现状

自我国承认苏维埃社会主义联邦政府以后，苏俄对华之目的已达，而对我数次发出正义人道之宣言早已忘怀！假面具揭去，狞恶之真象毕露，所以一纸《中俄协定》，便将外蒙之地位陷于蒙昧不明之境，二十年来外蒙认中国为宗主国，而苏俄则隐然置外蒙于联邦之列。近数年内外蒙文化虽有长足之进步，然而此种力量，与其说是外蒙本身之发展，不如说是苏俄"赤化"之成绩更为确当。兹将年来苏俄对外蒙之侵略政策及外蒙各种社会事业之状况分边界、政治、经济、教育、交通、军事、商业、税捐、生产事业及华商现状十项述之。

一、边疆方面

1. 唐努乌梁海

唐努乌梁海一区，位于外蒙西北极边，面积二十四万方英哩，占有叶尼塞河上源，乌鲁克木河与贝克穆河之全部流域。北与俄属乌新斯克交界，南与喀尔喀及科布多接壤。土地肥沃，矿产丰富，人口不足二万。俄人垂涎已久，趁外蒙革命之际，煽惑该区独立，于是所有军政、财富，均归俄人掌握，独立不过一年，俄侨之移入者就有八万。其自由开采、耕种，俨然视为殖民地，最后竟绘入苏俄版图矣！

2. 布蒙共和国

外蒙在蒙俄毗连处，民十二年发现一新组成之共和国，叫布里雅特蒙古共和国，系由外蒙人与一部俄属之布里雅特人组成，全面积约一万七千方哩，人口约十四万。所有国内设施，悉仿苏俄法制。自被苏俄侵占划入联邦后，华人之留彼地者，须有居留执照。近来布蒙要人，为保持蒙古权利计，实行解放政策者完全驱逐，另委俄人。

二、政治方面

外蒙之政治，与其说是自治，不如说是被治：故一九〈二〉四年，苏俄虽承认中国对外蒙之主权，事实上外蒙不啻仍为独立，同时并组织一种与莫斯科类似之共和政府。看它与莫斯科关系的秘密，从政府机械化的组织中可知大概。外蒙整个的政治完全操在所谓人民革命党手中，它对外蒙政治之独裁，和苏俄共产党的独裁一样！最显明的一个例子：蒙古政府，未得该党的中央机关许可，在政治上便没有任何重要案件的决议权，及实施权；党的中央机关设在库伦，现称"赤色英雄之都"（Vlan‐Bator‐Khotc）。

人民革命党之成立于一九二一年，开始做"赤化"外蒙的政治工作；不用说煽惑外蒙独立，它有很大的力量。当外蒙独立之第二年之末（一九二五年）该党在外蒙各地之组织成立者，便有一百五十个"细胞"党部，党员约四千人，占外蒙全人口百分之一弱。按照苏俄规定，党员之介绍多限于贫家和中产阶级之分子，所以农民易于入党，而贵族、喇嘛则甚难——党员总额数中，农民占百分之八十，而贵族出身者仅百分之十二，喇嘛百分之八。

外蒙在俄国领导之下实行自治后，即采用宪法，居然也变成一个劳动阶级领有最高权力之独立共和国：其组织法，由人民代表集会，选举高级官吏，并由此集会产生政府。政府之最高机关为内防处，下设内务、外务、司法、财政、工商五部，直辖于内务部。此外尚有警察所、法院等机关。

其初外蒙的统治权操于活佛之手，近则以"宗教为一国民私人之事"为理由，遂取而夺之，宣布政教分立。同时凡机〔相〕关于以前统治者的君主和贵族中的一切尊号、阶级、特权，完全废除。行政人员，大半由受过训练之留俄青年充任。

各地政府之组织，由各处地方单位之面积大小而分等级，从十篷（Orban），到一百五十篷（Baga），甚至几百篷（Somon），几千篷（Hoshun），几万篷（Oaimaks）。

三、经济方面

蒙古商业银行是苏俄操纵外蒙金融的一个总机关，成立于一九二四年，总行设在库伦。此外乌里雅苏台、科布多、图谢土〔土谢图〕汗、乌蓝黄等处均设分行，系蒙古与苏俄合办之银行。据该行章程所载，其目的为巩固两国（俄、蒙）的经济关系，发展蒙古的工商业，及稳定金融之流通。资本总额为五〇〇，〇〇〇金卢布，蒙古与苏俄各任其半；业务带有国家银行任务的性质。而以中央合作社为向外操纵贸易的一工具，他们两者中间保持密切不可分离的关系。该行成立后的第四年（一九二八年），其基金已增至一，六五〇，〇〇〇拖格列克（合美金五九四，〇〇〇圆）。

该行自成立以来，对于金融的改革及操纵，积极进行，不遗余力：其存款的现金及现银都为发行钞票的准备金，钞票分一百元、五十元、二十五元、十元、五元、二元、一元七种。银币分一元、五角、二角、一角五分、一角。铜币分一响、二响、五响。市面金融价格，完全由蒙古银行操纵。该行对华商之压迫，更无所不用其极：华商以国币一元半，尚不能换蒙古银洋一元（蒙古国家银行铸，重五钱二）。而且华商汇兑，汇费甚高，无形中与汇兑的〔以〕节制。且中国银币，该行亦在蒙用之列。所有中国及外蒙之赤金、玛瑙、珍珠、一切宝藏，整个被该行吸收，而运往莫斯科。

该行并奖励储蓄，其流通和储蓄金额共三，八四七，六二〇拖格列克（合美金一〇八，〇〇〇圆），以信用借款而借出之总额，此时已为八，五六一，〇〇〇拖格列克（合美金三，〇八一，九六〇圆），至其借款金额之散布，只限于蒙古和苏俄机关，或部、所中。

除商业银行外，新政府财政部尚创立蒙古国家银行，并于一九二五年采用国家货币制度，铸行一种银币、价值中币九角，或美金三角六。其对金融、贸易之操纵，和商业银行采取同一步骤。

四、教育方面

外蒙为一无教育之社会，故虽以蒙文字数之简单，意义之笼统，而蒙民之能看书写字者只有百分之五，从此可以断定外蒙自治之虚伪，而揭穿苏俄愚弄蒙民之丑恶也！

苏俄政府曾派遣远征队调查蒙古的卫生状况，其报告书中谓，蒙古人患花柳病者甚多，生殖率低，而儿童死亡率甚高，有肺结核病者也甚普遍；一般人民对于普通的卫生方法丝毫不懂，因此内务曾〔部〕组织各种卫生机关，及各种兽医学校，教育部组织蒙古探险工作科学委员会，并在库伦设立一国家图书馆，收藏俄、蒙、汉文图书千余卷。

各级学校之教育课程，以实行党化为原则，教科书籍以俄文为主，蒙文附之。小学教员多系蒙人，中大学校几乎纯属俄人。除小学校在各县普遍设置而外，尚有中学一、大学一，均设于库伦。教材内容以宣传共产党主义为主旨。大学毕业，经过教部考查，成绩优良者，即送往俄国留学。

五、交通方面

外蒙交通状况，[原始] 也极〈原始〉简陋，这与其文化、经济生活，简直成了正比例。全境苏俄虽有许多的铁路计划，直到现在并未见诸实行，所以在铁路未完成之前，各种货物，多由动物或大车载运。最近几年，汽车运输，已渐发达，然只限于库伦、张家口间，全部汽车约二百余辆。其主要商业干路如次：

1. 库伦至奥垣色纳克路：长二一○英哩，与西伯利亚铁路相联。再进一六○英哩，即为恰克图和维克牛丁斯克（Verkhnendinsk）。

2. 库伦至张家口之路：长六六○英哩，为中国通商之主要干路。

3. 乌勒苏特至张家口路：长一，○六○英哩。

4. 科布多至比斯克（Busk）路：长五六○英哩。

5. 科布多至科细阿格齐（Kosk Agiach）路：长二三○英哩。

6. 卡体尔（Khathil）在科索果尔湖（Kosogol）至喀尔塔克（Kultuk）在贝加尔湖（Barkal）路：长二四○英里〔哩〕。

7. 乌里〈雅〉苏台至卡体尔路：长三四○哩。

8. 库伦至乌里雅苏台路：长六六○英哩。

9. 库伦至圣柏舍路：长四五○英哩。

10. 圣柏舍至波尔莎（Bargia）路：为与西比〔伯〕利亚萨伯喀尔铁路（Siberian–Zakarhal Railway）联结的重要商业干路。

11. 圣柏舍至海拉尔路：长三〇〇英哩，为与满洲主要通商之干路。

21〔12〕. 科布多至乌里雅苏台路：长二九〇英哩。

外蒙全境只有小轮船一只，在科索果尔将〔湖〕航行。但据特别探险队报告，色楞加〔格〕河从其出口处上行至一九七哩地方，和奥罕河之出口处上溯一九四哩内，吃水浅的〔以〕轮船〔独〕可畅行无阻。

在一九二五年的时候，这两条河流曾经开浚，次年蒙古和俄国，又订立两河流航行之条例，以及库伦和维克牛丁斯克间的航空邮信、载客等合同。电报在此时间也扩大应用，库伦、乌里雅苏台、恰克图各地均有电报、电话之设置。库伦城修马路，各县均能通汽车，沿路每八十华里设一驿站，以通消息。

苏俄对外蒙的铁路计划有五：

1. 由库伦经过乌里雅苏台以至迪化。

2. 由苏俄阿尔铁路之斜米伯拉廷斯克至科布多。

3. 由阿尔东路之毕斯克站至乌里雅苏台。

4. 由西伯利亚铁路之库尔图克站至乌里雅苏台。

5. 由西伯利亚铁路之上乌丁斯克站至恰克图。

以上五线除第一线起讫俱在吾国境内，余五线之起点均在俄国，且与西伯利亚铁道相连接。将来告成，运输方面十分便利，占吾外蒙，窥察西北，举动足酿成大祸！

六、军事方面

军事组织可以辅助政治侵略之不足，所以苏俄自攫得外蒙政权，即从事于军事的设备。兹将俄军之驻扎，及蒙军之组织述之于下：

1. 俄军之驻扎：外蒙原无正式军队之组织。苏俄为保障其政治之实施，当外蒙宣布独立之时，即引重兵驻扎外蒙，借以助独立之威，而伸其侵略之焰！后竟因此吓〔赫〕然镇压，永不撤退，其在三贝子附近，驻赤卫军三团，每日有汽车往来于赤塔之间，运输各种军用品。据调查所得，最近外蒙驻军情形如下：A. 由海拉尔至库伦之大道，常有汽车多辆，专运军械，存储于车臣汗部。B. 由车臣汗部迤东十数蒙旗内，为紧急增兵区，预定在最短期内，求得十万以上之军队。C. 其南打岗木场为内外蒙古交界地，驻兵甚多。D. 储存于车臣汗部之枪约四五千支，山炮五尊，飞机四架，铁甲汽车四辆，机关枪及子弹亦甚多。

2. 蒙军之组织：前年鲍罗廷开始在外蒙组织大规模之蒙军，而以苏俄教练员训练之。训员得常驻外蒙，专任训练之责。此外苏俄每日必派军官到库伦监督。最近鲍氏更拟组织骑兵队、炮兵队、航空队；至其教练驾驶宫〔官〕员，均由俄国拣选人才，闻已先后抵蒙矣。

按最近蒙军组织，采用征兵制，举凡外蒙青年——十五岁至十八岁——须受军事强迫教育三年，毕业后，即编入正式军队。在入伍期间，政府可以随时调用，不得违抗，四十五岁退伍。一般人民都不愿应征，然而身为苏俄奴隶，又不得不隐忍以出之！此则在隐忍之余，常思中国之及早提〔拯〕救也。

七、商业方面

外蒙贸易之主要对手除中、俄两国外，其他各国几等于零，有之，亦多由中国间接交易：一九二五年外蒙境内之公司和商号之总数有三百零一家，其中华商创办者就有二百八十三家，此外英国十家，美国五家，德国三家。但自苏俄掌握经济以来，外国公司和商号之在外蒙者顿见减少，取而代之者为近年最有权威之蒙古中央合作社，此系苏俄垄断商务的唯一机关，自成立以来，凭借政治力量，其进步有突飞猛进之势，所以诸〔该〕社成立不满三年（一九二八年），蒙古对外贸易总额的四分之一，已被此合作社占有了！

因此近年外蒙与苏俄贸易的比率日渐增高，而与中国贸易的比率便日渐衰落，此种递进、递落的现象，看下表即明：

年度	中蒙贸易百分数	蒙俄贸易百分数
一九二四年	八五·七	一四·三
一九二五年	七八·三	二一·七
一九二六年	六八·七	三一·三
一九二七年	六三·六	三六·五

在经济趋势上作〔很〕显明的是苏俄想以蒙古变为苏维埃殖民地，以便原料之取给。此种愿望，在数年前因蒙古工业的不发达，苏俄的输出业，便受若干限制，故无论如何，中国尚保有蒙古输入总额的四分之三以上。然而这个比例数字，在最近的期间，已经完全毁灭了！此中原因，一方系因俄国对外蒙贸易之把持——除合作社外，尚有什拉蒙克公司，完全由俄人独资经营；契合公司，由外〔俄〕蒙合组之商业，规模、资本，均极雄厚，其目的均在吸收蒙货，集中莫斯克，以达其侵略之目的。他方则因我国内乱频仍，对外蒙贸易之竞争，失掉了政治上的保障，中俄〔蒙〕贸易便日趋日下，所有外蒙之整个利源便不能不由俄独占，置华商于一蹶不振。兹将蒙俄在民国十二年至十六年间的贸易情形列表于后：

蒙古自俄国之输入货物情形如左表：

	民十二至十三		民十三至十四		民十四至十五		民十五至十六	
	数量	金额	数量	金额	数量	金额	数量	金额
总输入额	五，七四六	一，五〇四	六，四一四	二，七六九	八，六〇〇	三，六七〇	一〇，九四三	四，六三三
食料品	四，一八九	六五八	三，九九〇	一，二五〇	五，四三七	一，四八七	七，四一〇	一，七四
工业原料品及半加工品	九一六	三二三	一，九一七	五七一	二，〇八一	五六一	二，〇八七	七二七
制造品	六三二	五二二	九〇五	九四七	一，六四〇	一，六一四	一，四九六	二，一三三

蒙古对俄国之输出情形如左表：

	民十二至十三		民十三至十四		民十四至十五		民十五至十六	
	数量	金额	数量	金额	数量	金额	数量	金额
总输出额	一〇，七二五	一，九七〇	一四，三九五	三，五八三	九，六三三	三，七三五	一一，二二三	七，五五三
食料品	一五七	八八	二〇八	五三	一六〇	八九	二九五	一七八
原料品及半加工品	一，七三三	九〇三	三，九四三	二，三三	五，〇二九	三，〇七七	七，二八三	五，〇一
家畜及家禽	八，三八三	九七一	一〇，二四一	一，二〇一	四，五四	五四四	一三，六二二	一，六〇

（以上二表中之数量以英吨为单位，金额以俄币一千卢布为单位。）

八、税捐方面

苏俄认定想把外蒙整个的经济权垄断起来，第一个非把华商置之死地，不能毫无障碍的去独占；而制服华商的唯一条件，便是奖励国营贸易，压制私人营业；方法之最毒辣，而最有效力者，便以加重税捐出之。

查外蒙对于华商贸易之运输，税捐奇重，故意留难，阴谋诡计，实为破天荒之奇闻：所有各地运往库伦之货物，经过乌得等处三道兵卡，检查严重，百般诘难。每到库偷〔伦〕税局，即将货存在局内，先行呈报各机关查验，然后购买外蒙之货物登记联单，填写货物之质量、数目，及资本总额，呈报税局估价纳税。报税联单每张价值一元零五分，每单只限写货物十三种；按各商号每次所发之货物，至少要有数百种，或千余种，仅此联单费一项，每次竟达数十元，或百余元之多。

其估价办法，并无一定之标准，而以税司员之喜怒为转移，因此常有税价超出货价数倍者！至报税之后，到查验完毕，至少须半月之久，数月而不能查验者有之。货物之除完纳正税外，另有过秤捐、看护费、出入门件捐、拆包费、转运车费，各种各色，苛捐杂税，无奇不有。

除运输捐外，关于营业税捐，亦巧立名目，多方剥削，其重要者有数种：

1. 营业票捐：共分九等，按营业之多寡，而定分配之等级。头等票捐为三千元，依次递减，九等最少，为一百六十元。此项票捐，理发馆、照像馆，以及各种小贩，每年均须按票缴纳。

2. 流水捐：每月按营业收入之实报数，征收三成或五成之税捐，概由税局估定。

3. 利息捐：此项捐款，不管营业有无红利，通按流水账簿之数计算，以每千元得利一百五十元计，每年得抽利息税百分之五十。

4. 资本捐：每年每千元捐二十五元。

5. 薪金捐：商店掌柜每年捐百二十元，伙友三十元。

6. 门牌捐：分八等：最多者为一千二百元，少者八十元。

7. 地基捐：分三等：头等每步一角八分，二等一角四分，三等一角，住房每间月捐五元。

8. 度量捐：尺子每年纳三元，大秤三十元，小秤八元。

9. 烟牌照捐：整售者每年缴纳一百二十元，零售者八十元。

此外尚有护照费：每人一张，年纳八十元，附加警捐五元。[费]行路照费：一日〔照〕九元。余如化装品、丝织物、烟酒、皮革、木器、糖类、牲畜等无不琐细诛求。

外蒙每年国家收入，约为二五至三十万拖格列克（合美金一〇，〇〇〇，〇〇〇圆），国内贸易发展虽慢，然以如此虐待商人，却占收入总额四分之三，政府虽倡言所有收款之一部，每年平均分配于"莫红苏"（贫民），然此不过一种口头的欺骗，事实上不过贫民每年纳税较富家略少一点罢了。

九、生产事业方面

农业：外蒙面积虽大，而可耕之地则仅库伦一隅，总面积不满二万六千方里——约一万万余亩，占全国可耕地之四十六分之一。其农业之发生，至今不过百年。垦地面积，据民国十八年的调查，仅三十余万亩，约占可耕地总面积的三百分之一。农民依十三年之报告为二千八百余人，今当为三千三百余人，尚无大错。而其中汉农就占百分之九十。

至耕地之收获量，以所播之种子为比例：上等地之收获为种子之十四倍至十五倍；中等者约十倍至十一倍；下等仅六七倍。一人二马，可播二千四百斤种子，故上等地每年收获三万三千六百斤（十四倍计）；中等地可收获二万四千斤（十倍计），下等地仅收一万四千四百斤（六倍计）。其农民总数之总收获量，上等地为三六，九六〇，〇〇〇斤，中等地为二六，四〇〇，〇〇〇斤，下等地为一五，八四〇，〇〇〇斤，合计为七九，二〇〇，〇〇〇斤。这是蒙古每年农业之总收获量。

牧畜业：牧畜为蒙古人唯一的生计，全蒙民的百分之九十九皆以牧畜为生，为世界第一个牧畜民族。按照一九二六年公家统计，饲养家畜的总数为一九，二二二，〇〇〇头，其中骆驼为四一九，〇〇〇〈头〉，马为一，五九一，〇〇〇头，牛为一，九五七，〇〇〇头，羊为一二，七二六，〇〇〇头，山羊为二，五二九，〇〇〇头。又据一九二四年户口调查，蒙古族之未从事牧畜业者，仅占游牧家族总数的百分之六；家族纳税不到一百布多（Bodo）（注一）家畜者占百分之八六·五；家族纳税从一百到七百布多者，占百分之七；家族纳税逾七百布多者，仅占百分之〇·五。据苏俄经济专家估计，一九二六—二七年蒙古牧畜（指活的家〈畜〉、羊毛、生皮和皮制之物等）共值价一六，〇〇〇，〇〇〇拖格拉〔列〕克（tuhriko），约合美金五，七六〇，〇〇〇〈圆〉。其牧业方法，仍在原始幼稚之状态中，畜类之饲养，任其在平原中自由食草，只冬日饲以枯草。

（注一）布多是地方征税的单位，一布多等于一牛、一马、七羊或十四头山羊；而一匹骆驼则估为二布多。幼小畜类，不以布多计算。

皮毛业为外蒙收入之第二项财源，有土拨鼠、松鼠、狐狸、狼、野猫、野兔、臭鼬、熊、豹，和其他富于毛皮动物。据当地统计，每年毛皮收入，约值五，四五二，〇〇〇拖格拉〔列〕克（约合美金一，九六二，七二〇〈圆〉）。

外蒙矿产蕴藏虽属甚富，然其矿业尚在幼稚时代，其开采金矿之公司 Mongalor 在未自治前即开始工作，其管辖下的金矿区域甚广，自一九〇一年至一九一九年，出产金额在十吨以上。纳哈一带有泥板崖煤矿，一九二七年煤产约一〇，〇〇〇吨。其他矿产之著者为食盐与宝石。

此外工业亦甚幼稚，其营业系国家资本主义性质，其工作多属制造田野间出产之原料。各种工业概由俄国指挥创办，现在设立之工业企业，如制造粗羊毛呢、蒙人靴鞋、肥皂、腊〔蜡〕厂，和其他烟料。还有面厂数处，电力厂、糖果厂、制砖厂各一处。所有一切之工厂，和其他小规模之企业总生产额，仅值三，〇〇〇，〇〇〇拖格列克（合美金一，〇八〇，〇〇〇圆）。

适于牧畜的地带，多有广大之森林，蒙古因地土宽阔，交通不便，致森〔林〕木不但没有确实的统计，而林本〔木〕之运输亦多货弃于地。现在生产林木最多的地带有三处：一是黑龙江上游的克鲁伦河畔，二是蒙境边的内兴安领〔岭〕一带，三是西北山地——如唐努乌梁海盟与科布多等处。其中以克鲁伦河畔之林木极为葱茂，白杨之高度有六七丈，沿河绵亘，森林面积之长凡三百二十余里，居民呼之为森林城，历史有一千三百多年。外兴安岭之林区较克鲁〈伦〉河畔大三分之一，多松柏树、白杨、桦、桧……参杂丛生，盛极一时。

近年满蒙成立之采木公司不下二十余处，投资达二千七百万元以上，多由日、俄两国，假与华人合办之名，而实行操纵木材之实！将来俄国在外蒙计划之铁路告成，伟大林厂将为俄人所有。

十、华商之现状

自中东事变，华商在外蒙各外所存之皮毛等货，悉被封锁。而内地之商业总号，既受查封之损失，同时中蒙交通断绝，汇兑不通，俄人乘此机会，假某洋行之名义，直接由内地运输货物，济蒙人之需要，制华商之复兴。

华商自受此次打击，歇业倒闭者数百家。往昔在外蒙经商之极盛时代，内地商号曾达三千余家，十年前尚有数百家，直到现在存者不满十家，尚奄奄待毙，欲罢不能！

查华商之在外蒙者，一举一动，都受俄人之监视。凡华人之到外蒙者，事先须将本人之像片三张寄至库伦，再找三家商号作保，呈请商会转内防处恳领护照，经数日之久，入境手续始能办妥。持照入境，检查甚严，带有字据者，即被拘留于黑暗地窖中！护照到期，须纳税换领，逾期则逐之出境，或处以重刑，甚至没收财产！出境必须领得路照，携带路费，每人不得超过二十元。衣服、行装之整齐者即征收重税，或以廉价收买之。

上述情形，多过去之事实。现在华商处境，较前尤有〔为〕严重：一则停止华商汇兑，再则停发华商路照；前者是封锁华商财产，后者在断绝中蒙交通；因此有货不能交易，有钱不能汇兑，有人不得回国，此中苦况，冒险逃出者述之甚详。

据调查所得，三年内华商在外蒙之财产损失约在二千八百余万，货物损失在七百五十余万，死于地窖之华人八百余人，残〔惨〕遭屠杀者三千六百余人，奴隶（工人）者一千七百余人，逃亡，失踪，死于风雪、盗匪者，数不可计。现除外蒙五大部居留华人难行统计外，其在库伦者仅有商人五百余名，工人一千七百余名，终日愁苦，曾累次向中央呼吁，然而边境迢迢，听者尚属杳杳也！

解决外蒙立问题之途径

综上所述之外蒙现状，至少可得下列之印象：一、外蒙统治实权，整个操入苏俄之手。二、外蒙财政、经济之实权，亦完全被苏俄一手独霸。三、外蒙原有之宗教，完全推翻，活佛的实权亦被剥夺。四、内地人民侨居［的］外蒙者，所受之压迫，殆非人类所能堪！有此四点，足使我们瞻望北边，诚不胜其同情而感慨也。然而中国对外蒙之主权，固为苏俄完全承认，而外蒙现状造成之原动力亦为苏俄所掌握；所以欲求外蒙问题之整个解决，其途经〔径〕自不能不根据《中俄协定》，仍求之于中俄会议。当此中苏会议续开之时，深望全国国民，一致主张，在最短期间，提出外蒙问题，求一根本之解决。

日前所开之中苏会议，是继续去年，谋解决中东路问题而产生者，该会我国自伯力失败，会议停顿，虽经过数月之讨论，而东路问题，丝毫尚无结果。今年春天，一题尚未解决，但苏俄为搪塞计，突又提及通商、复交诸问题，经过中央慎重的讨论，才有莫德惠氏之二次赴俄，然而到现在开会又数月了，不幸赎路问题，仍在迟疑延搁中！苏俄对该会议之毫无诚意，于此可以概见！

在此徘徊观望中，苏俄最忌提出之问题，亦属外蒙，所以东路问题一天不解决，外蒙问题便一天没有提出讨论之余地。其阴谋艰险，如此其极！然而中国为适应外蒙商之要求，挽救华人经济之破产，及民族之生存，政府及国民，均应急起直追，固不能以苏俄之狡猾，而停止进行，置之不问！

我国历来对蒙政策之错误，在采用消极办法，如封锁、愚弄、敷衍，或压制，此等政策再无维持进行之必要，而积极开发疆边，挽回已失利权，实目前刻不容缓之工作。最近国民会议虽通过关于外蒙之提案大纲数则，惟实际办法尚付缺如，爰将个人之主张，列述于下。

近来一般人士对外蒙之主张：根据保全领土之原则，认外蒙为我国领土之一部，不容外人分割，则对外蒙政府，置于叛徒之列，应即大举挞伐；以我国目前过剩之兵，移作开边实防之用，立功异域者固不乏人，而且外蒙驻兵，不过五万，举而清之，自非大难。维以当此国家财政困难之时，漠北远争，恐力有所不逮。

其实就使财政充实，而外蒙久已操之苏俄，外蒙驻兵，大半属于俄人，甚至蒙军也都有〔由〕俄人一手训练者；政府如果政治上、财政上、军事国防上，没有对俄的实力，对外蒙便不要妄想以军事解决。不然中东路之往事，尚在国人脑海中，深刻着隐痛的伤痕呢！

以中国现在之政局，对内尚不能以狡〔皎〕然坚决之态度处理一切，对外问题，只有退步着想。于此尚有人主张根据民族自决之原则，认外蒙有其特殊之地势，而且风俗、语言、宗教制度，不但不同于内地，兼不同于内蒙；以民族自决之原则，外蒙本有其独立建国之自由，自不能强其隶属我国，故与其坚持宗主权之虚名，不如由政府开诚布公，批准其独立，则两国可互订通〈商〉条约，在外蒙之重要地，设置领事，这样则我侨商之生命财产，尚可保存，我国在外蒙数年来之经济基础，不至摧残殆尽；而商民营业，货物运输，竟可受条约之保护。

然而外蒙问题之解决，不经过苏俄之谈判，便不能得到任何之实效；而且外蒙在中俄争持中，数年来尚无一个相当之结果，如果突如其来的批准外蒙独立，不但把已往对苏俄之外交精神，完全丧失，而且对俄［恐］无条件的表示退步，恐从此会引起国民之反感；实在亦将无借口而批准其独立。自然外蒙独立，在彼不但可侪〔跻〕于国际之列，不至完全仰望苏俄之保护，而且我国侨商之利益亦将因之而增加；维以外蒙事实上无独立之能力，而我国又不愿在不可解的"独立"上与以虚伪的认可，作自欺欺人的举动。

所以外蒙问题最妥当之解决，仍须根据宗主权之原则，认为我国之对于外蒙，可以自由领地之规定，准其设立独立政府，行使其政治。军事上之自治权：制定宪法，及对外订约，均须经我国之批准与管辖。至其自治法之要旨，应有左列数点：

一、外蒙应采用单行自治法：因与内地之地方人情、风俗、习惯各不相同，故其自治法，亦不能与内地完全相同。

二、中央政府应与外蒙以限制内之军事权：外蒙地处边陲，距内地甚远，地方政府若无相当之军事权，地方秩序，便有不靖之虞，而地方自治亦难奏迅速之效；惟关于驻军之配置及调遣，得以中央政府之命令施行。

三、国际间订约应由中央处理：有〔为〕保持中央统治权之完整，对外订约权应属之中央，维外交题问〔问题〕之涉及外蒙者，应由外蒙政府参加意见。

四、政府内部行政应由外蒙制定施行：外蒙自治政府，与内地各省在中央政府统率之下，受同等之待遇；其内部行政，除不背国体外，特许外蒙政府自行规定，中央不得干涉。惟重要官吏之任免，得由中央之命令行之。

至将来召开国民大会时，维〔准〕其选派代表参加。如此则我可不放宗主权，彼亦得行其充分之自治权，而有所保障，当然此为最公平之办法。

至进行上采用何等方法，事先必须由政府多方寻求与外蒙联络之机会，务使外蒙政府、人民对中央有相当之了解，与融洽之情感。中蒙协力，举凡权力之丧失于苏俄者，容可逐渐收回，同时应由中苏会议根据中俄、奉俄两协定，早日提出讨论，以合法之手续，谋正当之解决；否则迁延愈久，苏俄之势力日愈稳固，常〔长〕此已往，祸水牵连，吾恐将来赤俄之祸，当不仅属于外蒙也。

结论

由外蒙问题之日趋严重，而对外蒙问题之注意者亦渐多。此次国民会议关于外蒙问题曾通过提案数件：第一，由中央指拨专款，并奖励兴办蒙古教育及各项文化事业案。已决定由国民政府根据《约法》所定之教育方针，斟酌当地情形，妥定办法，务期蒙、藏之文化得以迅速发展。第二，通告国内外特许外蒙自治，以期早日完成统一案。决定关于蒙古之地方制度，《约法》第十条已经规定，得就地方情形，另以法律定之。第三，保障蒙古盟旗及蒙民生计案。张学良曾以代表资格发言，谓汉蒙之间，因言语不通，致多隔阂，应即设法沟通；并阐明蒙古地方亟待开发，国内有志之士，不应眼光窄狭，在内斗争，应放开眼光，向外发展；如能移民蒙古，则国家、地方均有裨益。此案决议：查关于蒙古盟旗制度，业经第二百七十一次中央政治会议决定原则，交立法院迅速制定法律在案；本案应送国民政府交立法院作制定该项法律时之参考；并望国民政府令立法院迅速制定关于蒙民生计，应由国民政府参酌本提案妥筹办法。

观此足以代表全国国民对外蒙之态度。盖现在国民政府，本民族平等之精神，对外蒙当然与从前政府之视有〔为〕藩属者不同。同时外蒙人民对于中国主权之承认，虽在苏俄极端压迫之下，犹时有表示。故我国与外蒙间，除受苏俄从中作梗外，可断言其无不能合作之理由，惟目前所殷殷期望者：此次国议通过之各提案，中央应即着手实行，在最短期间，使各个议〈案〉都具体化、实际化；使数年来吟呻屈伏于赤俄铁蹄下之蒙民，了解祖国政府之态度，促其早日翻然领悟，惠然肯来。如此则边疆外侵之祸，从此或可相安无事，西北各省之商民，平、津两埠之贸易，必因恢复旧观，焕然而兴矣！

一九三一，六，于平

《平等杂志》（月刊）

北平平等杂志社

1931 年 1 卷 4 期

（李红权　整理）

外蒙国民党与三民主义

马鹤天　撰

一　引言

外蒙古独立以来，几与民国年龄相等，即二次独立以来，业已十年。虽经中、俄、蒙数次协商，承认中国有宗主权，并最后《中俄协定》，承认外蒙为中国领土之一部，然实际外蒙的独立，依然如故，且日与苏俄接近，几变为苏联之一部。第二次独立，国民政府巩固，是外蒙国民党之努力，年来以党治国，最近几成为共产党之支部。欲解决外蒙问题，不可不研究外蒙国民党。究竟其党的成立经过如何，主张如何，与三民主义相近抑与共产党主义相近，是否可以用三民主义的力量，统一蒙古民族于青天白日旗帜之下，实为吾党今日应研究之问题。鹤天前游外蒙，留居库伦时，曾特别注意及此，年来亦时注意。谨就见闻所及，详述实情，略加管见，以供研究蒙古问题者之参考。

二　外蒙独立之经过

欲研究外蒙国民党，须先明白外蒙独立的经过。外蒙第一次独立，系清宣统三年十月，中国革命的时节。由活佛哲布尊丹巴宣布独立，改元共戴，称大蒙古帝国。其远因可说是满清主义政策之失当。满清数百年来，对蒙古不外羁縻〔縻〕主义、怀柔政策，甚至制服主义、灭种政策，如提倡喇嘛教，使其民族精神消失，且种族日趋灭亡。蒙人中少数觉悟分子，早已有革命思想。其近因，一以光绪三十三年西藏达赖被革职查办，三十四年驻库大臣延福，搜去活佛快枪，哲布尊丹巴不免畏惧愤恨；一以宣统二年驻库大臣三多，借练兵办新政之名，需索供应，蒙民不免离贰。俄人又从中百方诱惑，于是乘中国纷乱不暇北顾之时，脱离隶属，建设帝国，以活佛为君主，是为第一次独立。民国元年十一月，又密订《俄蒙协约》，其要项如下：

（一）俄助蒙保守自治及编练民军，不许中国军队入境，并华人移殖蒙地。

（二）蒙政府允俄人在蒙地商务，享用商务专条内所订各权利及特种权利。

（三）蒙政府与中国或他外国订约，不经俄国允许，不能违背或变更此协约及专条内各款。

附订商务专条，共十一条，要项如左：

（一）允俄人在蒙古自由居住、经商、制作。

（二）各货运出运入，免纳税捐。

（三）俄国银行，可在蒙古设分行。

（四）俄人在蒙古，可商租或购买土地。

（五）俄人可与蒙政府协商，办理林、矿、渔业各事项。

（六）俄国可在外蒙各地，设立邮政，并俄领事得利用外蒙台站。

（七）俄商船得在蒙古通俄之各河流内航行。

（八）俄人得用外蒙牧场。

是外蒙不啻成了俄国的保护国了。中国严重抗议，屡次交涉，始有民国二年十一月的《中俄声明文件》。其要项不外：（一）俄国承认中国在外蒙有宗主权。（二）中国承认外蒙有自治权。（三）中国承认不干涉外蒙内政，并一切工商事宜，故不在外蒙驻兵并殖民。是不过争得名义上之宗主权而已。

民国四年，又在恰克图开三方会议，订立《中蒙俄协约》。其要点，可分为下列数项：

（一）外蒙为完全自治区域，有自治权，但仍为中华民国领土之一部，中国有宗主权。

（二）哲布尊丹巴改皇帝称号，受中国册封。

（三）外蒙公文用中国年历，并用蒙古干支。

民国六年，俄国革命，红军东向，白党又欲以外蒙为其根据地，活佛稍悟无自治能力，自觉前途危险，适徐树铮于八年十月，率兵至库伦，活佛乃于十一月取消自治，废止《中俄蒙协约》及《中俄声明文件》，一时外蒙古又算是中华民国的完全领土了。

但不久中国内部，直皖战争又起，俄白党谢米诺夫败穷无路，又怂恿活佛二次独立，欲以库伦为其归宿之所。一部分青年蒙人与布里雅特蒙古人，在达乌里组织蒙古民族的中央政府。谢初欲利用之，后因不听他的指挥，又把他摧残取消。此时蒙人政治上的主权，可谓全失，于是蒙古的青年志士和布里雅特同志等，在恰克图组织蒙古国民党，当然有俄国红党指导其间。

民国九年谢党败将巴龙恩琴侵库伦，十年二月占领，驱逐中国官吏，活佛又于三月二次宣布独立，一切政权，受白党之操纵指示。俄国红党于此时指导蒙古国民党，召集蒙军，在恰克图成立蒙古临时政府，并派红军与蒙军，进攻库伦，十年克复，于七月六日组织国民政府，仍承认活佛为君主，但有种种限制，实权是等于零。且许多实权，是握在俄人手中。是年十月，又在莫斯科订立《俄蒙新约》，承认外蒙独立，否认中国有宗主权，是又完全脱离中国了。

民国十三年五月，《解决中俄悬案大纲协定》成立，各俄蒙密约，始以换文声明了结。大纲中只有第五款是关于蒙古问题的。原文是："苏联政府，承认外蒙为完全中华民国之一部，及尊重在该领土内中国之主权。苏联政府，一俟蒙古撤兵之条件（即期限及彼此边界利益与安全办法），在本协定第二条所定会议中商定后，即将苏联军队，由蒙古撤退。"但所谓第二条所定的会议，始终未开，外蒙悬案，依然是未能解决。

民国十三年五月，活佛因病去世，蒙古国会□议决永久废除活佛。数年以来，关税自主，外币抵制，官吏民选，教育力谋普及，军队实行征兵制度，俨然独立国家，完全脱离中国关系。然苏联"赤化"外蒙之力，随日俱进，不第驻库俄军，未全撤退，并代练蒙军，教练指挥，全是俄人，各重要机关，有俄顾问，实即首领。甚至青年党党部、国民党党部，全由俄共产党员主持，移花接木。金矿归俄人开采，铁路允俄人敷设。政治侵略、经济文化侵略，同时并进，蒙古民族，又陷于赤色帝国主义者之手。

三　外蒙国民党之概况

外蒙国民党，成立于民国九年，当时库伦独立取消，白党欲侵入为根据地，达乌里政府，亦被白党解散，所谓外蒙的新人物，均逃在贝加尔湖一带。俄红党欲除白党，利用蒙人欲复国的心理，召致这些新人物，并使俄籍蒙人和布里雅特蒙古人，以同种同志的资格加入，共同组织蒙古国民革命党，推巴图鲁为首领。后改名蒙古国民党，但并不是中国国民党的支部，不过他的宗旨，和中国国民党的三民主义，可说是大致相同，即不外求民族平等、政治平等、经济平等，党员最多时，八千余人，后开除二千余人，一九二七年时，实余六千余人。现把他的内容，分组织、宣传、训练三种，略述如下：

（一）组织　和中国国民党大致相同，有中央党部，部（等于省）党部、市党部、旗（等于县）党部及分部，并直接中央之特别党部。每年开全国代表大会一次（每二百党员选出代表一人），选出中央执行委员四十五人，再推定常务委员数人。其入党手续，须经过候补试验期间，其久暂随阶级而异，平民四个月，贵族、喇嘛八个月以上，资产阶级，不许入党，这是采取共产党办法的。

（二）宣传　他的宣传方法和目标，据所见者，可分为下列数种：

1.《民报》　系中央党部发行，有日刊，有月刊。初至外蒙境参观旗立小学时，见一生阅《民报月刊》。其内容题目：（1）论压迫民族；（2）论共产主义；（3）国会纪事；（4）中国革命战讯；（5）日本之帝国主义；（6）民族自决。可知其反对日本，同情中国革命，而徘徊于三民主义与共产主义之间。

2. 画报　是蒙古国民党最重要、最有效的宣传品。因蒙人识字者少，故画报最能普遍而最有力。自初入外蒙以至库伦，见到处贴有画报，每张分左右二半幅，合之寓意甚明。试举数例如下：

（1）有一幅，右半上画一日本人在海上骄横状，一足踏朝鲜人，一足踏中国人，上有一美国人隔海观望，下有数狗，带日本军帽，向蒙人张口，蒙人畏状，一红军持枪欲击状。表示日本用武力压制中韩，侵略蒙古，美人监视观望，俄人援助蒙人，打倒日本。左半幅，画俄、蒙、中、韩各一人，持枪，共把骄横的日人，击落海中，并共向武装狗射击，美人持枪隔岸援助。表示俄、蒙、中、韩，共同打倒日本，美人亦从旁援助。

（2）有一幅，右半画，一蒙人伏地，背负重物，王公、喇嘛，又压坐其上。左半画，革命兵士，持枪打倒王公。又一幅，右半画喇嘛总管，张大口，许多人民，把贵重物品，驼运车载，送入其中。左半幅喇嘛总管的口，被革命军人用大锁锁住，运物不能入内。又一幅，右半画几个旧式蒙人，背负重担，愁眉不展。左半画新式蒙人，乘马负小包，面有喜色。此三幅都是表示独立前人民受王公、喇嘛的压制，出重税。独立后，打倒王公、喇嘛，人民喜悦。

3. 新剧　外蒙从前仅库伦有中国旧剧，蒙古国民党成立后，始有新剧，由党员拚〔扮〕演，以为宣传的工具，收效甚大。在外蒙时，曾观览两次，略述如下。

（1）第一次在郭尔班赛恒旗，由旗署公务员与小学学生表演，草地为台，月光为灯。第一场某王公夫妇，骄贵高坐，仆婢谦恭伺奉，人民来见，低头跪拜，奉献礼物。描写革命前阶级不平等之现象。第二、三幕，王公派员到各乡向人民索钱物，金戒指、玉烟带〔袋〕嘴等，一律强索，不纳者打臀，受贿者轻打，归后献与王公夫妇使用。描写革命前王公贪污，胥吏舞弊，以及人民被压制之情形。第四幕，革命党散发宣传品，并演说王公专制，人民痛苦，以及革命后的平等自由快乐。第五幕，革命军来，王公觉悟，脱帽裂裳，一律加入国民党。描写革命宣传，人民一律加入国民党，共同奋斗。

（2）第二次，在库伦中国戏园，由蒙古国民党党员演唱。第一、二幕，某王公夫妇，有一无鼻的台吉（公子），养马数千，因二马夫失马数头，即严刑拷打。描写王公威严，对奴隶虐待情形。第三、四幕，王公派员强定一未婚夫之妇，为其子妻，女不愿从，逃家痛哭，父母愤且惧。描写王公横霸、人民痛苦情形。又请喇嘛占婚姻吉凶时，喇嘛与王公夫人调戏，并乘结婚之便，实行恋爱。描写喇嘛淫恶与迷信情形，无非欲打倒王公、喇嘛。

4. 演说　时由党部派人到各地演说，除宣传革命为人民谋利益，及对内对外政策外，并劝蒙人业农，振兴一切工业，反对汉商。

（三）训练　关于训练方面，有中央党务学校，男女学生百四十余人，皆由各地党部保送而来，训练十八个月。前十月为普通学科，后八个月为党义政治。如国民党党纲，各国革命史，列宁主义等。毕业后，到各党部担任党员训练、民众训练事宜。此外各学校有俱乐部，张贴标语，悬挂马克思、列宁、孙中山、巴图鲁等像，时请［党］国民〈党〉人讲演，各学生无不明了党政方针及世界情形。

四　外蒙国民党与青年党

外蒙青年党，成立于民国十年八月，全由俄人主持，表面上说是国民党的预备党，三十五岁以下之青年入之。实际系因蒙古国民政府成立后，制度为民主立宪，政策为渐进的，党员重要分子，多为贵族、喇嘛，如哲林多尔、巴图鲁等，苏俄认为右倾，乃操纵党中平民出身的失意党员，与留俄青年学生，组织蒙古青年党，虽仿共产主义青年团，威权却更较大，因与国民党对立且监督之，可说是国民党左派，也可说是共产党支部。初成立时仅十三人，三四年间，增至万余人，一九二六年时，始表面归蒙人主持，实际仍由俄人指挥。

青年党成立后，与国民党暗斗甚烈，冲突日甚。一九二一年，苏俄提出七款要求，欲"赤化"外蒙时，国民党领袖团，主张拒绝，终因青年党和赤卫军的威吓，一律承认。一九二二年秋至一九二三年的恐怖时代，多数高级贵族、喇嘛，悉判为反革命罪，次第杀戮。如总理巴图鲁、内务总长彭次克图尔、司法总长脱甫脱和等国民党领袖、老革命家，都在反革命罪名之下枪决，全是青年党受苏俄指使的行动。因此两党的敌对仇视，日益明显。当一九二二年，小国民议会开会时，国民党干部，把青年党交付查办，并欲以武力解散。青年党对民众极力宣传，以国民党前约废止王公、喇嘛的特权为无诚意，终因苏俄之干涉，青年党胜利。由此青年党势力日大，国民党中民主主义派的势力日减，同时亦发生左倾的趋势。

又一九二二年七月十七日，外蒙青年党开第一次大会时，议决一个纲领。原文为："本党目的，是要将蒙古国民，从外国资本主义压迫之下救出来，确保外蒙古独立，然后于国内求劳动民众真正自由，并经济与文化生活的问题向上。"显然是表示与苏俄世界革命的目的一致。同时在大会声明说："蒙古青年党，非共产党，但今后和世界革命的统一机关第三国际，提携行动。"是明明表示与第三国际的关系，却否认非共产党，可知系表面避免蒙人之反感，实际不啻承认为第三国际的外蒙古支部。至与外蒙国民党的关系，大会上声明青年党是多数劳动民众的机关，与国民党组织上的关系，完全分离。是不啻承认为两个不同的党。但在党籍上，青年党有许多跨党分子，在国民党内活动，逐渐使国民党带共产主义的色彩，脱离民主主义倾向，这完全和中国共产党加入中国国民党的居心行动一样①。

五　外蒙国民党与共产党

外蒙国民党的成立，与国民政府的巩固，虽都是借苏俄共产党并赤卫军之力，然当时外蒙国民党，并不倾向共产主义，反极倾向民主主义。观一九二一年三月，即库伦占领前五月，所发表的

———————

①　照录原文。——整理者注

宣言可知。这个宣言，可说是外蒙国民政府的建国大纲。内容如下：

　　（一）政府以铲除封建制度为目的，故制定新法律，全国人民，不分阶级，一律有服兵役、服裁判之义务。

　　（二）制定纳税制度，凡人民不分阶级，一律有担负同一纳税之义务。

　　（三）废除奴隶制度。

　　（四）在大国民议会未开会前，以小国民议会为立法机关。

　　（五）以立宪君主之资格，保存活佛。政府主于其下，图民权之扩张，但活佛无批驳权。凡各政权，属之于政府，及大小国民议会。

观此数条，充满欧美自由民主主义的精神，毫无共产主义的色彩。同年十月，小国民议会开幕，通过政府所提出之自由民主主义的施政方针，采用立宪政体，大出于苏俄意料之外，极不满意，乃向蒙古提出充满共产主义色彩的七项要求。内容如下：

　　（一）外蒙的森林、土地、矿产，皆为国营。

　　（二）分配外蒙公有土地，于蒙民的贫困劳动者。

　　（三）外蒙的天然富源，不得变为私有财产。

　　（四）外蒙之矿产，由蒙俄劳动者共同开发。

　　（五）外蒙金矿，让于苏俄工会，由俄劳动组合管理之。

　　（六）外蒙土地之分配，须照苏俄办法。

　　（七）除专利事业及特别权利事业外，保留为私有财产之日用品的制造自由。

并说外蒙政府，如承认以上要求时，苏俄政府，可照下款援助外蒙政府。

　　（一）地方行政，由民选之执政者统辖，废止王公、活佛尊号。

　　（二）政府要职，由蒙人担任，但贵族除外。

　　（三）促成宪法会议，确定外蒙苏维埃式国家之最高执政者，保护劳动阶级利益。

　　（四）组织蒙古陆军，由苏俄派员训练。

　　（五）协助外蒙政府，阻止反共产党的宣传。

　　（六）苏俄派人在外蒙设立军事委员会，宣传军事共产主义。

　　（七）励行苏维埃式的政治教育。

　　观此要求，苏俄已露骨的表示"赤化"外蒙的企图。当时外蒙的国民党和国民政府领袖，均不欲承认，但这时青年党，在国民党内已起分化，势力渐大，又有苏俄政府和第三国际蒙古支部的阴谋操纵，并赤卫军的示威。外蒙国民党和政府，不得不隐忍接受，遂于一九二二年一月，完全承认，同时各官署，聘俄人为顾问。因此国民党重要分子，多起反抗，苏俄操纵外蒙政府，用高压手段扑灭。自一九二二年春至一九二三年秋，天天新旧斗争，结果自然新派胜利，凡有反共嫌疑者，一律枪决。这是共产党压倒外蒙国民党的开始。

　　一九二四年五月，活佛死后，国民政府宣言，实行苏维埃的共和政治，废止王位。十一月大国民议会开会，第一案即议决把库伦的名称，所〔改〕为乌兰巴图尔和特，即"赤勇都城"之意，已明显的开始"赤化"。当时并通过《蒙古劳动国民权宣言》，和一九二一年的宣言精神，完全不同。原文大意如下：

　　（一）蒙古为独立国民共和国，主权属于劳动国民，以国民议会及由该议会产生之政府行使之。

　　（二）蒙古共和国目前之国是，为剿灭封建制之残余势力，而于民主制度之上，树立新共和政府。

（三）据此原则，政府宜依左列之施政方针施行：

1. 土地、森林、水泽，及其他之地壤，举皆为劳动国民之共产，以前之私人所有权，一律废止。

2. 在一九二一年革命前，所缔结之国际条约及借款，一律无效。

3. 外国人在外蒙专横时代，借给个人之债务，在国民经济上，为不可忍受之负担者，一律无效。

4. 政府采取统一的经济政策，国外贸易，皆由国营。

5. 为保护劳动国民权，防止内外反动势力之发生，编制蒙古国民革命军，对于劳动者，授以军事教育。

6. 为确保劳动者的精神自由，应政教分离，使宗教信仰，为国民个人之自由。

7. 政府应将言论机关付与劳动者之手，以确保劳动者表示意思之自由。

8. 政府应供给劳动者［的］集会场，以保证劳动者一切集会的自由。

9. 为保证劳动者组合之自由，政府须与以关于组合之物质上及其他的援助。

10. 为增进劳动者之智识，政府须普及劳动民众之免费教育。

11. 政府对蒙古人民，应无民族、宗教及男女之差别，认一律有平等权。

12. 旧日王公、贵族之称号及其特别权利，一律废除。

13. 鉴于全世界劳动阶级，咸趋向于覆灭资本主义，建设社会主义，蒙古共和国之对外政策，应尊重全世界被压迫民族及劳动阶级革命之利益，以期与彼等之根本目的相合。

〈14.〉在情势上，对于其他资本主义国家，虽亦以保持友谊关系为善，但对于侵害蒙古共和国之独立者，须断然抵抗之。

以上宣言，可说是完全从俄国十月革命时，列宁的宣言抄袭来的，足知蒙古此时，已完全模仿苏俄的政治。再看大国民议会所制定的《蒙古共和国宪法》，更可说是完全从《苏俄宪法》中抄袭来的。原文共三十五条，要项如下：

（一）大国民议会休会期间，国家之主权，以小国民议会行使之。小国民议会休会期间，以小国民议会干部及政府之国务院行使之。（第四条）

（二）国家最高机关，在国际关系上，代表国家，处理政治、通商及其他国际条约之缔结、国境之变更、宣战媾和、内外债之募集、对外贸易、国家经济之计划、租借权之让与及取消军备及军队之指挥、金融及度量之制定、租税及预算之确定、土地利用法之确定等事项。（第五条）

（三）共和国宪法之变更，由大国民议会行之。（第六条）

（四）大国民议会，由农村、都市人民及军队选举之，议会人数，每年依选举区之人口比例定之。

（五）大国民议会之通常会议，由小国民议会召集，每年至少一次。临时大国民议会，由小国民议会或大国民议会员三分之一以上之要求，或农村选民三分之一以上要求召集之。（第九条）

（六）小国民议会监督最高政府机关，实行大国民议会之议决案及宪法。（第十二条）

（七）小国民议会，由大国民议会选举之（第十条），对大国民议会负责。（第十一条）

（八）小国民议会每年须召集二次以上（第十三条），每期选出五人，组织干部，并选出政府阁员。（第十五条）

（九）政府担任一般国务，以内阁议长及副议长、军事及经济会议议长，并内务、外交、陆军、财政、司法、教育、经济各部部长，及审计院长组织之。

（十）凡由自己之劳动而生存，十八岁以上之国民全部，及国民革命之兵士，皆有选举及被选举权。

（十一）商人、旧日贵族、喇嘛、僧侣及不从事于劳动者，皆无选举权。（第三十五条）

（十二）蒙古共和国之国旗，为赤色旗，而附以国徽。

由以上之经过观之，可知外蒙国民党，初由共产党指挥成立，却无共产主义色彩，继而因青年党与苏俄的阴谋操纵，渐渐左倾。再继而共产主义色彩浓厚，已成喧宾夺主、拔赵帜易汉帜之势矣。

六　外蒙国民党与中国国民党

外蒙独立以来，其与中国之联络，惟有外蒙国民党与中国国民党，彼此往来接洽，或互派代表，或互通声气，或彼此联络招待，均以同志关系，非以政治关系。其所以然者，因外蒙认中国国民党之主义，与蒙人所希望者不背，与外蒙国民党之主张相同，即认三民主义，为蒙人之福音，非蒙人之不利。盖蒙人之所要求与其国民党所主张，不外欲脱离国外的帝国主义，与国内王公的封建制度，以及喇嘛教的各种压迫，即不外求蒙古民族之自由平等，可说是与三民主义相合。又见中山先生所定的《国民政府建国大纲》中说："其三为民族，故对于国内之弱小民族，政府当扶植之使之能自决自治。"又第一〈次〉全国代表大会宣言中说："今国民党在宣传主义之时，正欲积集其势力，自当随国内革命势力之伸张，而渐与诸民族为有组织的联络，及讲求种种具体的解决民族问题之方法矣。国民党敢郑重宣言，承认中国以内各民族之自决权，于反对帝国主义及军阀之革命获得胜利以后，当组织自由统一的（各民族自由联合的）中华民国。"中国国民党，对蒙古民族之态度，很明显的与满清政府不同，并与民国以来各军阀政府之政策大异。当第一次代表大会时，蒙古国民党代表耶邦丹藏先生至广东，以中国国民革命与蒙古民族解放间的各问题，和总理商榷时，总理即诚坦的把三民主义的民族主义，表现于上述两重要文件中的精意，详为说明。蒙古国民党代表，认为满意，曾归而报告蒙古国民党党员和全民族。故民国十三年后，外蒙虽未取消独立，而两民族之精神，已渐接近，隔阂业已解除，这完全是三民主义的力量，所谓以德服人，不以力服人。又蒙古国民党党纲中，亦有明显之主张，谓："如有主义相同、政见相合之党派，不论为中国，为苏俄，皆可提携扶助，至对中国政治上之关系，视中国之如何待遇而定。如中国对各省及各民族，能根据民族自决地方自治之义，采用广义时〔的〕联邦制度，完成各民族平等精神，外蒙亦不反对加入联邦。"可知蒙古国民党赞成中国国民党主张，有复归中国之倾向。惟因中国国内反动势力，未能即时完全肃清，对蒙古民族问题，未能早日解决。苏俄共产党，对中蒙联合统一，是最不愿意的。乘此机便大施手段，用移花接木之法，欲将中国、蒙古两国民党，都逐渐使变化为共产党，故同用跨党分子，潜移默化，在中国虽告失败，在蒙古可说是已经成功。惟苏俄共产党，在蒙古所宜宣传者，不过是东方民族解放、土地国营、限制私人资本、保护劳动民众等等，并未宣传真正共产主义。实际说来，可是不外三民主义。因蒙古既无所谓大资本家，亦无所谓工厂的工人，所谓阶级斗争、剩余价值、资本集中、无产阶级专政等等名词，无一适用于蒙古，决不能得蒙古民众之了解信仰。可知三民主义适于国际各民族解放运动或革命的最高原则，而共产主义则不然。

　　但以无知识之蒙人，不免盲从，青年尤多浮动，加以留俄之蒙古学生，受俄人之诱感〔惑〕宣传，归而蛊惑其民族。蒙古国民党的主义政策，本徘徊于三民主义与共产主义之间，既受青年党之明夺暗收，又受俄人之阴谋压迫，自然对三民主义误解，对中国国民党怀疑，对中华民族疏远。据最近消息，国民党领袖丹巴多尔基等亲华派被害，外蒙完全"赤化"，且欲"赤化"内蒙，蒙古问题，益无解决之望。然以蒙古之情形、蒙人之需要，以及旧派势力之仍在潜藏，如能从速以三民主义的力，向蒙古积极灌入，以中国国民党的政纲宣言，向蒙人积极宣传，使蒙古国民党，一变而为中国国民党，蒙古问题，不难解决。如坐视不理，迁延不决，使蒙古国民党名存实亡，蒙古青年党，一变而为蒙古共产党，则外蒙问题，真无解决之望了。

《新亚细亚》（月刊）

上海新亚细亚月刊社

1931 年 1 卷 4 期

（李红权　整理）

蒙古之政治史要

郭矩　撰

第一章　蒙古政治的历史背景略论

第一节　蒙古加入中国版图之始末

内蒙古之加入中国版图　蒙古地处塞北，数百年来称雄沙漠于
〔于沙漠〕南北，中原武力虽曾几度达及塞北，然政治势力未尝及
之。虽唐灭突厥、薛延陀，又设瀚海、燕然两都护府，此乃惟一
之中原政治势力所能及者，然只是羁縻〔縻〕之而不得谓之直辖。
迄于满清，始为之藩属。蒙古当明中叶以后，大别分为三部：
（一）曰漠北蒙古，即今外蒙古一带之地，或谓喀尔喀蒙古；（二）
曰科尔沁蒙古，即今辽宁西北部、喀尔喀东南及热河北部；（三）
曰漠南蒙古，即科尔沁西南今热、察、绥三区所在地。漠北蒙古
为沙漠所隔，与中国来往甚少。其余诸部，东扰满洲，南侵中原，
为患甚烈。内蒙诸部以科尔沁最强，常为满洲之患。及满洲之兴
起，吞并邻近诸部，欲进窥明室，乃经营朝鲜，以绝后顾之忧，
平定内蒙诸部，以免道梗之患。其平定内蒙也，首征科尔沁部蒙
古，继平察哈尔，于是内蒙东西部落尽听命于满洲。明万历二十
六年（西历一五九八年）叶赫、哈达等部合兵攻满洲，后为满洲

兵所败，科尔沁部畏满洲兵力，遣使修好。其时察哈尔林丹汗，士马强盛，横行漠南，破喀喇沁，灭土默特，东西驰逐，诸部不能敌，北走者渡瀚海依喀尔喀，东走者则依科尔沁。林丹汗既怒科尔沁之与满洲通，又恶其为漠南诸部逋逃薮，于是悉众攻之，科尔沁部部长奥巴不敌，遂率众投附满洲，事在清天命九年（明熹宗天启四年，西历一六二四年）。及崇德改元，科尔沁部，率漠南诸部合词上尊号，清太宗遂即帝位，礼成册功，诏设扎萨克五人，赐亲王、郡王、镇国公等爵，是为科尔沁部降清之始也。自后清大征伐，科尔沁莫不以兵从，世为帝室懿亲，是以科尔沁诸王岁俸居内蒙古二十四部之上者，职是故耳。

察哈尔林丹汗势凌诸部，于是敖汗、奈曼、扎鲁特、喀喇沁等先后遣使至满洲通款，乞发兵救护。而明室方固守辽西，欲利用察哈尔以抵制满洲，乃岁输巨帑，使攻辽东。天聪初（明崇祯）清太宗数攻察哈尔边境，林丹汗渐不能支，六年四月（明崇祯五年）太宗会漠南诸王之归附者，亲攻察哈尔，林丹汗徙其众十余万，由归化城渡黄河西奔。清军抵其地（归化城），取其部众数百而还。八年（明崇祯七年）林丹汗病痘，死于青海。其子额哲于九年（明崇祯八年）复为清多尔衮西征之军所迫，欲走依鄂尔多斯，鄂尔多斯攘其部众千户来献清廷，于是额哲亦率余众降附于清。清太宗封额哲为亲王，内蒙大部悉平定。额哲再传至布尔尼，以康熙十四年为乱，为清军所诛，乃收其故地，隶诸内务府及太仆寺，徙其部众于宣化、大同边外，而辖以都统等官号，为内属游牧部，不得与蒙古比，是即后日口北三厅、归绥十二厅改组之基础也。

满洲崛起于长白山，与内蒙诸部最为接近，故内蒙受满洲之影响，亦较诸其他部落为最早。满清之称主中原，蒙古诸部与有力焉。至满清对蒙古之政策，容后详述，兹将内蒙古诸部之名称及

其归降之时期列表于左：

盟名	旗名	旗数	入中国版图之时期
哲里木盟	科尔沁旗 扎赉特旗 杜尔伯特旗 郭尔罗斯	六旗 一旗 一旗 一旗	天命九年（西历一六二四年）
卓索图盟	喀喇沁旗 土默特旗 土默特游牧	三旗 二旗 一旗	崇德三年（西历一六三八年）
昭乌达盟	敖汉旗 奈曼旗 巴林旗 扎鲁特旗 阿鲁特尔沁 翁牛特旗 克什可腾 左喀尔喀	一旗 一旗 二旗 二旗 一旗 二旗 一旗 一旗	天聪初年（西历一六二八——一六三一）
锡林郭勒盟	乌珠穆沁 浩齐特旗 苏尼特旗	二旗 二旗 二旗	崇德六年（西历一六四一年）
	阿巴喀旗	三旗	康熙一四年
伊克照盟	鄂尔多斯	七旗	天聪元年（西历一六二七年）
乌兰察布盟	四子部落 茂明安旗 乌拉特旗	一旗 一旗 三旗	天聪七年（西历一六三三年）
	右喀尔喀	一旗	顺治十年

外蒙古之加入中国版图　蒙古于明中叶以后，已分为三部，其在沙漠以南及东者，为漠南蒙古及科尔沁蒙古，其在瀚海以北者，称外蒙古，即喀尔喀蒙古。喀尔喀蒙古居于漠北一带，因瀚海隔阻，与满洲往往交涉甚稀。及满洲勃兴，平定内蒙古，然后与喀尔喀蒙古始起往来关系。当清入关，称主中原，因蒙古别族准噶尔部之勃兴，喀尔喀蒙古全部被其骚扰，喀尔喀蒙古不能堪，始归附清室，加入中国版图。

原喀尔喀蒙古，故鞑靼大汗达延汗季子扎赉尔封地。扎赉尔之孙阿巴岱入西藏，谒达赖喇嘛，得其经典以还，部众尊信之，奉以为汗，是为土谢业图汗之始。土谢业图汗据土拉河流域，而其东西别有两汗：东曰车臣汗，占有克鲁伦河流域，西曰扎萨克图汗，占有杭爱山之地，是乃喀尔喀三汗也，即外蒙古之三大部也。

先时准部和硕特部部长固始汗之孙拉藏汗入西藏后，清室以准占据西藏，雄视西北，又恐准、藏之联合，西南将永无宁日，于是决意进兵讨伐准部。于康熙五十九年（西历一七二一〔〇〕年）清军合同蒙兵入藏，击退准部。准部部长策妄阿拉布坦，常抱复仇之志。及策没后，其子噶尔丹策零，继其父志，屡侵喀尔喀，于雍正九年九月为土谢业图汗属部三音诺颜部部长策凌所击退。清世宗嘉策凌之功，授三音诺颜汗扎萨克，不复属于土谢业图，领有色楞格河流域。自是喀尔喀蒙古分为四汗（"三音"蒙语好之意也，诺颜蒙官之意，故称功臣之义也）。

和硕特部落，当明崇祯十六年（西历一六四三年）据有青海，准部部长巴尔图〔图尔〕〈浑〉台吉自伊犁蚕食附近诸部，势力渐强，及其子噶尔丹立，结西藏，并青海，时和硕特部势渐衰微，准部遂统一厄鲁特蒙古，势力益雄，于是东侵喀尔喀，康熙二十三年（西历一六八四年）首与喀尔喀蒙古土谢业图部开衅。土谢业图部拒之，不能敌，大败，而徙其众东走，噶尔丹进攻车臣汗、扎萨克图汗，亦败走，喀尔喀三汗众数十万，尽弃牲畜、帐幕逃入漠南，请援于清，清以喀尔喀三汗既率众来附，遂遣使与噶尔丹商罢兵还喀尔喀地，噶尔丹不听，驻军于克鲁仑河流域，有窥视漠南之意。于是清与准部势必一战，当康熙二十九年（西历一六九一〔〇〕年）七月，噶尔丹深入乌珠穆沁境，与清军遇于乌兰布道（去京仅七百里），两军激战，噶尔丹大败，由克什克腾部渡西喇木仑河（黄河）北走。康熙三十年（西历一六九二〔一〕年）清圣祖出塞大阅，以示威严，以多伦诺尔为会场，喀尔喀新附之众及科尔沁四十九旗悉到。圣祖悉授以封号及土地，由是喀尔喀蒙古遂入中国版图。

准部蒙古之加入中国版图　蒙古在明末分内、外及科尔沁三大部分，然除以上三部而外，又有厄鲁特蒙古，厄鲁特蒙古在喀尔喀以西，天山以北。其境分为四部，称为四卫拉特（即《明史》之瓦剌也）。其四部：（1）曰和硕特，姓博尔济吉特，为元太祖弟哈而〔布〕图哈萨尔裔，居乌鲁木齐附近；（2）准噶尔，居伊犁；（3）曰杜尔伯特，姓绰啰斯，为元臣孛罕裔，居厄尔齐斯河域；（4）曰土尔扈特，为元臣翁罕之裔，姓不著，居塔尔巴哈台附近。

和硕特蒙古乃厄鲁特四部之一也，明季和硕特部部长固始汗于崇祯十六年（西历一六四三年）为诸厄鲁特蒙古部落〈部〉落长，会西藏有宗教之争，黄教徒欲借厄鲁特蒙古之势力排斥红教，固始汗于是合四部之力，由青海入西藏，据西藏之东部，而以青海为根据地，是青海蒙古之始也。后准噶尔部长巴尔图〔图尔〕浑台吉亦自伊犁蚕食附近诸部，势力渐强，及巴尔图〔图尔〕浑台吉之子噶尔丹继其父业，准部势力益增，时和硕特势渐衰颓，噶尔丹结西藏，并青海，遂统一厄鲁特蒙古。后乃东侵喀尔喀，喀尔喀诸部不能敌，逃往漠南，降于清廷。准部势盛横行漠西、漠北，窥伺漠南，满清曾与噶尔丹两次开衅，即乌兰布通及诏莫多两役，均为清兵击败。及噶尔丹死，准部内乱，其台吉阿睦尔萨那者，通款来奔，清军借其力平定准部。阿自以有功，思为厄鲁特四部蒙古之长，清高宗惩于噶尔丹之跋扈，未许。阿遂以天山南北路之回族谋叛，败走而死。乾隆二十年，准部始全定，天山南北路悉入中国版图（西历一七五五年）。

土尔扈特部乃厄鲁特四部蒙古之一也。当准部强盛，土尔扈特部畏其侵凌，全部走俄境，屯于窝瓦河畔，及准部事定，部人思念故土，走还伊犁，请附于清而归服焉。以其所部分为新旧土尔扈特，使之牧于伊犁及科布多。于是厄鲁特蒙古始全加入中国版图以内矣。

当准噶尔部落之勃兴，和硕特部之在河套、青海者，势力残破，部众离散，其内徙者或游牧于贺兰山麓，是为后日之阿拉善蒙古，即今日之河套蒙古也。

乌梁海蒙古之加入中国版图　乌梁海即明之兀良哈，清初时移牧西北，居奥克穆河流域，库苏古尔泊四周，及昂可拉河之上流。其人种与芬兰同，其一切风俗与蒙古相似，向依于喀尔喀、准噶尔及俄罗斯。及准噶尔平定，遂附于清，亦入中国版图。清时因其地分为三部：（1）曰唐努乌梁海；（2）阿尔泰山乌梁海；（3）阿尔泰诺尔乌梁海。独以唐努乌梁海一种为最多，所占之地又最大，其余二部占科布多之一部分而已。

第二节　满清治蒙之策略

治蒙之背景

周之猃狁，秦汉之匈奴，唐之突厥，辽金之蒙古，皆蒙古民族也。蒙古与满洲，虽悉为北方之部落民族，然蒙古有其语言、文字，有其特殊之民族性，而与满洲决非同族。历来蒙古民〈族〉占据沙漠南北，享其安然自得之游牧生活。经数千百年之历史，蒙古民族尽量发展其勇武耐苦之民族特性，纯洁笃实之民族精神。满洲乃东胡民族，东汉时之乌桓、鲜卑，唐宋时之契丹、女真，皆满洲民族也。此民族发源根据地在松花江流域、长白山脉之一带地。满洲自契丹入中国后，习于文弱，其种族渐衰。其后女真起而满洲复强。其时，女真分为两部：在北者为生女真；在南者因属于辽，称熟女真，迄宋理宗端平元年（一二三四年）为蒙古所灭。自成吉思汗统一蒙古诸部落，略取漠南、漠北，驱逐辽、金，入长城南进而与南宋接触。自是蒙古族蒸蒸日上，卒灭金、夏，而亡宋室。及元衰而汉复兴，蒙古退回漠北故土，然蒙古之武力犹未尽失，仍为明室边疆之患，以迄明亡，蒙古未尝一日怠其南下之志。而此时满洲所占之地，仅松花江流域一带，不能与蒙古诸部落对抗，又患蒙古之侵略。明末时满洲部落大别为四：曰满洲部、长白山部、东海部及扈伦部。明神宗万历十一年（一五八三年），满洲部之酋长爱新觉罗氏努尔哈赤起兵，渐次统一诸满洲部落，万历四十四年（一六一六年）遂称帝。乘明之衰弱，欲进略中原，乃与蒙古诸部联盟，可无西顾之虑，并借蒙古之兵力平定诸部，满清遂坐享渔人之利，无亡矢遗镞之费，而得王天下。满洲虽幸而南面中原，然其忧患不宁之心无日或息，读梁任公先生作《袁督师传》谓："满洲之初起东裔，自其始非必有并吞中原之大志也……"可知满洲之得天下者，幸也，非宜也。故满洲自入关以来畏汉民之一旦觉悟而起反抗，又恐蒙古之武力终不可恃，二百余载之帝业，完全支持于战战兢兢之情形下，外忧内患，未尝一日得以高枕而卧。故其入关后，治国之先务，以防御汉民之反动，及应付蒙古之武力，为其政治最重要之问题。清廷种种制度多以治蒙、治汉为标准，观其处处谨慎猜疑，不敢多事，以大事化小、小事化无之政策为根本方针可知也。至于治蒙之政策，则利用蒙民之缺点，利用喇嘛教，以应蒙古人之迷信，利用蒙古民笃诚之特性，施以怀柔政策，封以官爵，而愚其子孙，于是勇武伟大之蒙族，三百年来受其小惠之麻醉，几失其民族之特性，而变为任人宰割之驯羊，良可悲也。

　　清廷治蒙之方略

　　宗教之利用　（一）利用喇嘛教之始——蒙古自来为亚洲勇武民族也，统御全亚，威振西欧。当成吉思汗统率铁骑健儿，毁灭保达，征服回教徒，厮杀基督教民族，当是时也，任何宗教势力不能感化其勇武嗜杀之念，移转其残忍强悍之天性。然而今之蒙古何以如此颓靡不振，昏弱无能？究其根本原因，唯喇嘛教之祸耳！佛教自汉明时已入中国，蒙古自太祖起朔方时已崇尚之，但蒙古之初崇释教，并不迷信。元世祖时，以西藏喇嘛八思巴者为师，令其制蒙古新字，于是对于喇嘛推崇备至。又世祖得西域，以其地处偏僻，俗犷好斗，思有以柔服之，乃立郡县，设官分职，尽委之于西藏喇嘛，是世祖已利用喇嘛之感化力以治藩属（《元史记事本末》卷十九）。然此时蒙古人民并不迷信于喇嘛教，但蒙古民族天性笃实忠诚，又因元代推崇喇嘛之故，喇嘛遂盛行于蒙古诸部。蒙民信仰日笃，渐趋于迷信，但蒙古虽迷信于喇嘛教，然实事上并未深受其毒。唯自满清以来，畏蒙古民族之勇武，思有以感化之，但视其威力不能屈，故得洪承畴之阴谋，利用喇嘛教以麻醉之，自是陷蒙古民族于喇嘛教之荼毒中。

　　（二）清代之利用喇嘛教——蒙古素来之阶级观念最深，其社会组织可分三大阶级：曰喇嘛，曰王公或曰台吉，曰平民是也。

王公或台吉系元代帝王之嫡裔，或重臣子孙曾受封爵者，握蒙古之政权，或有特殊权利之阶级。平民或谓俗人（蒙语曰喀热呼恩），多系昔日因战争而俘虏或投降之人民，亦有土著之蒙汉人民留属焉。平民对于王公负有种种义务，供王公之财政、兵役、奴仆等等，故平民阶级为最苦。但喇嘛阶级势力最大，喇嘛完全不隶属于王公政治之统辖。喇嘛有其政治之权利，特有之土地、牧场、产业，甚至于有司法及兵权者。大喇嘛可以左右活佛，而活佛可以指挥王公。凡平民之子弟充当喇嘛者，王公不能要其再负兵役、奴仆之责。且特出之天才，将来有为大喇嘛之希望。故一般平民多欲令其子弟充当喇嘛以为荣。

清廷利用喇嘛教，其唯一目的为消灭蒙古民族之勇武的特长，此外又利用以治化。盖蒙古与西藏之关系历来已久，而以漠北、漠西及青海蒙古与西藏之关系尤切。漠南蒙古接壤满洲，臣服最先，治化较易，然其他蒙古与西藏较为荒远，治化较难，文治、武力均非易施，故清廷治蒙唯一之政策为拢〔笼〕络活佛，尊崇及优待喇嘛，以抚慰蒙藏民心，使之倾向皇朝。有清以来，清廷治蒙并不直接干涉蒙古之政治，但利用以夷治夷之政策，卖好于活佛与喇嘛，即足以羁縻全蒙。

有清以来，漠北、漠西蒙古之平定，多借喇嘛之势力，如喀尔喀之归服，准噶尔之平定，皆其实例也。故清廷不能不优待喇嘛，推崇活佛。如康熙时，自一六九一年至一七〇一年凡十年之间，喀尔喀活佛哲布尊丹巴呼图克图来京，康熙帝以非常之礼相待，授种种恩赐。雍正元年，理藩院奏哲布尊丹巴呼图克图原法教内之一人，数世行善，垂九十年，当噶尔丹叛乱时，身率喀尔喀七旗来归，最为有功（见《东华录》）。雍正帝时敕封第二代哲布尊丹巴呼图克图，并赐帑银十万，设立庆宁寺。第五代哲布尊丹巴呼图克图来京时，乘黄舆、黄轿及黄色帐幕，其推崇与优待之诚可谓极矣。

（三）清代利用喇嘛教治蒙之影响——蒙古疆土辽阔，人民慓悍，习骑射，耐劳苦，喜动好战，虽早已崇信喇嘛教，然并不如清代迷信之深。自清廷利用喇嘛教为抚驭蒙古之政策以来，蒙民迷信过当，失去信仰宗教之真意，由是蒙民勇武之特性已失，是蒙古民族不振之最大原因也。

蒙古之人口以喇嘛教之影响，女多男少，因男子充当喇嘛者数百万人，终身不娶，故女子过剩之数日多，因此蒙古中等之家多纳妾以充下陈，其流毒所及，即蒙古人口之减少，此自然之势也。

清廷利用喇嘛教，不仅使蒙古之人口减少，并对于蒙古之经济发展亦大有损害。以经济原理推之，凡一社会之经济发展，多赖"人力"（man power），而今国际间督励增加其人口，即为增加其国之"人力"（man power）耳。因其人力增加，即其生产力增加（productive power increase），生产力增加，经济可以发展。而蒙古因喇嘛教之为害，人口减少，故"人力"缺乏，其经济生产当然不能发达。且充当喇嘛之蒙民，虽有其人，然皆为不事生产者，实为社会之寄生物。

由思想方面言之，蒙民因对喇嘛教之过于迷信，故有将一切事务均归于天命所定之消极思想。因此，贫贱则蹙于饥寒，富贵则流于逸乐，不知进取努力，与环境奋斗。盖贫者以为天命所定，虽努力亦无所补；富者亦以为天命所定，富贵用之似不尽，取之似不竭，故任意挥霍，养成淫佚侈奢之陋习，现代蒙人之堕落多由此所造成。喇嘛之不驯难化，亦由于清代优待过分、尊崇过当有以养成者，其阻碍蒙民之进步也甚大。

封建与和亲之政策　（一）封建政策之利用——清代治蒙政策除利用宗教而外，则以封建政策与和亲政策为表示优待亲善之意。当清师初定伊犁也，欲使厄鲁特四部仍其旧制，阿睦尔撒尔〔那〕为厄鲁特四部之长，权集势大，恢复其原有之势力，图谋叛乱，终再劳师征伐；原以权势集中于一人之手，民众服从，故易为患。清廷有鉴于此，不能无相当之计划以制驭之，于是利用封建之政策而治之。赏土封爵，将漠南、漠北、漠西三大区域，分若干旗、部、盟；各部有其土地，封以王公、贝勒、贝子等爵，令其自治，勿相涉也。如此则权不集中，势力涣散，各王公、贝勒、贝子有地有爵，以自为荣，人民只服从其首长，而不与其他部落会。王公虽有其名，然所辖之区域亦不过数百里荒凉不毛之游牧地，人口仅数万而已。势力薄弱，权利甚微，并有朝廷遣派之大臣如乌里雅苏台办事大臣、库伦办事大臣以督理之，重兵以监视之，其易于就范也自属意中事耳。此封建政策之力也。

（二）和亲政策之利用——和亲政策，自来为中国外交手段之一，制驭外藩之上策也。和亲政策盛行于汉唐，如汉元帝以"后宫"良家子王嫱（昭君）赐匈奴单于，唐太宗以文成公主下嫁吐番，类此之事数见史册。清代师汉唐之故智，以羁縻蒙古，太宗、世宗两朝，帝后皆科尔沁女；而公主"格格"（格格——蒙语称公主之名称也）、宗女下嫁于蒙古王公者亦数见不鲜。盖加恩结纳无过于此，凡异族来降者，与被赦之俘，皆尝以宗室女嫁之。如超勇亲王策〈凌〉，准部亲王达瓦齐，皆其实例也。乾隆时赐宴蒙古王公诗，清高宗注谓"领宴者大率朕之儿孙辈"，其为皇室之姻眷可知。清高宗崩，内蒙古之都尔泊特汗至于殉焉，其感恩之诚，又可知矣。旧制满汉不通婚，而独与蒙古世联姻好者，不过操纵蒙民之权术，抚绥藩属之政策已耳。

第三节　满清时代蒙古政治制度概况

理藩院之组织及其职权

理藩院与中央政府之关系　清廷中央政府政治组织可分为三大部：一曰中枢部，二曰佐理部，三曰帝室部，而佐理部之理藩院，为专掌蒙古各部封授、朝觐、贡献、黜陟、征发之事，总蒙古全部之政令者也。今将理藩院与中央之关系列表以示之如左：

理藩院与中央政府之关系表

理藩院之职权　理藩院为清代中央治外藩之唯一机关，其职权可分数项：

（1）理藩院〈为〉掌外藩（包括蒙古、西藏、回部、土司等）政令之总机关。

（2）理藩院司边防事宜及外交事宜。

（3）外藩地方重要事务，如行政、诉讼、司法上诉等事，皆由理藩院办理。

（4）关于疆吏封爵、喇嘛王公入觐、贡品俸禄、锡赉仪制、合盟给恤、叙勋任官等事皆由理藩院办理。

（5）蒙古稽核生齿之制，三岁一编审，年六十以下十八以上皆入册，有疾者除之，编查之年扎萨克以下什长以上按佐领察核，造印册，令协理台吉会同管旗章京送理藩院，隐匿人丁者，扎萨克以下章京、骁骑校皆论罚，其田赋、徭役、户籍、婚嫁、赏恤、禁、约等制，皆掌于理藩院之旗籍、典属二司。

（6）蒙古之狱讼，各以扎萨克听之，不决则报盟长公同审讯，或扎萨克判断不公，亦准两造赴盟长呈诉，又不决，则将全案详送理藩院上诉，及罪至遣者，扎萨克、盟长不得自专，须报于理藩院，候院会刑部决定。

（7）凡蒙古所奉之呼图克图，其呼毕勒罕将出世，则报名理藩院，互报差异者纳签瓶中，诵经降神，理藩院与住京之章嘉呼图克图掣之，颁金奔巴瓶一，藏供大招寺，而蒙古之瓶则藏雍和宫。

（8）蒙古各部之兵统辖不一，有属于扎萨克者，有属于驻防大臣者，然其最后权则在理藩院总辖。

（9）蒙古道路之政，亦掌于理藩院。

（10）俄蒙间之贸易事务，亦由理藩院办理。

由以上十点观之，理藩院之职权可谓大矣。无论蒙古之政治、军事，甚至于社会生活几乎全握之于理藩院一机关，由此可知清代治蒙之政策（参考姚明辉著《蒙古志》）。

　　理藩院之组织　　理藩院属于佐理部，其内部之组织，则属有六清吏司，一曰旗籍，二曰典属，三曰王会，四曰柔远，五曰理刑，六曰徕远。旗籍清吏司、王会清吏司者，分掌内蒙古及内属蒙古土默特。典属清吏司、柔远清吏司者，分掌外蒙古、青海蒙古、西套蒙古及内属蒙古察哈尔。理刑清吏司者，专掌外藩刑罚之事。徕远清吏司，掌回部及四川土司之政令者也，此与蒙古之政令无关。嘉庆二十三年《钦定大清会典》载理藩院之组织概况：理藩院设尚书一人，由满洲人任之，掌藩部之政令，控驭抚绥，以固邦幹〔翰〕；置侍郎三人，满二人为左右侍郎，又额外侍郎一人，以蒙古贝勒、贝子之贤者任之，掌外藩之政令，制其爵禄，定其朝会，正其刑罚。尚书、侍郎率其所属以定议，大事则上之，小事则行之。又置旗籍清吏司，郎中三人，由满人一、蒙人二分任之；员外郎，有宗室一人，满洲一人，蒙古二人；主事一，由满人任之，掌考漠南诸藩科尔沁〈等〉二十五部五十一旗之封爵与其谱系，凡官属、部众、合盟、军旅、邮传之事皆掌之，并掌内游牧之内属者。又置王会清吏司，有郎中三人，员外郎五人，掌颁禄于内扎萨克，而治其朝贡、燕飨、赉予之事。置典属清吏司，有郎中二人，员外郎八人，主事二人，掌核外扎萨克部旗之事，治其邮驿，互市则颁其禁令，凡内外喇嘛皆掌之。掌游牧之内属者。置柔远清吏司，郎中一人，员外郎七人，主事一人，掌外扎萨克喇嘛禄廪、朝贡之事。置理刑清吏司，郎中二人，员外郎六人，主事一人，掌外藩各部刑罚之事。总之，理藩院皆为满、蒙官吏，而无汉人参与焉。今列表于左以示其组织之概况：

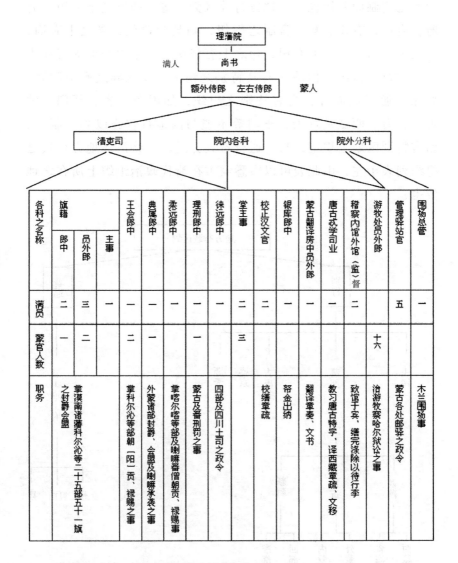

理藩院 — 尚书（满人）— 额外侍郎　左右侍郎（蒙人）— 清吏司、院内各科、院外分科

各科之名称	满员	蒙官人数	职务
旗籍　郎中	二	一	掌漠南诸藩科尔沁等二十五部五十一旗之封爵会盟
旗籍　员外郎	三	二	
旗籍　主事	一	—	
王会郎中	—		掌科尔沁等部朝一阳一贡、禄赐之事
典属郎中	—		外蒙诸部封爵、会盟及喇嘛承袭之事
柔远郎中	—		掌喀尔喀等部及喇嘛番僧朝贡、禄赐事
理刑郎中	—		蒙古及番刑罚之事
徕远郎中	一		四部及四川土司之政令
堂主事	二	三	
校正汉文官	二		校缮章疏
银库郎中	一		帑金出纳
蒙古翻译房中员外郎	一		翻译章奏、文书
唐古忒学司业	一		教习唐古忒字、译西藏章疏、文移
稽察内馆外馆（监）督	二		致馆于宾、缮完涤除以待行李
游牧处员外郎		十六	治游牧察哈尔狱讼之事
管理驿站官	五		蒙古各处邮驿之政令
围场总管	一		木兰围场事

清代地方行政区划与蒙古之地位

清代地方行政区划仍因元、明之旧制，以行省为地方最高行政区，其所异于元、明者，清则只采元之地方行政之组织，兼依

明代之官制而并用也。分地方行政区为六等，即省之下有道，有府，有厅，有州、县。官制之等级，则县为单位，县之上有府，府之上有道，道之上有司，司之上有督抚。以上之制度为普通省之地方行政组织。但清代有其特别之情形，及殊异之政治问题，故除普通组织而外，尚有特别之组织，如因东三省、新疆、蒙古、青海、西藏及顺天、土司等不能与内地行省施以划一制度，始有特别区划之规定，与普通行省大异焉。今将清代地方行政之组织列表于左，由此表可以察悉蒙古在清代政治组织上所在之地位也：

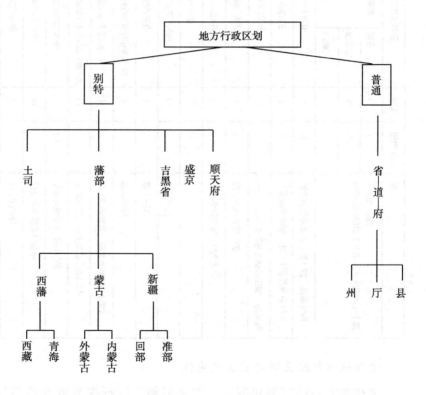

清代内外蒙古政治制度之概况

蒙古地方行政区划　清代地方行政制度，划蒙古属于特别行政区。蒙古地方行政区划可分为三大部：曰内蒙古，曰外蒙古，曰额鲁特蒙古是也。如细分之，则可分七部：曰内蒙古，曰外蒙古，曰西套蒙古，曰科布多，曰乌梁海，曰青海蒙古，曰内属游牧蒙古。每部之行政组织之单位曰旗，合旗而为部，合部而为盟。

内蒙古各部计六盟二十四部四十九旗。曰哲里木盟，曰卓索图盟，曰昭乌达盟，曰锡林郭勒盟，此为东四盟。曰乌兰察布盟，曰伊克昭盟，此为西二盟。

外蒙古，计喀尔喀四盟四部八十四旗。曰汗阿林盟，曰齐齐尔里盟，曰克鲁巴尔和屯盟，曰毕都里雅诺尔盟；曰土谢〈业〉图汗部二十旗，曰三音诺颜部二十二旗，曰车臣汗部二十三旗，曰扎萨克图汗部十九旗。

西套蒙古在甘肃之北，陕西西北，即清初和硕特部游牧于贺兰山之麓者，日后称之谓阿拉善蒙古，今称谓西套蒙古。并无扎萨克，共两旗，亦无盟，曰阿拉善额鲁特旗，及额济纳旧土尔扈特旗。尚〔领〕有阿拉善及额济纳，由宁夏将军管辖之。

青海蒙古，自明季因西藏有宗教之争，黄教徒欲借厄鲁特之力排红教，固始汗得其余三部之援，自青海入西藏，据喀木之地，于是和硕特部固始汗以青海为根据地，及降服清廷则分五部二十九旗，曰青海和硕特部，二十旗；曰青海绰罗斯部，共二旗；曰青海土尔扈特旗〔部〕，共四旗；曰青海喀尔喀部，一旗；曰青海〔汝〕辉特部，一旗。此外尚有游牧喇嘛一旗及西番土司四十旗。青海蒙古无盟，受西宁办事大臣之监督。

乌梁海蒙古，在乌里雅苏台城之北，为都护副使、分充乌里雅苏台佐理专员管辖区域，受库伦办事大员节制，共计四十六佐领，而无扎萨克。定边将军所属二十五佐领，三音诺颜部所属十三佐领，扎萨克图汗部所属五佐领，哲布丹呼图克图所属三佐领，此与其他蒙古各部之制度不同。

科布多蒙古，在乌里雅苏台城之西，为都护使、分充科布多佐理专员管辖区域，凡二部：曰杜尔伯特部，曰辉特部，计十六旗，统盟于赛音济雅哈图盟，并有明阿特、札哈沁二旗，计科布多共十八旗。

内属游牧蒙古，为察哈尔林丹汗之后。清太宗时，林丹汗与之战。明崇祯五年太宗会同蒙古诸王攻察哈尔林丹汗，崇祯八年，林丹汗病痘死于青海。后其子额哲，不能复其父业而降清，封为亲王。及传至布尔尼，因在康熙十四年为乱，为清军所诛，乃收其故地，隶诸内务〈府〉、大〔太〕仆寺，徙其部众于宣化、大同边外而辖之于都统等官号，曰内属游牧部，不与其他蒙古相同。无盟，亦不设扎萨克。内属游牧部有察哈尔九部，两牧场，直辖于察哈尔都统；有归化城土默特一部二旗，直辖于绥远将军。

清代蒙古地方行政之组织

蒙古之地方行政机关可分自治的与官治的二种，兹分述之于下。

自治机关之组织　（一）旗务行政——旗为蒙古地方行政之单位。每旗置旗长一人，蒙语谓之扎萨克。旗长在内蒙各部统称扎萨克，而在外蒙古或称汗。扎萨克办理一旗领内之政务，但受理藩院及都统、将军与办事大臣之监督。各扎萨克为由蒙古亲王、郡王、贝勒、贝子及镇国公之世袭者。扎萨克之下有协理台吉，辅助扎萨克办理旗行政，与顾问之性质相同。凡扎萨克弱小无能者，皆由协理台吉摄政。协理台吉由本旗贵族阶级之贤〈者〉选任之。协理台吉有缺，则扎萨克与盟长会同选择王公以下台吉、塔布昂以上，保举正副二人送理藩院，奏请引见，然后补任之。协理以下设管旗章京一人，副章京二人或一人，每六佐领之上置塔〔参〕领一人。每百丁、二百丁或二百五十丁设一佐领，在佐领之下又有骁骑校一人：以上诸职皆由台吉、塔布昂补选，或由部众之有功勋者补任之。总之蒙古惟贵族始有参政权。

盟有盟长及副盟长各一，皆由理藩院开列盟内各部之扎萨克中最有德望者，奏请敕裁任之。并非世袭，是由中央任命者也。旗长治一旗之行政，若一旗中有扎萨克不能自决者，或二旗之间有不能解决之事，皆上诉于盟长，会同审理。每三年会盟一次，由盟长主席，解决一切议案及纠纷。内蒙之会盟，中央特派钦差大臣赴会以监督之。

（二）下级之地方行政组织——下级地方行政之组织较为简单，有梅伦一人，管理地方财务、征收租税等事务。有扎兰一人，管理兵务、维持地方公安。有章京一人，管理一旗地方民事。有伊克达，管理村落，即村长之意也。达喇家，管理传达户口。以上诸职皆由扎萨克之任命，无论贵族与平民皆可。

（三）私邸之行政组织——一旗扎萨克府内之行政组织尤为简单，有梅伦兼司扎萨克私府之财政，因为一旗之财政即扎萨克之财政也；有包依达及哈巴翁等职，皆扎萨克之随员，管理府内杂务，以上各职由扎萨克任命之。

官治机关之组织　官治机关为由中央派遣之大员，不独管理无扎萨克之部族，并驻在蒙古各要地，以任控御之责。清代官治机关共有五处，分述如下：

（一）察哈尔都统——察哈尔都统驻张家口，管辖察哈尔及其他游牧部属。惟张家口属直隶（河北），故关于该地汉人之事仍与直隶（河北）总督协议。其下有副都统一人，理事官十七人（满人九、蒙人八），八旗总管八人，参领八人，副参领八人，佐领百十人，骁骑校与护军校各百七十人，捕盗六品官三人。又都统兼阿勒台军台，凡由内地越长城至阿勒台山或库伦及乌里雅苏台等驿站，阿勒台军台监督之递送文书、护送官吏，并稽查无理藩院所发之旅行票者之出口。盖张家口为出入蒙古之门户，而官商必经之地，故使都统兼掌此事。

（二）热河都统——热河都统驻热河承德，专治游牧蒙古，关于一般民事必与直隶（河北）总督协议，而政治则有理藩院，理事、理刑二司承都统之指挥，分掌财政与司法等事，此外则有总管二人、协领五人、佐领十五人、防御二十人，并有骁骑校、前锋等职。

（三）绥远城将军——绥远城将军驻绥远城，凡土默特部之内属者皆归其直接管辖，以其地在山西省内，故一般民政须与山西巡抚会议；与热河、察哈尔都统无甚分别。

（四）定边左副将军——定边左副将军驻乌里雅苏台城，在外蒙古之西部，统制喀尔喀诸部，或称乌里雅苏台将军，其下有乌里雅苏台参赞大臣二人，由中央派选满人一，其余一人由喀尔喀贵族补充之。又有科布多参赞大臣，居科布多，统制乌梁海部，其下有帮办大臣一人以佐理之。

（五）库伦办事大臣——驻库伦，掌中俄交涉事件，理藩院所派之司官、笔帖式，帮助大臣掌贸易、裁判事务，又在恰克图置办事司员一人，监理俄人贸易事务，受库伦大臣之节制。

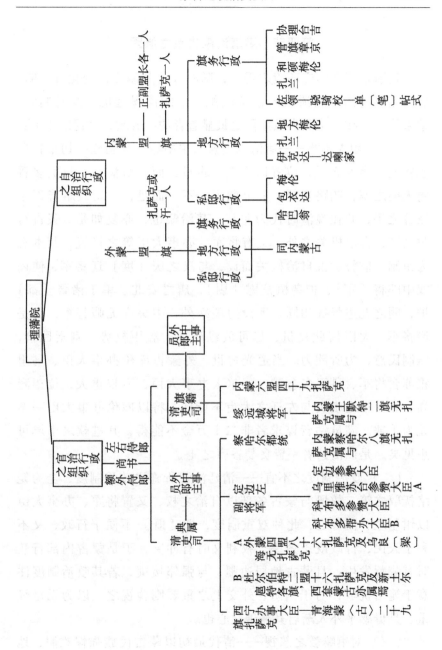

第四节　满清治蒙失败之原因

　　政治之事必须应环境之需要，随时改善其制度，变化其方略，然后始能得治。满清政府治蒙政策，未能深谋远虑，因时制宜，结果终于失败。至其失败原因之最显著者约有五端，兹述之于下：

　　（一）用人不当——满清以夷狄入主中原，凡朝廷一切重权要职皆握于满人之手，位置以宗室、旗员，而一般满臣、旗员多昏庸无能之辈，贿赂贪婪，蒙上欺下，不一而足，一切政事皆误于彼等之手，此在晚清时代为尤甚。其治蒙也，亦复如是。蒙古行政制度，自治机关之外，又有将军、办事大臣等之设置，其本意为钳制、监督蒙古自治机关而设，与汉之庆〔度〕辽将军、使匈奴中郎将〔军〕、护乌桓校慰〔尉〕，唐之安北、单于诸督〔都〕护，明之九边督抚相同，远设边疆塞外，中央亦无暇督察，于是诸将军、大臣借此良机，尽可放纵恣肆，滥用权势，剥括民膏，压制民意，为所欲为。当道光之世，外蒙古库伦办事大臣、乌里雅苏台将军、科不多参赞、阿尔太办事大臣，事权重大，位望隆高，非保举之旗员与左迁之大吏不能任。特以库伦办事大臣一席尤为美缺，满员钻营谋求者非二十万金不能得，其进款之丰厚可想见矣，是以治蒙者率皆贪婪昏庸之徒。

　　（二）政治制度之不宜——清廷治蒙所施之政治制度，全为笼络抚驭之策，故既与蒙古各部以自治之权，又置将军、办事大臣以钳制之、监督之，此种双重制度，即〔既〕不便于行政，又不利于人民，行政既乏效率，权利又时有冲突，于是蒙古内部行政时有龃龉发生。且蒙古地居边疆，与强邻接壤，若其政治制度注意于笼络抚驭，对于国防、外交上之重要则藐视之，以为无足轻重，是毋惑乎外人渐启其觊觎之心也。

　　（三）对喇嘛教之忽视——清代最初以蒙古民族强悍难服，地处荒漠边塞，鞭长莫及，统辖不易，于是利用蒙人之迷信喇嘛教，则尊崇活佛，优待喇嘛，以便感化蒙民，笼络王公。及清中叶内乱平息，海内安抚，亦无利用喇嘛教之必要，于是对于喇嘛之尊崇，渐形冷淡。自乾隆以降，对蒙古之政策略为变更。左副将军桑斋多尔济为库伦办事大臣时，并奉令兼管活佛徒众，自是活佛之政权概行剥夺。然蒙民崇信活佛之诚未之稍减，由是引起喇嘛愤恨，叛清之心油然而生。初，康熙、雍正两朝对活佛之礼至为重隆优渥，如温都尔格根终岁来往北京、热河之间。出入宫禁，特蒙优遇。乾、嘉之时，活佛尚得以时驻锡热河。及道光四年第二十代哲布尊丹巴奏请入觐，竟被拒绝。光绪三十三年孝钦后因西藏达赖喇嘛阴附英人，潜图不逞，降旨革去名号，并命驻藏大臣严密查拿。当阁抄到库伦时，哲布尊丹巴以降，莫不栗栗疑惧，以达赖之尊，朝廷待之尚且如此，若哲布尊丹巴者则不待言矣。由是蒙民离叛，喇嘛怀疑，清末对喇嘛之冷淡忽视，遂宣布满蒙关系之死刑也。

（四）开垦蒙荒之不当——清季因开垦蒙旗荒地而引起许多纠纷，当时各旗扎萨克不谙放荒事宜，结果弊端百出，任意招民放荒，越界划地，征租收税，纷争纠葛，不一而足。中央与地方之权限又无清楚规定，权利冲突，积恨埋怨，是亦清室治蒙失当之处。

总以上四点观之，清代治蒙失败之原因，可以知其大概矣。而此失败原因亦即近代蒙古政治问题之历史背景。研究蒙古政治史者，不能不注意其重要性也。

第二章　民国以来之蒙古

第一节　清末至民国初年之蒙古

外蒙古独立之原因及其经过

外蒙古独立之原因　（Ａ）俄罗斯之离间　俄罗斯与蒙古之发

生关系远在六百年前，考《元史译文证补》载云："太宗七年乙未
（一二三五），以奇卜察克、俄罗斯诸部未定，议遣诸王出师，以
拔都为统帅；八年平布尔嘎尔；九年入奇卜察克，诸部属皆震慑
款服，遂入俄罗斯……"是拔都之征服俄罗斯，创立金党〔帐〕
汗，在南宋理宗嘉熙元年，民元前六百七十四年也。

　　迨明万历时（一五七八年），俄哈萨克酋长耶尔麻（Yermak）
率族东征，直至黑龙江东境。其后俄人远征者接踵而至，渐次开
拓西伯利亚，探视黑龙江及蒙古之边境，于是蒙古之富源渐启俄
人侵略之野心。迄清雍正时，中俄协订《恰克图条约》，俄人遂得
其侵略之机会，数百年来，威迫利诱，以培植其潜势力。故清政
失纪，蒙人离贰，非无因也。原夫俄罗斯帝国之对华外交政策，
在黑龙江及新疆一带则采取割地之方策，而在蒙古，则利用诱惑
手段，以行阴险之分化，而促其整个的脱离中国之版图。兹举其
诱惑手段之事实如左，可以证知蒙古独立之远因矣：

　　（一）利用布利雅特①人——布利雅特者蒙古族之一，多与俄
克萨克人混居。当拔都侵入俄罗斯时，不特俄罗斯之法律、习俗
在金党〔帐〕汗国统治之下，受其影响，且俄蒙通婚亦为常事。
近世纪来俄蒙仍多通婚，如今之白俄领袖谢米诺夫之母即为蒙人。
而俄人与布利亚特通婚者尤多；故布利雅特蒙古当金党〔帐〕汗
国亡后，遂为俄属之一，但其于蒙古之语言、文字及宗教，仍保
持不改。布利亚特蒙古因俄欧化之故，亦渐为西洋文明所陶染，
故其文化、习尚多与俄人相同。布利亚特蒙古青年，早欲统一蒙
古，恢复元代之伟业；故俄人侵外蒙时多利用之以为先导。

　　（二）利用宗教——蒙古之宗教为喇嘛教，而俄罗斯之布利亚
特人民与蒙古即是同种，以接近喇嘛教徒，因此深得蒙民欢心。

------

①　后文又作"布利亚特"、"布里亚特"、"布里雅特"。——整理者注

（三）利用活佛——活佛乃蒙古宗教之首领，其位之尊、权之高与罗马之教皇相若。活佛不惟有宗教上之无限权，而其政权亦甚大，当光绪初年，活佛第八世格根，随其父母由西藏来库伦，其时活佛年仅四岁，十二岁时，亡其父母，活佛颇有零丁孤苦之感，此时驻库伦俄领事，以欧洲新制各种玩具，进于活佛，为娱乐之奉献，且俄商货物之输入蒙古者必先贡之活佛，以表俄人尊敬活佛之诚。俄人之表示如此殷勤，彼年幼无识之活佛难免不为其所惑，其发生亲俄之心固理所当然也。

（四）利用金钱之诱惑——一九〇〇年俄人葛洛德，采掘土什〔谢〕业图汗之金矿，此事引起蒙古王公之反抗，俄领事西西马利甫乃巧用蒙语游说，复贿赂王公以十万金卢布，以买其心，而堵其口。

由上述诸例观之，俄人之诱惑外蒙，离间其与清室之关系，可谓其独立原因之一也。

（B）清廷新政之反感　清朝末年，颇感觉过去治蒙之失败，急思作亡羊补牢之计，乃倡举新政，以谋挽救。故三多接篆库伦大臣后，即以举办新政之名，在库伦设宪政筹备处、兵备处、巡防营、交涉局、垦务局、商业调查局、实业调查局、卫生局、邮政局、电报局、木捐总分局、车驼捐局、男女小学堂……等二十余机关，所有各机关之一切用费，尽数责令蒙古人民供给，迫蒙官取之于蒙民，蒙民不堪其苦，相率逃亡，近城各旗十室九空。加以北京军咨府派往库伦练兵之专员及其随员、卫兵等跋扈飞扬，奢华恣纵，尤使蒙人侧目，一时民情汹汹，谣诼蜂起，背我之心益决，外向之志益坚，卒至一发而不可收拾。

外蒙独立之经过　宣统三年六月十五日外蒙王公会盟于库伦，参加会盟者有亲王抗达多尔济、土什〔谢〕业图汗盟长察克都尔扎布、二达喇嘛、车林齐墨特等，密议独立之事，全体赞成，署名盖印。越数日，抗达多尔济与车林齐墨特等密赴俄京，俄皇亲予接见，并允派兵援助，而库伦大臣三多尚在大梦未觉也。是年七月，即有驻京俄使抗议清廷在蒙新政及派兵援蒙之威胁，外务部转电三多，三多接电大惊，即商诸哲布尊丹巴，要求发电阻止俄兵，招回抗达多尔济等返库；并将各项新政一律停止，以缓蒙情。

宣统三年九月，武昌起义之消息传之库伦，中蒙人心惶惶不安。而俄人之恫吓外蒙也益形激烈。十月初十日外蒙古四部王公、喇嘛联合署名之哀迪美顿书，达到库伦办事大臣衙门。其文略谓："现闻内地各省相继独立，革命党人已带兵取道张家口来库，希图扰乱蒙疆。我喀尔喀四部蒙众，受大清恩惠二百余年，不忍坐视，我活佛哲布尊丹巴呼图克图已传檄征调四部骑兵四千名，进京保护大清皇帝。请即日按照人数发给粮饷、枪械，以便照准〔起行〕。是否照准，限于三小时内明白批示"云云。三多接呈后，狼狈殊甚，不知所措。三小时后，哲布尊丹巴派王公、喇嘛数人来库伦办事大臣衙门，面称奉哲布尊丹巴谕，因本日之递呈未见批准，刻蒙古已定宗旨，蒙古全土自行保护，请大臣于三日内带同文武官员暨马步兵队等出境。次日，蒙收三多兵队枪弹。十一日晚，俄总领事派通译来见三多，声称俄领愿尽保护之责，十二日三多全眷暨属员等悉迁往领事署，帖受保护，十五日由俄兵护送出境，经恰克图取道西伯利亚回京。于是中国在库伦之官员风流云散，外蒙独立之宣告遂闻于世矣。

十月初九日，哲布尊丹巴呼图克图行登极礼，宣布独立，称大蒙古国，以共戴为年号。组织外蒙政府，设内务部、外务部、兵部、财政部、刑部五衙门，各置大臣分司之。此外并有上下议院。

外蒙独立与内蒙古　蒙古之分内外也始自清代，考诸史书，有清以前数千年来，蒙古从无所谓内外也。满清入关之初，大沙漠以东之各蒙古部落最先臣服于清，大沙漠以北、以西之各蒙古部落因与满清远隔，满州〔洲〕之兵力尚不能及，故该部各蒙古至康熙以降，渐始平定，先后臣服。清廷因蒙古土地广阔，部落众多，其臣服之先后不同，而其地势又有大沙漠之隔绝其间，势不能划一而治之，遂因其地势而分沙漠以南者称内蒙古，沙漠以北者称外蒙古。至于其辖治之政策亦有差异，此于前文已述过之。由是蒙古遂于无形中有内外之分矣。然蒙古人民并无何种不同之心理与观念存焉。况大沙漠在外人视之，固以为地理上之自然障碍，天然之界线，交通上之最大阻隔；但生于蒙古之人民，并不感其困难阻碍也，内外蒙古之人民往来自由，随意通行，故戈壁沙漠毫不足为阻隔内外蒙古之天堑。

虽然，地理之关系不足为内外蒙古联络之间隔，但对其政治、文化之影响则甚大。盖（一）满清之治蒙政策因内外而有别；（二）内蒙地近京师，内蒙王公、喇嘛常常往来京师，与皇室接欢，感情日深，亲善较易，辖治便利，而外蒙古则反是；（三）外蒙北与强俄毗连，俄蒙间之交通便利，俄蒙间之接触事繁，亲善之机会亦较多，而内蒙则反是；（四）内蒙古与内地唇齿相联，内地人民在内蒙经商为业者接踵而至，况清中叶以降，汉蒙通婚之禁开，殖边开垦之举创，由是蒙汉渐趋于同化，而外蒙古则不然；（五）内蒙以近内地，受中国文化思想之影响也易，而外蒙近俄，故其受俄国文化思想之影响也深。因以上五点之关系，遂造成内外蒙古政治上之分立，是为研究蒙古政治问题之不可不注意者也。内外蒙古既属同一种族、同一语言、同一文字，故当外蒙古之宣告独立也，即标共戴（大蒙古帝国之年号）之义，并有劝告之文；然内蒙古终不能与之彻底合并，同隶一帜之下独立焉。虽在民国二年一月十一日有西盟会议及哲里木盟扎萨克图旗之叛乱，要不过局部之微波，昙花之一现也。

　　民初与蒙古　民国成立之初，内蒙各部即通电内向，翊赞共
和；中央政府亦明令嘉奖，并进封郡王以优礼之。惟对外蒙则无
计可施，除大总统袁世凯致电库伦哲布尊丹巴以劝谕之，别无良
策。袁大总统致哲布尊丹巴电文曰："外蒙同为中华民族，数百年
来，俨如一家。现在时局阽危，边事日棘，万无可分之理。贵喇
嘛慈爱群生，宅心公溥，用特详述利害，以免误会。各洲独立之
国，必其人民、财赋、兵力、政治皆足自存，乃可成一国，而不
为外人所吞噬。蒙古地面虽广，人数过少，合各蒙计之，尚不如
内地一小省之数；以蒙民生计窘迫，财赋所入至微，外蒙壮丁日
求一饱尚不可得；今乃欲责令出设官、养兵、购械诸费，不背畔
则填沟壑，何所取给？若借之于人，则太阿倒持，必至喧宾夺主。
又自奉黄教以来，好生忌杀已成天性，各部壮丁只知骑射，刀矛
尚不能备，何论枪炮，欲议攻战，必无可恃。政治则沿贵族之制，
行政、司法以较各洲强国，万无可企，更难自立。且各蒙并未尽
能服从，贵喇嘛号令所及者仅图、车、赛音三部；且闻尚未尽服。
阅时稍久，人怨财匮，大众离心，虽悔何及！试问百年以来，凡
近于蒙古而不隶中国之蒙、回各部，有一自存否？有不为人郡县
者否？各蒙与汉境唇齿相依，犹堂奥之于庭户，合则两利，离则
两伤。今论全国力量，足以化外蒙之贫弱为富强，置于安全之域。
旧日秕政，当此新基创始，自必力为扫除。此外若有要求，但能
取销独立，皆可商酌。贵喇嘛识见通达，必能审择祸福；切勿惑
于邪说，贻外蒙无穷之祸。竭诚致告，即希见覆。"哲布尊丹巴覆
电曰："顷承电示，谆谆告诫，感愧莫名。客冬外蒙以时势危迫，
宣布独立，共推本哲布尊丹巴呼图克图为蒙古国君王；不得已，
俯顺舆情，已允其请，布告中外，良用歉然。此次起义，本为保
种、保教、保全领土起见，并非别有希冀，亦非惑于邪说，实困
于虐政耳。所谓外蒙人数过少，贫弱已极，并不知兵，难期立国，

均属实情，足征大总统策画至远，转危为安，秦镜高悬，无微不至。至祸福利害，惟仰贵大总统曲体与否，倘荷玉成，俾资勤修内政，敦睦邦交，妥筹边防，巩固国基，则不惟外蒙得以保全，即中国亦无北顾之忧矣。本哲布尊丹巴生虽不敏，亦知处邻之道，端在乐天畏天，言念及此，殊深翘企。如云杀人盈城盈野，率土地而食人肉，仁者不为，文明大国亦不忍言此。外蒙僻处绝域，逼近强邻，势如累卵；四皆强霸，倘有不虞，必为台湾、朝鲜之续。中国远隔海隅，鞭长莫及，军民虽众，恐将无所用之。外蒙间于列强，进退维谷，苟不独立，何以自存？本哲布尊丹巴呼图克图，舍独立犹弃敝屣；但独立自主，系在清帝辞政以前，业经布告中外，起灭何能自由？必欲如此，请即商之邻邦，杜绝异议，方合时势。外蒙之存亡，在公之操纵，操之过激，不溃即溢，则何异于为丛驱爵？尚希广发佛心，大施汲引，玉成此举，以免群生沟壑之忧，即造万世无量之福，何幸如之！大局攸关，用敢冒昧直陈，仍祈不弃，时锡指南，俾免陨越。"袁世凯第二次致电库伦哲布尊丹巴曰："电悉。贵呼图克图慈爱群生，维持大局之苦衷；并辱奖誉，殊深感愧。近年边吏不职，虐待蒙民，以致群怨沸腾，激成独立，此等情状，内地胥同。贵呼图克图之歉忱，固国人所当共谅。刻下国体确定，汉蒙一家，必须合力以图，新基方能巩固。来电操纵一节，深知归重中央，不欲恋无谓之虚名，贾汉蒙以实祸，致人坐收其利，天地圣佛实鉴此心。今联合五族组织民国，本大总统与贵呼图克图，在一身则如手足，在一室则成弟昆，利害休戚皆所与共。但使竭诚相待，无不可以商榷，何必劳人干涉，自弃主权。前此各省，怨苦虐政，相率独立，自共和宣布，先后相继取销，盖皆不忍人民涂炭之心，而无争城争地之念。来电词旨，大惬鄙怀，务望大扩慈心，熟观时局，刻日取销独立，仍与内地联为一国，则危机可免，邦本可固。民国对于贵呼图克图同深感戴，必当优为待遇，即各王公及他项人员等，亦必一体优待。此后一切政治，更须博访舆情，详为规定，定有以餍蒙族之希望，为进大同之化，共和幸福，其各无涯。否则阋墙不已，祸及全国，将有同为奴隶之悔，以贵呼图克图之明智，当不出此也。至蒙古与内地宗教、种族、习尚相同，合则两利，分则两伤，前电已痛言之，所有应行商榷各节，电内未能尽达者，已派专员前往库伦趋谒住锡，面商一切。到时切望赐晤，至所企祷。"库伦哲布尊丹巴呼图克图覆袁大总统第二电曰："贵大总统量涵大海，联合五族，创造共和新基，大为中外景仰。惟我蒙旗遭此竞争时代，处此危险边境，所有一切，究与他族迥不相同，其中委曲，不待细陈，谅在洞鉴。劳人干涉，有碍主权，略知梗概，只以时势所迫，不得不如此耳，否则，鹿死谁手，尚难逆料，再四思维，与其派员来库，徒事跋涉，莫若介绍邻使，商榷一切之为愈也。"

袁世凯大总统接电后，甚为愠怒，然亦无可如何也。细味哲布尊丹巴之二电，独立之举非出哲布尊丹巴之真意，哲布尊丹巴不过为之傀儡，其后幕实受俄国之操纵，故蒙古宁可开罪于母邦，不敢爽约于强邻也。观其第一电则曰："……起灭何能自由？必欲如此，请即商之邻邦，杜绝异议，方合时势……"第二电又曰："再四思维，与其派员来库，徒事跋涉，莫若介绍邻使，商榷一切之为愈也。"足证外蒙之取消独立与否，其症结在于中政府能否解除俄国在外蒙之操纵也。

第二节　民国政府与蒙古政治之关系

蒙藏事务局与《蒙古待遇条例》

清帝逊位之初，北京设有临时筹备处，系为在临时大总统未就职以先之行政机关也。临时筹备处中，设有边事股，此股之职权范围，为对于东三省、蒙古、西藏以及各边省地方之特别行政计划，维持临时之现状。清政府对于边地政令，向由理藩院行之，后改归理藩部管理。理藩院于辛亥九月清廷组织内阁时，尚书、侍郎等职均改称大臣与副大臣；至清帝退位又改称正副首领。民国成立，南北统一，参议院迁至北京，继续开会，组织政府，设立各部官署。四月二十二日大总统令规定以前理藩部之事，一概归并于内务部。继又特设机关，专司蒙藏事务，曰蒙藏事务局，直隶于国务总理。至于蒙藏事务局之官制，有总裁、副总裁各一人，参事、秘书各二人，佥事八人，主事十二人及执事官四人组织之。并任命卓索图盟协理盟长、喀尔〔喇〕沁扎萨克亲王贡桑诺尔布为总裁。

民国成立之初，对于蒙古之政治设施，除设蒙藏事务局而外，并规定种种特别待遇条例，于民元八月十九日临时大总统明令公布者共有九条，兹录于左：

第一条　嗣后各蒙古均不以藩属待遇，应与内地一律；中央对于蒙古行政机关，亦不用理藩、殖民、拓殖等字样。

第二条　各蒙古王公原有之管辖治理权，一律照旧。

第三条　内外蒙古王公、台吉世爵各位号，应与照旧承袭；其在本旗所享之特权，亦照旧无异。

第四条　唐努乌梁海五旗、阿尔泰乌梁七旗系属副都统及总管治理，应就原来副都统及总管承接职任之人改为世爵。

第五条　蒙古各地呼图克图喇嘛等原有之封号概仍其旧。

第六条　各蒙古之对外交涉及边防事务自应归中央政府办理；但中央政府认为关系地方重要事件者，得随时交该地方行政机关参议，然后施行。

第七条　蒙古王公世爵俸饷应从优支给。

第八条　察哈尔之上都牧群、牛羊群地方，除已开垦设治之处仍旧设治外，可为蒙古王公筹划生计之用。

　　第九条　蒙古人通晓汉文并合法定资格者，得任用京外文武各职。

　　此外尚公布有《特赏蒙古荣典条目》六条、《蒙、回、藏王公等年班事宜》，并《驻京及年班来京蒙古王公廪饩条例》等，盖皆所以示优遇之意者也。

　　内蒙古之新区划

　　有清以来，长城、柳边之外，大漠之南，即为内蒙游牧之区，凡六盟四十九旗。热河首先垦辟移民，日臻繁盛。厥后遂有山西北部归绥十二厅、直隶口北三厅之设。末年，复于满州〔洲〕洮南一带，盛行移垦，三晋、燕、鲁之民云集于是，置道设县，划属奉天省管，称为洮昌道，即昔之哲里木盟一部也。民国鼎兴，鉴于外蒙之独立，内蒙应急改设行省，以便辖制，但当时政府尚未稳定，兵力、财力均感困乏，一时殊难实行，于是就内蒙六盟所在之地，首置绥远、热河、察哈尔三特别区域；西套蒙古二旗亦划为特别区域，划归宁夏护军使管辖。兹分述之：

　　绥远特别区　民国三年六月将直隶口北三厅张家口、独石口、多伦诺尔等地均改县治，为张北、独石（今称沽源县）、多伦；暨绥远都统所辖，前清归绥十二厅除丰镇、凉城、兴和、陶林四县外，其余八厅均易县治，加以乌兰察布、伊克昭二盟，设绥远特别区，以绥远都统办理军政，兼辖蒙旗事务；置绥远道以理民政。

　　察哈尔特别区　民国元年将归绥十二厅中之丰镇、凉城（旧宁远厅）、兴和、陶林等四县，并加入锡林郭勒盟及察哈尔八旗、达里冈厓、商都各牧场划为特别区，以察哈尔都统办理军政，兼辖蒙事；并置兴和道尹以理民事。

　　热河特别区　同时又将直隶承德府所辖朝阳、赤峰暨内蒙东四盟之卓、昭二盟为特别区域，以热河都统办理军政，兼管蒙旗事务；置热河道尹以理民政。

西套蒙古　西套蒙古凡二旗：一曰阿拉善颜鲁特，一曰额济纳土尔扈土，旧属于宁夏护军〈使〉，改革以来，归甘肃长官兼辖，阿拉善一旗民事归宁夏道尹，军事属于宁夏护军使管辖，虽仍蒙古之名，实则与绥远等特别区域相同。

此外，哲里木盟各蒙旗仍袭旧制，然各旗之土地均划入奉天、吉林、黑龙江三省，设立道、县（即洮南、扶余、拜泉等十余县），一切军政皆由各省督军统辖，蒙旗事务亦由督军兼管，并设有蒙旗处或蒙旗事务所之机关以办理之，至于民事则由各县、道之长官直接管理。至蒙旗扎萨克虽仍存在，实则无重权矣。

独立后之外蒙古

《蒙俄协约》　外蒙之独立系受俄人之威胁与援助，吾人已述之于前。民元十月于库伦成立《蒙俄协约》，议定：

（一）俄国政府扶助蒙古保守现已成立之自治秩序及蒙古编练国民军，不准中国军队入蒙境，及以华人移殖蒙地之各权利。

（二）蒙古及蒙政府，准俄国属下之人及俄国商务照旧在蒙古领土内，享用此约所附专条内各权利及特种权利，其他外国人自不能在蒙古得享权利，加多于俄国人在彼得享之权利。

（三）如蒙古政府以为须与中国或别外国立约时，无论如何，其所订之新约不经俄国政府允许，不能违背或变更此协约及专条内各条件。

（四）此友谊协约自签押之日实行。

同时尚订定《商务专条》十七条，载俄人在蒙地所享用〔有〕之利权及特权。

此外尚有《开矿条约》（民国元年十二月订）、《铁道条约》（民国三年九月订）、《电线条约》（民国三年九月订）等之订立，于是蒙古之军政、外交、商务、矿业、交通之权几尽为俄人所攫取矣。

　　外蒙之政制　（A）官制——外蒙政府设内务、外交、兵务、财务、司法五衙门：内务衙门兼管典礼台站事宜；外交衙门兼管教育、电政、矿务各事宜；兵务衙门兼管各项工程、警察事宜；财务衙门兼管课税事宜；司法衙门兼管中、蒙、俄民刑会审各事宜。更由五衙门公举大臣一人兼总理，总管官府各事宜。五衙门之组织，各以大臣为最高首领，有副大臣二人或三人以副之；此外更有正司官、副司官、主稿、笔帖式、尼尔巴喇嘛若干，以办理衙内事务。另外更有议院：上议院以各衙门正副大臣暨在库伦之当差各王公组织之，以总理为议长，凡事由议长取决。议院权限，寻常讨论关于各项则例、条规、章程之规定，暨审查核定岁入岁出数目，并解决咨交应办各案。各蒙旗应办事件，所有交会议决事件，先由下议院核议，拟定办法，呈候上议院决定覆核。如下议院所拟，上议院视为妥善可行，即便分别准行。遇有不合之处，得加以修正，或驳交下议院覆议。

　　（B）兵制——蒙古兵制，男女十八岁即有当兵之义务，军械概由自备。其组织之法：以百五十人为佐领，五十人为常备兵额；合佐领而成旗。一旗之组织：设旗长（扎萨克）一人，协理台吉二人，管旗章京、副章京、参领各一人，骁骑校六人，领催三十六人，骁骑三百人，共计兵数为三百五十四人。全外蒙兵额总计九千七百十人。自独立后，哲布尊丹巴始檄四汗各出兵千人，复招胡匪二千人，以扩充兵额。新招之胡匪每人月饷十五元；而各蒙旗所征之兵，则每人月给羊三只，砖茶半方，皆为俄将统领指挥之。

　　（C）税制——按蒙古旧例，凡有五牛或二十只羊者，均取羊一只；有四十只羊者取两只；四十只以上，虽多不准增取；有两牛者，取米六釜；有一牛者，取米三釜。其进贡、会盟、移营、嫁娶等事，百家以上者，于十家内取马一匹，牛车一辆；有乳牛三只以上者取奶子一肚；有五只以上者，取奶子酒一瓶；有羊百只以上者，增取毡子一条。多征者罪之。往来商贾沿途概不征税，惟抵库伦后，按本地货价值百抽五；其运往外路者，在库完税后，不再复征。自独立后，以用费浩繁，东西库伦税局，征收则漫无纪律，日益加增，于是怨声载道，商贾不便。

外蒙撤消独立　《蒙俄协约》成立后，中国政府向俄使提出抗议，以外蒙为中国领土之一部，无对外缔结国际条约之权；是以蒙俄间之私订条约概不承认。自后几经交涉，始于民国二年十一月成立《中俄北京条约〔声明文件〕》。依此条约：

（1）俄国承认中国在外蒙古之宗主权。

（2）中国承认外蒙古之自治权。

（3）中国承认外蒙士人享有自行办理自治外蒙古内政，并整理本境一切工商事宜之专权；中国允许不干涉以上各节，是以不将军队派驻外蒙古，及安置文武官员；且不办殖民之举；惟中国可任命大员偕同应用属员暨护卫队驻扎库伦。此外中国政府亦可酌派专员驻扎外蒙地方，保护中国人民利益。俄国方面承认除各领事署护卫队外，不于外蒙古驻扎兵队，不干涉此境之各项内政，并不在该境有殖民之举动。

（4）中国声明承受俄国调处，一九一二年十月二十一日《俄蒙商务专条》，明定中国与外蒙古之关系。

（5）并规定外蒙古自治区域，应以前清驻扎库伦办事大臣、乌里雅苏台将军，及科布多参赞大臣所管辖之境为限。

民国四年之中、俄、蒙恰克图会议，议定外蒙古承认民国二年十一月五日《中俄声明文件》，及《中俄声明另件》；并承认中国宗主权，中国、俄国承认外蒙古自治，为中国领土之一部分。由是外蒙遂取消独立，而改为自治矣。

自治时之蒙政　外蒙取消独立，中国政府急图补救前失之计，乃（一）特任陈箓为都护使，充库伦办事大员；任命陈毅为都护副使，分充乌里雅苏台佐理专员；任命刘崇惠为都护副使，分充科布多佐理专员；任命张寿增为都护副使，分充恰克图佐理专员，以监督外蒙之自治；（二）册封哲布尊丹巴为呼图克图汗；（三）于库伦都护使署设立词讼处，审理外蒙民刑案件；（四）取消独立时代对华商勒收之人头税及房屋税；（五）于库伦设立商务总会，以利外蒙贸易之发展。

民国六年五月，陈箓辞职离库，陈毅继任，仍继续整理蒙政。首先设立中国银行以整顿财政：原来，外蒙商业贸易多以货易货，继而使用生银及俄国纸卢布。自使用俄币之后，外蒙财政悉入俄人掌握中。前清有鉴于此，曾于库伦东营子设立大清银行，以图补救。及蒙古独立，库伦之大清银行亦归停办，外蒙之金融复入于俄人掌握。及陈毅驻库时，正俄国革命方炽，财政紊乱，现金缺乏，纸币滥发无限，于是卢布价跌，华商损失甚巨。嗣又因外蒙官府为收买俄钞，清偿宿债，乃以在库伦设立中国银行为条件，向中国政府借款。由是而有设立中国银行之动机。继又举办张库汽车公司以便商旅：盖外蒙地处边塞，与内地相隔以沙漠万里，人烟稀少，商旅不便，困苦万状。其时惟一之交通工具，仅有驼队，然行程极迟，须三四十日始抵库。如当隆冬大雪，则行程更为阻滞。于是商人景学铃等集资十万，成立大成张库汽车公司。陈毅竭力提倡保护，并咨请交通部注册立案。大成公司自创办以来，颇著成效。后交通部又添设西北汽车公司，由是交通称便，与昔日之驼队相较，真不可同日而语。

外蒙取消自治　蒙古之政教混一，此乃有清以来之惯例。清时外蒙王公皆有年俸，至于活佛喇嘛每年各盟供支皆有定额，且内蒙各旗亦时有供给；是以喇嘛与王公各自相安，而政权亦非尽握于活佛一人之手。独立后，活佛大权独揽，内蒙之财政供给断绝，王公之年俸亦无着落，由是王公渐感窘困，王公、喇嘛遂有党派之不合。王公派颇思归附中央，享受旧日之一切利益，加以独立以来，日受俄人之威胁，王公、喇嘛不无觉悟，及欧战风起，俄国革命军兴，赤党势张，不可向迩。一九二〔一〕八年，俄帝国将军谢米诺夫氏在俄不能立足，派人游说活佛，以库伦为根据地，联合蒙族促成外蒙独立邦国，以抗过激党派，恢复俄国帝业。活佛绝之。后有布利雅特蒙人及日本之要胁活佛独立，活佛以情势危迫，向背依违，莫知所措，乃于民国七年蒙历七月十一日召集全蒙王公会议，以决之。

外蒙王公鉴于日俄之压迫，实有非依中央不足以自立之势。然依托中央，势必取消自治。外蒙外务长车林多尔济公，次长温都尔王，车臣汗等，首先倡议撤治，归向中央。各衙门执政王公等亦皆赞许。最后且得活佛之俞允，派使晋京磋商条件。八年十一月政府明令宣布外蒙应享利益一如前清旧制，外蒙遂取消自治。

外蒙既取消自治，北京政府以徐树铮为西北筹边使兼督办外蒙善后一切事宜。其对蒙也，则册封活佛；改组官署，分设总务厅、财政厅、商运厅、邮传厅、垦务厅、林矿厅、礼教厅、兵卫厅等八厅；设立边业银行（一切设备管理均由西北筹边使署主持，设总行于北京，分行于库伦）以总揽蒙古财政；筹还外蒙俄债及注销外蒙旧债；更驻兵俄界，严防过激党之侵入。

外蒙古第二次独立

白俄占据库伦 直皖战后，安福失势，徐树铮列为祸首，明令通缉。九年八月，北京政府特任陈毅为西北筹边使，继又改任为驻库乌科唐镇抚使，于是外蒙古各部之民政、军政、司法、财政悉受其统理监督。

俄国自革命兴，推翻帝制，组织苏维埃联邦社会主义共和国。新俄政府对于旧帝俄所协订之一切密约，宣布一概无效。此日本所最痛恨者。日本一方面恨新俄政府之外交，一方面乘机侵略俄国沿海省，及继续旧俄在北满、外蒙之势力而经营之。其经略之法，不外暗助旧俄帝制派以抗赤俄，并借联军之名，出兵西伯利亚，培养其侵略北满、外蒙之基本力。民国七年五月十六日，日本斎藤季次郎与中国订《陆军军事协定》细目，其第二、第四两款，皆有日本军队一部得由库伦进贝加尔之规定。日本遂取得法律上准许，经营外蒙之路径。由是日本可尽量发挥其侵略外蒙之手段，以偿其宿志矣。

日本既得中国准许其军队得由库伦进贝加尔之规定，然日本此次出兵西伯利亚，是醉翁之意不在酒，而在外蒙也。自是日本军官、策士得任意在外蒙出入，并利用匪徒，扰乱外蒙；联络外蒙王公，唆其独立。其时俄旧党高尔哲及谢米诺夫等势力失败，全部败退，正无立足之地，日本乃思以利用之，于九年九月日本招谢米诺夫至大连协议，约由日本供给款械，令其残部与匪徒联合攻取外蒙，作为抵抗赤俄之根据地。协议即决，谢氏于民国十年二月令部将恩琴率同俄兵四千余人攻陷库伦，驻库中国军队败走溃散，陈毅仅以身免，奔往赤塔。俄军再陷恰克图、叨林、乌得各地，西至科布多，悉为蹂躏。并于是年三月二十一日拥活佛重登帝座，宣布独立，于是蒙古帝国又告复活矣。活佛封恩琴为双亲王，另组内政、外交、财政、军事四部，旧日之制，多有恢复。恩琴一人操外蒙大权，蒙人颇为愤慨，而王公尤甚。恩琴责令其部属一切费用，悉由蒙民担负。一面又准备反攻赤党，勒令喀尔喀四部分筹军费三百万两，限日缴纳。蒙民处于淫威之下，莫敢少违。

赤俄侵入外蒙　苏俄劳农政府既经成立，俄罗斯遂成为"赤化"策源地，世界革命之大本营。"赤化"既炽，乃力扫国内一切旧俄余党之势力，刹那间白俄势力尽为铲除。此时视内部反动力尽除，乃思对外活动，进行所谓世界革命运动，宣传"赤化"之工作。当是时也，适值白俄残余势力恩琴侵据库伦，准备反攻赤塔，赤军视为良机可图，乃利用讨伐白俄为名，要求中国共同出兵，并声言如中国不去兵讨白俄时，彼将自由出兵，代为驱逐。中国政府竟置而不闻，似默认赤军之行动合法。是以赤军毅然单独出兵，入我领土，剿灭白俄之残众，进攻买卖城，与恩琴所部相持一日之久。白党终不能敌，全军溃散。计至十年七月初旬，赤骑兵先到库伦，步炮兵亦相继而至，七月十七日库伦遂入赤党之手矣。

蒙古国民党之兴起 外蒙之几次政变，多系受外人之煽惑，几无一项出于自动而觉悟之发动者，且几次变乱之中坚人物，多系王公、喇嘛，其目的不过争权夺利，为他人之傀儡，享图己身瞬息之安荣耳，根本不知政治为何物，革命独立为何意义。时有蒙古之青年运动兴起，欲铲除外蒙旧派势力，作维新革命之酝酿。其势力之重心在潜伏俄境之青年。当白俄残部恩琴占领库伦，强迫外蒙独立时，外蒙王公、喇嘛颇不满于白俄之压迫，故王公中之急进分子与青年多逃亡俄境西伯利亚、上乌金斯克、伊尔库次克等地，联合留俄之蒙古青年及布里雅特蒙古青年，进行蒙古革命运动之准备，组织"蒙古国民革命党"，后改称"蒙古国民党"，时在民国九年也。嗣于民国十年三月十三日在恰克图附近之吐鲁依可萨夫斯克地方，成立最初蒙古临时国民革命政府，该政府成立后之第一次宣言，为讨伐恩琴，夺回库伦。该政府又使蒙古各地革命党员组织"巴鲁第撒"义勇战斗队，集合"巴鲁第撒"为蒙古国民革命军。该军会同赤军攻取恰克图，次夺库伦，驱逐白俄，外蒙之政权乃入于蒙古国民党掌握之中。

蒙古国民党之初政　蒙古国民党之思想甚急进，然其政策初较缓和。民国十年三月，国民党曾经议定一种建国纲领，为蒙古国民政府采行政策之标准。其要点如下：

（一）政府以铲除封建制度之根株为目的，制定新法律，切实施行；全国国民不问阶级，须一律服从兵役及受法律裁判之义务。

（二）规定全国国民不分阶级，须一律负均等纳税之义务。

（三）废除奴隶制度。

（四）速开小国民会议，在大国民会议开会之先，以小国民会议为临时立法机关。

（五）以立宪君主之资格，保存活佛。政府立于其下，务求民权之扩张。但活佛无"不可裁"（否决权也）政府与国民议会制定之法律，颁布宣战、媾和及制定预算权皆属于政府及大小国民会议。

蒙古国民党握权之初，并未立即废除活佛。盖以活佛向为蒙民所崇信者，如一旦取消，必致一般国民之反抗，故此时国民党仍保留其位置，然不与实权，实与英皇等耳。九月二十日国民革命政府制定《小国民会议选举法》，十月二十七日召集小国民会议，到会议员共二十七名，此为蒙古共和国最初立法机关也。小国民会议之工作约举如左：

（1）认许国民革命政府前次之施政方针。

（2）废除以前所有之法律，制定新法律。

（3）决请苏俄做蒙古与中国关系之中人。

（4）力争外蒙之独立与自由。

（5）召集大国民会议。

小国民会议于民国十一年春闭会。

外蒙大国民会议　外蒙自小国民会议后，政府全握于苏俄所提掖之左倾分子之手，国民党中之不满于苏俄之右倾分子，消除殆尽。故至民国十三年十月八日召集之大国民会议（Great Khurul-dan），议决：

1. 依赖苏俄，破坏传统的封建制度。

2. 否认活佛之宗教的、君主的权利。

3. 完成纵断铁路，借利蒙俄交通，以笃邦交。

4. 统一唐努乌梁海于外蒙共和国。及

5. 今后向十月革命之路迈进。

大会中并废库伦之名，而改为"乌兰巴图哥呼图"（Ulan-Ba-tor-Khoto，意即赤勇之都）；定赤旗为外蒙劳农共和国之国旗。更发表《外蒙劳动民权宣言》，大意如下：

（1）蒙古为独立国民共和国，主权属于劳动国民，以国民议会及由该议会产生之政府行使之。

（2）蒙古共和国目前之国是，为铲除封建制度之残余势力，而于民主制度之上，树立新共和政府。

（3）据此原则，政府宜依左列之施政方针施行：

一、土地、森林、水泽及其他之土壤，皆为劳动国民之公产，以前之私人所有权一律废止。

二、在一九二一年革命前所缔结之国际条约及借款，一律无效。

三、外国在外蒙专横时代借给个人之债务，在国民经济上为不可忍受之负担者，一律无效。

四、政府采取统一的经济政策，国外贸易皆由国家经营。

五、为保护劳动国民权，防止内外反动势力之发生，编制蒙古国民革命军，对于劳动者授以军事教育。

六、为确保劳动者的精神自由，应政教分离，使宗教信仰为国民个人之自由。

七、政府应将言论机关付与劳动者之手，以确保劳动者表示意思之自由。

八、政府应供给劳动之〔者〕集会场，以保证劳动者一切集会之自由。

九、为确保劳动者组合之自由，政府须与以关于组合上之物质及其他的援助。

十、为增进劳动者之智识，政府须普及劳动民众之免费教育。

十一、政府对蒙古人民应无民族、宗教及男女之差别，承认一律有平等权。

十二、旧日王公贵族之称号及其特别权利，一律废除。

十三、鉴于全世界劳动阶级，咸趋于覆灭资本主义，建设社会主义，蒙古共和国之对外政策，应尊重全世界被压迫民族及劳动阶级革命之利益，以期与彼等之根本目的相合。

十四、在情势上，对于其他资本主义国家，虽亦以保持友益关系为善，但对于侵略蒙古共和国之独立者，必断然抵抗之。

外蒙之政治组织　一九二四年，苏俄虽承认中国在外蒙之宗主权，但事实上外蒙古仍是独立；并组织外蒙国民政府。依其采用之宪法所规定，外蒙是独立的民主国，劳动阶级掌握最高权。最高权之行使为大国民会议；大国民会议闭幕时，属于小国民会议；小国民会议闭幕时，属于干部会及政府。但外蒙政府若无中央党部批准，则不能决定任何决议或执行任何负责之工作，盖外蒙之政府形式与莫斯科之政府相似，亦有所谓人民革命党（People's Revolutionary Party）专政也。至于此最高权，有对外派遣代表，与外国缔结条约，变更国境，宣战、媾和，募集内外债，指导国外贸易，规定国内商业，审定预算，厘定租税及规定土地利用等特权。至于共和国宪法的制定及变更，则其权力属于大国民会议。大国民会议以旗民、都会住民及军队之代表组成之。议员以人口比例而选出，其任期为一年，大会议一年开一次，由小会议召集，遇特别情形且有大会议议员三分之一之要求及旗选举民三分之一之要求时，亦得召集开会。小会议自大会议选出，对大会议负完全责任，议员共三十名，一年开会二次，开会时选任五姓之常置干部委员及政府阁员等。政府由总长及次长、苏维埃议长、军事苏维埃议长、经济苏维埃议长及内务、外交、财政、教育、司法、经济、陆军、国家检查院各大员组成，任日常国务之执行。选举及被选举权亦全与苏俄同样，凡满十八岁以上，能独立维持生活之国民及国民革命军兵卒，皆有选举权及被选举权，唯商人、王公及不事劳动的喇嘛僧，则无选举权。

"政府所行之政策亦有种种，先就内政而论，则外蒙古全部系分二百二十四旗，每旗为一自治体，有五百以上二千以下之游牧世带。旗自治体之职务，为国有财产之保护，军事教育之实施、裁判及行政之执行、道路之修理、桥梁之建造及其他经济上之事务等。旗自治体之经费，以国库收入之百分之二十充当。旗自治体之长官，由旗民全体选出。

"政府对于文教方面行政，则注意外蒙人之师资之养成，及国民教育之普及。民国十二年，共开小学校十八所，中学及大学校，亦于库伦同时开设。民国十一年，又以外蒙学者嘉牟兹喀拉诺为会长，成立科学协会，从事西欧文明之介绍。闻马克斯之《资本论》及普西金、勒梦托夫、哥哥尔之著作，已经此协会译出。

"对于财政方面，则设立国税，改革税金之制度，凡有二十头以上之家畜之国民，不问其阶级之如何，皆课以同一之税率。对于关税事务，亦大大加以整理，关税之收入，民国十二年二月至六月之间，共为六十六万零一百八十五元。此外为增加国库之收入计，又定酒及窝兹加（俄酒）为政府专卖；由此专卖的结果，每年国库便可增收十万法兰。

"对于司法方面，则努力于奴隶制度之废止，及西欧式法律之立案。尤可注意者，则从来无何种权利之布里亚特族人，到现在亦与蒙人享受同样之权利了。

"对于军政方面，则注意养成与苏俄同样之红军，以防止反动势力之复活。现在之兵力共为骑兵十团，每团约一千人，共约一万人。此等军队之教官，全为苏俄人及布里亚特人，军队之装备全与苏俄之军队同样，在库伦且设有军官学校，由苏俄一手办理。"

（注：录自刘杰敖之《俄化了的外蒙》——《时事月报》）

国民政府之对蒙政策

内蒙古革命运动之经过　一九二三年，内蒙古之青年开始国民党组织之运动，此皆由于受中国国民党所养成之内蒙青年急进派，集合内蒙古学生，宣传三民主义，努力于国民革命也。一九二四年冬季，在北京开内蒙国民党之准备会议，组织中央执行机关。至一九二五年七月党员已有三百名，预备党员已达三千余名。同年十月举行内蒙国民党第一次大会于张家口。出席者除内蒙国民党员之外，有广东政府代表，冯玉祥代表。此次大会宣言约有七端：

1. 打倒军阀专横，废除一切封建制度。
2. 联合世界上以平等待我之民族一致对抗帝国主义。
3. 努力奋斗，促进国民革命。
4. 废除王公制度。
5. 禁止王公之专卖土地权。
6. 提高蒙古人民教育。
7. 本党负内蒙革命之全责，速求实现。

当北伐时，内蒙国民党党员从事国民革命者甚多，如白云梯、恩克巴图等，皆内蒙国民党之领导先驱者，且均为中央委员。

蒙藏委员会之成立与组织　清代之理藩院，民国北京政府之蒙藏院，皆为管辖蒙藏政务之机关也。及国民政府成立，百政革新；但以蒙藏两地有种种特殊情形，故于蒙藏之行政，仍不能与各省划一而治之。是以中央另设一蒙藏委员会，专司蒙藏政务行政及兴革事项。

蒙藏委员会组织法于民国十八年二月七日由国民政府公布，共十七条：

第一条　蒙藏委员会依据《国民政府组织法》第十七条第二项，及《行政院组织法》第一条第十二款之规定组织之。

第二条　蒙藏委员会掌理之事务如左：

一、关于蒙藏行政事项；

二、关于蒙藏之各种兴革事项。

第三条　蒙藏委员会设委员长、副委员长各一人，委员九人至十五人，由国民政府任命之；委员长为特任职。

第四条　蒙藏委员会得在北平设办事处，置处长一人（简任），副处长一人（荐任），其办事处规则另定之。

第五条　蒙藏委员会每星期开常会一次，如有必要时召集临时会。

前项议决案之执行及处理会内事务以委员长名义行之；委员长因事故不能执行职务时，以副委员长代理之。

第六条　蒙藏委员会会议如与各院、部、会有关系时，各院、部、会得派员列席。

第七条　蒙藏委员会置参事二人（简任），秘书二人至四人（二人简任，二人荐任）。

第八条　蒙藏委员会设左列处：

一、总务处；

二、蒙事处；

三、藏事处。

第九条 总务处掌理文书、会计等事务。

第十条 蒙事处掌理关于蒙古事务。

第十一条 藏事处掌理关于西藏事务。

第十二条 总务处、蒙事处、藏事处各置处长一人（简任），科长、科员若干人。

第十三条 蒙藏委员会于必要时得聘任或委派熟悉蒙藏情形及语言文字者为专门委员、编译员或调查员。

第十四条 蒙藏委员会因缮写文件或其他事务，得酌用雇员。

第十五条 蒙藏委员会得设招待所。

第十六条 蒙藏委员会办事细则由蒙藏委员会议定，呈请国民政府核准行之。

第十七条 本组织法自公布日施行。

蒙古会议 蒙古会议之产生，根据十八年六月十七日第三届中央执行委员会第二次全体会议之决议案。召集之期原定于十九年三月以前，嗣因道途辽远，交通阻滞，及军事倥偬之关系，展至五月二十九日始行开幕。到会者蒙古各旗代表四十一人，前后开会凡八次，讨论议案至百二十余件之多，六月十二日始行闭会。

其决议案之重要〈者〉摘录如下：

甲、民政类：

1. 蒙古盟旗组织法三十三条；

2. 蒙旗保安队编制大纲；

3. 解放蒙古奴隶办法；

4. 关于蒙古土地之决议；

乙、财政类：

丙、教育类——十项；

丁、宗教类——四项；

戊、司法类——八项；

己、卫生类——十项；

庚、交通类——蒙藏委员提出要政五项：

1. 铁道；

2. 邮政；

3. 电政；

4. 公路；

5. 航空；

辛、实业类：

1. 蒙古农业计划；

2. 改良蒙古畜牧计划；

3. 内蒙古垦植计划；

4. 蒙古林业计划；

5. 蒙古矿业计划；

6. 蒙古工业计划；

7. 蒙古商业计划；

壬、特种事务：

1. 奖励内地人材赴蒙边服务；

2. 请制订甄拔蒙古人员单行办法；

3. 扶植蒙民改良生活以期渐进大同；

4. 规定蒙边各省委蒙古委员名额；

5. 关于党务之决议；

6. 呼仑贝尔全部地方永远定为牧区；

7. 开始呼仑贝尔行政之决议；

8. 厘定蒙古地方暂行法。

蒙古各旗代表不远千里而来，其拥护中央之热诚殊可嘉也。吾人极望五族一家，同在中国国民党领导之下，努力实现三民主义，则吾中华民族庶可立足于世界之骥场矣。

《新北方》（月刊）

天津新北方月刊社

1931 年 1 卷 5、6 期合刊，2 卷 1、3 期

（李红权　整理）

外蒙古独立运动的剖析

韩闻疴　撰

一　苏俄阴谋与其策略

苏俄一九一七年革命以后，在国际上是陷于孤立的地位，为欲避免这种困难，一方面鼓吹无产阶级革命及弱小民族解放运动的口号，以扰乱各个资本主义国家的战线，一方面则拼命拉拢欧战后的失意国家以张其声势。一九一八年空前的大战打了一个胜负，德国是失败了，赔款割地，受尽了压迫，国内政治、经济又呈不安的现象，苦闷万分，苏俄明白这种情形，于是拼死命的向德国卖好，使其加入一条战线。德国当时是有二种主张：一是东向政策（Eastern Orientation），主张与俄国相亲以再谋报复，一是西向政策（Western Orientation），主张暂与协约国合作，徐图复兴，后来西向政策是占优势，一方面固然是德国自己看到当时形势是无如法国何，不如迁就事实为佳，同时协约国也看到若德国加入苏俄的战线，其力亦不可侮，也不得不作相当的让步，罗加诺（Locarno）会议就表着这种精神，准许德国加入国际联盟为常住理事国，更是一种有力的证明，所以姬采林（Chicherin）在一九九〔二〕五年十二月曾说："这条约（《罗加诺条约》）是迫着德国违背初衷，改变其对俄的态度了。"协约国更以民族自决的口号，自北冰洋波罗的海岸起，迤逦而至黑海，扶植了六个小国的兴起，这六个小国，多半是帝俄时代的属土，现在伸起头来，当然是恐怖苏俄再度的合并，于是就作了协约国防俄的屏障，苏俄向欧洲发展的路遂为之断绝，想"赤化"德意志以震撼欧洲的资本主义国家，也受了障碍而不得进行，当然苏俄的计划是失败了！于是就改变了方向，来经营近东，以扰乱欧洲资本主义各国的战线。当时近东的病夫土耳其在战争之后已经仅存残喘，苏俄遂竭力扶助其革命，一九二〇年革命是告〔成〕功赶走了希腊在土耳其的势力，英国在近东因而受了很大的打击，苏俄得志意扬，引以为快，不意土耳其才用右手将他的压迫者打倒，随即就举起左手将俄指导下的共产党铲除殆尽，并予苏俄"赤化"近东的各种企图为一种严重的取缔，又不得不使苏俄大大的失望，向欧洲西进既落了一场空，而近东的发展又全功尽弃，于是就转过头来到中国来进攻，在中国南部是指挥共产党加入国民党公开的活动，在中国北部是"赤化"蒙古，国民党后来虽觉悟而有反共事件的发生，但蒙古的"赤化"却是告大成功。苏俄能"赤化"外蒙当然有种种原因：

第一，是外蒙南部有一带大沙漠，把它和中国本部隔断；北方与西伯利亚接境，交通颇为便利，地势上外蒙是容易"赤化"。

第二，外蒙人民因受清廷愚民政策的影响，知识是非常低下，在黑暗的境界中，新思想种子的投入，最容易发放光明，智识薄弱，对于新思想全无批判的能力。而当时的社会又是少数王公和喇嘛僧支配大多数游牧人民的专制政体，他们少数人握有绝对专制之权，由迷信而走入懒惰，不能伴着时势而进步，故"赤化"势力非常容易的发展。

第三，外蒙人民大多数的是从事游牧，是没有"土地所有权"的观念，个人所有权不过是"蒙古包"的皮革幕舍与牛马、羊群等家畜为主，这样当然是易于"赤化"。

这不过是外蒙"赤化"的一种客观环境，主要的原因，还是苏俄对外蒙的政策。苏俄对外蒙的政策，可以分二个时期来说：

第一时期是一九一七年以前，苏俄革命之前时代，其对蒙的政策，可分为四：

一、缔结条约以夺权利　自一七二七年与清缔结《恰克图条约》以来，关于蒙古事件屡与清廷缔结条约，缔结条约一次，俄即在蒙取得种种权利。我们举个例子来说：一八五一年之《伊犁塔尔巴哈台条约》规定伊犁及塔尔巴哈台为无税贸易区域，许俄设置领事。一八六〇年之《北京条约》许俄国开喀什噶尔为商埠，随时得以设置领事官，并规定俄国边疆官吏得直与我理藩院派驻恰克图部员交涉境界关系诸事，自是以后，俄国边境官吏皆得与我边境官吏就地办理境界交涉，以俄边境官吏之手腕与智识，当可随心所欲扶植其势力。一八六二年之《北京陆路通商条约》更承认苏俄人民有自购土地之权。此仅略举数例而已，由此可以明白每结条约一次，俄国即在外蒙得有种种权利。此乃其政策之一端。

二、离间感情颠倒是非　俄国对蒙的第二种政策就是离间中蒙人民的感情，播弄是非，颠倒黑白，如拳匪之乱时对蒙古并无何等之影响，而俄人一方面警告外籍人民速离蒙境，以避危险，一方面散布谣言，谓拳匪恣意杀戮，已入蒙境。蒙人信以为真，群起惊疑，议请俄领设法维持，这当然是正中下怀，于是急调布里雅特、哥萨克军四百人，二日内开到库伦，洋洋然以保护者自居，并在领事馆背面山上建立炮台，对蒙人说是保护民众以防拳匪之侵入，对中国政府则说防蒙古土匪之暴动，就这样的颠倒是非，其用心当然是不言而喻，并对蒙人宣传谓蒙古受俄保护，较属中国利益为多，不啻就是说蒙古归属于俄国罢。当满清末年有所谓蒙古殖民政策，俄人便说这是清政策〔府〕来蹂躏蒙古，对蒙人加以种种的煽动，用尽挑拨离间之能事，司马之心昭然若揭。

三、利用宗教以诱蒙民　俄属边境之布里雅特人，乃蒙古种族，与我外蒙诸部语言亦无多隔阂，且是喇嘛教徒，故外蒙人民与之感情尚称融洽，俄国乃利用之为引诱蒙民之工具，使民心倾向于俄，并在齐莙地方建筑一所喇嘛庙，命锡呼图（僧官之名）主持教务，无非是想以宗教力量来诱惑蒙民而已。更令驻在库伦之俄国领事努力运用卑礼厚币之手段，以结活佛之欢心，一言以蔽之，使蒙民离华向俄。

四、借款王公经济侵略　帝国主义侵略有三，经济侵略为最主要，印度之属于英即其例也。俄国对蒙更励行此种政策，随时借款与蒙古王公，而以土地、矿山为抵押品，如科尔沁部右翼前旗札萨克图群〔郡〕王乌泰，二次借款，本利达到三十余万两，此乃后人所知者，俄国之意无非是想从经济上使蒙古归俄保护之下耳。

及一九一七年俄国革命以后，名虽改变旧俄帝国主义之态度，采取世界革命之方针，但实质上不过换几个新名词，其目的仍为侵略。所不同者，惟手段更为巧妙，方法更为毒辣耳，下节当详加说明，此处仅将苏俄对蒙古之新政策简略述之：

一、以留学俄国的左倾青年为中心，组织蒙古之国民革命党及革命之青年团，以此两团体为革命主要机关。

二、编成蒙古国民军。

三、召集蒙古国民会议，建设蒙古国民政府。

四、撤废活佛，确立国民政府。

五、断行社会及经济各方面之革新。

这个时候的政策，就是第一步专门鼓励受有新思想的蒙古青年来做独立运动，先脱离中国，持一块独立的招牌，然后再使其附属于苏俄，与日本之灭朝鲜的方式，差不多完全是一样，这是〈对〉蒙古的新政策，也是得成功的一种政策。

二　外蒙第一次的独立

我们看到苏俄对外蒙的政策以后，可以料想得到外蒙是不会平平安安下去，一定是要发生变化，果然在一九一一年外蒙是宣布独立，这当然由于苏俄侵略外蒙的一种具体表现，不过我们细心的加以研究，觉得当时政府处置的失当，也是无可讳言的事实，苏俄正在那里行使种种政策引其叛乱，而清政府不察蒙情，一切设施都激起蒙民的反感，这不啻是"火上加油"，于是一发而不可收拾。本来，清政府对蒙的政策是采取敷衍的政策，在上面已有详细的说明，这虽然不能使外蒙与内地同化合而为一，也断不致引起蒙民的反感，而有反抗的举动，当然可保安然无事。不过到了满清末年，情形就大大不同，当时饱受帝国主义的压迫，变法自强的呼声轰动全国，对于外蒙也有所谓新政策的施行，关于新政策施行之照会殆如雪片飞降，库伦各机关每日必有新颁法令揭示，这当然不是一件坏的事情，无如闭门造车，不审民情之如何，只知命令之颁发，因此引起蒙民之极大反感，加以苏俄在旁煽动，独立之势乃成。当时最使蒙民感觉不满的，详细分析起来，约有以下数端：

一、菲薄喇嘛，蒙民大怀不满　宗教在外蒙的势力是非常之大，活佛是握有政治、宗教之大权，苏俄期图外蒙，则先从宗教下手。清代以前也极端优待喇嘛，故能相安无事。自倡言变法自强后，觉外蒙宗教迷信过深，想在顷刻之间，以灭宗教之势力，此种思想诚为至佳，但政教分离问题，在西欧诸国有费十数年或数十年尚不能解决，今要一朝解决，则操之太急，当难有好的结果。清政府不顾及此，竟毅然改变旧日对喇嘛之态度。从前库伦办事大臣谒见活佛时，必行叩头礼，至一八七八年即将此礼废止，仅交换授受哈达，并令活佛改行起立迎接之礼，活佛不耐此种待遇，希望清廷撤换库伦办事大臣，清廷置之不理，活佛心颇不适。而一九一〇年更令废止西藏达赖喇嘛之位号，库伦活佛闻之，当极感不安。与旧日清廷待遇相较，真不啻天上人间，活佛满怀不平，从而生心。适其时有冈嶝庙喇嘛僧，因酒醉滋事，库伦办事大臣即遣人驰往岗嶝，逮捕首犯，喇嘛颇不满意清廷之待遇，遂乘此时聚集二三千人掷石抵抗捕役，库伦办事大臣——三多怒极，捕缚喇嘛数人，声称处以严罚，活佛出而请求从轻处置，三多拒而不允，并在被捕喇嘛僧中，不问是否活佛近侍，一律奏请清廷处以重罪，且将活佛左右最有势力，供职商阜〔卓〕特巴衙门兼管沙毕那尔喇嘛旗务之巴特玛多尔洛〔济〕严厉弹劾，奏请革职，活佛至为难堪，乃遣使入京运动罢免库伦办事大臣，而清廷当时对待喇嘛颇为冷淡，故不置理，活佛愤无可泄，乃存背叛清廷之心，适俄国极力勾结，于是遂倾向俄国。

　　二、官吏恶劣，蒙民结怨甚深　清廷派往外蒙之官吏，多属贪婪之流，专营一己之利益，不顾法令之规定，蒙民颇为不满，加以办事不当，尤为怨恨。如一九一〇年车臣汗盟桑欠〔贝〕子旗华商庆昌玉等六家，被胡匪陶什陶抢劫，库伦办事大臣往剿失利，事后听商家呈报之言，处罚该旗印官桑欠〔贝〕子等五千两，充作新政经费。而受害商家毫无所得，于是各旗蒙官咸抱不平，对办事大臣之感情颇为恶劣。在一九〇八年库伦办事大臣因欲剿匪，旧枪不适射击，向哲布尊丹〈巴〉商借快枪五十支（此种快枪从何处而来颇堪注意，当然是俄国所接济），哲布尊丹巴严词不允，库伦办事大臣遂声言欲上奏清廷，哲布尊丹〈巴〉无法，遂允借二十支，但嫌怨更深矣。这不过是举个例子，其余若大臣之僚属、宾从的恣纵，卫兵的屡次滋事，无往不使蒙民怨恨。

三、苛捐杂税，蒙民生计困难　蒙民离叛清廷，生计压迫也是最大的原因。当时清廷举办新政，增设许多机关，除原有之办事大臣衙门、章京衙门、印房衙门暨统捐、巡警、邮政、电报各局外，库伦一城增添机关二十余处，各机关之开办费及行政经费，悉数责令蒙旗供给，并设车驮捐局、材木薪炭捐局，以征收牛马、材木、薪炭外税〔税外〕各项新税，蒙民颇不堪其扰。清廷派往库伦练兵之唐在礼视事之初，即大兴土木，从事奢华，并建设新式兵营房屋四百余间，材料、工作，率自蒙旗征役，蒙民颇不堪负担。而当时清廷又改变旧日之政策，积极奖励移民实边，开垦荒地，此诚至当，因蒙境荒地甚多，内地人民前往开垦，既无害于蒙民之游牧生活，且可防御强邻之东侵，但是清廷缺乏向蒙民开导的功夫，蒙民不知所然，恐惧万分，俄国更加以恶意的宣传，于是蒙古群众倡言开垦是掠夺蒙民的生计，草场狭隘，不足以资牧畜，将来定必使蒙民无立足之地。生活问题是最能使人兴奋，一倡百和，无不反对，恒啸聚多人，驰马负枪袭杀办荒人员，于是清廷愈进行开垦，则蒙民心愈离贰。

不但此也，蒙民素习于游牧生活，而清廷派往训练军队之唐在礼因急于大功之早成，乃强迫令蒙民入伍，蒙民颇感痛苦，因对清廷极抱不满，遇到了机缘，当即爆发了！

一九一一年，亲王杭达多尔济、图什业图汗盟长都尔札布、二达喇嘛车林齐密特等召集四盟王公，借会盟为名，密议独立，经全体赞成署名盖印，并派抗〔杭〕达多尔济、车林齐密特、三音诺颜汗等秘密赴俄京，当时外间毫无所闻。后库伦办事大臣接到由外务部转来之俄政府出兵通知书，方才知道，而俄国已由大道运来马步军队八百余名，辎重车辆络绎不绝，库伦办事大臣虽急谋补救，允停各项新政，与哲布尊丹巴再四磋商，终无成功，而俄兵仍陆续而至。逮至九月，中国革命发生，讯达库伦，外蒙遂趁机宣布独立，限库伦办事大臣暨马布〔步〕军队三日出境，否则即以兵力押解回籍。当时外蒙有千余俄兵，军机〔械〕精良，清兵不敢与之抗，于是十月十五日所有清廷官员，即风流云散，外蒙遂正式独立，自称为大蒙古独立帝国，由四盟王公、喇嘛，公推哲布尊丹巴为大皇帝，其政治组织如下：

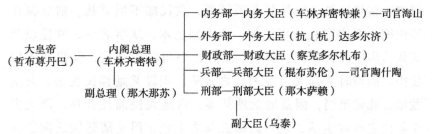

一九一二年二月南北统一，大局粗定，袁世凯任总统，即电哲布尊丹巴劝其取消独立，并晓以利害。哲佛覆电谓，彼之独立自主，业经布告中外，起灭何能自由，若必须如此，请商之俄邦。后虽有电往，但终无效。自是中蒙交通完全断绝，政府不得已，乃令外交总长孙宝琦与驻京俄使库朋斯基直接磋商外蒙问题，几经波折，于一九一三年十一月十五日，在外交部签定《声明文件》五条，并互换《声明另件》四款，其重要之条文如左：

第一条　俄国承认中国在外蒙古之宗主权。

第二条　中国承认外蒙古之自治权。

第三条　中国承认外蒙古人享有自行办理自治外蒙古之内政，并整理本境一切工商事宜之专权……中国不得将兵队派驻外蒙古及安置文武官员，且不办殖民之举，惟中国可住大员，偕同应用属员暨护卫队驻扎库伦……中国政府可酌派专员驻扎外蒙地方保护中国人民利益，但地点应按照本文件第五条商订；俄国一方面除各领事署护卫队外，不于外蒙古驻扎兵队，不干涉此境之各项内政，并不在该境有殖民之举动。

而互换《声明另件》四款，其中第一款说"俄国承认外蒙古土地为中国领土之一部分"。

次年就在恰克图开中、俄、蒙会议，经正式会议四十八次，往来会晤谈判四十次，费时九阅月，三方会议协约始告成立，计二十二条，主旨与《声明文件》相同，惟加以详细规定，即认外蒙古为中国宗主权，中俄二国亦认外蒙古为自治政体，属中国领土之部分，由此外蒙遂取消独立，而外蒙与中华民国之关系，遂依俄人之主张变为宗主国对保护国的关系，不复能视为中国领土之一部。

综观这次协定，在表面上外蒙虽取消独立，但实际上中国仅挂了一个宗主权的招牌，而实权则为俄国所操纵。俄国在当时观察各种情势，若直接负外蒙政治上的责任，是一件不成算的事情，不若送一个宗主权的虚名给中国，而自己则操纵政治上、经济上的一切的势力，同英国以前以宗主权之虚名与清朝而行使保护权于廓尔喀、行使统治权于缅甸是一样的情形，俄国也是用这同样的手段，所以我们与其说外蒙是中华民国的保护国，毋宁说外蒙是俄国的保护国，那才真正切于事实。

三　外蒙第二次独立与苏俄

在一九一七年，俄国内部革命，无力顾及外蒙，其时两方贸易又衰颓达于极点。流通外蒙古之俄国纸币，价值暴落，诸王公等陷于非常穷困，加以中国兵力日用汽车输运，甚为迅速，蒙人鉴此情势，乃呈请撤治，政府遂任徐树铮为西北筹边使，册封活佛，外蒙又恢复清末之自然状态，但未能与外蒙之关系稍增亲密而巩固之。到了一九二〇年冬俄国的白党温格林军因国内不能立足，遂侵入外蒙，一九二一年春攻破库伦，遂驱逐中国军队，将中国之势力一扫而空，仍利用哲布尊丹巴呼图克图，恢复其君主名义，而自操纵其主权。当时我国居留外蒙之军政商民固大受其残杀，而外蒙人士亦多不堪其蹂躏，于是相率避往俄属西伯利亚，俄国白党谢米诺夫遂利用蒙人之归附，招集其代表，准其在俄境达乌里地方，组织蒙古全体中央政府，下设内务、财政、陆军、外交四部，而统之以国务总理，以便号召而图大业。本来谢之用意是想团结中俄所有蒙族，以外蒙为根据地，建立旧式帝国，但后因不受其指挥之故，又自行推〔摧〕残之，于是一般青年志士既不见容于白党，乃与俄之赤党联络，不久就由他们的手中组织起一个"蒙古国民革命党"，后改名为"蒙古国民党"，并在恰克图的邻境吐鲁伊楚可萨夫斯基建立蒙古国民临时政府，而与温格林军之库伦政府相对立，时为一九二一年三月十三日，总理为恰果鲁的亚子蒲，内务及司法总长为迭利克萨伊汗，陆军总长兼国民军总司令为土和巴图鲁，财政总长为那核鲁，这些是政府中主要人员，旋即使蒙古各地革命党员组织"巴鲁弟撒"队，纠合各地"巴鲁弟撒"队编为蒙古国民革命军，先将恰克图的中国驻军击退，夺取该地，改名为阿鲁顺蒲鲁伊克，定为军事及政治的根据地，并请求苏俄合力会剿，适苏俄远东共和政府亦以白党近处肘腋，国本安危所系，一九二一年夏季，遂由赤塔派遣赤军会同外蒙军队长驱库伦，攻陷各地，击溃白党，将温格林军之势力完全消灭，于是外蒙临时政府遂支配全境。

　　现在我们有先将"蒙古国民党"介绍的必要。蒙古国民党是蒙古革命的中坚，是握有蒙古政府的实权，也是染了赤色的一个党，在最初的时候，是合蒙古贵族、资产阶级及平民阶级组织而成的，这是因为革命的时期平民阶级中有政治才干的人太少，故不得不借重于资产阶级，后来革命势力发展，而在苏俄受教育经过政治训练的一般青年回来之后，于是就开始"党内的扫除"，将旧支配阶级出身的领袖，一个一个的驱逐或屠杀，由贵族、资产阶级出身的党员，尽被排出，赤色的色彩遂加浓厚，我们只要看他的党规就可以明白，例如：

第一，蒙古国民党员须绝对服从党规，严厉实行党律。

第二，行极端的中央集权主义，党之干部对于党员有绝对的权限。

第三，各机关、各地方到处张示党纲，以图党员的约束。

第四，对于新入党的党员须经过一定候补试验期间，并且候补试验期间的长短，以出身的阶级而异，平民是要四个月，贵族和喇嘛则须要八个月以上。

这些党规差不多完全是由共产党党规抄来的，再看他最有力的领袖林弟的几句话，更可以看出蒙古国民党的旨趣，他说：

> 蒙古国民党之最终目的，是实现共产主义，我们要飞过个人主义的发达期，从游牧状态直接冲入共产主义社会里去。我党在蒙古的任务，首先要防止个人资本主义的兴起，不能不常常地与他作战，我党现时经济政策的根本，是要建设国家资本主义……

由此可以看出蒙古国民党的主旨了，在一九二一年三月蒙古国民党就议决一种建国纲领，对于蒙古国民革命政府指示一种应采的政策方针：

一、政府宜以铲除封建制度的根株为目的，制定新法律切实施行，不问阶级差别，使全体国民一律有服从兵役及受法律裁判之义务。

二、宜制定"使全国各阶级负均等抽税义务"之制度。

三、废除奴隶制度。

四、速开小国民会议，在大国民议会开会以前之期间内，以小国民会议为临时立法机关。

五、以立宪君主之资格保存活佛，立于其下之政府，务求民权之扩张，活佛无"不裁可权"，政府与国民议会制定法律，报告活佛，以国民之名义颁布。宣战、媾和及制定预算权，皆属于政府及大小国民议会。

蒙古国民党占据库伦后，遂遵照议决之施政方针组织正式政府，仍承认哲布尊丹巴呼图克图为其君主，惟限其权力几等于无，仅留其虚名，以收拾各级蒙人之归附，其组织设五部，即内务、陆军、财政、司法、外交，而组成国务院，置国务总理以统率之，各部设总长各一人，秘书各一人，主事员各一人，书记员各若干人，教育司、警察司则附设于内务部，税务司则附设于财政部。尚有特别自成为机关直接属于国务院者，有蒙古国民党中央执行委员会，有蒙古青年党中央委员会，还有学术馆，审查司，国民合作公司中央委员会。另有统治全境军事机密之机关而操大权者为蒙古全军参谋部，设元帅一人、参谋长一人以统率之，其下又设内防处，以防内乱之发生。

政府既正式成立，苏俄就承认其为独立国，并双方派出全权代表，于一九二一年十一月五日在莫斯科缔结《俄蒙修好条约》，随派瓦西里额夫为驻蒙代表。在一九二四年活佛病亡，外蒙国民政府便发表左列的命令：

一、将活佛印玺归政府保存。

二、确立共和制度，但不设总统，总统职权以大国民议会及由该会所选出之政府执行之。

三、每年以六月六日为蒙古共和国建设纪念日。

四、废止活佛年号，新定蒙古共和国建设之年号。

并在该年招集大国民议会，结果将库伦改名为乌郎巴图鲁和塔（乌郎即蒙古赤色之义，巴鲁图〔图鲁〕为有武功之士官，和塔即都会之义），选举的亚段巴为议长，并通过"蒙古劳动国民权"的宣言，其大意为：

一、蒙古为独立共和国，主权属于劳动国民，以国民议会及由该会选出之政府行使之。

二、蒙古共和国当前之国是为削灭封建制度之铲除根株，于民主制度之上，建立新共和政府。

三、据此原则，政府宜以左列之施政方针实行：

1. 土地、森林、水泽及其他之地壤，举皆为劳动国民之共产，对于右方之个人所有权，一律废止。

2. 在一九二一年革命以前所缔结之国际条约及借款一律无效。

3. 外国人跋扈时代对于外国人所生之个人债务，在国民经济上当不可忍受之负担，故来〔未〕偿还之个人债务一律无效。

4. 政府采取统一的经济政策，外国贸易皆由国营。

5. 为保护劳动国民权，防止内外反动势力之发生，编制蒙古国民革命军，对于劳动者授以军事教育。

6. 为确保劳动者良心的自由，宗教应与国家分离，使为国民各人之义务。

7. 政府机关应举言论机关委于劳动者之手，以确保劳动者表示意志之自由。

8. 政府应供给劳动者的集会场，以保证劳动者一切集会之自由。

9. 为保证劳动者组合之自由，须与以关于组织必要之物质上及其他的援助。

10. 为增进劳动者之智识，政府须普及劳动民众之免费教育。

11. 不问民族、宗族及男女之差别，政府应承认全国民之平等权。

12. 旧王公贵族之尊号及其特殊权利一切废除。

13. 鉴于全世劳动阶级咸趋向于覆灭资本主义建设社会主义，蒙古共和国之对外政策，务尊重全世界被压迫民族及革命劳动阶级之利益，以期与彼等之根本目的相合，在情势上对于其他资本主义国，虽亦以保持友谊关系为善，但对于侵害蒙古共和国之独立者，须断然抵抗之。

大国民会议更制定宪法，其重要之条文有如下述：

一、大国民议会休会期间，国家主权以小国民议会行使之，小国民议会闭会时间，以小国民会议之干部，及政府代行之。（第四条）

二、国家之最高机关在国际关系上代表国家，处理政治、通商及其他国际条约之缔结，国境之变更，宣战、媾和，内外债之募集，对外贸易，国家经济借款，租借权之让与，及取消军备及军队之指挥，金融及度量衡之制定，租税及款数之确定，土地使用法之确定等事项。（第五条）

三、共和国宪法之变更由大国民议会行之。（第六条）

四、大国民议会由农村、都市人民及军队选举之，议员数每年依选举区之人口比例定之。

五、大国民议会之通常会议，由小国民议会召集，一年须有一回，临时大国民议会，由小国民议会或大国民议会议员三分之一以上之要求，或三分一以上之农村之要求召集之。（第九条）

六、小国民议会监督最高政府机关实行大国民议会之议决及宪法。（第十二条）

七、小国民议会由大国民议会选举之（第十条），对于大国民议会负责任。（第十一条）

八、小国民议会一年须召集二次以上，（第十三条）每期选出由五名而成之干部及政府阁员。（第十五条）

九、政府担保一般国务，以内阁议长及副议长，军事及经济会议议长，并内务、外交、陆军、财政、司法、教育、经济各部部长及会计、检查院长组织之。

十、凡由自己之劳动而生存十八岁以上之国民全部及国民革命军之兵士皆有选举及被选权。

十一、商人、以前之贵族、喇嘛僧及不从事于劳动者皆无选举权。（第三十五条）

十二、蒙古共和国之国旗为赤色旗而附之以国徽。

由此看起来，外蒙政治制度是与苏俄彷彿的，所谓大国民议会，就等于苏维埃联邦大会，小国民会议〔议会〕等于苏联的中央执行委员会，共产党是在苏联政府背后握有政权，而国民党是在外蒙政府背后握有政权，劳动国民权的宣言更与一九一七年十月苏维埃政府宣言是一样的调子，外蒙的一切差不多都是与苏俄一样。这当然是苏俄政策所施行的效果，我们在上面已经说过，苏俄对外蒙是以在俄之亡命客及留学之青年为革命之中心，这班人回国以后握到了政权，当然一切都以苏俄为依归。一九二三年之《俄蒙密约》，更不啻说外蒙是苏俄之一部，其内容为：

1. 外蒙当局须宣言一切森林、矿产及土地以后均归国有；凡无人占有之土地，均给蒙古贫民及苏俄人民居住耕种。

2. 外蒙天然富源，禁止私有，一切矿区，许苏俄实业家雇用蒙人开采。

3. 全蒙矿业归苏俄工团及工会承办。

4. 外蒙贵族集有之土地权当即废止，而代以苏维埃自由交易财产制度。

5. 外蒙须聘苏俄实业家开发富源，振兴工商业。

6. 外蒙须请苏俄工会参与创设劳工制度事宜，以便得完全保护工人。

7. 外蒙政府须聘苏俄之各专家为顾问。

8. 外蒙一切职权均归人民政府之行政部施行，先设立一革命委员会，再召集会议，以便制宪。

9. 苏俄军队得驻扎于外蒙，均〔帮〕助蒙人保全领土以御中国。

10. 活佛及蒙古王公之头衔一律废除，而以活佛为革命委员会委员长。

照这样的密约，外蒙古已无异成为赤色之藩属，外蒙独立是向中国独立罢了！

《新亚细亚》（月刊）

上海新亚细亚月刊社

1931 年 1 卷 6 期

（李红权　整理）

极应打倒的一个劣绅

静 波 撰

在人民智识发速不均的绥远，不但是在我们所谓偏僻而且人民昏昧的县里，一般老百姓的生命、财产等权，要操于土豪劣绅贪官之手的，就是在交通最便，素称教育较发达之县——萨县——的人民一切安危幸福，也说不出土豪劣绅贪官三压五吓包办的，甚至他们包办起来，更较偏僻县厉害而惨忍，这种畸形可畏的现象——绥远的现象——真是令人闻之寒悚，睹之心痛。

萨县，在绥远有悠久历史的萨县，恐怕就要在这种情况之下，失掉它的美名了，追溯破坏侮洗〔渎〕它这种美名的原因，是很值的我们来研求一下的。根本上我们要知道，萨县的本身并非是坏的，是不名誉的，而且我更敢相信：原来的它是民众享幸福光荣坦白的一片乐土，现在呢，屡因治理它的大人们——贪官及不良子弟们、土棍——的卑鄙龌龊，才将它侮辱成这样子。话到题，这就要直然、爽然的下笔，我可以不含糊的说一句，在贪官土豪中，侮诒〔渎〕它美名最大的分子，莫过于土豪中的胡效瑗胡土豪最有力了，固然，骤将这胡土豪提起来，恐怕在绥远的一般读者，都要其妙莫名异口同声的说：三万六千个喽啰里的一个——"不著名的小卒卒也"，然而在小小的萨县，一般人民受着他威权的压制的，就不知屈枉了多少无辜可怜的性命。现在不妨先将他绍介绍介，然后再画出他的劣迹，以供绥远社会一般人士之领略与认识：

胡效瑷因为生来两腿不齐，以是一般人皆呼之为胡拐子，虽然从前在山西住过几天公寓，但学识呢，不学无术，目不识丁，已经一般人所共认，所以该拐子自从出来公寓以后，一连数载无事，后来因贸易能力大，不惜数千资本，举〔居〕然在民十年伪政府之下，买到一个省议员的名义，这么一来，胡拐子之名，非但震于萨境，整个的绥远，也自有其相当的声望了。

胡拐子自买到议员之后，自不知耻，反将辱当荣的，挂上议员的招牌，整日在萨包揽词讼，奔走衙门，以图渔利。适彼时萨县承审员孔刮地，与其同流狼狈，明敲暗算，不知敲尽多少无力民众，人民只有畏其权势，暗地叫冤了，就这样整整前后无畏的横行了五六年，一直等到北伐军打入北平之后，这才将他的招牌取消，人民稍入苏境。谁想拐子死心不息，仍然还要驾着过去可耻的头斜〔衔〕，好像变玩艺儿似的来欺骗初出茅庐的县长、审员，固然做事老干的县长、审员，虽不用姜太公的照妖镜，也能够看穿他的原形的，也可以说不与他同流狼狈敲榨百姓的，可是往往有许多眼睛不锐利的县长和审员，自己当然是狼狗不辨的，就是有人给他辨出来，他自己也不愿脱离拐子的"皮条手"，可是这样下来，人民就简直受累不浅了。今举几件事实，以作上说的证明：

第一，前年陈县长在萨的时候，适遇拐子家中被土匪抢了，乃拐子不加详察，依其权势之余威，强赖近邻良民张满福为匪，遂控于县府，烤〔拷〕打百般，苏□数次。张某禀其天良，坚不承认。同时又将某村社长，迫令县长管押受刑，该社长畏其恐吓，只得忍气吞声任其裁判，一时虽为一般人士舆论沸腾，皆表不满，第因其力量不及，无之奈何。好在该案未经两月，将正犯扣获正法，张某始全性命。

第二，张某遇事之后，某〔其〕妻贤良有色，整日在家愁苦，不料拐子兽性发作，使其权势之威迫，强行奸淫，而张妻本来无智，一方恐其丈夫遭受拐子的辣手，一方恐其声誉难闻，故在拒之不易，惟其难能之际，不得已就被拐子强奸了。

第三，去年有红枪会之苗固者，经地方兵士绑获送县，正在从严究案之际，该苗固意想天开，竟用其广多之经济，将拐子买动，拐子受其厚贿，遂与袁承审替苗固说情，该袁某一时利令智昏，受其经济之围诱，竟不顾事之重要与否，当将苗某释放，宣告无罪。

似此媚官害民，无恶不作，无所不为，造成了"恒沙河〔河沙〕"无量数老百姓的冤枉，悲惨境况的劣绅，胡效瑗劣绅，我十五分的希望绥远同胞对他注意，并希望萨县民众群起而逐之！！

1931. 3. 23 于北平

《绥远旅平学会学刊》（月刊）
北平绥远旅平同学会
1931 年 2 卷 2、3 期合刊
（朱宪　整理）

本省旅平同乡会及学会驳斥
《大公报·平绥旅行通信》之一封公开信

绥省旅平同乡会及学会　撰

天津《大公报》派员赴绥考察，原意至善，我等敢不钦佩！不料彼记者之通信中，态度轻浮，一味冷讥热诮；记载失实，尽系捉风捕影。我等桑梓攸关，岂能缄默！以故旅平同学，先后去函指摘，同乡会及学会，以该报记者既失考察之初衷，又惑阅者之听闻，乃复去函驳斥。除在该报披露外，本刊再行一一登载，以广阅读，知其谬误之所在，洵非我等"家丑不愿外扬"也。

编者志

径启者：溯自贵报献世以来，立论之公正，纪载之翔实，早为一般社会人士所洞悉，此次派员赴绥考察民生隐痛，用代民众呼吁，敝会等聆闻之下，曷胜欣慰！惟近读贵记者之《平绥旅行通信》十四通后，知其所考察之记载，对于吾绥社会之紊乱，经济之恐慌，政治之窳败，文化之晚开，以及种种民生疾苦之结症所在，似未顾及，对于改善之意见，尤鲜发挥，而独于闻之作呕，言之酸鼻之破鞋，着重眼力，阐发原委，几无信不有，维念贵记者千里风尘，不畏艰险，光临吾绥，原冀其所述一切均为有利民生之纪载，不图舍本逐末，弃社会衰颓之主因于不顾，以社会病态皮相为准的，此诚有违贵报派员考察之初志，深以为憾者也。且其中纪载，或系捉风捕影，或系道听途说，洵非真切之调查，

故言过其实，乖于情理者，比比皆是。敝会等因桑梓攸关，名誉
斯要，对于贵记者传讹之处，侮蔑之点，未敢苟安，情难缄默，
用特具函陈明贵记者买椟还珠之失，以昭实是，而符贵报主持大
公之素志。谨就下列各点，以事论事，一一申辩于后，务祈迅予
披露，俾得有所更正，不胜感盼之至！

（一）捐款——为同乡会验契及本会出刊。吾绥旅平同乡会，
因会馆房产，尚未验契，而学会所出之刊物，向无基金，又不受
任何津贴，敝会等一则为全体同乡生活安定计，再则为全体同学
研究学术计，只有向本省父老，以及地方官厅临时捐募验契、出
版各费，其用途之正确，光明磊落，无庸申述，而仗义纾财之士，
莫不慨然解囊，以应急需，乃通信则曰"一部分学生，一留北平，
即生活顿高，吃喝嫖赌与恋爱，样样俱精，学费有限，消耗无度，
家虽富有，难于预支，乃生面别开，联合同情，制印捐册，名列
册尾，向省县同乡沿户哀告募捐，某也一角，某也五分，无异乞
丐，造成一时风尚，募捐情事，遂时有所闻"（见通信第十一）。
查吾绥旅平学生，只有敝会等曾向地方绅商、官厅募捐两次，焉
得谓"列名册尾"、"沿户哀告"、"时有所闻"，验契、出版，用
途正大，焉得谓"学费有限"、"消耗无度"、"生面别开"。地方
有鉴于敝会等之刊物主持正论，曾蒙好评（见通信第十二），率皆
争先恐后，踊跃输将，又焉得谓"某也一角"、"某也五分"、"无
异乞丐"。迄今捐册犹在，讵容随意雌黄，当时为郑重其事，免生
流弊起见，凡输捐者，均给与加盖会章之钤印收据，并在绥〔绥〕
垣各报（《绥远日报》、《社会日报》）揭载鸣谢，未尝稍有错误。
至留平学生私人在地方哀告募捐情事，从未之见，贵记者之叙述，
征诸事实，大相径庭。至所谓"留平学生吃喝嫖赌与恋爱，样样
俱精"，更属无稽之谈。查留平学生，率皆贫寒子弟，每年学费，
尚且不足，焉有余资以为此无聊事之勾当，此种讹传，若非捉风

捕影，便是臆度揣测，无可讳言也。

（二）党派——昔之所谓党派，今者已为陈迹。吾绥僻处边陲，文化晚开，有识之士，莫不同心协力，共谋全绥之发展，原无所谓某党某派。溯自北伐以后，党部成立，一般热心忠实之青年党员，主张间或稍有出入，难免见于言表，此乃开会场合常有之事，原无足怪，而社会阴谋险诈之流，居心叵测之徒，遂乘机挑拨，颠倒是非，始而详加无味之分析，继而曲尽其煽惑之伎俩，终则高唱某也某派，某也某党，以期从中操纵，借逞私欲，并非地方人士有所谓党，有所谓派，有所谓小组织。然此俱为过去之陈迹，今已渺无音踪矣，而贵记者之所谓"坚其壁垒，互相倾轧"（见通信第十一），恰又何从说起也？

（三）破鞋——为数无多，非为风俗淫靡所致。查吾绥自民十五以还，连岁饥馑，兵匪频仍，天灾人祸，相继不绝，以致少壮者挺而走险，老弱者转而沟壑，当此之时，一般经济未能独立之妇女，间有失节偷生之情事，亦恐在所不免，即或有之，亦不过因生活所迫，为数究属无多。而贵记者则不从悲天悯人之心，一味故意张大其辞，一则曰"包头暗娼之多，与十五岁以上之妇女口数成一水平线"（见通信第五），再则曰"萨县破鞋，多若牛毛"（见通信第九），三则曰"丰镇破鞋之多，占全妇女半数"（见通信第十三），试问此"水平线"、"多若牛毛"、"妇女之半数"，何所据而云然？吾辈深知绥远过去对于人口之统计，即全人口数尚无相当之调查，遑论破鞋，可知贵记者之所述，若非出自杜撰，即系道听途说，总而言之，非真切之事实，不问可知矣。

（四）值宿——闻所未闻。近年以来，灾祸相循，吾绥妇女被迫出境者，恒河沙数，屈指难计，然从未闻有"嫂或弟妹卖出者"，则"兄弟共妻，轮流值宿"（见通信第八）之事，不特未闻其事，抑且未闻所闻。吾绥远处塞外，民智晚开，然以风俗之敦

厚，民性之惇朴而论，较之先进各省，未必望尘莫及，上下悬殊，
而今不按事实，不揣情理，信口开河，对于以前贵报之言论价值，
似有损而无益也。

（五）其他——此外其他种种，如“彼则伸出金莲，任尔观
瞻，俾博得全幅之美评”（见通信第五），观此似乎故意使人赏光，
其实小脚偶有露出，或为无意识之举动，或为精神疲乏，欲有所
舒展而休憩，原非为博得他人之好评也。考此小脚，不过封建社
会之遗毒，何足怪哉。至如“五月端五，八月十五，腊月三十，
每年共洗脸三次”（见通信第一）之说，更属悖于人情，原无纪载
之价值。再如吸食鸦片者“约占全民十之七”（见通信第五），亦
殊不然。查吾绥连年种烟，诚为不可讳言之事实，良以环境如此，
瘾士必多，此乃自然之现象，然而嗜之者，究属一般纨绔子弟，
以及少数地痞劣绅，岂得占全民十之七乎，衡情度理，概可相
〔想〕见，所记之荒疏，无待辩而自明矣。

绥远旅平同乡会执行委员会、绥远旅平学会同启（四月四日）

《绥远旅平学会学刊》（月刊）

北平绥远旅平同学会

1931 年 2 卷 2、3 期合刊

（李红权　整理）

读平绥旅行通讯后——由第一到第十一

——转载《大公报》

张国林　撰

在文章的首先，有两件事要提前交代明白：（一）我是一个生在绥远长在绥远的绥远人；（二）本文不是站在"家丑不愿外扬"的原则，来自吹自擂的跟报纸非难，而是本诸记者先生的"挂万漏一、矫枉过正"，在所难免的缺陷内，敬供内中人的一得之愚。

站在这两个立场上，第一，理论方面，我要提出左列三点，敬献于平绥旅行记者先生前：

（一）观风采俗，坏的方面，固然是要揭之无遗，但好的方面，似乎也不应弃之如泥，我们很相信，第一，一个地方不能尽是坏处而没有好处的；第二，为忠于报纸的职责，最好还是无所不包，大公无偏的是佳。

（二）到绥远就应当不要漠视忽略这两个基本问题：一、绥远自身的进展历史（以前的过去是如何，最近的过去是如何，目前的现在又是如何）；二、绥远在中国所处的地位（居〔举〕凡一切文化、政治、教育……上），意思就是说，大体上，根本上将绥远有一个明确的认识，而后从事批判，描述绥远，似乎比较的不至离靶太远，犯知其一而不知其二的病。

（三）有因必有果，无果必无因，这个范畴，大概还是对的，我们希望《平绥旅行通信》的记者先生，今后应深深的走入绥远的基础社会里，去多揭发绥远的"祸之根"、"乱之源"，以及一切的一切落后、黑暗的因子，去赤裸裸的将它们抛诸现社会，引起了国人的注意，供有志改革、开发西北者的资鉴，至表面上病态的许多现形状，尤其是为耸听于一时，或作玄笔的高调，或为武断的抹煞，站在报纸的天责上，为补于事实，似乎仍是"无，略胜于有"的。

第二，事实方面，我愿就十一封通信中，与实在情节稍有缺陷的几点，拿来给它们一个返"本来面目"的叙述，现在让分开一、歌谣，二、小脚，三、破鞋，四、留平学生，这样四方面的去剖解。

一　歌谣方面

如果站在"民间文艺"的立脚站上，我敢十分肯定的下断语，绥远的民歌，质量方面，有它们相当的价值，数量方面，亦可占一把大大的交椅，在全国的现域内，记得我在民国十六年，曾经细心的收集、检阅过一次，结果，像《平绥旅行通信》的所载的《两句短歌》，收罗到一千五百多首，长的，起码至少也是四更（指晚间打的更鼓而言）八板（普通都是一更对一板①，所以称八板），如走西口这类，同样也收搜到一百二十多首。

造成这种"民歌盛行"的原因：（一）受了蒙古人的胡曲影响；（二）绥远地广人稀，人民少其他的娱乐；（三）乡村生活支配下的人民"朴实野质"。

民歌的作者，大约"短的歌"，在民国十六年前，二分之一是出诸青春闺秀和嫁后怨妇的口，二分之一是出于一般青年和无赖的男子，民国十六年以后一直顶到现在，差不多就完全由匪夫和

---

①　似应为"一更对二板"。——整理者注

匪妇创造了——这也是时代促使下的自然演进，四更八板长的歌，多一半是由文人捉弄出来的，很少纯粹的产自民间。

民歌的体裁，颇有点略似《诗经》上兴体的味儿，大都是拿或有关连的，或无关连的任何事物来引出。

民歌的调子，据我经验中亲身调查的结果，每年至少是一变化，要不然，每年就可两变化或三变化的，有的时候变化的很凄凉，有的时候，变化的很强悍，有的时候，又变化的很优雅、抑扬，我们如果能细心的在这些变化过程中，揣摩、推求，也足可能看出当时的社会情况是如何如何。

民歌的产地，在绥远大约是萨拉齐、固阳、武川这三县最多，其他县较少。

民歌的各类，在民国十六年，按照它们的性质，我分为：（一）热情流露的；（二）旷夫怨女的；（三）放荡不羁的……这几方面去取舍和研究，现在单就第一项我举几首如左：

　　山在水在石头在，人家（指他人）都在你不在。

　　三天没见哥哥的面，口含冰糖不想咽。

　　端起饭碗想起个你，泪珠珠掉在碗根底。

　　多添水，少下米，不想吃饭单想你。

　　想你，想你，真想你，三天没吃了半碗米。

　　放下枕头常常的睡，想你想的俺们满眼泪。

　　前半夜想你吹不熄个灯，后半夜想你翻不过身。

　　有朝一日天睁眼，我和哥哥坐半天。

　　天天刮风天天下，天天见面说不上一句话。

　　十冬腊月数九天，因为了你冻了俺门〔们〕脸。

长的方面，四更八板最好的要数《进兰房》、《惊五更》、《盼五更》、《十爱》、《送哥哥》、《跳风墙》、《扇子计》的后半段，《张生戏莺莺》……词太长，限于篇幅，恕这里不能再举了。

《平绥旅行通信》所载的歌词，那已经是变成功，绥远灾患余生，百难当头，人相食人的哭声、泪声、淫声、杀声了，哪里还算的歌声呢，所以，如果不作进一步的推敲，单就现实表露的来批判，对的，下面记者先生这段话是对的：

> 萨县之歌，冗而长，较之包头，尤淫靡浪漫，其风俗之下，似又过之矣。

二　小脚方面

谈到绥远的"小脚"而至于"放脚"的问题，至少也须不否认，并明了这三件事实：（一）已经脚面折、骨头断裹好的小脚，放了也是无法望其可复原长大的，这事实的结果，就是，不放，是小脚，放了，照样也是小脚；（二）是否人民一般的心理和社会的共同趋向，仍以小脚为可贵，为美，这个批判的标准点，最好要从十几岁，和七八岁的小女孩身上着眼；（三）民国十四、五年，国民军在绥远的时候，放脚的声浪，才由耳闻空论，到了实行的时间，到现在止，放足在绥远的过程，仅仅还不到十年，所以我们可以这样说，在时间的先后上，绥远固然是后人几倍，望尘莫及于内地各省，但在效果上，"未尝稍落人后"，这个断语，是足可受之无愧的，因为事实告诉我们，目前的绥远大体说起来，不但十几岁和八九岁的小女孩，缠足裹脚的没有，就连三十、四十的中年妇人讲起，也都弃了"几千年来美难以言"红绣花的高底鞋呀，平底鞋呀，而穿上放足以后的新式软鞋。

平绥通信内所的记〔记的〕"……列足辕外，如长江之春笋市，接受游民之品评，得一二嘉誉，如获巴拿马之一等奖状，亦云奇矣"，在八年、十年前的绥远，这事实，我们是不敢，同是〔时〕也是不能否认的，现在呢，早已变成"明日黄花"的陈迹了。

三　破鞋方面

从理论讲起，破鞋多，社会风俗淫靡，造成这种事实的主要原因，（一）表面上要看这社会的本身文化；（二）基础里要看这社会的人民生计。我们知道，绥远过去虽然谈不到什吗〔么〕优良的文化，但人民自然的，群相习尚的"强悍耐劳"、"刚直敦厚"，那一种纯纯朴朴的风味，却也自有它的好处，所以在民国十六年以前，乡村的清淡雅肃不必说了，就拿绥远的省会归化数起，暗娼仅仅才一百六七十家，现在《平绥旅行通信》所记的"……男子既卖罢亲女卖生女，妇人则不穿新鞋穿破鞋"，"小召后，破鞋三万六，够不够，腻旦街子凑"，"一处如此，他处可知……"，这完全是五六年来，绥远历年天灾人祸促成整个的社会和人民生计破产（全省人口二百多万，灾民便有一百五十四万，妇女卖出境的有十五六万）的一种残酷的，另一方式觅生的社会形态。

这种为了第一，免生离死别，远卖他乡，永难再圆的苦；第二，求苟活于一时，冀达九死一生的目的，一般妇女，非"甘心所愿，而环境所迫"的穿一双破鞋，当两天暗娼，我们站在"好生忍死"的立场上，和目前中国的这样境况中，最好还是少迷信点，"饿死事小，失节事大"的老词，激发一点人类的同情心，热诚些为这许多可怜的妇女和伊们的丈夫，孩子，父母，洒一把凄凉悲酸的眼泪吧！非难、鄙视、嘲笑、轻侮的心肠和高调，若加诸她们的身上，那是太太残暴了！

四　留平学生方面

《平绥旅行通信》内所记，"……又一部学生一留北平，即生活顿高，吃喝嫖赌与恋爱，样样俱精，乃生面别开，联合同情，向省县同乡沿户哀告募捐。"关于这一节，根据实在的事实，我们可以说，这是轻笔抹煞，是不明真象，理由是：（一）就这一席话的前半截（吃喝嫖赌与恋爱）论，加诸绥远旅平的同学身上，那我们除过了蒙一个不白的大冤外，末了还的〔得〕敬谢不敏曰，"惭愧，惭愧"，全盘的打起来，绥远同学旅平住大学的，仅仅是四五十人，这四五十人里边，一年花费五百块钱的，实在的说，是连五个也找不出来，他们普通的用费，每人每年顶多是四百元，要不然就是三百元，以这样有限的几个大〈子〉，在目前如此高的生活环境中，谈吃喝嫖赌与恋爱这五大件以"金融资本"做原动力的勾当，又哪里会办的到呢；（二）就这一席话的后半截（联合同情，向省县同乡哀告募捐）说，募捐是有的事，联合同情也是有的事，但这两桩事，一个是整个的绥远旅平同学会，为了整理在北平绥远会馆的房屋募过捐，一个是全体的绥远旅平同学会，为了出版会刊的经费募过捐，与各个的，单独的绥远旅平同学，不但"既无关"，而且"也无系"，乌得而谓为别开生面，又乌得而谓为"某也五分，某也一角，无异乞丐乎"。

　　将上列的四项合拢起来，我愿以我绥远人民一分子的资格，对一、二、三三点加以说明，同时我愿以我绥远旅平学生一分子的职责，对第四点予以更正。

《绥远旅平学会学刊》（月刊）

北平绥远旅平同学会

1931 年 2 卷 2、3 期合刊

（李红权　整理）

献给《大公报》的平绥通讯记者

张遐民　撰

在这里沉沉的现在，我们竟能读到了关于绥远社会民生的十数封公开报告的信，这真是不幸中的大幸，自然，这是《大公报》之所以为"大公"者应尽的责任，然而，这何尝不是拯救绥民、建设西北的一个先导呢？

不过，我们将这十封信读后，觉得除内中的一二点（如烟苗遍地，嫂或姊妹卖出者，则兄弟共妻，轮流值宿）不能同情，余皆十分十诚恳的聆受外，为今后开发西北计，为绥远前途计，还有两点意见不得不向该记者先生呈述出来：

一、在这十封信中，先生对于绥省社会，上自党政大事，下至妓院隐情，样样都已论及。不过，我们认为先生或已论之尽兴，在读者还有遗憾者，就是没有将绥省社会病症的原因和盘托出。换句话说，就是没有把娼妓之所以众多、鸦片之所之〔以〕普遍等等的背景直率的公之于大人们的眼前。窃忆绥省十数年来，论政治，是毫无建树；论金融，是紊乱到底；论教育，是糊涂一塌；论军队，多如蜂蚁，论……为甚么而如此？当然，这都有个内在的原因。所以回头检察现在的情形，赋税是"捐税繁苛，关税剥削"；灾情是"各村饿毙，更难指数"；土匪是"奸淫抢掳，残暴非常"，鸦片是"卧街吸烟，旁若无人"等，为甚么造成这种现象？当然，这也是应得的结果。这种污秽的，悲惨的，非人的，同时使我们读不忍读的结果已经先生写出来了，但是我们更希望先生要把那种剥削的，残暴的，隐而不发的原因同样的提出来！

一、绥省地居要塞，物力丰厚，无论就国防方面说，无论就生产方面说，在将来或现在一定是占重要的位置。不过，反面来说，假如现在没有先觉者们启示于前，当局者们措施于后，那末，虽地要物厚，于国于民，有何事济？所以立在社会前面的先觉者们，现在很应该对于这一点特别注意。举例说，绥省境接外蒙，外蒙的现状若彼；那末，绥省如果治理不善，则将来所受的危机究竟怎样？现在数千匪人，徘徊于五、临之间，在短期间当局对彼等如无适当办法，则将来影响于西北大局者又如何？绥省久以矿产（煤、炭、盐、碱、铁、石棉等类）富饶著名，那末，所谓矿产者，究竟是产于哪几县？现在有无开采？矿苗的概量如何？是否易于开采？如开采后，对于华北、对于全国的影响若何？所谓地大田肥者，究竟是肥大到甚么程度？现在开垦出来的土地有多少？荒地有若干？这种荒地，对于国内移民，及安插此次被编遣的军队，是否能收成效？记者先生已由包头经萨县到了归绥县（绥远城在也），十封信内所说到的，已有七八县的消息了，可是，对于上述各项，我们没有见到先生进一步，深刻的论及。或者，先生因没有得到详确的统计，不愿随便发言，或者先生正要逐项宣布；不过，我们觉得事关国计民生，又且这是个难得的良机，所以我们希望先生对于这一层要格外注意。

"观风者，应具悲天的心情；叙事者，当有忠诚的态度。"今后［后］我们望先生不要仅管热嘲那"破鞋"、"小脚"之卑贱，我们请先生要冷刺那"苛政猛如虎"的局面下的民敌。

久被世人目为"私生子"的绥远，何曾引起关怀民生疾苦的先生们的注意？任她饱受强有力者的宰割，任她沉于难以挽救的境地，可是，有几人于她说过一句公道话？有几人为她流过一点同情泪？今后呢，我们希望说公道话者是报界诸公，尤其是《大公报》，更尤其是该报的平绥通讯记者先生。

三，二七，一九三一，于平寓

《绥远旅平学会学刊》（月刊）

北平绥远旅平同学会

1931 年 2 卷 2、3 期合刊

（刘哲　整理）

到底还是省委会

冷眼　撰

吾绥省委会恢复工作以来，除极积〔积极〕建新，无日不是终日忙碌，关于教育界的一件快事，便是取消焦守显的官费留学资格，我们并非居心"幸灾乐祸"，实在是领得双份儿留学津贴，潜居在北平鬼混的事实，看不过眼的反应。

查焦君当时因与李某私交颇好，不知怎样，便假了"革命失学青年"的资格，蒙笼教厅领得官费留学之津贴，西洋者一名，东洋者二名，自前年领津贴之后，又到天津做了一任整委，后潜居北平，以冀有机可乘，则再上党政舞台，若计不得遂，亦可出国去逛逛，虽不能学成归国，也算是多了一层洋皮资格，不料□转过速，风不遂机，以致两脚踏空，津贴虽领年余，而仍在北平蛰居。

当其以"革命失学青年"之资格占据教厅留学之津贴时，吾辈早欲向省府教厅进言；至其一人领占三人之空额时，更不能不有所言；终见其领款而不留学，则更难使不有所言，然终于不言者，是曷以故？谁都知道吾绥有一种怪事，无论言论如何正常，立场如何光明，往往有不测之徒，动辄借端分析党派，引起一般人之误会，故欲言未果者不只一再，然终于为整个的绥远计，为避免纠纷计，惟有缄默以待其终局，凡有识绥人，莫不疵议。到底还是省委会，秉公直言，曾于上月间会议上通过，据中央令焦守显开除党籍，函知省府取消其官费留学资格，并追交其已领之款，在平绥人，消息传到，无不认为党部办事认真。然省府对此，至今月余，未见办理，或仍欲苟且因循乎？正不得而知也。

吾辈知道：（1）焦君既以革命失学青年之资格留学，则应由中央补助，或省府另予筹款，不应占领教厅原有之定额；（2）即或马虎，亦不应一占三额；（3）领津贴后，不极积〔积极〕筹备出国，其无留学之决心，不问可知矣；（4）现在既开除党籍，当无领得出国护照之资格；（5）现在仍居北平，时有人见，原说不上留学，省府现在仍不早日明令取消，不知究有何留恋之必要？由此得到的结论：

（1）省政府办〔办〕事循情，现尚犹预。

（2）教育厅办事马虎，一领三额。

（3）旅平学会，顾虑太周，一言不发。

（3）省委会办事认真，秉公直言。

末了，再声明一句，对于焦君之人格如何，学识如何，从未提及一字，可知并非是攻击焦君，纯粹是看不过眼的良心话，无论是谁领得数千大洋，住在北平鬼混，我们也是要照样的说话，因为省委会既已揭出这问题，便不能再缄默下去了。地方人士及官厅，曷不省诸！

编者按：此稿本系短评，应列入前篇，奈来稿较晚，前数篇业已排印，只得安插在此，希阅者注意。

《绥远旅平学会学刊》（月刊）

北平绥远旅平同学会

1931 年 2 卷 3、4 期

（李红权　整理）

《约法》第八条与绥远

国林　撰

《大公报》社论云："呜呼！民权之摧残久矣，而其尤普遍尤痛切者，则为关于人民身体之不法的摧残！其最多之例，则公安局等任意滥行羁押，不送法庭；以及法庭之羁押不审……羁押甚久，呼吁无从，迨证明无罪，则已枉受数旬数月，甚至数年之囚禁……尤可痛者，警察机关，动辄蹂躏人权，肆作威福，琐小违警事项，往往亦加拘禁，其犯刑事嫌疑者，则故意稽迟……此诚政治上之最大黑暗，为革命时代须臾不能容忍者也。"绥远此种现象之愈加恶劣，自无庸去评论，事实上吾人皆知，因文化落后，教育幼稚，所谓民权，所谓法律，在绥远一般民众普通心目中，本实不知为何事，以是上下大小各县之执政人员、行政长官违法羁押，司法官经久不审，不特形成积病，抑且流为习惯，将保障人权、昌明法治之意义，知之者，充耳不闻，故意摧残，不知者麻糊抹杀，一味孤行，因循相习，时至目前之今日，大有执非而成是之气象，良可叹也！

尤有甚者，各县之行政区长、民团队长、公选村长以及衙门恶吏、横行区丁、地方劣绅等，此数流人，或凭借枪杆，或假手政令，或托庇官势，或故作威福，对一般平民亦常操生杀予夺、无恶不为之权柄，任意鞭责平民者有之，任意捕拘平民者有之，任意审问处罚者亦有之，自身俨然以行政官自居，言出傲然以法令自命，私人住宅几无异行政机关，办公区所即有类法庭公堂，于此境况中，而谈人民之身体自由保障，权利不可侵犯，更难以道里计矣！

今者，民国会议告成，《训政约法》制定，就大而论，中国之新生命：和平、统一、建设诸端行将次序实现，就小而言，绥远之革故更新、励精图治，亦实应有从此开始努力创造之必要。目前全国舆论界不约而同，要求政府立时办到一件大事，迅速明令实施《约法》第八条，吾人同样感此事件重大有关，掬〔掬〕诚请求于吾绥省府诸公曰：

于最短期间内，迅速饬令各县转令所属各机关并布告一般平民一致遵守实施《约法》第八条："人民非依法律，不得逮捕、拘禁、审问、处罚，人民因犯罪嫌疑欲逮捕、拘禁者，其执行逮捕或拘禁之机关，至迟应于二十四小时内，移送审判机关，本人或他人并得依法请求于二十四小时内提审。"

《绥远旅平学会学刊》（月刊）

北平绥远旅平同学会

1931 年 2 卷 5 期

（朱宪　整理）

由武川第二区区长仝致珍逃跑说到绥远的政治

起生　撰

　　不幸武川的第二区，竟遭了此人格卑鄙、贪婪成性的仝区长的蹂躏。自从去年六月任职以来，不特对地方无所改进，反而变本加厉的来剥削民众。当其初到任的时候，就与伊亲戚第一区长□立宽，公然在区公所吸食鸦片，致诱士兵仿效；因此该区内上至官长下至士兵，对一切嫖赌不良之事，无所不为，结果竟将前任张区长峰彬任内之成绩，摧毁无余了。最使人痛恨者，是该仝某手中所经管的财政。武川自财政统一以后，各区应支款项，均由财务局领取，所摊款项由须〔须由〕财务局直接起收。而仝某因发财心重，遂打破善例，除向该区所属各乡长每人借洋四十元外，又私自向各户每顷地摊洋三角，合计收起六百余元；又借修理县衙门的名义，向各乡起用洋一百二十元；又在华洋义赈会发给耐旱籽种还款项下及五合社所交教育款项下与财务局所发之子弹款项下刻扣洋三百余元。以上共计私吞大洋一千余元，人民因对仝某私吞款项忿恨已急，遂于去年十二月间联合各乡长到区算账。该仝某见势不佳，乘机托故离区返家，一走二月，区内应办之事，均无形停顿，县政府不问仝某之是非曲直，即派专员李方舫到区代理任事。人民见此不良现象，于是由公民代表马肇兴等向民政厅呈控仝某，请求依法解决。民政厅亦不问仝某之过失，仅乃撤职令其交事而已。

　　然而，各级长官虽是这样与其帮场，无如仝某贪心不足，处处剥削敲诈，奈何！在本年四月八、九日招集各乡长开会，暗中勾结土棍靳、胡二乡长，声言区长困难，要挟借款，竟迫各乡长不得已，或以十元或以二十元陆续交付，于十一日扬言带款赴县解交，并携图记到县办理交带〔代〕手续，熟〔孰〕料走至中途，迫令随从返区，伊则乘机驾汽车一跃而去。仝某共携团丁饷洋一千一百元，公款四百余元，带印逃跑；至今有两月之久，民众不得仝某音信，而当局者对之亦无相当办法。赶四月二十六日，新任张区长虽已到区任职，印信全无，仅凭个人手章办事，过去的区务，至今无人负责交代。张区长虽呈请县府转请民厅数次，但当局敷衍了事，仅允下令通缉而已。公民代表亦数次呈请民厅急追款项严予惩办，但民厅仅批饬"令丰镇县转嘱仝某克日归区交事"数字罢了。种种官〔冠〕冕堂皇的手段，真令小百姓们莫名其妙。

　　此事仝某固是罪大恶极，但官厅方面，亦不能不负相当责任。自公民代表向民厅告发后，其中有代表一人，面请县长先行管押仝某，恐其畏罪潜逃；而县长竟抱着官官相卫的主义，遂致〔置〕之不理，结果举〔居〕然演成这种事实。武川县郑县长不能不负相当责任者在此。民政厅抱着拥护贪官的政策，大运用其圆滑的手段，对于此事，始终漠不关心，结果竟陷该区于无法维持之境地。民政厅不能不负相当责任者亦在此。

　　区长的地位是如何重大：上关联于政府，下接近于民众，所谓亲民之官，诚然不错。民政厅认为此事，关系今后地方政治前途重大，遂于十八年十二月开办区长训练所，其义意是何等深重？当时民厅令各县按区数作标准每县考送学员若干，各县政府多未举行考试，随便乱行保送。在所收到的学员中，学识、能力较为优良者，固然大有人在，可是昏头昏脑之徒，亦实不少。草草训练六月，遂分任各区任事，其成绩之好坏，只要留心绥远政治的，皆举目了然。其中多数区长，不是私吞公款，便是废弛职务，民政厅因甲县某区告发，即行调至乙县某区任事，绝不认真查办。这究竟是为的甚么？只有天知道。总结果，就是绥远的政治腐恶罢了。窃思行政区为政治之基础，根基不稳，何能有良好之政治？唉！可叹。

我最后希望：绥远现任的各区长，要以身作则，勿蹈全某覆辙。绥远的各县长，要认真调查各区长之行为，随时检举，以凭核办。绥远民政厅，今后万不要以师生感情用事，致〔置〕民众痛苦于不问。要迅予捉获全区长依法惩办，而儆效尤。诚能如此，则不特绥民幸福，想吾绥政治当局亦当觉得光荣吧？

六月十日于北平

《绥远旅平学会学刊》（月刊）

北平绥远旅平同学会

1931 年 2 卷 5 期

（李红权　整理）

一个贪官的劣迹的评论与希望

悦言 撰

　　眼巴巴望着故乡的好音传来，想不到事与愿违的恶现象竟布于眼帘，这种恶现象在我们僻处西陲的绥远的一般人看起来，是不足为怪的，因为"司空见惯"，不以为稀奇。这种恶现象究竟是什么呢？就是一个贪官的劣迹的暴露，这个人是凉城县第二区的前任区团副阎增荣，他从前的违法舞弊的事情，我是不晓的；不过他的黑幕现在已被地方人揭破了，并且给我来了一封信，条举他的劣迹，我读了之后，不由的拿起秃笔来评论评论，可是在未加评论之先，我要声明几点：（一）因为我是二区的一分子，官吏贪婪与否是与我有直接关系的，所以在事实上是不容缄默的；（二）我是占在第三者的地位来评论，并且是以客观的事实来作主观的见解资料；（三）既不倾向于左，亦不偏袒于右，只持以公正的态度为发言的根据。现在且把这封劣迹信公布于下："……（客套从略）区团副阎增荣辞职已准，现经各村长及士绅、保董等投票选举，当选定杨明为区团副，业经呈请县府加委，杨氏已于五月十一日接事，所有接交枪弹除有案连珠枪七枝移交外，其余并无他物；至于赵继孔任内击获匪枪四枝，张成世送过保卫团八音手枪一枝，阎某由罚款项下买得一七式手枪一枝及击获匪马变价购买各种子弹（系经赵继孔手）二百零四排，抗不移交，竟归己有；虽有赵继孔、李德明等意欲质问，而张仲琛、胡益卿均谓枪虽未交，仍在地方，亦勿用质问，至今尚无头绪。我想枪弹若不存公处，一遇事故，缓何救急？如有人提出质问，此枪件件有证，你看如何？或向县府报明？或在《绥远日报》登载宣传以鸣不平？"

再将其违法舞弊之牵莘大者详述叙明：

A. 前年有匪首杜禹山，在丰属石庄沟被六保甲长李全盛扣获，未送在团，住在金贵窑刘姓家内，先来请示，即经阎利心发动，当令贿赂再放，嗣经李某与杜涯串通，贿花洋五百元始行释放。迄今该匪仍然抢劫，尤其不畏法，是其一也。

B. 再有芦草沟村民王三换于去年被匪抢劫，因其内弟石根其，素不务正，甚为嫌疑，故指名控诉在团；嗣经阎某将石扣获，用刑拷讯，实打虚招；又供出侯书生、张普通二人，后将张、侯扣获，绳吊鞭它〔打〕，人所共知。该张、侯二人几有息气之势，后被后营子村民李某证明确系良人，遂将张普通勒逼花洋十一元始释，该张普通受刑太重，不能动履，养伤三月始愈，现其形状甚为悽惨。隔月余，王三换复在臭水沟边三禄家，认见原失被套一个，又飞报该团，阎某派丁数名，至该村，即将边三禄父子、郭二弟兄共六人，连同赃物一并带团，羁押数日，边三禄、郭二央其村人武永安从中调停，贿大洋六十元，得释二人，其余四人无洋可花，阎某备文送于县府。如此贪官，在青天白日之下，岂可容其享安乎？

C. 张普通因受屈难忍，即于去年控诉在县，委区调查，因前任〈与〉阎系同僚，含糊具覆，及至今年二月间，张普通再四恳催，复委二区详查，查得所得贿洋，经该团前甲长周通催提数次，协逼边三禄无法，竟将房地、青苗、家具全售馨尽，措洋交清，周通、边三禄、郭二三人均具切情，具实呈覆。迄今月余，亦未见有何等消息……

我想无论何人看了这封信，至少应有一点感想的，现在让我们逐段的分析一下。阎某既是坚意辞职，并且县府亦准其所请；那么，就是阎某在将来的这一段的时间内，总算是与保卫团脱离了关系，并且在空间内，也是卸了他所应负的保护责任了。当这个时候，阎先生应当把从前所经管的文件与夫自卫的工具，都应统统的拿出来交与新任的负责人；今先生不此之图，而"除将有案连珠枪七枝移交外"，其余在"赵继孔任内击获匪枪四枝，张成世送过保卫团八音手枪一枝"与先生亲身"由罚款项下买得一七式手枪一枝及击获匪马变价购买各种子弹二百零四排"，不独"抗不移交"而且"竞〔竟〕归己有"，是什么道理？真令人莫明其马虎！要知道保卫团是二区全区的保卫团，并非先生一人之所有物；先生之服务于保卫团，是为地方上的人民尽义务，并不是为自己享权利找幸福的；别人送于保卫团的枪，是为着使全区的人民在生活安全上能多得着一分保障，并不是怕某一个人没有护身符，在这一点上我们就可以看出阎某的错点了；同时也可以知道他的脑筋是如何的牛头了。李〔张〕仲琮、胡益卿二人，在全区之中，也是巍乎其巍赫乎其赫的伟人中的几个；当这个时候，诸先生是应当如何的设法，劝阎某悟其不对之点，自行把所有的公共枪械，同着地方上素负名望的绅董们或村长们交于新任的负责人，此举不独在友谊上没有丝毫的损失，并且在地方上亦免掉了许多纠纷；不图绥〔说〕出"枪虽未交，仍在地方"的滑稽之言，既属囫囵吞枣，使人闻之莫明其用意安在；又极荒谬乖张，令人听之，莫不笑其老奸滑之伎俩，就为信之!? 诸先生爱阎某之心切，不觉溢于言辞；以为片面之调停，必能救阎某之危急，而不知爱之实以害之焉！李德明、赵继孔似欲提出质问之事，本属铮铮不私，理所当然之举，然自张、胡之言出，似亦犹有退步之色，若果如此，则真有趑趄不前嗫嚅不言之形态矣！唉！"投鼠忌器"，何其懦也！

　　至于纵匪受贿和误刑良民之谬动，尤为常人所不满，而法律亦所不允许吧？夫匪为害国殃民之毒虫，早为一般人所洞悉的，亦为大部分人们所亲身经历尝试过的，现在中央政府或负有军权者正剿之尚属不暇，而安有擒而复纵之理乎？岂阎先生有特许之权乎，抑或为利禄所动而私放之乎？若有此种特权，则固不必论，然我未尝闻有此种特权，或者为阎先生行贿之方便而特予之，亦不一定；若私自放之，则其罪已属罪不容诛矣。新定约法第八条内，拘禁人民不得过二十四小时，在此时间之内，总得询明其是否有罪？阎先生不但不依法审核，而且虽有人证明张普通确系良人亦不释放，必得贿洋得之我手，尔小民才得自由，这也是闻而未闻之手术费式的逮捕费吧?！唉，只顾一己之面团团与腹便便，而不管百姓的苦楚与冤曲，这也是中国官吏间特有的现象。

　　总之，以上劣迹之事实，信内既言之凿凿，并且"件件有证"，亦勿庸我们再证明了，不过我们还有几点希望：

　　A．对于阎先生的——先生的劣迹，已是十分的昭彰；推诿既属无望，文饰安有可能？为先生计，只有将所有的公共枪械交出，或者能免掉了其他的连环性的枝节。不然的时候，无论具有何种理由，也是没有战胜的可能性；不过希望先生要能悟已往之不对，而开辟将来的出路，万勿因固执而自蹈倒覆之路。

　　B．对于地方绅士们——先之以友谊的劝勉使他（阎）觉悟自己的不对，自动的把枪械交出来；若仍然"抗不移交"，那就只好呈报县府或民政厅依法惩处。不要因私人的关系致将公共所有的东西成为个人之私有物，反之若是为私情而徇了，那末将来地方上模仿这一类的事情，恐怕不只一二人吧!？

　　C．对于绥远负责的当局——现在各县属区的官吏如区长、区团副等，差不多都是先由区民选出之后，再请县府任命，但是每次选举的结果，总是得不到圆满的；一方固由于人民之知识浅薄，以致受人利用，而他方则由县府疏忽细察，昌予准委之咎，亦不能不负其责矣，现在阎某之劣迹，既以凿然有证，则其事实之成为事实者已确然无疑也，而为我们最注目最希求的迫切问题，就是当局者——绥省的民政厅同凉城县政府——在最近的将来究竟如何处置也。好在，现今正是本党提倡澄清官吏最高度的时候，想不致有"网漏吞舟"的发现吧!? 不过我们还希望民政厅在最短期内火速饬令县府详为调查，若系属实，就依法惩处是了，这不但全区的人民得着安慰，就是将来的贪官污吏亦得引以为鉴。

　　最后要说的，就是因为我关怀桑梓的心切与夫爱护国法威信的存在，所以不觉言之若是之絮聒，至于字句之不清，修辞的欠佳，恐怕亦是在所不免，可是要请大家加之指教！

一九三一，六，一九于故都

《绥远旅平学会学刊》（月刊）

北平绥远旅平同学会

1931 年 2 卷 5 期

（李红权　整理）

从赤俄手中夺回外蒙

化君　撰

　　构成中华民国五族之一的外蒙，被压迫在赤色帝国主义的苏俄铁蹄之下，至今已十年了。赤俄在外蒙的势力，一天比一天发展，到现在可谓已经根深蒂固，而且"赤化"流毒，已入膏肓〔肓〕，唇亡齿寒，连内蒙也受了绝大的威胁了。现在中俄会议准备再开，外蒙问题势必提出讨论。据说外交当局，决定要求苏俄撤兵，同时撤回驻俄蒙古代表，这自然是中国必须贯彻的主张。但是以现在情势而论，如果只要求苏俄撤退外蒙驻军，而不能根本扫除政治、经济与社会方面"赤化"的流毒，则所谓收回外蒙，仍不免是一句空话。

　　苏俄在外蒙，以十几年不断的努力，其"赤化"势力，已浸透外蒙的各面与各层，现在不只政治、军备受其控制，金融、实业为所操纵，便是教育、文化，也在赤俄的掌握之中。概括说来，苏俄乃以雷霆万钧的力量，以煽动一般知识落后的民众，麻醉一般血气未定的青年，同时更扶植其势力于各个方面，有如水银泻地，无孔不入。试看今日的外蒙，已成赤色的版舆，所以现今外蒙问题，决非单纯的苏俄撤兵，便算解决，便算收复了外蒙。

　　若要收复外蒙，外交上第一步是苏俄撤兵，第二步是停止"赤化"宣传。同时中国当局在政治上、教育上乃至交通、军事上，更须规定切实具体的方案，而以全国的力量使其贯彻。这样，才可使外蒙真正脱离赤俄的侵略，才算不仅仅是名义上的收回。总之，中国政府必须有计画与方法，把外蒙赤色的势力与毒菌，实行摧陷廓清，然后对于外蒙才有办法。若要达此目的，不只政治、经济各种方面须有准备，而且还牵涉到军备、交通各项问题，所涉范围甚广，其间千头万绪，断断不容卤莽灭裂的进行，也断断不可望徼幸收功。

　　因此，我们觉得政府当局与全国知识阶级，现在对于外蒙实况，应预为切实的研究，同时对于收复外蒙的具体方案，也应先行讨论。

《时时周报》
上海时时周报社
1931 年 2 卷 15 期
（朱宪　整理）

对于蒙古将来之希望

杜维森　撰

蒙古地处北方，沙漠横亘，人民朴实无华，性格勇敢善战。伊古以来，曾称雄于汉代，宋之季世，竟入主于中华。疆域横跨两洲，欧人称为黄祸，丰功伟烈，冠绝古今，每读史忆成吉思汗之当年，未尝不叹我黄种人今日之衰弱也。慨自满清入关，力行羁縻政策，遂使英武伟大之民族，自入樊笼而不悟，长此如斯，何堪设想？幸而民国告成，五族一体，推诚相待，始放一线之曙光。洎今南北统一，政府对于蒙古发展前途，尤为非常注意，从此以后，希望方长。森不揣愚蒙，妄贡刍见，学识既多谫陋，蒙事尤未熟悉，列举数端，难免谬误，尚希诸君子有以教之。

（一）蒙汉通婚——《传》曰"男女同姓，其生不繁"，历见载籍，是血统关系太近，不宜结婚也，明矣。譬如农圃耕耘，历年换地换种，始可希望丰收，是知蒙汉通婚，血统关系较远，有利无弊，足为强种之原；况风俗既可化一，语言亦易趋一致，民族团结日益坚牢，中国前途，实利赖之。

（二）注重汉文——历观外蒙，多半偏重蒙文，对于汉文，不甚注意。不知汉文为中国对内对外之普通文字，四千年之经史子集，均系汉文，东西洋之文化学说，多译汉字，由汉译蒙，重译烦难，耗费时间，见闻太晚。倘蒙古于汉文注意，既可免汉文译蒙之烦，又可将蒙古之经典佛学，广为介绍，文化进步，日趋大同，欲求蒙古文明发达，而不注重汉文可乎？

（三）参用汉礼——婚嫁丧葬，均为重礼，则内蒙外蒙，迥不相同，外蒙豪富之家，结婚时力求阔绰，迎门百辆，宾客千人。而嫁女奁资，尤为男家所注意，奁资之厚薄，与新妇之荣辱攸关。是以贫家女子，其父母常有因奁资无措，而迟误婚期者。结婚而注重金钱，恐非夫妇家庭之幸福。至于丧礼仍用火葬，虽属相沿已久，为人子者，究恐于心未安，此所以冒昧陈词，希望参用汉礼者也。

（四）力求参政——既已感情融洽，蒙汉通婚，又复注重汉文，参用汉礼，语言、风俗渐同，蒙汉学识相等，然后力求参政，为国宣劳。顾炎武曰：“天下兴亡，匹夫有责。”处此强邻虎视之秋，我蒙古大好男儿，尚可引枕高卧，置理乱于不闻乎？

（五）少入空门——考前清奖励蒙古出家，原为羁縻政策，行之永久，灭种堪虞。盖当时清廷忌蒙古最深，而用术亦至狠也。今何时乎？南北统一，五族一体，我蒙古倘能振刷精神，改弦易辙，将来发扬国威，继续先烈，有厚望焉。又何必遁迹空门，不闻治乱，坐使大好山河，沦于异国乎？况空不异色，色不异空，佛即是心，心即是佛，佛理纵属高明，又奚可置国事身家于不顾哉？

综上五端，不过其荦荦大者，至于多设学校，以求教育振兴，便利交通，极力筹画路政，他若提倡实业，奖励垦荒，想诸公言之已详，谅无庸森再赘述矣。

《蒙旗旬刊》

沈阳东北政务委员会蒙旗处

1931 年 3 卷 1 期

（李红权　整理）

民国二十年后所希望于蒙古同胞

邢事国　撰

椒花献颂，黍谷春回，民国肇兴，倏忽二十载矣。我人每届岁首，恒载歌载颂，以祝此国家前途，日臻光明，喁喁望治，与年俱积。乃环顾已往历史，无一足稍满人意者。以言内政，则祸乱相循，失其轨物；以言外交，则强邻眈视，乘隙以逞。中原逐鹿，生灵之涂炭已极；边野亡羊，流氓之荼毒弥殷。然内事仅为患于一时，而边祸滋蔓，大堪为后日之忧。

蒙古自昔倍受逊清之遗毒，比及民国，憬然省悟，力谋解脱一切束缚，以求真正之幸福。设政府果能善为诱导，尽力协助，则时至今日，必大有可观矣。惟二十年来政局无数日之宁静，内顾尚有不逮，况边境辽远之区乎？嗣复因政局之波动，渐及蒙边各地，致政令不相属，旗各为政，一以该地之长官是从，而蒙民所受之痛苦，于兹渐深，有不亚于内地之势。

斯时也，蒙之人士，莫不惊讶失措，彷徨无路，外人乘机利诱，多方煽动。或则饥不择食，作饮鸩止渴之举，任人宰割，而不自觉；或则把持政权，暗引外力，以图稍延残喘，以致造成今日混乱之情形，实不啻赤白帝国主议〔义〕，钩心斗角之场，而蒙事更不堪问矣。

国民政府，感于民族主义之重要，故当成立伊始，即注其全力于此，乃于去岁军事倥偬之际，决然招集蒙古会议，以谋解除蒙

人之疾苦，而进五族于共同之境。徒以反动未静〔靖〕，不克即时
履行，引为大憾。兹者全国敉平，政府渐臻巩固，则实践所议，
负责进行，自不难于短时期内行之。

　　蒙古同胞，对于政府，当有确实之认识，与一致之信仰，协力
合作，以助长我光明之前途，则所以造福于蒙古者，亦正所以造
福于我国家也。勿再徘徊歧路，茫无所之，须知二十年之中国，
已有正轨可循，举凡愁云惨雾，业已一扫而空，凡百建设，与夫
灿烂前途，唯有待乎我人之努力耳！

《蒙旗旬刊》

沈阳东北政务委员会蒙旗处

1931 年 3 卷 1 期

（李红权　整理）

改良蒙旗行政制度之商榷

陈世清　撰

时至今日，国家日趋进化，凡百设施，日臻完备。事务方面，制取委员；用人方面，施行选举。不惟免去独裁流弊，而且可得集思广益之效，法至美，意至善也。独我蒙旗行政制度，仍为世袭，其流弊有不可穷日而语，今将其荦荦大者略为论之。查蒙旗之行政官为扎萨克，在世袭罔替之列，苟无大过，皆可终身为蒙古之行政官。倘遇不良之扎萨克，作福作威，高压百出，蒙民屈于暴政之下，畏其威权，不敢反抗，稍不如意，则陷身缧绁矣。况为扎萨克者，皆由承袭而来，秉承家教，居心良善者，虽不乏人，性根恶劣、学识毫无者，实居多数。以如此之人，为一旗之领袖，欲庶政尽举、政令一新，岂可得乎？尤可怪者，幼年承袭之扎萨克，不能躬亲政务，而政权又不令协理、管旗章京等管理。有所谓太福晋者，出掌政务，本来妇女无政治经验，蒙旗妇女，尤无此等眼光。以如此之人，管理一旗行政，不至一榻〔塌〕糊涂者，必不止也。即得一贤明之扎萨克，服务日久，厌心遂生，虽不至扰民，亦惟有安乐是寻。譬如机器然，原动力停止，而欲其他机器照常工作，势所不能。所以蒙旗世袭制度，似有商榷之必要也。当此二十世纪，文明竞争之场，蒙人在此制度之下，欲与其他民族同事进化，立于水平线上，岂不难乎其难？是以蒙人不欲进化则已，如欲进化，非将世袭制度，酌量改革不可。况蒙人世称蒙古利亚，本成吉思汗之后裔，称雄〔雄〕于世界，现为制度束缚，处处落后，其盍深思而奋起耶？然则如何而后可，亦惟有趋现世之潮流，改定委员制，新蒙古之兴，庶有豸乎？

《蒙旗旬刊》

沈阳东北政务委员会蒙旗处

1931 年 3 卷 2 期

（訾茹　整理）

边患危言

邢事国　撰

苏俄自操纵外蒙以来，大施荼毒，蚕食鲸吞，无所不用其极。近自土西铁路（自俄京莫斯科至中亚细亚之土耳其斯坦）告成，其路线延我新疆边境者可数千里，用意深刻，大有囊括席卷之势，恐昔日之惴惴视为隐患者，殆将一一形诸事实矣。果也，前据电传外蒙有选派优秀党员四十余人，进扰内蒙之议（详情参阅本刊新闻栏），同时并增添军队，补充实力，其处心积虑欲图内犯者，固不于兹始也。当兹邪说纷歧，内蒙各地，初无抵抗之组织，难保不为所煽动，一旦实现，不特蒙地不获安宁，同时外患发生，祸不堪问。苟不及早设防，恐藩篱尽撤，边患之深，将不下于宋之契丹、女真。

中原纷纭，战乱未已，于边事筹设，向多未遑。前次蒙古会议在京举行，建议颇宏，果能协力以趋，从事建设，期以十年，或可稍有树立，渐谋疆围〔圉〕之安宁，则今日边患之深刺，正所以促他年永固之机。奈未能征之实行，毫无补益耳。一误宁堪再误，蒙会当局，仅有一纸通令，饬令各旗严加防范，而无切实筹防之策，则乱萌之果否从兹消灭，诚堪深味矣。时亟势危，凡此筹设，原不可仅责之蒙会，必待国民积有觉悟，咸知惕励，或尚可图耳。惟俟河之清，人寿几何，是则记者之所引为无限深忧者矣。

《蒙旗旬刊》
沈阳东北政务委员会蒙旗处
1931 年 3 卷 3 期
（丁冉　整理）

苏俄对我国西北之威胁

徐振流　撰

一

俄国从大彼得帝以来，所有对外的发展，有三个显著的时期：第一时期向着君士坦丁堡和地中海发展；第二时期向着阿富汗和印度洋发展；第三时期向着东方及太平洋上发展。俄国这发展的政策，动机是扩张领土；这扩张领土背后深远的目的，便是要得一个不冻的海港。

俄国在中国的政策，是克里姆战争（Crimean War）及英、俄在阿富汗冲突的直接结果，是企图在太平洋上得一不冻的海港，他在一八六〇年《北京条约》获得中国的海参崴，但海参崴非不冻的海港，又以地位北偏，不甚适用。所以在一八九四年租借中国的旅顺、大连。及一九〇五年日俄战争的结果，又忍痛转租于日本。但俄国在东方及中国的侵略，并不因战败而消逝，只因欧洲风云的紧急，暂时停止东进的进攻。

大战的结果，罗孟诺甫朝粉身碎骨，沙皇的专制去了，共产党的专政代兴，帝国的领土的侵掠，代以世界革命的口号。这时世界革命的当前问题，是援助西方无产阶级革命，还是东进援助殖民地半殖民地的民族革命，因事实上在西欧革命的失败和列宁理论的胜利，Russian turns to East 已成为共见的事实。中国一九二五——二七年的革命以最近蔓延湘、鄂、赣三省"赤匪"，多是东进政策胜利后遗留下的灾害。

目前苏俄在中国的侵略政策，不仅专注在"赤化"的宣传，同时还注意经济的侵略，五年计划在亚洲部分建设的努力，就是将来经济侵略的张本。最近十五年运输计划特别注意中央亚细亚和西比利亚①的铁道网的建设，同时更企图建筑中国西北铁道侵略计划，与亚洲俄国为邻的中国是值得注意的。所以苏俄与帝俄在中国的政策是没有两样，不过从前努力在不冻港的获得，和土地的侵略，现在注意内地的发展和"赤化"你的国家，此外不过以工农红军代替哥萨的骑兵，传教师行囊中的希腊正教的教义，被共产党口中的马克斯列宁主义所代替罢了②！Russian Policy never Changes！

二

普通谈到西伯利亚、中亚细亚，总以为是冰天雪地，不毛之地，其实这观念是错误的。其次，我们要明了苏俄在亚洲部分的经济建设，一定要先知道他的地理和经济情形。

俄国的亚洲部分，可分为西伯利亚和中亚细亚两区。这两区大概可以分为四带：（一）苔原带（Tundra），在北纬六十度和六十五度之间，占北冰洋沿岸一带地方，其他〔地〕冰雪弥漫，可以说是不毛之地。（二）森林带，在北纬六十〔五〕度至五十五度之间，从乌拉山起直至东海滨省，沿途森林密茂，为世界所罕有。

---

① 后文又作"西伯利亚"、"西北利亚"。——整理者注

② 此处照录原文。——整理者注

（三）草原带，在北纬五十五度以南，西伯利亚铁路南部一带，土质肥美，适宜种植。（四）沙漠带，在中亚细亚南部，联络我国新疆及蒙古大沙漠。此种分法，失之简单。较详细的方法，为方便计，根据旧时的行政区域，西伯利亚，可分为下列九个经济区域：

（一）畜牧与农耕区域　Tobolsk Akmolinsk 省。

（二）畜牧与矿业区域　Turgai Semipolatinsk 省，Semiryechensk 省。

（三）农耕与矿业区域　Irkutsk Tomsk Yeniseisk 省。

（四）农耕与渔业区域　黑龙江省。

（五）林业与渔业区域　东海滨省。

（六）林业与矿业区域　贝加尔省。

（七）矿业与狩猎区域　Yokntsk 省。

（八）矿业与渔业区域　Saxhalin 省。

（九）狩猎与渔业区域　Kamtchatka 省。

中亚细亚界里海和新疆之间，可分为三大部分：吉尔吉斯（Kirghiz）的旷原最宜畜牧，土尔〈其〉斯坦的植棉区域和外里海省，中部、南疆多沙漠，里海附近土质有咸味，不甚适宜于种植，惟邻近我国新疆一带，土质肥沃，矿产亦饶。

俄国亚洲部分的经济情形既然明了，我们要说五年计划最近在亚洲部分的努力。

莫斯哥的五年计划，投资三十四千兆美金来发展国内的农业和工业，其亚洲俄国工业化的计划，并没有特别分开，不过最近亚洲工业化的计划，拟投资三万八千万美金。下列一表，可见一般：

河道和商港的改良	二〇，〇〇〇，〇〇〇美金
农业——机器	三〇，〇〇〇，〇〇〇美金
工业——包括钢铁厂	一五〇，〇〇〇，〇〇〇美金
渔业	二一，〇〇〇，〇〇〇美金

林业	三三，〇〇〇，〇〇〇美金
矿业和煤油井	四〇，〇〇〇，〇〇〇美金
纺织工厂	四〇，〇〇〇，〇〇〇美金
粮食工厂	九，〇〇〇，〇〇〇美金
造船业	二四，〇〇〇，〇〇〇美金
电气业	一三，〇〇〇，〇〇〇美金

　　表中对于河道和商港的改良，是拟扩充海参崴的海港，计划与大连及建筑中的葫芦岛竞争，吸收北部的货物在海参崴吐纳，此外则注重于工厂的建筑，矿产的开发，渔业的发展，森林的培植，更运输八十万工人来增加亚洲俄国工业化的发展。

　　亚洲俄国工业化的发展，最值得我们注意的，还是铜〔钢〕铁重工业的发展，这努力可于去年苏俄政府与支加哥弗里洋机器公司（Freyn Engineering Company）所签订在苦什纳茨克一百万吨的铜〔钢〕铁厂契约中看出。

　　这铜〔钢〕铁厂，每年可产一百万吨的铜〔钢〕铁，位置在苦什纳茨克（Kuznetsk）属阿尔泰区域，矿产非常丰富，西伯利亚大铁路蜿蜒于北，由托母斯克站下车南行二百余里可达，新建筑的土西铁路在其旁。苦什纳茨克铜〔钢〕铁厂全在美国专家指导之下而经营，一切的用费共一万五千万美金。该厂的建筑因年来苏俄重工业的发展，钢铁需要激增，和实现西伯利亚工业化的计划而设。更大的钢铁厂是乌拉尔区域的马可尼托哥斯基炼钢厂（Magnitogorsk Steel Mill），同样在美国人指导之下而经营，每年的产量为二百五十万吨。据最近的估计，到一九三三年，苏维埃需要钢铁的生产要超过一千五百万吨，约合现在产额的三倍。

　　此外苏俄所聘请的美国专家、导师，及雇佣的工头及熟练工人近千人以上，在各种企业部门中工作，分配在欧俄和亚俄一带，来帮助五年计划的实现。

在上列亚洲工业化的计划中，对于铁路的建设，是全没有更大的设计，无疑的更伟大的计划是包括在费九千兆金洋之十五年运输计划中。这计划的来源是因苏联工业生产品进步很快，五年计划第一年增高百分之廿五，但分配不能保持同样的进步，不能用有效完善的运输来战胜苏俄地广多阻的困难，成为五年计划中的重大失算。所以当时准备五年计划中的生产部的希望于四年内完成，运输计划竞争于三年内实现，同时计划十五年的运输计划。

十五年运输计划拟投资九千兆美金于铁路，三·八千兆美金于海上和内河的运输，二·六千兆美金于公路。在欧俄和亚俄的铁路建筑上设〔没〕有多大的障碍。照土西铁路的计算，每英里需费五万五千金洋，则其他铁路的建筑，也当不出此数目。假如九千兆金洋，全用在铁路的建筑，可修筑十五万英里长的铁路。每年造一万里，十五年内可完成此项计划。这伟大可惊的数目，较孙中山先生全国十万英里的铁路系统尤多五万英里。而苏俄承继帝国政府的铁路遗产，又远胜于国民政府所承受军阀时代的遗产。苏俄现在铁路为七万七千六百粁，五年计划完成可有九万粁，中国现有铁路，包括在建筑中的、租借的，共长为一万二千四百零八粁。

十五年运输计划的铁路网虽还没有正式公布，但我们在苏俄报章杂志中可以推出这计划中下列的原则：

（一）欧俄和亚俄的铁路系统全部合理化、现代化。

（二）西北利亚铁道干线现代化、美国化，并计划建筑双轨。

（三）用铁路来联络远东、中东、近东各个不同的经济区域。

（四）规划西伯利亚、中亚细亚的铁道网。

（五）建筑中国西北铁道网。

在上列的原则中最值得注意的，还是西伯利亚和中亚细亚，以及中国西北铁道网的建筑。这发展的企图，是联络上面各个不同的经济区域，在一个完善运输计划中，来实行适当的分配和交换，输出和输入，欧俄的人口过剩将迁移于这篇〔片〕广漠土地之上，这经济发展的远景将要成为远东的美国。

十五年运输计划的铁道网，在本国铁道网虽没有详细的公布，但在中国境内则预备建筑西北铁道网的侵略计划，据去年苏俄远东执行委员会所宣布的消息，拟建筑下列的五大干线：

（一）塔什干——迪化线。

（二）迪化——科布多——乌里雅苏台——库伦线。

（三）阿尔泰铁路终点之思米巴拉丁斯克（Sem palatin-sk）——乌里雅苏台线。

（四）西北利亚铁路支线比斯克（Busk）站——乌里雅苏台。

（五）西北利亚铁路上乌金斯克——恰克图——库伦。此线已测量完毕，现已动工。闻将来拟延长至东省之洮南。

假如这铁路计划实现的话，将来中国西北——不独西北——的情形是不难预测的。

五年计划和十五年运输计划在亚洲俄国的努力，我们不能在这里详细的叙述，现在计划中的规定，将来也许部分的规定，也许不能完全实现，但可以决定的是没有多大的更动。这整个的计划对于与苏俄毗连的中国是值得猛省的。

三

答覆苏俄在东方及中国西北边疆及在西北之威压，至少和只有完成孙中山先生之西北铁路系统。

西北铁路系统，东起北方大港，西贯满、蒙、新疆，至于该三区的边境各点，全系统共八大干线，长七千余英里。现将孙先生的西北铁路系统，绘图如下：

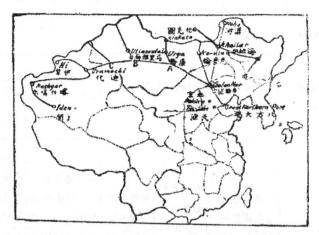

　　上列系统铁路，合于孙先生建筑铁路四大原则。就"抵抗至少"之原则言之，则经过之地系皆平坦，无高山大河横阻其间，且所经皆极肥沃之地。其次就"地位适宜"之原则言之，则将为欧亚铁路之主干，由太平洋前往欧洲者，以经此路为最近。再次合于"国民需要"之原则，则本系统所经的地，较之本部尤为广阔，且地多沃土，物产丰富，若有适当交通机关，将沿海过铲〔剩〕居民，一以移民实边，一以开发西北，无论就目前政治上、经济上言之，实为必要而不可缓。末了就"必选有利益之途"之原则言之，孙先生独排众议，肯定铁路起于人口至多之区，以达人口至少之地，其利较两端皆人口至多之铁路为大。因（一）两端人口逾〔愈〕不平均，则彼此经济情形愈异，而有无之差别更甚，则贸迁交易必臻发达；（二）两端人口愈不均，每于铁路开运之初，即有多数人民移居新地，路局、人民，两受其利。

　　西北铁路系统，全合以上的四大原则。再本系统铁路，联络海陆运输，由北方大港至多伦诺尔一段，共三百咪〔粁〕，起初即筑双轨，总集本系统之物产而达海口，与海轮作运输上之联络，更以现在之平奉、平浦、平汉三线为北大港及多伦诺尔路线之给养线。

现再列一表如下：

线名	线长约数（哩）	所经重要域〔城〕镇	沿线经济概况	沿线建筑障碍物	本线功用	本线与其他线及交通机关之关系
北方大港漠河线	八〇〇	北方大港—多伦诺尔—海拉尔—漠河	有广大平原之物产，漠河又为产金之地	跨额尔古纳河支流及阴山山脉	以海港为出发点，以多伦诺尔为门户，吸收广漠平原之产物，发展东北经济状况	南与平奉路交于开平，北与中东路交于呼伦，与计划中以东镇为中心的东北铁路系统关系尤密
北方大港克鲁伦线	六〇〇	北方大港—多伦诺尔—克鲁伦—中俄边境	畜牧	跨阴山山脉及克鲁伦河	发展北方大港商业，开发蒙古经济，调节国内人口密度	直达中俄边境，与赤塔城附近之西比利亚大铁路相接
北方大港迪化线	一，六〇〇	北方大港—多伦—第一联站—第二联站—第三联站—迪化	沿途水章〔草〕丰美，可供畜牧，亦可资耕种	地皆平坦，无大山峻岭	联络东西交通，发展蒙、新经济，调节国内人口，为西北铁路系统干线	

续表

线名	线长约数（咪）	所经重要域〔城〕镇	沿线经济概况	沿线建筑障碍物	本线功用	本线与其他线及交通机关之关系
迪化伊犁线	四〇〇	迪化—绥来—三台—伊犁	畜犁〔牧〕，屯耕	沿途平坦无大障碍	开发新疆富源，调节国内人口	由伊犁可直达俄属中央亚细亚
迪化于阗线	一，二〇〇	迪化—吐鲁番—焉耆—可〔阿〕克苏—疏勒—门〔沙〕车—和阗—于阗等	经戈壁沙漠北偏及南偏一带，肥沃之地，可资耕种，和、于阗产玉及宝石	地皆平坦，起出天山山硖〔峡〕，经天以南咨〔谷〕地，渡喀什噶尔河、叶尔克河及和阗河	开发新疆全部富源	
第一联站恰克图线	三五〇	第一联站—库伦—恰克图	沿途森林之饶，水源之富，山坡牧场，水草青青，既可畜牧，又可耕种	穿杭爱山	联络蒙古边界，开发蒙古富源，调节国内人口，于国防尤为重要	直达中俄边界，与西伯利亚铁路上乌金斯克站最近

续表

线名	线长约数（咪）	所经重要域〔城〕镇	沿线经济概况	沿线建筑障碍物	本线功用	本线与其他线及交通机关之关系
第二联站外蒙西北边境线	六〇〇	第二联站—乌里雅苏台—外蒙西北边境	沿途所经，森林密茂，水草丰美，风景绮丽，为外蒙古最佳之地，畜牧、耕种，无不相宜	穿杭爱山及唐努乌拉山	同前	
第三联站外蒙西北边境线	四〇〇	第三联站—科布多—外蒙边境	畜牧、耕种，有矿产	穿阿尔泰及唐努乌拉山脉	同前	

　　上列铁路系统，因所经之地无崇山峻岭、广漠河流，且障碍物极少，据专家的估计，修筑铁路平均每英里需费二万五千美金，只及土西铁路建筑费之半，以七千英里计算，需费一万七千五百万美金。

　　孙先生于七千英里铁路计划，还以为不足，认为如欲发展此宏富之境域，铁路必须增筑，故在扩张西北铁路系统中，又计划增筑十八线，共长一万六千英里。这铁路系统全部实现，一方可开发中国农业富源，一方有救济世界食物渴乏之能力，至详细情形，孙先生原书俱在，不再述。

四

现在我们来看西北边疆的情形，再推测他将来的远景。

与西伯利亚为邻的外蒙古，名义上是中国有宗主权，事实上全在赤俄控制之下，一切实权在苏俄掌握之中，政制是苏维埃化，号称为苏俄的华事通加拉罕宣称：苏俄要取蒙古只如探囊取物。现在苏俄与蒙古的交通，非常简捷，中国与蒙古的交通完全断绝。与中亚细亚为邻的新疆，事实上虽还是中国的领土，经济上已入纯苏俄的系统。土西铁路的完成，对新疆经济上、政治上、军事上威压的情形是更难设想的。再从苏俄的边境到新疆，只费几小时或几天的路程，更有俄人所筑的汽车路可直达新疆之塔城，而本部与新疆的交通，起码要费几个月的长时间。北满因中东路的关系，"赤祸"伏流，异常猛烈。放眼着〔看〕中国西北及东北边疆的情形，不能不令人恐惧。而苏俄五年计划在亚洲方面的猛进，以及十五年运输计划着眼于亚洲的俄国和中国西北的侵略，这是与中国挑战的暗示。据一般国际专家的估计，苏俄的五年计划照着自己的估计也许有部分的失败，其他资本主义的列强也许能胜利防御自己和战败苏维埃的竞争，但世界上没有一个强国能阻止苏俄对中央亚细亚、蒙古和中国西北部的征服。详细的说，苏俄对中国的威压可分为下列的三方面：

（一）经济上　苏维埃新兴工业的过剩生产品，将要找销售的市场，主要的出路是向着中亚细亚、印度、中国，尤其是西北和东北，中国将成为俄国工业生产品的尾闾，西北和东北将成为俄国销售商品的唯一市场。经济侵略是一切侵略的基础。

（二）政治上　所谓政治上的威压，是苏维埃的宣传，苏维埃的政治，苏维埃的阴谋，和秘密干涉其他国家的内务，最后"赤化"他人的国家。蒙古是一个先例，谁又能担保新疆不做蒙古第二。蒙古、新疆是华北的门户，中国的屏藩，是值得注意的。

（三）军事上　据近代军事专家的意见，没有最适宜和最有效的运输工具，是没这战争。又说近代的战争是沿铁路的战争。这意思是说近代的战争要〈靠〉着铁路运输的敏捷和适当来定战争的胜败。由此知中国偌大的西北边疆，就没有一条通内地的铁路，本身也没有一条铁路可资联络。反观苏俄对中国边境的交通和运输是何等的便利。假如一旦在西北边疆有战事发生，不要说战败敌人，中国将无法自己防御。所以就目前的情形而论，中国是处于全然失败的地位。

再看中国的历史，始终受着两种势力的威压：一是由北地来的 Land force，一是从海洋来的 Sea force。过去北来 Land force 的威压，充满了中国的史乘，如汉之匈奴，晋之五胡乱华，宋之辽、金，元、清之入主中原，这势力的威压是游牧民族与定居务农民族的斗争，当初虽是游牧民族的胜利，结果是被务农民族所同化。及十九世纪中叶，由海洋方面来进攻中国的欧美新力量，中国无法抗御，一败涂地，遂造成今日的支离破碎艰难的局面，十九世纪末年流行着瓜分中国的传说，然而没有实现者，决不是因中国自称有几千年来中国传统的卓越文化，实因建筑各 Sea force 相互矛盾总汇之上而幸存也。现在北地来的威压，已不是当年的蒙古、满洲，而是沉毅勇劲的斯拉夫族，他们有明显的主义，他们有更高的生产技术，他们势力是单纯，这"红色恐怖"的威压证以上面的不利情形，我们是没有方法抵抗的。"黄祸"的呼声将要被"赤化"的威压所代替了！

然而我们也不能专张〔涨〕他人的锐气而灭自己的威风，假如内战能停止，国内能统一，和平建设，移民实边，于最短期内完成西北铁路系统，则险恶的西北风云还有挽救的余地。

　　此篇于本月十一日在中央大学地理学系演讲，演词于本篇稍有出入。本篇内容甚拉杂，并非专门的研究，作者目的，不过是要唤起国人注意于俄国在亚洲方面建设的努力和在西北侵略的猛进，而预筹对付之方，庶不至新疆、内蒙、华北再为外蒙古之属也。遥望西北，放眼云天，不禁唏嘘。

　　　　　　　　　　　　　　　　四月十八日晚作者附志。

　　　　　　　　　　　　　　　　　《新亚细亚》（月刊）
　　　　　　　　　　　　　　　　上海新亚细亚月刊社
　　　　　　　　　　　　　　　　1931 年 3 卷 3 期
　　　　　　　　　　　　　　　　（李红权　整理）

苏俄之侵入外蒙及其现状

章江波　撰

一　引论

外蒙疆域，横亘瀚海沙漠之北，为我国朔北屏藩，有大阿泰山脉分支之唐努山、杭爱山横压全境；有色楞格河、乌尔克穆河、科布多河、帖尔河、扎布干河等分流其间，山川雄伟，宝藏富厚。人民以畜牧为生，逐水草而居，时至今日，犹未全脱游牧之习；惟民情慓悍，自昔为中国患：夏时之獯鬻〔鬻〕，周时之猃狁，秦汉之匈奴，唐时之突厥，北宋之契丹，逮至成吉斯汗勃兴，其势乃臻大盛。明代乘元之衰，起兵江淮，光复汉族；然蒙古仍不时南侵，寇边无已。逊清入据中原，采取羁縻政策，收复外蒙，编为八旗，引为股肱，以是三百余年，始得相安无事。

前清末叶帝俄势力东渐，我国以列强环攻，应付俱穷，本部十八省之领土，已有朝不保暮之势，外蒙远处西北，一时无暇顾及。帝俄乃乘机笼络活佛，买其欢心，由此外蒙外向，遂起端倪。适逢我国辛亥革命，国体变更，日、俄利我政局未定，缔约〔结〕瓜分满蒙密约，外蒙问题，遂呈岌岌不可终日之状态。复以蒙人不明切身利害，竟为帝俄利诱所惑，宣言对华独立，设置蒙古自治政府，数十年来政治上之极大纠纷，乃完全揭开序幕；而俄人在蒙势力，遂得升堂入室矣。加之当时北京政府，只知争权夺利，忽视边情，轻听徐树铮征蒙之议，迫使外蒙走入岐〔歧〕途，以成今日亲俄绝华之局，追思往昔，尤可引为遗憾者也。

当外蒙第二次独立，正在帝俄瓦解，共党执政之秋。列宁以白俄借助英、法等国在西伯利亚①及外蒙古大肆活动，意欲彻底扫清政敌，于是帝俄在蒙之势力，遂渐转入苏俄之手。当初苏俄对于外蒙，尚不过利用国民党以绝白俄与中国，继则扶植青年党，以进化"赤化"政策，浸假置外蒙于苏俄势力之下，而自握政治、经济之大权。嗣后《中俄协定》，虽有撤兵及承认蒙古为中国领土之明文，然事实之所昭示，不但苏俄从未履行条约，而且侵略外蒙，愈形迫切。盖苏俄目前东方政策，完全取义于帝俄时代之策略；其在近东方面如土耳其，业已亲善；波斯、阿富汗，均经先后收复〔服〕，足可威胁英领印度而有余。而于远东，则恃外蒙为其根据地，以图中国本部之"赤化"。民国十六年"清党"以后，共党在华，已成强弩之末，苏俄见于中国本部之技已穷，益转锋锐意经营外蒙古，而且一方厉行封锁政策，距〔拒〕绝华人入境，一方唆使蒙古青年，竭力排华，同时更利用之引诱内蒙青年，加入共产党，希图将内外蒙古打成一片，而直迫河北诸省，造成"赤化"中国北部之局面，苏俄野心，固不在小也。由是论之，今日外蒙古问题，非一局部问题，乃全中国政治上之一大问题也。著者不敏，目睹外蒙俄患之深，当兹中俄交涉之秋，谨将外蒙问题之发生，与苏俄关系，蒙古最近政情，及外蒙独立后我国所受之影响，爰作系统之叙述，借供留心边计者之参考，想亦读者之所乐闻欤！

---

①　后文又作"西北利亚"。——整理者注

二　外蒙古之经济地位

外蒙气候寒冷，复有大沙漠横亘其间。其经济状况，较之本部各省，似有天渊之别；殊不知外蒙古山脉纵横，宝藏极厚，而牧畜事业，尤为发达，故其经济地位，亦有不容漠视者。如今后采取新式工业制度，努力启发天然事业，外蒙经济上之发展，当有无穷之希望。兹将外蒙经济情形略述如左。

甲　天然富源　先就矿产言。外蒙矿产，蕴蓄甚富，久为外人所垂涎，而库伦、乌里雅苏台、阿尔泰一带，产金尤夥。偏〔遍〕地金砂，多挟在两山之间，巨川前后，高山后枕，形势绝佳，掘地取砂，土法淘取，无机械之费，无煅炼之烦，分段淘洗，计其所得，授与工资，得金既易，需金无多，俄人逐年开采，已及七处，岁得四百余万之夥。矿产之富，莫与之京。即以库伦金矿而论，自光绪三十二年至宣统三年，不过六年，共计淘出金沙〔砂〕十六余万两，除一切开销外，实得金砂十六余万两。自外蒙独立，改归俄人包办，内中情形，无从窥察。查外蒙金矿，在库伦之北，恰克图之南，额尔尼亚与马贝子两旗地方，已有二十一处之多，已开采者，计十五处；未开采，尚有六处。此外有梧桐沟之金矿、承平之银矿、四道沟之铜矿、扎萨克图旗之野马吐陶来克等山，及达尔罕旗西北等山之五金矿、硫煤诸矿，亦随地皆产。蒙地矿产蕴蓄最富，甲称五洲，故外人称中国为矿产国，非虚语也。

次就猎产言，蒙人射飞逐走，本其专长，每于丛林灌莽之中，迹禽兽之所在，十获七八。霜降以后，各旗王公出猎，每村征调一二人，臂鹰牵犬，至猎地每获狼、豹、熊、鹿等物，惟貂鼠、灰鼠、海龙之属，围场深处，间或有之，非常产也。每年所得猎产，以獐、兔、黄牛〔羊〕、野豕为最多。近来输入苏俄，在俄蒙贸易额上，颇占相当位置云。

乙　畜牧事业　蒙古地方，素称世界三大牧场之一，盖遍地青苍，最宜牧畜，生殖既畅，滋殖弥蕃，千匹之羊，经岁生雏，明年并计，可得二千，子母相权，富可立致。若更就皮毛骨角加以利用，利更莫伦。以外蒙与科布多间而论，已可牧畜六千万头，使尽蒙古之草量，更合他处之牧场，而振兴牧畜事业，用其肉质、油脂以供土人消耗，以其骨角皮毛供制造，所裨益于人民生计者，何可胜计。据俄人希欺塔古维在一九二四年之调查，外蒙估计有牧畜一七，〇〇三，六七八头；其〔牛〕马占百分之二，骆驼占百分之二·三，牛为百之一一·三，绵羊、山羊占百分〈之〉七五·四①。

丙　工商事业　从前蒙人不知懋迁，温饱以外，即无余事，器用布帛，多运自内地，其交易商人，多晋、鲁行商。近年以来，外蒙对于工商事业，稍见进步；然大多皆受苏俄商人所垄断。现在工商事业，由中央消费组合经办者，有皮革工场、羊皮工场、洗肠工场、蜡烛工场，与农业工场等。国家企业者，有国立屠宰场、国立印刷所与电灯公司等。俄人经营者，以洗毛工业之规模为最大。汉人经营者，以羊毛皮制造厂、制靴厂、锻冶厂、制鞍厂等为多。外蒙商业，输入品以盐类、丝、茶、匹头货物为大宗；输出以羊毛、皮革为大宗。

丁　交通事业　中国内地与外蒙之交通，向由张家口至库伦大道。行程全恃牛、马、骆驼为运输之具。费时耗财，行旅苦之。民国六年，始由商人景学龄等集资，创办大成张库汽车公司，计自张家口经兴化〔和〕城、滂江、乌得、叨林而至库伦，共二千

① 原文如此，疑数字有误。——整理者注

三百四十五里，五日可达。大成开办后，颇著成效，继者纷起。除大成公司外，又有西北汽车公司、美商元和洋行等在同一路线内驶行汽车，合计不下三百辆；自库伦以北至哈克图七百余里，现亦有俄人组织之库恰汽车公司通行汽车。库伦、恰克图及张家口、科布多间，可通电报；库伦方面，更有俄人经营之无线电台、航空事业，亦经举办，惟铁路现尚在计划中耳。

外蒙古东西广约四千八百里，南北长约九百余里，面积四百八十八万有余方里，土地最广，人口最稀，而荒土未治者极多，盖蒙人除牧畜、打猎而外，实业殊无足称者。实则外蒙天惠甚厚，特未启发而已。即以农业而言，除沙漠、高山而外，类皆适宜耕植，虽无确实统计，足资参考，今以沙漠、高山各占三分之一计之，外蒙古至少有一百余万方里，可供农业之用，况高山可以造林，即沙漠亦非毫无农业价值，水利兴，灌溉便，其生产力殆与沃土无异，埃及、美洲之先例可考也。

三　外蒙归附中国史略及已往行政组织

外蒙隶我疆域，始于清初，因其时噶尔丹，准噶尔之部长，大举入其境，外蒙以专佞喇嘛，武事久懈，再战再败，土谢图汗、车臣汗、扎萨克图汗，三部数十万众，竟至瓦解，奔入漠南，款塞内附。清康熙许之，复给畜发仓，大沛仁泽。康熙二十九年，噶尔丹自外蒙进军，至距北京七百里乌兰布通之地，康熙亲出塞击走之。次年，驾出塞外，受其朝会于多伦泊。三十五年三月，康熙率大军，度沙漠，亲征噶尔丹，遇之于车臣汗部，追击之拖诺山，五月，大败之于外蒙库伦昭莫多之地。次年，康熙复出塞亲征，至宁夏，噶尔丹穷蹙仰药死，漠北喀尔喀（外蒙古）安堵如昔，帝乃尽反外蒙古数十万众于故地，且加封有功诸台吉，此为逊清收服外蒙之经过。

蒙古旧日组织，共分喀尔喀、科布多、唐努乌梁海三区。喀尔喀分西路、北路、中路、东路四部，凡四汗，共八十六旗。会盟方面，土谢图汗部二十旗，为中路，以罕阿林为会盟地；车臣汗部二十三旗，为东路，以巴尔和屯为会盟地；扎萨克图汗部十七旗，为西路，以毕都里亚为盟地；三音诺颜汗部二十旗，为北路，以齐里里克为盟地。唐努乌梁海在喀尔喀之西北，旧役于厄鲁特，乾隆时荡平，原分三部，一为阿尔泰乌梁海，现属新疆；一为阿尔泰卓尔乌梁海，同治八年中俄划界时，割与俄国；三为唐努乌梁海，内分六旗，其中二旗归附外蒙活佛，现存唐努、肯木次克、萨尔吉格与陶吉四旗。科布多在唐努乌梁海之南，其地扩于康熙年间，原分杜尔伯特、辉特、新土尔扈特、新和硕特、扎哈沁、明阿特与额鲁特七部，一盟，二十二旗，现新土尔扈特部二旗与新和硕特部一旗，划入新疆，现存五部十九旗。

清雍正时合车臣汗、土谢图汗、扎萨克图汗、三音诺颜汗为外蒙四盟。至乾隆二十年，始以科布多为额鲁特蒙古游牧地，以唐努山北为乌梁海采捕地，附于外蒙版图之西，是曰二附庸。兹将前清设置官制，分述如左：

（1）定边左副将军——在清初位置最高，驻乌里雅苏台，节制外蒙四汗及金山（阿尔泰山）、天山间乌梁海等数十部落，其乌里雅苏台、科布多之参赞大臣三，皆直辖之，为边外第一重镇。

（2）参赞大臣——参赞大臣凡三，其一驻科布多，其二驻乌里雅苏台；盖一为定边左副将军参赞大臣，一为乌里雅苏台参赞大臣也。而科布多又有帮办大臣。

（3）库伦办事大臣——在清中叶以后，最操实权。按库伦办事大臣之设，始于乾隆二十三年，其用意，在专界外蒙活佛以宗教首领之权，而收其政权，初任大臣，由蒙人充之，至乾隆三十二年以后，始改设用满人充之。

四　民国以前中俄关系于外蒙之交涉

中俄关于外蒙之交涉，始于康熙年间，准许俄商在库伦互市。迨雍正五年，俄皇后加他林第一即位，遣乌罗纪斯路启来华，请求会议蒙古与西伯利亚之疆界。清廷亦认有划国界之必要，但无使臣在京缔约之例，先令俄使退处布拉河，诏以郡王策凌、内大臣四格为议约使，于是两使各遣勘查委员，审定边境，缔结《恰克图条约》十一条，其重项如左：

第三条：中俄所定两国边界，在恰克图河溪之俄国卡伦房屋，在鄂尔怀图山顶之中国卡伦鄂博。此卡伦房屋鄂博中间，平分设立鄂博，作为两国贸易疆界地方，由此东至阿巴海图，西至沙宾达巴哈，其间如横有山河，即断山河平分为界，阳面作为中国，阴面作为俄国。

第七条：乌带河（即乌得河）在外兴安领北，东流入鄂霍次克海之乌带湾等处，仍暂置为两国间之地，彼此不得占据。

英法联军之役，北京攻陷，俄使伊格提业福，以出任调停战局之故，遂要求清政府缔结《北京条约》，与蒙古颇有关系，录其重要者如左：

俄商由恰克图到北京，经过之库伦、张家口地方，亦准为零星贸易。俄国得设领事于库伦与喀什噶尔，中国人亦可往俄国内地行商，亦得设领事。如两国商人有犯罪或争讼事件，各按本国法律治罪。

惟该约中对于中俄通商事宜，并未核定，所以同治元年又与俄国签订《中俄陆路通商章程》及《税务条款》，兹录其有关蒙古各条如后：

　　（一）两国边界贸易在百里内，均不纳税。

　　（二）俄商小本营生，准许前往中国所属设官之蒙古各处，及该官所属之各盟贸易，亦不纳税；其不设官之蒙古地方，该商如有本国执照，亦可前往贸易。

其后同治三年间，陕、甘之回教徒作乱，截至同治九年，占领新疆天山南北两路，俄国以维安边境治安为名，令土尔其斯坦将军率领兵士六百名，占据伊犁。我国当于光绪四年派侍郎崇厚往俄国交涉还付伊犁事宜。崇厚不顾国权，与俄订立丧权辱国条约，清廷闻之大震，黜崇厚而改派曾纪泽赴俄交涉。曾纪泽与俄谈判甚久，始于光绪七年订立《还付伊犁条约》。兹将有关蒙古条约，择要如左：

　　（一）俄国照旧约在伊犁、塔尔巴哈台、喀什噶尔及库伦设立领事官外，如科布多、乌里雅苏台、哈密、乌鲁木齐、古城五处，俟事务兴盛，再行添设。

　　（二）俄国人民准在中国蒙古地方贸易，照旧不纳税，其蒙古各处及各盟设官与未设官之处，均准贸易，亦照旧不纳税。

宣统三年正月，驻北京俄公使可斯德罗威克，本该国对华贸易政策，突向外务部提出通告，声明所记各项，有一不充〔允〕，俄国政府，即不认中国政府有维持善邻之谊，将取自由行动云云。同时向法、日、英三国为同一之声明，盖自宣统二年俄国与日本订立协约密约后，俄国对于中国，可以任意压迫；英为日之同盟国，法为俄之同盟国，皆不至左袒中国也。其要求与外蒙有关者为第二、第六两条，原文如下：

第六条为：

　　俄国于伊犁、塔尔巴哈台、库伦、乌里雅苏台、喀什噶尔、乌鲁木齐、科布多、哈密、古城、张家口等处，有设领事馆之权，俄国人民，对于是等地方有购置土地、建筑房屋之权。

第二条为：

> 蒙古及天山南北诸地方，俄国臣民，得自由移转居住，不受何等独占及禁止之妨害，且一切商品皆为无税贸易。

以上各种条约，为俄国取得优越之根据，亦即俄国侵略蒙古之所由来。嗣后俄人利用宗教以诱蒙民，离间中蒙感情，阴图吞并，而蒙事遂每况愈下，俨成俄国外府矣。

五　外蒙第一次独立与中俄交涉经过

俄国对于极东之侵略，本以西伯利亚铁道为唯一之命脉，若中国以蒙古置省，驻大军于库伦，则西伯利亚铁道，不时可被中国占领。故俄国自西伯利亚铁道建设之后，经营蒙古之志益坚。极优待贝加尔等处之佛教徒，以联蒙人之感情，而对于库伦活佛哲布宗〔尊〕丹巴，则屡遣使节汇珍物以访赠之，活佛渐有疏清亲俄之意，而俄国遂乘隙离间华蒙情感，颠倒是非。武昌起义，竭力怂恿活佛为蒙古君主，宣告独立，驱逐官兵于蒙古境外，俄政府亦同时向清外务部提出下列五款要求：

> 一、中政府须认俄人自库伦至俄边境有建筑铁路权。
>
> 二、中政府须与蒙古订约，声明左开三项：
>
> a. 中国不得在外蒙驻兵。
>
> b. 中国不得在外蒙殖民。
>
> c. 蒙人自治，受办事大臣管辖。
>
> 三、中国所有治蒙主权，改隶办事大臣，中俄交涉，仍由两政府协商。

四、俄伤领事官协助担保蒙人对于中国应尽之义务。

五、中国在蒙如有改革，须先与俄国商酌。

当时清政府以革命军势大，急于应付，未与俄交涉。及民国临时政府成立，又复忙于内政，亦无暇与俄交涉。于是俄政府遂命参赞官廓索维慈于民国元年十一月二日，直接与库伦政府订立《俄蒙协约》，其重要条文如下：

一、俄国政府扶助蒙古保守现已成立之自治秩序，及蒙古编练之国民军。不准中国兵队入蒙古边境，与华人移殖蒙地之各权利。

二、蒙古主及蒙古政府准俄国人民，及俄国商务，照旧在蒙古领土内享用此约所附专条内开各权利，及特种权利。其他外国人，自不得在蒙古享加于俄国人民所享之权利。

三、如蒙古政府，以为须与中国或别国订约时，无论如何，其所订之新约，不经俄政府允许，不能违背或变更此协约及专条内各条件。

正约之外，尚有附约十六条，其重要者摘录如左：

a. 俄国属下人等，照旧享有利权，在所有外蒙各地，自由居住移动并经理商务制作。

b. 俄国人民无论何时，将俄国、蒙古、中国暨其他各国出产制作各货，运出运入，免纳出入口各税，并自由贸易。

c. 俄国银行，有权在外蒙开设分行。

d. 俄民得有利权在外蒙古所有地内，约定期限，租赁地段或购买地段建造制作厂，或修筑房屋、铺户、货栈，并租用闲地，开垦耕种。

e. 俄民可与外蒙古地方官协商，关于享用矿产、森林、渔业等事项。

f. 俄国政府有权与外蒙古地方官协商倘须设领事之处设派

领事。

　　g. 凡自外蒙古域内，流至俄国境内各河，及此诸河所受之河流，均准俄国人民，乘用自有商船，往来航行，及拨给停船需用地段，以为建筑码头、货栈之用。

自我国得悉俄国与外蒙私订条约后，即向俄使库朋斯基提出抗议，而俄使竟出示私约条文，且声言"如能承认《俄蒙协约》，则更可订结中俄条约，否则惟有履行《俄蒙协约》"云云。其时正值我国二次革命之后，袁世凯忙于应付政敌，对俄力避冲突，结果遂于民国二年十一月，订一《中俄声明文件》如左：

　　一、俄国承认中国在外蒙之宗主权。

　　二、中国承认外蒙古之自治权。

　　三、中国承认外蒙古人享有自治内政并整理本境一切商工事宜之专权。中国允许不干涉以上各节，是以不将兵队派驻外蒙古，及安置文武官员，且不办殖民之举。……

　　四、中国声明承认俄国调处，按照以上各款大纲，以及一九一二年十月二十一日《俄蒙商务专件》，明定中国与外蒙古之关系。

　　五、凡关于俄国及中国在外蒙古之利益，暨各该处因现势发生之问题，均应另行商订。

　　声明另件：

　　（一）俄国承认外蒙古土地为中国领土之一部分。

　　（二）凡关于外蒙古政治、土地交涉事宜，中国政府允与俄国政府协商，外蒙古亦得参与其事。

　　（三）正文第五款所载随后商订事宜，当由三方面酌定地点，派委代表接洽。

　　（四）外蒙古自治区域，应以前清驻扎库伦办事大臣、乌里雅苏台将军及科布多各参赞大臣所管辖之境为限。惟现在因无蒙古详细地图，而各该处行政区域，又未划清界限，是以确定外蒙古疆域及科布多、阿尔泰划界之处，应按照《声明文件》第五款所载日后商定。

依此商订，俄国虽认蒙古为中国之领土，然仅承认其宗主权，此宗主权三字，在近代国际公法上，大有伸缩之余地。前订商约，中国于蒙古既不能干与其内政，又无监督蒙古外交上之专权，则其宗主权之范围，可谓极小。且我国既承认《俄蒙商务专条》，而不收外交之监督权，以未开化之蒙人，岂能负重大条约上之责任。民国开幕之初，即损重要之屏藩，而以后英国对于西藏，完全照此办理，日本对于东蒙，完全视为本国之势力范围，盖皆由于日、英、俄三国，早有密约，以期破坏中国领土保全之局势故也。

中俄两国所订关于外蒙之《声明文件》，与《声明另件》，规定两国在外蒙之利益，暨因时势发生之各问题，另行商订，外蒙亦得参与其事。因此民国三年，袁世凯派毕桂芳、陈箓与俄国库伦总领事亚历山大密勒尔及外蒙委员，会议于哈克图，自同年九月起，至民国四年六月，共九阅月，经四十八次会议，缔结《中俄蒙条约》二十一条，摘要述之如左：

　　a. 外蒙古承认民国二年十一月五日之《中俄声明〈文件〉》及《声明另件》。

　　b. 外蒙古承认中国之宗主权，中俄两国承认外蒙古之自治与为中国领土之一部。

　　c. 自治外蒙古，无与各外国缔约〔结〕关于政治、土地国际条约之权。

　　d. 外蒙古博克多哲布尊丹巴呼图克图汗之名号，由中华民国大总统册封之，外蒙古公事文件，用民国年历，但得并用蒙古干支纪年。

　　e. 按照民国二年十一月五日中俄协约第三条，中俄两国承认外蒙自治官府办理一切内政，关于自治外蒙工商事宜，有与各外国订立国际条约之权。

　　f. 按照中俄条约第三条，中俄两国，担任不干涉外蒙古现有自治内政之制度。

　　g. 凡有典礼及正式集会之际，驻库伦之中国大员，应列最高地位，若必要时，该大员有独见哲布尊丹巴之权，俄国代表，亦有独见权。

　　h. 自治外蒙古之区域，按照民国二年十一月五日《中俄声明另件》第四条之规定，即以历来库伦办事大臣、乌里雅苏台将军、科布多参赞大臣所管辖三区域为限。

在此约中，我国所争得者，仅空洞之宗主权，与典礼位置之虚仪，至外蒙古则依此约，确定完全自治制度，并有权与各外国缔结工商业之国际条约，则当然为大半独立之国家，况商工业范围，与政治权利，息息相关，以外蒙民智之幼稚，与中国宗主权之微弱，而有此等条文规定，固不啻为俄国留侵略地步耳。

及至民国六年三月，俄国起空前之大革命，罗马诺夫皇室灭亡，劳农共和政府成立。不几何时，共产党势力，漫〔蔓〕延于西伯利亚。外蒙古，毫无兵备，大受布里亚特兵匪之侵迫，甚为惶惧，王公、喇嘛，始知外蒙断无自治能力，非仰仗中国保护不可，迭请北京政府出兵防御。适值协约国共同出兵西伯利亚，中日军事协定，有中国军队由库伦进至贝加尔方面之规定。于是边防军之一部，进入库伦；然其时外蒙财政问题，仍无法解决，王公、喇嘛等，乃有取消自治、还政中央之议决，活佛亦赞成之。商由库伦都护使陈毅照前清旧制，拟定优待条件及善后办法，密呈中央核夺。时徐树铮已任西北筹边使兼西北边防总司令，欲以筹边使之职权，统辖全蒙而主持一切行政。然活佛、王公等认徐氏为统监政治，颇不满意。后经政府再三解释，活佛、王公，乃于民国八年十一月七日正式呈请撤消自治。中央接呈后，即下颁布撤治命令，且将前订《中俄蒙条约》，概行取消。惟俄公使库达摄夫氏，以中国政府不征求俄国同意，不啻破坏中俄条约，提出抗议，我国政府拒绝之，因此前经俄国帝制政府之诱惑而脱离中国之外蒙，乃得恢复原状焉。

六　外蒙第二次独立原因及其经过

外蒙取消自治归政中央以后，仅一年有余，又阴谋脱离中国，率〔卒〕于民国十年二月，宣告第二次独立。此中有三大原因：一为中央误用徐树铮督办外蒙古，二为日本积极经营外蒙，三为白俄余党拟以外蒙为复国根据地。盖徐树铮自接任西北筹边使后，对于蒙古活佛、王公，遇事强迫，俨然以外蒙统监自居，气焰逼人，不可向迩，为外蒙所深恶。而实际上徐氏志在争中央之政权，关于外蒙边政，毫无计划，仅以少数兵队，留住外蒙，而其大多数之边防军，尽驻北京附近，谋与直军对抗。及民国九年七月，直皖战争结果，边防军一败涂地，消息传至库伦，大启蒙人轻侮中央之心，此由中央误用徐树铮督办外蒙之所致。且因中日协定，日本军一部得由库伦进贝加尔以出击共产党，由是日本军官、策士，得发挥其运用蒙古王公及联络蒙匪之本能。民国八年，虽外蒙取消独立，还政中央，而日人积极扰乱外蒙之策，则仍着着进行，并竭力游说王公，接济军火，助其恢复独立，外蒙携贰之心乃复动。加之俄白党谢米诺夫，因受日人款械之接济，欲攻取外蒙以为反抗赤党之根据地，即命旧俄领事借洛夫诱惑王公，密谋独立之事，于是民国十年二月，谢米诺夫部将恩琴巴龙〔雨〕，遂会同蒙匪，进攻库伦，拥立哲布尊丹巴呼图克图，建设外蒙帝国。

于此有应叙及者，为其独立之经过及其独立后之政情。当民国九年冬，俄白党谢米诺夫部将恩琴等，与蒙匪合力侵犯库伦时，西北筹边使陈毅深知库防吃紧，乃电令褚其祥一旅与高在田一团，严密防御，一方电请中央增兵援助。中央乃派张景惠为援库总司令，然数月之久，不出一兵。至民国十年二月，俄党、蒙匪即乘戒备疏忽之际，突攻库伦，我方以兵力单薄，终于失守；自此哈〔恰〕克图、叨林、乌得各地，西至科布多，相继陷落，即于同年三月二十一日宣布第二次独立，在俄境大乌里地方组织蒙古中央政府，后因不受谢米诺夫等指挥，又被摧残。外蒙有志青年，乃与布里雅特同志在哈〔恰〕克图组织国民党，招集蒙古军队，建设蒙古国民临时政府，与巴龙所立政府相峙，旋即知照远东共和国，双方合力会剿白党，远东共和国政府亦以白党近处肘腋，危及国本，乃于民国十年七月，由赤塔派遣赤军会同蒙军进取库伦，驱逐白俄党羽，外蒙遂入国民党之手。

蒙古国民党得势后，即组织蒙古国民政府，表面上虽仍以哲布尊丹巴呼图克图为君主，以收拾蒙人之心，而实权则在苏俄之手。国府之下，设内务、陆军、财政、司法、外交五部，组成国务院，置国务总理，以期统率。此外尚有蒙古国民党中央委员会，蒙古青年党中央委员会，国民合作公司中央委员会、学术馆、审查司，均直属于国务院。至于军事秘密机关有蒙古全军参谋部，以防内乱，是为政府组织之大略。

惟自革命以来，因有活佛存在，终为施政之一大障碍，迨至十三年三月，活佛圆寂，阻力铲除，遂于是年六月，重复宣言独立，斯共和政府，乃得出现。按是年五月三十一日，北京《中俄协定》成立，其第五条之规定如左：

　　　苏联政府，承认外蒙古为完全中华民国之一部分，及尊重
　　　在该领土内中国之主权。……后并附声明……撤兵期限，及彼
　　　此边界安宁办法，在本协定第二条所定会议中商定，即将苏联

政府一切军队，由外蒙尽数撤退。

左项条文，可证明当时俄人，既欺中国，复侮外蒙，乘双方不明真相之际，遂用外蒙仍为领土之语，以买中国之欢心，同时复怂恿蒙军，西侵新疆阿山道境，一面宣示外蒙政府之仍然存在。并依国民党决议，由国民革命政府发布四项政令：

（一）活佛印玺，移于政府保存之。

（二）立共和制度，但不设大总统，元首权由大国民议会选出之，国民政府施行之。

（三）每年六月六日，定为蒙古共和国建设纪念日。

（四）废除活佛年号，新定蒙古共和国建设之年号。

自此外蒙古实际上成为共和政体国，但共和制，不设大总统，其元首权，握于国民会议之手，类似苏维埃制度，而喇嘛及王公，政治上之势力，至是极为薄弱矣。

十三年十一月，蒙古大国民议会，开于库伦，开会之初，即改库伦为乌兰巴特尔和塔，蒙古语为"赤勇都城"之意。当时议长基耶登巴，为国民党之左派。加入国民议会之区域，即喀尔喀四部及科布多一区；并曾通过《蒙古劳动国民权利宣言》。兹录其原文如下：

（一）蒙古为完全独立民主共和国，主权属于勤劳之人民。

（二）蒙古共和国之目的，在根本铲除封建的神权制度，巩固民主共和政体之基础。

（三）蒙古共和国之土地、矿产、山林、川湖及类似此类之一切天然财源，均为公共所有，禁止是等物之私有权。

（四）外蒙古政府对于一九二一年革命以前，与外国所缔结之国际协约及义务协约，并被强制的外债关系，均认为有碍主权，一律宣告废弃。

（五）蒙古国民为保持政权起见，新编蒙古革命军，实行武装国民政策，并对一般青年施以必要之军事教育。

（六）宗教及寺院从此与国家脱离关系，但承认人民有信教自由权，并将此意宣告国民。

（七）外蒙古共和国为尊重人民言论自由权起见，组织出版事业，以开民智。

（八）蒙古共和国，为尊重人民集合自治权起见，提倡适当场所为各种人民会议之会址。

（九）蒙古共和国，承认人民有结社自由权，且与贫困之勤劳国民以积极之援助。

（十）蒙古共和国为贫寒子弟及一般国民，易于求得知识起由〔见〕，实施无费教育。

（十一）蒙古共和国不问民族、宗教及性别，及〔凡〕住于蒙古境内之居民，均承认其有平等之权利。

（十二）旧日之王公贵族等阶级称号，一律宣布取消；且将活佛及西比尔干等之所有权，同时废除。

（十三）世界各国之勤劳民族，均向推翻资本主义，实行共产主义之途前进。蒙古共和国，鉴于此种趋势，对外政策，务与被压迫之弱小民族，及全世界之革命的勤劳民族，取一致行动，俾达共同之目的。

（附则）蒙古共和国应时势之要求，仍保留与惯行资本主义以外各国之缔结亲交关系，但对侵及蒙古民主共和国之独立与主权者，当以武力对抗。

以上宣言，完全模仿苏俄政治，再观大国民会议之《蒙古共和国宪法》，更与苏俄宪法，大同小异，其根本精神亦属相通。原文共三十五条，要项如下：

（一）大国民议会休会期间，国家之主权，以小国民议会

行使之；小国民议会休会期间，由小国民会议干部及政府代行之。(第四条)

(二) 大国民议会，由农村、都市人民及军队选举之，议会人数，每年依选区之人口比例定之。(第七条)

(三) 大国民议会之通常会议，由小国民议会召集，每年至少一次……(第九条)

(四) 小国民议会每年须召集二次以上 (第十三条)，每期选出五人，组织干部，并选出政府阁员。(第十五条)

(五) 政府担任一般国务，以内阁议长及副议长、军事及经济会议议长，并内务、外交、陆军、财政、司法、教育、经济各部部长及审计院长组织之。

(六) 选举及被选举权，属于自能劳动生存，十八岁以上国民全部，及国民革命军之兵士，此外商人及旧贵族、喇嘛，与不从事劳动者，皆无选举权。

由上以观，足证当时立法，已极端否认资本主义之存在，盖国民党有力领袖如林基等，均颇倾向苏俄共产主义故也。

七　苏俄势力侵入后之外蒙政情

夫苏俄东攻策略，完全承继帝俄时代之计划，自从苏俄战胜西伯利亚白党军队，成立远东共和国以后，即开始侵略外蒙古。在政治方面，最先利用布里雅特人，组织布蒙政府，以遥执库伦之政柄；因布里雅特人，本与外蒙有共同之喀尔喀文字关系。惟其时布蒙政府，除军事委员乃布人一名外，其重要官吏，悉为俄人。后以外蒙甘心外向，苏俄遂进一步招致外蒙青年，施行政治训练，并使俄籍蒙人布里雅特人以同种同志资格加入，共同组织蒙古国民革民〔命〕党，推巴图鲁为首领，后改为蒙古国民党，及至国民党得势，复另行扶植青年党，以便直接行使其"赤化"政策，而握外蒙政治之大权。虽一九二四年苏俄承认中国对外蒙之主权，事实上外蒙仍为苏俄附属如故。在经济方面，苏俄以外蒙畜产丰富，天惠素厚，遂对蒙古贸易、农工商业、交通等等，莫不尽其垄断侵略之能事。他若军事、教育大权，亦为苏俄所注意，军事向由西比利亚政分会主持，而教育则由西比利亚所属之伊尔库次克大学分任之。蒙军教练、编制，皆按俄国营规，各营均有苏俄军官主持一切训练。库伦蒙古学校，创自民国十年，校内教官苏俄则占四分之三。总之，外蒙现在凡属军政大权，无不掌自俄人，无处不受俄员指挥矣。

当初苏俄之对外蒙，本以援助国民党，驱逐白党，脱离中国，扫除"赤化"之障碍为目的，然国民党虽与苏俄一时提携，仍有其不同之主义，盖外蒙处于经济落后之地位，既无阶级之对立，更无劳资之斗争，其立国宗旨，不外求民族平等，政治平等，经济平等，类似中国国民党之三民主义而已。且其党内重要分子，多属右倾，对华亦未忘情，苏俄遂认若辈不易笼络，乃操纵党中平民出身之失意党员，与留俄青年学生，组织蒙古青年党，虽仿共产主义青年团，威权则尤过之，与国民党对立且监督其行动。于是两党间暗斗甚烈，民国十年，苏俄提出七款要求，欲"赤化"外蒙时，国民党领袖团，主张拒绝，终因青年党与赤卫军之威吓而承认。民国十一、二年之间，除杀戮多数高级贵族、喇嘛而外，如总理巴图鲁，内务总长彭次克图尔，司法总长脱甫脱和等国民党领袖、老革命家，均以反革命罪各被枪决，皆为青年党受苏俄指使之所致。此后两党恶感益烈，民国十七年，中国革命告成，外蒙国民党，遂乘机活动，以图消灭青年党及俄人之势力，同年十一月间，蒙人为解决两派冲突起见，召集临时国民大会，投票结果，国民党大胜，青年党乃与各军中之俄顾问及军官勾结，煽惑军队叛乱，国民党领袖丹巴图尔基，迫于环境，宣告辞职，青年党领袖铿顿遂任中央执行委员长，于是政治上大权，乃渐归于青年党掌握。青年党得寸进尺，并设计暗杀丹巴图尔基于买卖城，由此国民党要人如白丹乔志等，咸相继离职。而青年党之势力，益发澎涨，乘机将所有公安局、购买合作社、运输公司、参谋部，及各军队、学校等机关，悉归青年党之支配，绝对禁止非青年党加入。青年党既得势，苏俄之潜势力，亦遂深入，所有库伦各政务机关，均换俄人或俄国留学生供职，一切制度，均依俄式，甚至度量衡亦改俄制，而排华举动益趋严厉。查目前所谓青年党，约分三派：

（甲）留学派，即蒙人之在俄京留学归国者；

（乙）实习派，即在库伦俄人所办之政治实习所毕业者；

（丙）训练派，即受共产主义训练者。

甲派分布于各部院，乙派分布于各县区，丙派分布于乡间，组织严密，统受内防处之指挥。所谓内防处者，如前清之军机处，除扩大宣传与实行共产主义外，其第二目标，即为压迫华侨，仇视中国是也。更可注意者，近二年来，青年党并受苏俄之旨意，阴谋联合内蒙，派员分赴内蒙各地，从事共产宣传，以期扩张势力，而图华北之"赤化"。是则外蒙问题，一日不解决，西北边疆即一日不安，而中国之政治，亦不能有安定之日矣。

八 外蒙最近政治、经济概况

溯自赤俄侵略外蒙，已由渐进而达于完成时期，而目前外蒙政治、经济之权，大半握于俄人之手；就表面观之，外蒙之政治、经济，确较从前活佛时代，有显著之进步；实则事事物物，莫不操诸苏俄，外蒙共和国，特虚有其名而已。兹就外蒙最近政治、经济情形，分条述之如左。

军政——外蒙自第二次革命以来，军队编制，仿照苏俄，并采征兵制度；军械亦由苏俄供给，坦克炮、飞机以及各种新式军器，均有置备。蒙人由十七岁至三十岁均有服兵义务，法定三年为训练更换时期，如按人口总数五与一之比例计算，则全蒙一百八十余万之人民，战时约有兵力三十六万。据蒙藏委员会调查，外蒙现有军队，已及十万（此外有航空军三大队，每队飞机六架，共计十八架），就中以骑军最多，亦以骑军为最精，蒙古兵士生活，较华为佳，训练方法，颇似红军，且蒙人有武气，颇以从军为荣也。

财政——外蒙自脱离中国后，关税自主，凡出入货物，按库伦价值，由税关人员估价，且估价时依国民之需要供给情形，分别抵制。如为蒙人需要之物品，估价低，抽税少，如认为消耗奢侈品，则估价大，尤对于华商货物，任意估计。目下外蒙政府，即以输出入货物税与家畜税为最大之财源，其种类及课税率如下：

（一）一般普通杂货，百分之六。

（二）卷烟草类，百分之十。

（三）奢侈品，百分之三十。

（四）营业税，区分为八等，依各商店资本总数，以累进率征税。

（五）居住税（蒙人除外），每人须纳十数元。

（六）汽车捐，每辆一次来回五十元。

（七）发给护照费，每人百元。

此外尚有财产税、职业捐、印花税、房租捐等苛捐杂税，未悉详情，姑从略。

交通——外蒙交通设备，颇着眼于商业，运输除旧有张库汽车路外，以库伦为中心，至乌里雅苏台、买卖城、科布多等处，均行联贯，径达于俄境。据查最近蒙古主要商业干路如次：

（一）库伦至奥坦包纳克路，长二一〇英里，与西比利亚相联，再前进一六〇英里，即为恰克图和维克牛丁斯克。

（二）库伦至张家口之路，长六六〇英里，为与中国通商之主要干路。

（三）乌勒苏特至张家口路，长一，〇六〇英里。

（四）科布多至比斯克之路，长五六〇英里。

（五）科布多至科细阿格齐之路，长二三〇英里。

（六）卡体尔至喀尔塔克之路，长二四〇英里。

（七）乌里雅苏台至卡体尔路，长三四〇英里。

（八）库伦至乌里雅苏台路，长六六〇英里。

（九）库伦至圣拍舍路，长四五〇英里。

（十）圣伯〔拍〕舍至波尔莎路，长二〇〇英里，为与西比利亚萨拍喀尔铁路联络之重要商业干路。

（十一）圣拍舍至海拉尔路，长三〇〇英里，为与满洲通商之主要干路。

（十二）科布多至乌里雅苏台路，长二九〇英里。

现在苏俄在库伦设有交通委员会，综理外蒙一切交通事业，年来入蒙汽车，约达二百余辆，今年之计划，尚拟加购三百辆。惟张、库之交通，自前年施行蒙界戒严后，沿边俱设六十里之警戒哨，距张家口北向三百九十八里之乌得，即有蒙兵荷枪警戒，均着俄服，只准外籍人之出入，华人则绝对不能通过。外籍虽许通过，亦须受检查之手续，初由精操俄语之蒙兵，作详细之盘问，继则随其行抵二英里之帐幕中，交其官长，然后由其官长，偕至三十英里外之税关，作详细之检查，始定准许通过与否。各重要地点，设有邮局、电局，内地与蒙地之通信，均须经满洲里，由西伯利亚、维里尼、乌丁斯克各站转递，即外地境内互相通信，亦须经过检查，并有飞机时作蒙俄不定期之航行云。

　　银行币制——外蒙向用中国货币，自蒙古银行成立，发行纸币并自铸银、铜圆以后，中国货币，逐渐减少；外蒙政府，又用种种方法，抵制中币；于是蒙币价值日高，中币日小，最初因蒙币数量尚少，且值分量小于中币，故须一元多，方可易中币一元，以后渐渐相等，卒至蒙币高于中币。并因蒙政府禁止汉商汇款内地，于是中币低落，一蹶不能复振，影响华商生计，实甚重大。

　　实业——外蒙近年亦曾提倡实业，举凡航业、森林矿产、毛织皮革、垦荒诸端，俱已次第兴办。如蒙古中央消费合作社经营者，有皮革工场、洗肠工场、石碱工场与制药工场等。关于国家企业者，则库伦有国立屠杀场、国立印刷所及电灯公司等。其他华商经营者，有制靴、肥皂、面粉等厂。惟外蒙人民主要生计，仍为饲养家畜，据一九二四年户口调查，蒙古家族之未从事牧畜者，仅占游牧家族总数百分之六。至于农业，多在科市〔布〕多一带，但在一九二八年，农地之开垦者，约一〇五，〇〇〇英亩，不及蒙古总面积五千分之一。农产品总量，约计二二，九五〇吨，值价四，八〇〇，〇〇〇拖格列克（约合美金一，七二八，〇〇〇）。

　　教育与社会——蒙人思想，向称落伍，教育素不发达，自苏俄侵略以来，青年派起而执掌政权，对于提倡文化，普及教育，尚知努力。办有蒙文报纸及定期刊物，宣传共产主义，以交换人民思想。一面施行强迫教育，设立各级学校，课程除科学外，偏重俄蒙文字及共产主义，优秀者，大半遣送莫斯科留学，以造成共党干部人才，汉文不过随意科目耳。至社会思想及心理，则分青年、老年两派，青年派因受共产主义之麻醉，对华极端反对，一意倾向苏俄。老派则感觉现在所受压迫之苦，及共产前途之险恶，对于苏俄侵略野心，愤恨已极，慑于淫威之下，敢怒而不敢言，时对内地商人表示，盼望我政府，速以政治或武力手段，驱俄灭共，其所以惹起老派反感，因由共党之专横，而其主要原因，则在推翻宗教，没收庙产，致喇嘛尊严一落千丈，亦为老派最不满意之焦点。

总而言之，外蒙最近政治、经济诸大端，莫不充分表现其绝华亲俄之政策，盖其外蒙政治完全取决于青年党中央执行委员会，而中央委员会，则又受苏俄政府之支配，故外蒙之政治及经济之设施，谓为完全受命于苏俄可也。

九 苏俄侵略外蒙之一斑

苏俄侵略外蒙，可分二方面言之，一方为非正式者，即无条约之根据，如操纵蒙古政党，指挥革命是也；一方为正式者，即有条约之根据所施之侵略手段是也。关于前者，已述于前，兹就其次，再略言其概况：

蒙古自民国十年第二次独立后，苏俄即予承认，同年双方互派全权代表，在莫斯科缔结《俄蒙修好条约》，其条文要点如左：

（甲）苏维埃联邦政府认蒙古国民政府为蒙古唯一合法政府。（第一条）

（乙）蒙古国民政府认苏维埃联邦政府为俄国唯一合法政府。（第二条）

（丙）苏维埃政府，派遣全权代表驻蒙古首都，派遣领事驻科布多、乌里亚苏台、恰克图及其他都市。蒙古国民政府，派遣全权代表驻苏俄首都，派遣领事驻于苏俄政府协定之都市。（第四、第五条）

（丁）苏蒙间之关境，由两国政府特定之委员会定之。（第六条）

　　（戊）各缔约国国民，居留于缔约国之领土内，享有最惠国国民之权利义务。（第七条）

　　（己）由缔约国之一方输出或输入之贸易品，宜纳法定关税；但税率不得超过其他最惠国国民所征之关税。（第九条）

　　（庚）为增两国间之文化、经济关系计，俄蒙间邮便、电信及交换，两国对于本问题，宜特行协定。（第十一条）

　　（辛）蒙古政府对于在蒙古，有土地、建筑物之俄人，宜予以最惠国国民所享有之土地所有权及赁借权。

　　由此《俄蒙修好条约》，吾人可知苏俄侵略外蒙，早具决心，而后又有所谓《经济协商密约》及《俄蒙铁道密约》。关于《经济密约》，其大旨如左：

　　（一）外蒙当局，须宣告一切森林、矿产及土地，以后均归国家所有，凡无人占有之土地，均给蒙古贫民及俄国农民居住耕种。

　　（二）外蒙天然富源，禁止私有，一切矿产，许俄国实业家雇蒙人开采。

　　（三）金矿事业，归俄国工会及工团承办。

　　（四）聘请俄国实业家开发富源，振兴工商。聘请俄国专家入外蒙政府，以资指导。

　　（五）许苏俄政府军队，驻扎外蒙，协助蒙人保全领土，以御中国。

　　关于《俄蒙铁道密约》，据外蒙传闻，共有两种，第一种为《七线布设条约》，所谓七线者即：

　　（一）由上乌丁斯克至赤塔；

　　（二）由库伦至乌里雅苏台；

　　（三）由乌里雅苏台至比伊克斯；

　　（四）由乌里雅苏台至科布多；

（五）由科布多至赛末〔米〕巴拉丁斯克；

（六）由科布多至乌鲁木齐；

（七）由乌鲁木齐至乌尔鲁垒。

第二种为《三线布设条约》，所谓三线者即：

（一）由大乌里雅至买卖城；

（二）由赤塔经库伦至张家口；

（三）由阿金斯克经米奴省斯克至乌里雅苏台。

并且对于三线布设中第二线由赤培〔塔〕至库伦一段，订有下列详细章程：

（一）苏俄政府代外蒙开拓交通，先开设赤塔、库伦间铁道。

（二）赤塔、库伦间铁道，为一营业公司，其修费四分之一由蒙古政府担任，四分之三由蒙〔苏〕俄政府投资，不得用他国资本。

（三）铁道技师须聘用俄国人，其管理权属于俄国政府。

（四）外蒙政府对于苏俄雇用蒙古工人及其他一切事务，不得干涉。

（五）铁道沿线之两侧百俄里以内，俄人得自由购买土地、家屋。

（六）铁路沿线百俄里以内，俄人得自由采伐森林、矿产。

（七）铁路沿线之电报、电话、邮便机关，由俄国设置。

（八）铁路建设后之线路保护事务，由苏俄政府任之。

（九）铁道建设后之铁道职员，由苏俄政府任用。

（十）铁道支出之货币，以苏俄发行之国币充之。

（十一）该路开通后五十年，得由苏俄〔外蒙〕政府收回。

（十二）外蒙政府五十年后不能收回时，九十九年后得由苏俄无条件交还蒙古政府。

按赤塔、库伦段借款，较之当日帝俄时代《中东铁路合同》，完全相似，亦足见苏俄侵略弱小民族，固与帝国主义者无所差异；且闻赤塔、库伦、张家口全线之借款总额为一亿金卢布，以苏俄政府财政困难之秋，居然敢承受如此巨额借款者，盖欲图由经济及军事上策略以束缚外蒙，进窥中华腹地耳。

除此以外，再就苏俄对外蒙侵略事实论之，苏俄侵略外蒙，兹由各方面所得报告，复可归纳而为下述诸端：

（一）垄断贸易——苏俄助蒙政府资本，使设国家贸易局，听受苏俄商务委员之指挥，其宗旨以驱逐华商为第一事。据俄《半官报》载，苏俄商务，二年内增加百分之六十，而华商则大退化。一九二四年华商大者九家，每年贸易四十万，中等二十，年十五万，小商五十，年三万，最小者不计，库伦税局估计华商营业共约七百万，三年之内，几全消灭。盖因：（一）蒙人欠华商债务一概被政府取消；（二）华货来源断绝；（三）蒙政府增加税额；（四）外蒙合作社盛行，而其最要原因尤在苏俄垄断入出口货之贸易权也。盖苏俄曾于库伦设立远东贸易分局，所有蒙地出产，均先集中于俄人操纵下之合作社，然后由该局输出之。除运英、美一部经由张家口外，余均道经俄境；而蒙人所需之铁、面、糖、纸、织物、石油，亦由苏俄运入，中国茶亦概由俄人采办，转运入蒙销售。

（二）操纵金融——苏俄自一九二四年贷与外蒙政府资本开设蒙古银行以后，外蒙金融市场，遂受苏俄之操纵。年来外蒙现金流入俄国者，为数实已不赀。虽外蒙政府，曾有禁止现银出口之规定，惟于俄商可不受外蒙政府法规之限制；且俄商入口，概免税厘，故库伦市面俄货，价颇低廉，俄商以售得之价款，复兑换现银，运回俄国，于是国际汇兑，完全操之俄国远东银行矣。

（三）图占交通机关——苏俄侵略外蒙铁道及汽车道情形，已略述如上。即于航路及航空，亦复锐意经营。外蒙境内琵棱噶河，本为叶尼色河之上源，在外蒙二次独立以前，俄人已试航，嗣以中国反对而中止。目前中国失其势力，于是一九二三起再试航行，并制成详细地图，一九二六年七月，又经委员详勘，并利用相连小河转运木料。至于航空方面，一九二六年七月苏俄曾由伊尔库次克开始飞行邮政，并与蒙古政府订有库伦与维克牛丁斯克间航空邮信及载客合同。

（四）侵夺蒙民生计——查蒙人主要生计为牧畜事业，不图近年俄人在蒙开设规模极大之畜牧公司，资金二千万元，营业范围，几包外蒙全部牧畜事业，该公司并不以此自足，复进一步运动外蒙政府，嗣后凡有大宗牲畜买卖，皆须向该公司领取代办执照，执照费用，按价值百抽三，各〔名〕为经纪，实同征税，因该公司并不派人亲身为之介绍故也。曾经各旗蒙人反对，几酿巨大风潮，寻以外蒙官吏，既受该公司贿赂，不能不竭力压迫蒙人，故未获有圆满结果。其他各种工厂，或由俄商独办，或由俄蒙合办，亦均与蒙人生计上有极大影响也。

总而言之，苏俄实欲以蒙古共和国变为苏俄殖民地，以便原料之取给，俄货之销售，其用心之与帝国主义者，原无二致。不幸蒙人愚昧，甘受苏俄之支配，而不能稍示反抗，诚可哀也。

十　外蒙排华之内幕与近状

汉蒙感情，因受交通之影响，风俗之悬殊，素甚谈〔淡〕薄；民国以来，复有徐树铮鲁莽灭裂之征蒙一举，于是遂致汉蒙情感破裂。而苏俄乃得乘机鼓动排华，颠倒黑白，益使外蒙仇华空气，愈趋浓厚。

当中俄国交未绝之初，苏俄尚有所顾忌，及至中俄发生东铁事件以后，而苏俄不仅鼓动外蒙政府排华，甚至直接虐待我在蒙华商。兹将本年五月八日《中央日报》所载赤党压迫下外蒙华〈商〉惨状之一段，摘录如下：

目前青年党组织严密，统受内防处之指挥，该处除扩大宣传与实行赤化外，其第二目的，即全部注于华商身上。而库埠六百华商，遂成几上之肉，横征暴敛，无微不至。行之十余年之铺捐、货捐、门牌捐、地墓〔亩〕捐、人口捐、消费捐，已属司空见惯；近又发明一种流水捐、红利捐。例如每月流水只下一千元，蒙政府非按一万元捐之不可。红利捐，较流水捐尤重。例如流水捐抽收一万，而红利捐必须一万五千元，方可罢休。十九年春，华商倒闭，皆由于此。其余交易则有国立公司，住宿则有公共官栈，官栈之最大者，或全系俄人独资商业，或系俄蒙合组之商业。其主要目的，在吸收蒙货集中莫斯科，达于经济侵略是已。所苦者华商，国内交易被其遮断，别处发展势又不能。此等大公司，有工商部作其背影，强迫交易，不准外销，凡百货物，一律归纳该赤俄大公司。复有落地捐、保存捐、经手费、运输费，凡此种种，已足致华商于死命。其最难堪者，指货定价也。例如牛皮每张一元，国立公司则按四角给价，债主不卖，则即诬以皮货含毒质，须经检验，一经检验，所费益巨，竟有商人合计货值八千元，受其剥削，不仅原本亏损无余，尚须找出五百元方能完事。华商以及华工往来之间，由警察监视，必须如数住于官栈。往返日期，所带物件，及人数均须详细登记。稍一不慎，即将货物没收，言语失防，即指为汉奸，系于地窖。此项官栈及国立公司，本系联络性质，而华商一人，乃竟如陷地狱。偶有不住者，即认违警，百端科罚。盖华商之在外蒙者，早已失其交易、居住、言论之自由。现在外蒙政府受苏俄之命，对于华商，停止汇兑，停发路照，以达其没收华人财产之政策。于是华商有货不能交易，有款不能汇回，有人不能归国，日日度其颠连痛苦之生活。虽有冒险希图逃归者，但结果生还十之三，被捕者十之七，其被捕者，即指为中国谍报，下之地窖，或被杀戮。据库伦商会约计，华商之在外蒙财产上损失，已超过二千八百余万，货物损失在七百五十余万，死于地窖者八百九十余人，被其杀戮者三千六百余人，其他逃亡、失踪者尚不可数计。现除外蒙五大部居留华人难行统计外，其在库伦，实有商人五百余名，工人一千七百余名，终日愁苦，亟盼中央政府依据《中俄协定》收回外蒙。……

由此段叙述中，足见外蒙排华政策，实出于苏俄，而外蒙政府，特不过苏俄之侵略〈工具〉而已。原来苏俄之侵略外蒙，已具决心；但恐一部蒙人倾向旧主，而有反俄之举，故不惜采取封锁政略，严禁汉蒙交通；同时设法挑拨汉蒙情感，互相水火，永远成为苏俄之附庸；并借此以为侵略中国内地之先锋。故外蒙之排华，完全出于苏俄之指使，事属被动，形迹显然。是则与其谓外蒙政府之排华，不若谓苏俄政府不愿有我华人势力之存在而已。

十一　我国解决外蒙问题应取之途径

俄国侵略外蒙之历史，及其侵略事实，与夫排华之近况，已如上述。兹乃进而申论如何解决此外蒙问题，俾固吾圉。鄙意以为解决外蒙问题，所应采取之道路有三：第一应设法防止苏俄势力之进展；其次应设法唤起蒙人之内向；而〔再〕其次则为改变治蒙方针，免遭已往之覆辙。

　　就第一点言，当兹中俄交涉之秋，应将外蒙问题提出讨论，我方宜依《中俄协定》规定之原则，要求俄国尽数撤退外蒙俄兵，保证在外蒙不得再有侵害中国主权之行动；取消未经中国承认之一切俄蒙间条约，并根据以前所定"苏俄政府，承认外蒙为完全中华民国之一部分，及尊重该领土内之中国主权"条文，另订具体之新约。

　　就第二点言，我国之对外蒙，不宜采取前清羁縻政策，更不应采取帝国主义者之殖民政策，须本三民主义，使之脱离赤色帝国主义与境内王公、喇嘛等之压迫，以达蒙古民族之完全自由平等。查中国国民党对于国内民族，在国民政府《建国大纲》曾有：

　　　　其三为民族，故对于国内之弱小民族，政府当扶植之，使之能自决自治。

又在《第一次全国代表大会宣言》中有：

　　　　今国民党，在宣传主义之时，正欲积集其势力，自当随国内革命势力之伸张，而渐与诸民族为有组织的联络，及讲求种种具体的解决民族问题之方法矣。国民党敢郑重宣言，承认中国以内各民族之自决权，于反对帝国主义及军阀之革命获得胜利之后，当组织自由统一的中华民国。

等语，此后对于解决外蒙问题，自应依据政纲、宣言扶植弱小民族之意，俾其达于自决自治之境域。并由政府规定扶植办法，昭告中外以示大信，则外蒙眷恋祖国之人民，庶可放心归来，而被已受苏俄麻醉之青年，亦必因多数人之倾向，而有所觉悟。现在苏俄在外蒙之势力，虽未十分巩固，然近年以来，大有进窥内蒙之趋势，急宜照此次国民会议通过之特许外蒙自治权案，准予外蒙自治。至于今后中央政府与外蒙自治区域间权限之划分，自应招集会议，共同商决。但于交通、国防、外交三点，无论如何，应受中央政府之支配与监督。

　　最后为我国治蒙之方针。查我国治理蒙疆，自清末以还，因政府不能按照宏图计划前进，诸如外蒙地方经济改革事项，鲜有计及，遂使外蒙感受不满；于是卒以帝俄之诱惑，遂生外向之心，二十年来，外蒙政治纠纷，殆由于此。其后虽有人欲谋恢复旧观，又以好大喜功，操持过切，不但劳而无功，抑且引起外蒙恶感，故今后治理蒙事者，自宜深加注意。且外蒙风俗人情，与内地不同，民性诚实，风俗特殊，此后办理边政者，切忌有欺诈行为，一切设施，宜本总理亲爱精诚之态度，外蒙地方之情形，使之心悦诚服，汉蒙之膈膜既除，而汉蒙合作自然易矣。

　　犹有言者，外蒙与绥、察、热三省大部民众，本属同为蒙古民族，彼此关系甚深。吾人既欲收回外蒙，而于内蒙三省政治，亦应使之日就发展，俾可融洽汉蒙感情。关于蒙人利害所在，尤应深加注意。去年蒙古会议所议决各案，尤须使之一一实行，以示我政府对蒙古之真实态度。诚能如是，外蒙知我对待蒙人，并无岐〔歧〕视，即不啻为外蒙增加一层保障，而外蒙内向，自可不成问题矣。

七，三十一

《新亚细亚》（月刊）

上海新亚细亚月刊社

1931 年 3 卷 3 期

（李红权　整理）

敬告蒙古同胞书

李国镇　撰

废除专制，打破阶级，民国成立，匆匆二十年了。回想民国的缘起，是汉、满、蒙、回、藏五大民族组织成的，命名为中华民国。按我们这地大物博，天然的富饶，在世界上可算属一无二的农业国家。上古时候，教育、风俗、人情，一切设施，外人都取法于我们。可是国人"趾高气扬"，抱着"知足常乐"的态度，从不知竞争进取为何物？谚云："满招损，谦受益。"所以晚近种种也就远不如人了。加以军阀、政客，频年纷扰，同室操戈，迄无宁日，把大好山河，闹的四分五裂，究其实不过为各人争权利。语云："物必先腐也，而后虫生之。人必先疑也，而后谗入之。"鹬蚌相争，渔人得利，内乱未息，外患沓来，碧眼的苏俄，伸取北满，木鞋的日本，阴吞南满，更有强英谋占西藏，国内要隘，几被瓜分。我这病老而无能，奄奄一息的中国，在这千钧一发的时候，本没有抵抗的力量，限制的方法。忍而又忍，只好任其蹂躏，此方宣扬共产，彼处传布"赤化"，借言中国中央置蒙民于度外，不能"一视同仁"的种种谣言，把蒙众同胞，煽惑引诱，与内地各族，离间隔阂，所以演出外蒙的独立，呼伦贝尔之突变，真是祸福无门，为人自招。溯本求源，未始非自取灭亡之道。想中央对于五大民族，遵总理遗嘱，"天下为公"，并没有歧视畛域的分别；不过蒙古地处边陲，"绠短汲长"，一时兼顾难周罢了。

以言政务，招开蒙古会议，以言教育，拟办蒙藏大学，我东北首先成立蒙旗师范学校，在在设施，均提携我蒙古同胞，立于平等地位，这不是中央眷念蒙民的铁证么？现在军政已过，国告统一，在此训政时期，希望蒙古同胞，重整旗鼓，和内地各族联合起来，刷新一切，使外人无染指乘隙之余地，使国防坚若铜铸铁成，庶几安居乐业，高枕无忧，不还是整个的中华民国么？再近一层说，重登太平洋的舞台，高悬我们青天白日的国旗，也可以和欧美各列强，并驾齐驱。倘仍私心自用，视外人若嘉宾，以国人当雠仇，则破家亡国，将不远啦！以上的话，虽是老生常谈，然而振聋发瞆〔聩〕，也不无小补，希望蒙古同胞，协力御侮，共同奋斗才好！

《蒙旗旬刊》
沈阳东北政务委员会蒙旗处
1931 年 3 卷 4 期
（李红权　整理）

蒙古各旗应行注意之根本问题

纪肇斌　撰

　　蒙古各旗，应行注意之建设问题颇多，如提倡教育，振兴实业，便利交通，各种计划，在在均须力谋建设，其根本解决，尤应注意者，确为清理财政问题。倘收入不裕，抑或滥耗无度，根本已难解决，则一切设施，必至停滞。如西谚所谓"空瓶徒发大声音"（The empty jar makes a great noise），纸上空谈，隔靴搔痒，究竟无补于事实也。反观我国历年以来，经济之竭蹶，已成水尽山穷之势，外债繁多，骇人听闻，其所以至于如此窘状者，虽因清末外交之失败，而亦洪宪滥行借款，历年内战，对于财政上不求整理之所赐也。至于各盟旗地方，均有天然蕴藏之利，向称富庶之区，而实业颓败，百政不兴者，未始非不注意财政为根本问题，致成此种状态也。按之财政学理上，收入为最要之原素，无论国家、局部，以及个人经济，均须注意全年收入，再行预算，每年之支出数目，以赢余之收入，为各种之需要计划，其成绩未有不可观者也。试问各旗所有收入，例如王租，及各种应征鱼〔渔〕、盐、碱、药各税，按蒙旗各处出产之不同，故其收入亦各异，每年确系收入若干，是否即以收入的款为支出之配置？质之各蒙旗理财机关，亦未有明确数目，盖取用之间，不甚十分计较，究竟管理收入职员，是否奉公守法？有无舞弊情形？均以宽大为度，不问不闻，更何论每年之一切费用，以收入为标准乎？此种毫无预算之度支，自不免有捉襟见肘、山穷水尽之时；况经济压迫，到处皆然，生活困难，已成通病，若不力谋整顿，犹如人之身体，元气一衰，四肢无力，倘不善加营卫，其危险可立而待。

　　按之经济学上，所谓财富与福利两种名目，不宜混而为一。财富系指个人之私产而言，而福利系指社会共同之富足而言，即孔子所谓"百姓足，君孰与不足"者也。惟个人之富足为单独体，社会之富足为集合体，设因一二人之富，而不计社会民众之生计，则不免邪说横行，盗贼繁兴，此无非富者日富，贫者日贫之所致也。人性本善，未有生活上已觉充裕，而甘于挺而走险者。国家有赋税之收入，而人民亦有相当所得，欲望既满，百政皆兴。故清理财政，不特为蒙古各旗应行注意之根本问题，亦为国家建设上之不二法门。否则财用未裕，民困已极，虽大声疾呼曰"提倡教育，振兴实业"，其不能见诸实行者，不待智而后知也。望我蒙旗执政者，对于财政问题留意也可！

《蒙旗旬刊》
沈阳东北政务委员会蒙旗处
1931 年 3 卷 6 期
（李红权　整理）

首都将建蒙藏会馆

票选筹备专员　经费分头劝募

作者不详

　　（南京通讯）自国民政府建都南京，并组织蒙藏委员会以来，僻处西北之蒙藏人士，不辞万里，梯山航海，接踵来京，或代表地方，或在京工作，尤以在本京党、军、政各学校求学者为大多数。统计目下蒙藏旅京人士（包括青海、西康之蒙藏人），约共有二百数十余人，实为空前所未有，惜尚无如何组织，俾得聚会一堂。考试院长戴季陶氏，向极注意蒙藏，对于培植蒙藏青年，尤为热心，深以旅京蒙藏人士有团结组织之必要。故于去岁年底，特于私宅备餐，邀请蒙藏旅京人士三十余人，及蒙藏会委员长马福祥，席次戴氏建议在首都建筑一大规模之蒙藏会馆，内设蒙藏教育、实业、宗教等协会，除旅京人士将联络感情，统一意志，并可予新到京蒙藏之同乡种种便利外，尚可作协助政府开发蒙藏之有力机关。盖蒙藏事务，虽经政府积极办理，尚须蒙藏人起来去做，以补助政府之不足云云。

《蒙旗旬刊》

沈阳东北政务委员会蒙旗处

1931 年 3 卷 6 期

（丁冉　整理）

蒙旗扎萨克应有之觉悟

陈世清　撰

我国今日以党立国，首重民意，此我五大民族同在青天白日旗帜下，共趋于三民主义之途径者也。蒙旗地处边陲，政令未及，一切制度，尚仍旧贯，将来国基巩固，施行新政，由近及远，而边远蒙旗，亦必有推行新政之一日。当此过渡时代，凡为蒙旗之扎萨克者，应具一番觉悟。盖时代变迁，非复清季专尚羁縻之日，似应力谋觉悟，以图改进。兹将觉悟之点，分述于左：

（1）对于本身之觉悟　从前一旗之扎萨克，俨然一国之诸侯，土地、人民、政事，尽归掌握，生杀荣辱，惟意所欲。今则世界潮流，咸重民意，倘各旗扎萨克，仍妄自尊大，不稍改进，稍留与民众接近之地步，其不招民众之反对者几希，此各旗扎萨克之应觉悟者一也。

（2）对于员属之觉悟　从前扎萨克对于员属，均行跪拜之礼，彼此各存主奴之分，往事昭彰，无庸讳言。乃时至今日，各旗仍相沿未改，在员属方面，虽具服从之义务，在长官方面，决不可再存惟我独尊之气概。各旗扎萨克，果明此理，于事有济，于礼亦无碍，此各旗扎萨克之应觉悟者二也。

（3）对于民众之觉悟　向来扎萨克，对于人民似有主奴之分，自居尊严，视人民如草芥。所有人民性命、财产即若受自扎萨克者，遇有事故，任意支配，蒙民知识低浅，俯首帖心，唯唯诺诺。

扎萨克习故安常，不觉为非，此种致〔政〕策，在专制时代，固自可行，在共和政体之下，民权发扬之秋，宁容再蹈覆辙乎？倘旧威不敛，率意孤行，殊不知压制力大，反抗力亦愈大，理之固然，人所公认，此各旗扎萨克应觉悟者三也。

　　总上诸端，可见扎萨克之尊严，由历史上遗传而来，并非充扎萨克者生而即具此特性也。如知其不合三民主义领导之政治，急加觉悟，力谋维新，亦未始非一变而为贤明之扎萨克，福星一旗乎？况蒙民为五族之一，同为国民，何可使其向隅，此作者所以特将蒙旗扎萨克受历史遗传，仍居故态之非宜，表而出之，使向三民主义领导之途径，努力进行，则扎萨克与蒙民，各得其所，记者之希望，盖在于兹。抑尤有进者，记者系蒙人，对于蒙旗情形，知之较熟，利害关切，故不觉望之深而言之切也，尚希读者原谅。

《蒙旗旬刊》
沈阳东北政务委员会蒙旗处
1931 年 3 卷 7 期
（丁冉　整理）

蒙古青年应知的几点

暴子周　撰

现在世界潮流日新，文化日开，民族自决的呼声，震动全球，平等自由的口号，充满耳鼓，于是有韩国独立的运动，甘地不合作的主张，应声而起，屡蹶屡振，再接再厉，窥其民心之热烈，精神之强毅，真是令我们落伍、弱小的民族惭愧！我挥笔写到这一点，因五中的感动，遂投笔浩叹，不忍再言！咳！我蒙古为五大民族之一，亦为强大之民族，而今竟享落伍、弱小之名号，可谓我们最可羞、最可耻的一件事情啊！但是要追本溯源研究起来，也无怪他们以这种名号加之于我们，是纯由我们没有自决的能力和自强的精神，所求得的这种名号吧？抑或他们以胁迫加之于我们这种名号呢？假如我们有自决的能力和自强的精神，又谁敢以这种名号加之于我们侮辱于我们呢？我思想到这点，心胆为之壮，精神为之竦，攘臂而欲奋呼，祈我族青年同胞赶快觉悟起来，兴奋起来，勿要过那朦胧的生活了！所以我也免却客气，将我蒙古青年应知的几点次述于下：

1. 蒙古民族，因为什么由多数而减至少数？由强盛而危弱？应当怎么样提倡增加人口，和应当怎么样达到强盛的最后目的？

2. 蒙古民族，极端涣散，不相团结，应当怎么样提倡民族主义使之团结？

3. 我蒙古民穷财尽，处于濒死地位，应当怎么样才能救济？

4. 蒙古民族，文化落后，智识固塞，应当怎么样发展教育，提倡文化，开辟民智？

5. 赤白帝国主义，欲鲸吞蒙地，至再进逼，应当怎么样抵抗和怎么样打倒？

6. 蒙古民族，为五大民族之一，对于其他民族，应当怎么样团结，奉行三民主义，共拥中华民国，以巩固党国的基础？

以上各端，纯系我五中所盘旋的，所蕴结的，以表白于蒙族青年同胞，作一个同病相怜的觉悟，以共同努力，解决以上应知的各问题，达到美满的目的为天职，凡我们青年同胞，都负有这种天职，并且都应当积极勤勉而尽力的，俾完成保种强族的天职，去实行民族自决的工作，以雪落伍、弱小的耻辱，而与他民族并驾齐驱，同处青天白日之下，以助成国民革命，共享平等自由之幸福，方不愧为蒙族一分子及蒙古青年同胞的一分子呀！愿我蒙古青年同胞，努力奋斗！蒙古幸甚!!　国家幸甚!!!

《蒙旗旬刊》

沈阳东北政务委员会蒙旗处

1931 年 3 卷 10 期

（李红权　整理）

敬告蒙古青年同志书

邵俊文　撰

年来各旗青年同志，率皆呼号奔走，谋改旗政，促王公之觉悟，唤民众之鼾睡，苦口热心，固堪嘉尚。独是各旗政策，积重难返，改造维艰，良好计划，展布无从。其结果，王公恶其躁进，台壮嫌其孟浪，向之所谓热心旗务者，至此亦不免心灰意冷矣。究其失败之由，非主义之不善，实手段之激烈，功败垂成，良堪浩叹！昔苏轼论贾谊云："非汉文之不能用生，实生之不能用汉文。"吾得而易之曰：非王公之不能用青年，实青年之不能用王公也。惟望我青年同志，态度和缓，将改造之雄心，略予变通，勿操之过切。新旧妥协，共管旗政，人无分乎新旧，政务期其美善，蒙旗前途，实利赖之。兹将一得之见，贡献于我蒙古青年同志之前，是否有当，敬备采择：

1. 学识宜修养也——各旗青年同志大率学识渊博，修养深邃，应付环境，措施裕如，谓之为后起之秀者，良非虚谬。倘无相当之学识与专门之训练，以之司政法而不知政法之条文，以之办教育而不知教育之原则，以之创实业而不知实业之组织，以之长交通而不知交通之设计，推之其他种种新政，均瞠目不知所以，洵所谓徒效皮毛，毫无实际，非惟不能改革旗政，且以此反遭一般人士之揶揄也。故深望各旗青年同志，对于普通学识努力修养，专门学识分科研究，务使学有根柢，用不困难，此我贡献于我蒙古青年同志者一也。

2. 手段宜稳健也——老成谋国，计划安全，青年激烈，每多偾事，此固指大多数而言，非专指一二优秀者言也。诚以手段稳健，办事必通盘筹画，确无顾此失彼之讥，手段激烈，创造必锐意建设，难免医头脚痛之弊，历观往事，比比然也。惟望各旗青年同志，办事之手段稳健，态度和缓，尊重旧有之习惯，勿操之过切，采取新政之精华，宜斟酌施行，循序渐进，可底于成，此我贡献于蒙古青年同志者二也。

3. 党派宜消灭也——党同伐异，两败俱伤，和衷共济，庶绩咸熙，此古今不刊之论，中外共晓者也。故望我蒙古青年同志，了解此义，无偏无党，不新不旧，打破成见，一视同仁，王公以青年之思想为思想，青年以王公之经验为经验，人无分乎新旧，政务期其美善，王公与青年一而二，二而一者，黄祸可畏之荣誉，将复见于今日矣，此我贡献于蒙古青年同志者三也。

4. 生活宜平民也——我国近数年来，物质之文明进步，生活之程度增高，夸奇斗靡，各不相下。故一般厌故喜新之青年，群相角逐，穷极奢靡，衣则洋服革屦，食则方丈盈前，住则高楼大厦，行则电车风驰，任意挥霍，图目前之快乐，而不知将来之生计，前途危险，良堪浩叹！此我国一般青年之恶习惯，而蒙旗青年，亦何莫不然？非第然也，且变本加厉，较一般青年为尤甚。故希望蒙旗青年同志，撙节用度，爱惜物力，提倡平民式之生活，打倒阶级制之尊荣，魄力伟大，精神振刷，事之成就，亦意中事耳，此我贡献于蒙古青年同志者四也。

以上所陈各节，均系老生常谈，蒙古青年同志，早鉴及此，本无庸记者喋喋重述，惹人齿冷。第愚者千虑，容有一得，尚望我亲爱之蒙古青年同志，酌量采纳也，幸甚。

《蒙旗旬刊》

沈阳东北政务委员会蒙旗处

1931 年 3 卷 10 期

（李红权　整理）

外蒙为谁之外蒙

杜维森　撰

外蒙当赤焰方张之日，处强邻觊觎之秋，受苏俄铁蹄之摧残，殆已沦于征服之地位。今者创巨痛深，痛心疾首，引领内响〔向〕，颇不乏人。报载外蒙政府首领大车载胜临终遗嘱之言（见本期旬刊专载），已悔亲俄独立之非是，深望民众觉悟，恢复外蒙原状，仍为中华民国之主人翁。噫！"人之将死、其言也善"，大车载胜之言，诚为外蒙之福音，亦可为民众外倾之殷鉴矣！

原夫外蒙之独立也，只因地近俄边，远离内地，与国人接近之时间极少，与俄人接触之机会反多；加以中国连年多故，未暇远顾边疆，而久蓄野心之俄人，遂得利用此时机，而大尽其利诱煽惑之能事。始之经济侵略，继而政治压迫，以致昔日王公沦为牧竖，赤氛弥漫，任意屠杀，今外蒙徒拥共和独立之虚名，已受征服宰割之实祸。长此如斯，不知觉悟，恐阴险狠鸷之俄人，终且采取军事行动，不难将外蒙一鼓而扫平之，日本之于朝鲜，英国之于缅甸，先例不远，诚可痛心。未识我英勇诚朴之外蒙同胞，其能甘此屠毒否耶？

虽然，外蒙亲俄立独〔独立〕，大错既已铸成，险象环生，殊堪悯恻，但在国府方面，应思外蒙之所以致此，不啻赤子之弄兵潢池，政府实负不能怀远固圉之责，宜急筹亡羊补牢之计。一方征集内蒙人才，设法使之潜入外蒙，或为工贾，或扮饥民，暗中作民族主义之宣传，晓以独立难存之实害，一方遇外蒙王公、平民之身临内地者，待遇必极其优厚，晓以利害，示以忠诚，如此分途进行，自当事半功倍。俄以诈，我以诚，俄以暴，我以仁，想外蒙受苏俄压迫已久，有不云合响应、内向倾心者乎？

　　溯自元世祖入主中华，百余年中，已联合蒙汉为一体；前清二百余年中，与蒙古之关系尤为密切。比及革命成功，民国成立，合汉、满、蒙、回、藏五族为一家，故中国者，汉、满、蒙、回、藏五族之中国也，外蒙者，汉、满、蒙、回、藏五族所构成之中华民国之领域也。乃苏俄妄希非分，意图鲸吞，内蓄最毒最狠之心肠，外示假仁假义之面目，近已面具揭破，毕见肺肝，举凡外蒙之财政、军权，均操诸俄人之手，对于外蒙之王公、平民，尤屠杀不遗余力。假令外蒙民众一朝觉悟，揭竿而起，敌忾同仇，既博全世界被压迫民族之同情，更得中华祖国之援助，纵苏俄根深蒂固，其不被排除于兴安岭外者几希。

　　抑尤有进者，当成吉思汗崛起之时，正元兵远征欧洲之日，俄人不遑宁处，奔避黄祸不暇，其间疆场横尸，皆俄国之父兄子弟也；占领之土地，皆俄国之田野城池也，积数百年之深仇，卒以惮中华而未报。乃近值中国多事之秋，俄人认为有隙可乘，遂大施离间之诡计，散布"赤化"之邪说，图雪深仇，必先征服外蒙，而陷蒙民于万劫不复之地位而后已。我外蒙同胞一时被其蛊惑，竟尔引狼入室，怼亲如仇，忘却五族为一家，不恤独立为孤立，行看波兰往事重见今朝，坐使大好山河，沦于异国，良可悲夫！

　　兹更退一步言之，苏俄纵与蒙古无恩无怨，又何以惨淡经营，与人国事，唆使独立，借便鲸吞？盖处此竞争时代，势必弱肉强食，俄之侵略外蒙，亦犹英之侵略西藏，日之侵略内蒙、东三省也。

　　为外蒙计，惟宜取消国号，内响〔向〕输诚，一方驱逐在蒙之俄人，一方熟筹固圉之长策，与汉、满、回、藏如弟如兄，携手同心，共谋福利，岂不胜于离亲背众而坐受俄人之屠毒钳制哉？

呜呼，最亲爱之外蒙同胞乎，其愿独立而离异中国，任苏俄宰割，而为其殖民地奴隶乎？抑愿从外蒙政府首领大车载胜临终遗嘱之言，恢复外蒙原状，仍为中华民国之主人翁乎？故外蒙为谁之外蒙，惟在被压迫之外蒙同胞自决之耳。噫嘻！

《蒙旗旬刊》

沈阳东北政务委员会蒙旗处

1931 年 3 卷 11 期

（李红权　整理）

收回外蒙与国家统一

黄成珖　撰

我国受不平等条约之束缚，帝国主义之压迫，今已八十余年矣。以言主权，则被其破坏；以言经济，则被其垄断；挑拨我内乱，妨碍我治安，被发带齿之伦，莫不深恶痛绝，欲灭此朝食。此次国民会议吴鹤龄等议通告国内外，特许外蒙自治，以完成统一国家，余不禁大有感焉。夫外蒙古为我中华民国之领土，人人得而知之矣，而我国民政府之主权，果能在外蒙行使与否，不被帝国主义的破坏与否，诚属一大疑问。我国在外蒙如无主权，则中华民国之领土尚未完整，所谓国家依然统一者，非自欺欺人之谈乎？外蒙古自民十失守以后，执行宗主权之内地官吏，早已被外蒙之驱逐出境矣，十数年来，侨库之华商，惨遭外蒙之虐待，邻近如呼伦贝尔等处之牲畜，横被外蒙抢夺，艰难困苦，无可告诉。尝思旅外之华侨，及租界内之中国人民，如果遭人虐待，尚有领事为之处理，外蒙既为中国之领土，旅蒙之华商，横遭涂炭，反无诉苦之所，痛心疾首之事，尚有逾于此者乎？外蒙一日不收回，中国一日可谓统一乎？领事裁判权及不平等条约，吾人为拥护主权计，为贯彻主张计，尚当毅然决然自动宣布废除，俾我中华民国在国际地位上得享真正之自由平等，而外蒙偌大之领土，竟在赤俄把持之中，我则安之如故，处之泰然，吾人徒博和平之虚名，遭受压迫之实害，是诚令人大惑不解者也。夫外蒙独立，十逾寒暑，初不待中国之承认，今欲以特许自治，即获外蒙之归来，距离事实，不亦远乎？外蒙之收回，诚于国家之统一大有关系，而以何法可使收回，亦大有研究之必要也。我以特许外蒙自治能召其必来，我固何乐而不为也；倘以明示内外，许其自治，而赤色之帝国主义仍不放弃其已得之权利，我又当如之何也！似此种种，诸待讨论，固非空言了事者也。外蒙之所以甘冒不韪，倡言独立者，以我对待蒙古之政策，迄无明白之表示，扶助欤？消灭欤？蒙人如在五里雾中，即有蒙事之责者，亦无固定之主张，不曰屯垦，即曰移民，徒惹蒙人之反对而已。为今之计，对于外蒙归来后之如何待遇，当先订有信条，山河可易，此项法令不能改也。能如斯，则外蒙人士，不乏明达，当以翻然觉悟，或不待特许自治而自动的撤销独立，要求允许自治，或竟取消自治，听候国家处理也。此项明令颁布之后，在相当时间以内，外蒙如仍无任何表示，则得听其自然乎？抑谋处置之方乎？事实上不能不顾及也。外蒙人士，如无赤俄之挑拨，未必甘受"赤化"，脱离祖国，现在纵能觉悟，在强权之下，亦难作表示倾向中央之举，此吾人不能不为外蒙同胞原谅者也。我既欲收回外蒙，以完成国家统一，则于制定待遇蒙古办法后，外蒙仍无服从之表示，非外蒙同胞之反对，实赤俄之作梗也。我宜速于中苏会议席上，与彼严重交涉，以作收回外蒙之准备，而解外蒙之倒悬。欲收回外蒙，事实上虽不至用兵，而不能不作用兵之准备。总之内地如果统一，则外蒙之收回尚易，如仍有军阀之割据，则外蒙之收回，惟于国民会议上见此一项议案而已。

《蒙旗旬刊》

沈阳东北政务委员会蒙旗处

1931 年 3 卷 12 期

（李红权　整理）

今后蒙古青年同志应怎样努力

邵俊文　撰

蒙古有悠久的历史，伟大的事功，中外人士，没有不钦仰的，所以现在西人，仍以蒙古利亚代表黄种人。惜乎安于游牧，进化迟滞，从前称雄于世界，今则寂无声息。幸而近几年来，各旗青年同志们，振聋发聩，力谋改造，促进王公的觉悟，唤醒民众的鼾睡。热心苦口，固然是有可佩服的价值，然而作这个指导者必须个人修养充分，努力向上，才可以作各旗的引导者。但是今后应当怎样努力，确是一个重要问题。若是希望解决这个问题，应注意下列各项：

1. 党权的认识　近来青年同志们，对于党权每多误解，如"党权高于一切"这一句话，原是说我们个人的上面，有一个党，党权高于我们的一切，并非说我们是党员，我有党权，我便高于我以外的一切民众，确应该民众化、平民化，假使离开了党的工作，就和民众一样，并没有什么阶级之可言。若把党权高于一切，认为党员高于一切，那大误而特误了！所以我希望蒙古青年同志们，对于党权须切实认识。

2. 学识的修养　各旗青年同志们大概都是学识渊博，修养有素，然而也有无相当修养和专门的训练的，以之办理旗中各种新政，都不能胜任愉快，贻人口实，所以我很希望各旗青年同志们，对于普通学识，努力修养，对于专门学问，分门研究，使其修养功深，应用的时候，不感若何困难。

3. 经验的尊重　经验是人类生存上一种重要的遗传，所以同一事体，以富有经验者办理之，虽不能完全成功，也不容易有最大的失败，若以素无经验的人处理之，虽然也有成功的希望，究竟是最容易失败。因为根据这些理论所以我希望蒙古青年同志们，如旗中宿耆，宜特别尊重，盖因为他们经验宏富，老成谙练，以经验方面论之，确为我们青年同志的先导。如此说来，我蒙古青年同志们，当然得尊重经验啦。

以上各节，均为老生常谈，并没有什么可供献的必要，但是根据我一得之见，勉强说一些无意思的话，很布〔希〕望我蒙古青年同志们原谅、采纳。

《蒙旗旬刊》
沈阳东北政务委员会蒙旗处
1931 年 3 卷 12 期
（李红权　整理）

呼伦贝尔迎请班禅之我见

黄成珖　撰

　　呼伦贝尔，北邻赤俄，西邻外蒙，因环境之不同，实以维持宗教为防范"赤化"、巩固国防之最善方策也。试看现在之外蒙，自受苏俄"赤化"以来，对于境内之大小呼图克图，无不加以软禁。去年八月，曾因优固吉尔活佛之徒林丹达克瓦者，持有各王公、活佛全体名义之函，欲来内地拜谒班禅之故，无辜被押之人，竟有数十名之多，林丹达克瓦，及优固吉尔活佛，卒因此案，惨遭枪决。其对宗教，非惟无信仰之诚，抑且有极力排斥之势。而与外蒙近在咫尺之呼伦贝尔，竟于最近期间，由民众方面，推举代表赴南京竭诚迎请班禅赴呼，宣扬黄教。想出席国民会议之班禅活佛，公务已毕，必能不辞劳瘁，躬身前往，以慰呼属二十一旗十数万蒙民云霓之望，而为东北边氓造无涯之福。呼伦贝尔，自经此次班禅潜移默化，必能永远巩固，整个的中华民族，不受"赤化"之宣传，可断言也。班禅此行，关系蒙旗之安危者甚巨，影响于国家之全局者不少，予于呼伦贝尔之迎请班禅，实表十二分之同情也。

　　说者谓，蒙古宗教家之人数，占全蒙户口四分之一以上，彼所谓喇嘛者，不农不工，不商不牧，非兵非士，不惟不能生利，抑且不能适应环境，徒耗吾人之金钱，徒享吾人之权利，喇嘛者，诚蒙古民族之消费者也。蒙古之贫弱以至此极者，诚以蒙古人民，迷信于喇嘛教也。班禅者，黄教始祖宗喀巴之弟子，与达赖及哲布尊丹巴同抱遗世主义，吾人攻击之不遑，庸能表示欢迎之意乎？且余闻之矣，十三年之夏，呼伦贝尔曾一度迎请章嘉佛，为时仅半月，而全区已有二十余万之负担费矣。今班禅之名望，高于章嘉，班禅之随从，多于章嘉，其供应及布施之费用，自必数倍于章嘉，前年中俄之役，受创最深者，厥惟海、满，呼伦全境，地方之凋敝，民生之憔悴，有非数年所能恢复元气者。呼伦当局，果能移此数十万之巨款，作赈济灾黎之用，或有来苏之望，作兴学育才之用，文化必能愈臻进步。用作提倡实业，开发地利，则地方之富庶，可立而待。彼班氏既以普度群生为怀，必能表示相当之满意，虽在形式上，不请班禅来呼讽经祈福，而班禅之佛光，岂能不普照于呼属全境乎？乃竟不此之图，决意派员欢迎，使我蒙民仍在醉生梦死之中，而不知丝毫觉悟也。

殊不知呼伦贝尔之官制，与内外蒙古迥殊，副都统及总管等职，非扎萨克王公可比，现贵副都统，老成练达，勤求治理，如皮毛公司及蒙旗中学之设立，已足表现其励行新政之精神，岂其他王公所能比拟万一者耶？其不仰赖班禅以愚弄蒙民也必矣。且贵氏为打虎力人，风俗习惯，与内外蒙古，向有迥不相同之处，对于黄教无所谓特殊之信仰，索伦全属蒙众，几无一当喇嘛者，其本人不必祈福祥于班禅也明矣。而所以听民众之延请，不加禁止者，盖为国家计，为地方计，不如斯不足以防"赤化"，而固我东北之边防也。且班禅者，悚于帝国主义之侵略，抱五族团结之宗旨，致与亲英之达赖，水火不能相容，牺牲个人之尊荣，顾全国家之大局，险阻艰难，无不备尝，不远千山万水，而来倾向中央，可谓烛照时势，深明大义者也。我国人士，稍有爱国之理想者，固无分汉族、蒙族，均应以十二分之热诚，为班禅作诚恳之信徒。矧呼伦贝尔所处环境，危险万分，"赤化"之宣传，在在堪虞，苟不有爱国爱族思想宏大之班禅，为我作彻底之开导，与正确之训诲，则歧途之间，亟易徘徊，且内而青年思逞，外而赤焰方张，虽欲解衣散钱，以祈福祥，岂可得耶？夫以堂堂正正之班禅，岂希冀数十万布施，而有呼伦贝尔之行哉？诚以满蒙均在列强环伺之中，赤白帝国主义侵略之下，非整个的中华民族，同心协力共御外侮，决难免弱肉强食之例，而团结五大民族之伟大责任，又非班禅莫属！盖班禅以宗教家之巨擘，而兼政治家者，其见识之正确，眼光之远大，有非常人所能及其万一者，固不仅宗教上之地位尊于章嘉佛也。

宗喀巴之三大弟子，达赖、班禅及外蒙之哲布尊丹巴呼图克图是也。能始终如一，不改初衷者，惟有班禅额尔德尼一人而已。达赖与哲布尊丹巴，以宗教家而具有政治之首领欲，西藏、外蒙，相继独立，已非宗喀巴之遗志矣。我班禅佛所以退让后藏，不与达赖争持者，惧我无辜之人民，受战争之隐痛，其恻然不忍之心，予藏人莫大之惠，所尽之义务，顾不重且大哉？若达赖等，不惟不能生利，且妨碍五族之联络，蒙藏愚民无知，受其蛊惑，真有不惜身命，愿效前驱者，是诚易惑难晓者矣。惟我班禅慈祥成性，博施济众，且深明义理，爱护和平，无论识无〔与〕不识，莫不敬仰而崇拜之，欲迎请以供养者，固不仅呼伦一隅已也。

《蒙旗旬刊》

沈阳东北政务委员会蒙旗处

1931 年 3 卷 14 期

（李红权　整理）

旅平蒙古各青年纪念成吉思汗之经过

记者　撰

　　旅平之蒙古青年，于五月八日假蒙藏学校之大礼堂，开纪念成吉思汗诞辰大会。礼堂之设置井然，中悬元太祖遗像，两侧挂佩蒙汉文对联各一副，其汉文曰："铁蹄踏破天山路，毡幕开成帝业基。"其余各种标语如"纪念元太祖能为东亚民族吐气，增进黄种人历史光荣"等，盈盈满壁，满堂气象森严。到会之蒙古青年二百余人，来宾二十余人，上午十时开会，行礼如仪后，由蒙藏学校校长马邻翼讲演，词甚长，兹摘录于下：

　　　　兄弟以敝校教职员的资格，来同大家谈一谈。今天在座诸公，来此纪念元太祖成吉思汗，其主要的意旨约有四端：第一，纪念元太祖便要冲〔唤〕起我们见义勇为之精神。我们要继续这种精神，来为国家效忠，同时为蒙族谋福星〔祉〕，共同拥护党国。第二，要纪念元太祖之忍苦耐劳的天性。凡世界上作大事、创大业的人，没有不由艰难困苦中得来的，所以我们青年要想为国家作大事，建大功，非效法元太祖之忍苦耐劳的精神不可。第三，要纪念元太祖的功业。他的功业是什么呢？简单说就是统一欧亚两洲，为东亚民族吐气，增进黄种人历史上光荣，提高东亚民族的地位。凡是来此参加纪念〈的〉诸位青年同志们，都是在年富力强之际，所以由今天纪念之日起，我们也要立定志愿，来为我们国家争光荣，提高我们国际地位，而与列强争衡，才不负我们到此纪念的意旨。第四，纪念元太祖伟大的人格。元太祖的威名贯于欧亚两洲，而欧西所谓黄种可畏之呼声，皆由元太祖伟大人格所构成的，所以我们现在如欲步元太祖伟大人格之后尘，便先要为国家出力，牺牲各人的自由，为国家求自由，为民族求自由，那么将来我们的人格，也不难达到元太祖那样伟大了。

　　以上四端，鄙人是很希望于在座诸公的，祈诸公努力前进，敬祝元太祖的精神罔替云。

《蒙旗旬刊》
沈阳东北政务委员会蒙旗处
1931 年 3 卷 14 期
（李红权　整理）

内蒙各盟旗王公莅平两月集议多次

议决要案九件，昨电国府申请成立驻平代表会，
谋蒙众利益　昨晚招待新闻界，报告经过

作者不详

内蒙各盟旗代表，于国民会议时，纷纷来平集议蒙众利益，先后到者凡三十余人，两月来在地安门外嵩祝寺，经多次之集议研究，已议决议案多件，均关蒙众利益，并为永久协进各盟旗一切事宜起见，拟在北平设一驻平办公处，业将所拟组织办法，于月前具呈副司令行营转呈国府行政院核准备案，在未核准以前，先用驻平代表会名议〔义〕，假东单西裱褙胡同九号开始办公，已于昨日宣布正式成立。同时并以各盟长名议〔义〕，联电国府，请保留蒙旗制度。昨晚八时各盟旗驻平代表会，特假撷秀食堂招待新闻界，由锡林果勒盟副盟长兼察省府委员德穆楚克栋鲁普，与哲里木盟盟长代表兼驻平代表会首席代表阿穆尔沁格勒图等招待，报告经过。该代表等以所事已毕，均将离平返蒙，德副盟长，定今明首途遄返。兹将该代表会议案、通电与驻平代表会简章，分志如次。

内蒙各盟王公代表会议决案

甲、关于盟旗制度、《待遇条例》及游牧生计议决如左：

（一）查盟旗制度有攸久之历史，内蒙迄今相安无事者，全赖该制度以相维系。《待遇条例》，系先总理所拟定公布，良由内蒙关乎边防事宜，若不优待，诚恐边陲有事，噬脐何及。至于游牧生计，蒙众赖以生活，自开垦政策施行，蒙众所感痛苦，笔难罄述，设不禁止开垦，祸患将来伊于胡底？应速分别电请国府等速予保留维持，以固蒙疆而维秩序。

乙、关于驻平代表会议决如左：

（一）为协进内蒙各盟、部一切事宜，而谋蒙众利益起见，议决即时组成内蒙各盟旗驻平代表会，并通过该会简章，已于本月二十三日成立。

（二）议决共推哲里木盟长代表阿穆尔沁格勒图为首席代表，以总理该会一切事务。

（三）该会经费，暂由内蒙各盟、部及特别旗分别担负，俟驻平联合办事处成立时，请由国府及地方政府补助之。

丙、关于内蒙兴革问题议决如左：

（一）现在内蒙情形，正当外患逼迫之秋，所有一切政治制度，绝对保持原状，以固边防。

（二）内蒙一切事宜，必须各盟、部采取一致，不得各自为谋，以害全体，而乱秩序。

（三）关于南京蒙古会议决议案，本会同人等以为既非内蒙全体所参加，又不适用于实际，似宜视为参考之用，不能认为具体适用之方案。

丁、关于教育问题议决如左：

（一）对于内蒙教育通行方案，应由驻平代表会拟定详细办法，交由各盟旗长官采择施行。

（二）对于中央所拨蒙古教育经费，应由内蒙驻平代表会与蒙藏委员会接洽，必须共同决定公平妥实之处理办法，以专备蒙古教育费用。

（三）应于最短期内在北平筹设蒙古学院，造就各种人材，其经费一项，应由中央蒙藏教育经费内拨出相当额数，作为基金。

（四）内蒙各盟旗就现有各级小学竭力整顿外，其未设学校之各旗，亦应于最短期内一律设法创办。

（五）对于内蒙各盟、部应设中等学校之问题，除［将］已经设立中等学校〈者〉外，应由中央教育经费内补助之。

戊、关于宗教问题议决如左：

（一）黄教为感化人心、维持蒙古社会之最大势力，而啦嘛等之宗旨，即以讲经说法、感化人心为唯一职业，故对于啦嘛等之行为，整顿教规，刷洗积习则可，若视为失业流氓，另为谋有职业，是不啻毁灭黄教也，故本会同人等为振兴黄教、尊崇啦嘛起见，必须一致拥护啦嘛等，请由政府维持其生活，而尽护国宣化之功德。

（二）为发扬黄教、崇奉班禅起见，由内蒙各盟、部及特别旗捐助巨款，在内蒙锡盟建筑班禅驻锡大庙以便礼拜，而坚信仰，业经公推阿穆尔沁格勒图筹备一切事宜。

（三）章嘉呼图克图为内蒙黄教之著名首领，亦为内蒙各盟、部最所崇奉，今因用人失当，授人口实，发生种种不幸事变，窃为吾内蒙人民共所痛心，兹为保障黄教、拥护章嘉起见，对内则必须促其整顿教规，对外则必须使其恢复尊严，是为发扬内蒙黄教之要图，亦即为完成吾内蒙各盟长通电拥护章嘉之最大事件也，故对于维持章嘉呼图克图运动，必须继续努力，不得半途废弃。

己、关于文化问题之议决如左：

（一）对于促进蒙古文化之团体，必须加以充分之赞同，并予以相当之协助，以为提高吾内蒙文化之张本。

（二）对于内蒙固有之建筑、雕刻、绘画、音乐、游艺、诗歌、赛马、摔跤等等文化，均当加以研究，并当努力提倡。

（三）为沟通各种文化而开发蒙众知识起见，俟筹有相当经费时，必须设立规模宏大之图书馆，重印蒙文《甘珠尔》、《丹珠尔》等佛经，及编译各种书籍。

庚、关于生计问题之议决如左：

（一）现时内蒙人民，除一部分蒙汉杂居之处，稍有从事农业外，其他各盟、部，所有人民，均以游牧为生活，而游牧生活之存在，完全以牧场为基础，兹为遵照中山先生所提倡之民生主义，而保障蒙古民族生计起见，除已开放各处不计外，其他各盟旗所有牧场，不得任意放荒，而断送蒙众之生路。

（二）吾内蒙人民之生计既以游牧为基本，故研究保护牲畜、蕃殖牲畜之方法，实为唯一要图，如愿发展，尤以改良牧畜最为适当，此为今日必须提倡奖励者也。

（三）当此工商经济竞争之世界，欲使吾蒙古人民急起直追，必须提倡工商业，如黄油、肉类罐头及皮革、毛织等，实为吾内蒙人民发展实业之最要办法。

辛、关于交通问题议决如左：

（一）整顿内蒙各盟、部原有之站台设备，而在各盟、部间，必须互相联络接成一体。

（二）设立资本雄厚之内蒙长途汽车公司，使各盟、部及与内地均能交通无阻，是为目前要图。

（三）现在内蒙方面，实为今日西北边防之要冲，故为消息灵通、关系密切起见，请由政府责成交部，就内蒙各盟、部重要地点，必须急速设立有线、无线之电报及电话，以为巩固边防要图。

壬、关于联防问题之议决如左：

（一）现因内蒙方面，内则匪患蔓延，外则外蒙犯边，一盟骚动，往往波及他部，兹为保障内蒙安宁起见，必须互通声气，共同防御。

（二）为充实内蒙各盟、部之警备势力起见，请由政府拨给专款，以充军实，并发枪械、子弹以固边防。

（三）为急求军事学识人才起见，由各盟旗择选精干青年，投入各军事学校，以资造就，或在盟旗择相当地点筹设军校，请由最高军事机关派员教导之。

（四）为整顿各盟、部之警备实力起见，必须勤加训练。

各盟长再电请保留蒙旗制度

南京国民政府、陆海空军总司令蒋、副司令张、行政院、立法院、蒙藏委员会钧鉴：窃维建国之首要在民生，训政之初，端资建设，是以诸凡措施，固贵依势而利导，庶政治理，尤重因地以制宜。况我国民族，风俗、习惯、言语、文字、宗教等，各族不同，趋向亦异，设不变通制治，匪特徒法莫能行，且感扞格而难入。此蒙古民族情形之特殊，历世以来，未加变更，即或变更，亦必循序渐进，概未操之过急，唯恐启惊伯有，贻误边陲，唇亡齿塞〔寒〕，实深畏惧，筹谋盟旗事务者，无不审慎周详，再致三意焉。查盟旗制度，由来既久，蒙民信仰，印像已深，内蒙各盟旗，迄今相安无事者，确赖该制度以相维系，非如外蒙被"赤化"容易煽惑，朝秦暮楚，甘为他人奴隶，一蹶不振，良由外蒙民众心理，以从前中央措施，胁迫威吓，背乎蒙情，故不惜挺而走险，盟长等曾经电请保留盟旗制度，职是之故，并非自图荣誉，无病呻吟。再查《蒙古待遇条例》，系孙先总理为临时大总统时所拟定公布，垂二十年，遵守勿替，深佩总理洞悉蒙情，若不优加待遇，诚恐边陲有事，噬脐何及。乃未谙者顿以盟旗制度应加更改，《待遇条例》应予免除，殊非良谋至计。现时赤俄倡乱，久欲内侵，盟旗制度若勿保留，如失长城，《待遇条例》必予废止，如去指臂，真不啻为渊驱鱼，为丛驱雀，将来祸患伊于胡底？近见各扎萨克之任命状，均特书荐任，是何根据，莫由臆揣，似宜援照《待遇条例》，仍旧承袭，以符其制。在现时承袭二字似觉非当，惟前所陈述，具有特殊情形，赖以维持，亦势之必然。至于蒙民生计，向恃游牧以为生活，自开垦政策施行，蒙民莫得游牧，司农不惯，均经迁移，民族人口非特减少，且于治安尤有关系，我先总理之所以提倡民生者，谅非此意。矧游牧关于工商，裨益匪浅，应速奖励扶助，不当摧残破坏，已开垦者姑置无论，未开垦者迅速禁止，则蒙民生活，庶其有豸，巩固边陲，胥于是赖。以上陈述保留盟旗制度，维持《待遇条例》，禁用开垦，以图生存等事项，业经盟长等飞电垦〔恳〕求，幸蒙政府采纳，于《约法》第七章第二节第八十条载有蒙古、西藏之制度，得就地方情形另以法律定之等语，并议交立法院办理，仰见政府一视同仁，体念边陲之至意。但法律本乎人情，立法尤采诸习惯，内蒙情形既属特殊，所有以前之垦〔恳〕请，伏乞俯念边防重要，予以充分探〔采〕纳，明令公布法律保障，使内蒙民众安居乐业，勿相惊扰，于民国前途莫大希望，则不胜切祷待命之至。哲里木盟盟长齐默特色木丕勒，昭乌达盟盟长扎葛尔，锡林果勒盟盟长索纳木拉布坦，乌兰察布盟盟长云端旺楚克，伊克昭盟盟长沙克都尔扎布，呼伦贝尔副都统贵福，阿拉善亲玉〔王〕，搭旺布加拉，察哈尔代表卓特巴打叩。漾（二十三日）。印。

内蒙各盟旗驻平代表会简章

第一条　本会定名内蒙各盟旗驻平代表会。

第二条　本会以协进内蒙各盟旗一切事宜，并谋蒙众利益为宗旨。

第三条　本会代表，由哲里木盟、昭乌达盟、卓索图盟、锡林果勒盟、乌兰察布盟、伊克昭盟、呼伦贝尔旗、察哈尔十二旗、阿拉善旗、额济讷旗、西土默特旗、依克明安旗各派代表一人组织之。

第四条　本会各代表，由各盟旗长官择名望素孚、熟习蒙情者派充之。

第五条　本会由各盟、部长官，指定首席代表一人，总理一切事务。

第六条　本会所有一切事务，由代表会议表决之。

第七条　本会开会，由首席代表召集之。

第八条　本会选任秘书长一人，秉承首席代表意旨掌理会务。

第九条　本会各股之职权如左：

1. 总务股，掌管文牍、会计、庶务、交际及不属后二股之事项；2. 文化股，掌管关于筹划教育、编辑书报、提倡学艺等事项；3. 经济股，掌管关于发展牧畜、振兴工商等事项。

以上各股设主任一人，股员若干人，及雇员若干人，均由代表会委任之。

第十条　本会经费，须经代表会议编造预算，由各盟、部分担之。

第十一条　本简章如有未尽事宜，得由代表大会修正。

第十二条　本简章自本会成立之日施行。

《蒙旗旬刊》

沈阳东北政务委员会蒙旗处

1931 年 3 卷 15 期

（李红权　整理）

蒙古青年同胞应有之觉悟

暴子周　撰

蒙古民族，素以强盛之风称于世界，有统一欧亚两洲之光荣历史者，非为蒙古创造，为东亚民族吐气，历艰险尝困苦之元太祖，身经百战而获之结果乎？当是时，不惟我蒙古一族之地位提高，即全东亚各民族之地位亦超然于地球之上矣，是故有黄祸可畏之呼声，遍于欧西，不惟无敢来侵犯我国之境域，且皆以东亚民族是瞻：所以版图之大，威力之盛，古今罕比。惜乎！元太祖之不在矣，自明至清，满人奸猾，畏我民族之强悍，团结力之雄厚，欲保其帝位于永久，遂施笼络之毒策于我同胞，倡佛教，封王公，减少我人口，消灭我势力，致有今日之一败涂地，处于落伍弱小之地位，为自己耻，被他人怜，此其所以为我蒙众青年同胞最大惭愧也。虽然，此为已往之陈迹，已遭之覆辙，姑无庸再论矣，然我蒙众同胞，前虽遭如此痛苦，似此祸害，犹浑浑噩噩，延其残喘，以迄于今，未至尽灭者，乃因彼时世界潮流之趋势，未有若今之甚，而世界陶汰之发生尚在萌芽，故我民族虽受满清毒策，仍能存在于世界，然而以现在环境之恶劣，野心之觊觎，帝国主义之侵略，其危险之甚，可谓万倍于前矣。是故我蒙众青年同胞，为蒙族计，为国家计，应有真实之觉悟。

现值革命成功，青天白日照曜华夏，三民主义实现之期，我蒙众同胞之前途，可由此发扬光大矣。惟中央以我蒙众同胞，智识幼稚，迷梦方殷，是以惊破沉梦，创办各种报刊，如东北之《蒙族〔旗〕旬刊》，南京之《蒙藏周报》，专以领导蒙族之智识示以光明之大道，剀切说明，晓以利害，爱蒙之热诚，已达沸点，所以我睡梦之同胞，如得晓钟之振响，顿然醒悟，似病获良剂，精神勃兴，方知本身所负之重责，乃抵抗赤白帝国主义之侵略，巩固边防，拥护中央。惟以我蒙众同胞，智识幼稚，积弱难返，虽有如何之指导，只付之于觉悟，继生浩叹而已，对于各帝国主义之侵略，不惟无力抵抗，且深受其压迫及祸害，故万恶之赤俄，虎视于北，野心勃勃之日本，窥伺于东，皆以我蒙地为囊中之物，可分之瓜，垂涎跃跃，辗转欲逞；我蒙众同胞处此危机之下，实为生死之关头，倘不积极自奋自救，不惟我蒙族之存亡所关，亦国防上之一大祸害也。此我蒙众青年同胞应觉悟者一也。

我蒙众同胞，自受满清之毒策，危弱至今，所有民智、文化，及其他种种精粹无不落后；故我蒙众同胞，虽处于如何之危境，如何帝国主义之侵略下，毫不觉痛痒，所以张副司令有鉴于此，欲开辟蒙族智识，提高蒙族文化，首先设立辽宁蒙族师范学校，造就蒙古青年人材，其用心之热，可以概见矣。我蒙古青年同胞于此时极宜专心向学，努力前进，以求智识之通达，学业之成就，而符培养之深心，立将来为蒙族为国家服务之基础；万不可浮心荡漾，作逍遥之思想，置蒙族之存亡于不顾，国家之安危于度外；庶几帝国主义不难消除，蒙古民族亦易恢复原状，而党国之基础遂巩固矣。此我蒙众青年同胞应觉悟者二也。

现在国内军阀完全铲除，为民造福之国民会议亦告成功，从此三民主义之精神，亦有实现之期矣。我蒙古落伍、弱小之民族，亦将获扶助矣，我僻处边陲、文化蔽塞之蒙古地方，亦将建设矣，我浑浑噩噩之蒙众同胞，将得睹青天白日之光华矣，我水深火热之蒙众同胞，将安于衽席之上矣。但我蒙众同胞，于此危险万端之际，获中央之提携、扶助，虽抱无限之乐观及感戴，决不宜忘弃自身之重责，而辍自奋也，求学者尤宜努力决心，作事者更应勤奋自勉，以与中央扶助之资，俾竟全功。此我蒙众青年同胞应觉悟者三也。

我蒙族之落伍、弱小，已非一日，追溯厥因，有数百年之历史，而今日之少数青年热心同胞，慨蒙族之危弱，往往归咎于各王公、扎萨克，以庸愚昏昧，守其传统之思想，尊其爵位，威其势力，其于人民之痛苦流离，漠不相关，政治不刷新，教育不改良，置民族之存亡于不顾，所以每念必打倒王公，方能救济蒙族之危弱。理虽同然，但其所主张，似乎太过，其王公之思想腐旧，固不容现代之潮流，但政治不刷新，教育不改良，亦不必抱绝对打倒主义，须知王公之存在与否，无关重要，只要为民众谋幸福，为种族图自新，为国家尽责任，即可矣。是故政治腐败，我青年同胞，宜建议促其刷新；教育为民族之命脉，亦为立国之基础，倘各王公不加意提倡，使之发展，我青年同胞宜提请王公，设法改良之，以便造就人材，为救济蒙族之要素。吾意各王公亦宜斟酌损益而容纳施行之，决不能以王公自居，拒绝青年之要求。且各王公亦宜扪心自问，虽思想腐旧，亦必知自身存亡之何如，设使拒绝青年之建议，不图政治之良善，教育之发展，坐视人民之颠沛流离而不救，吾相信各野心家即乘隙而入，此时蒙族不在，王公焉存？故为王公者亦宜思维利弊而行，为青年同胞者亦不必以打倒王公即为救蒙之图。此我青年同胞应觉悟者四也。

我蒙众青年同胞，爱族、爱国之心虽热，而好高务〔骛〕远之心亦颇盛，惟须知处此危机四伏之境，千钧一发之际，诚非以好高务〔骛〕远之心所能持久而渡过者，必须效法元太祖忍苦耐劳之精神，服务于国家社会之心理，求真实之能力和智识，以期学成之后，为种族谋幸福，为国家图富强，决不可以好高务〔骛〕

远之心，而误将来前途之发展。此我蒙众青年同胞应觉悟者五也。

以上各端，均系老生常谈，未免为阅读者发生烦厌，但以我五中素积，贡献我同胞，惟祈我蒙众青年同胞，在此时间，勿事徘徊、游疑，努力前进，以救我族之危亡和拥护党国为最大目的，然后与内地同胞，共同联络，共同团结，齐心协力，去打倒帝国主义之侵略中国，以谋中华民国之永久和平，与世界各列强并驾齐驱，蒙古幸甚，党国幸甚！！

《蒙旗旬刊》
沈阳东北政务委员会蒙旗处
1931 年 3 卷 16 期
（李红菊　整理）

新疆与蒙古

A. R. Tamberg　撰

　　美国通用汽车公司职员丹伯氏（A. R. Tamberg）新近游历新疆、蒙古，到沪后曾与沪上新闻记者谈论西北情形。并谓新疆为全世界产金区域之一，际此金贵银贱风潮澎湃之际，对于新疆尤堪注意。新疆其他之名产以及蒙古之近况，氏亦述及。爰纪述于此，想为注意西北边情者所乐闻也。

记者

　　新疆现有避难俄侨约五万人，平均每年入境者有一万人。此项俄侨中大半为哥萨克人，其他由南俄逃入新省之曼农人（Menno-nites）亦不在少数。此种难民多系因财产上受苏俄当局压迫，逃往新疆。据哥萨克难民称，在俄境每年只许养羊二十头，超出此数即被充公。来华后可以免去此种限制。至于曼农人之逃入新省，大概不外两种原因：其一由于宗教之惩处，其一由于土地之没收。此种人原系德籍，于二百五十年前始移居俄国南部与西比利亚中部，因彼等勤苦耐劳，故拥地甚多，以前于俄国农业之发展，颇有所供献也。

　　俄国难民入新疆者多寄居省会迪化附近，该地又名乌鲁木齐，义为红庙，又名小南京。迪化处新省北境，在北平西北八千六百华里（合二千八百英里）。新省面积为全华各省冠，据估计自四十万英方里至五十五万英方里，较川省大二倍，较东北三省亦大若干。其人口只六百万，比较上可称稀少。迪化居民种族，至为繁杂，有汉、满、蒙、回、土、犹、印、俄、阿富汗等族，五方杂处。据中国史籍所载，自纪元第一世纪即与西域交通。但实际与新疆接触，则当以十三世纪成吉思汗西征后为肇端。一八八零年清军由甘肃征服新疆，是为中国权力在新省确立之始。

近顷新省主席派代表至南京，请国府敷设通新省之铁路与汽车道，并举办航空交通。查此种举动之原因，不外由于畏外人之侵略，与东省情形相同。东省所畏者有日、俄二国，新省虽只畏一俄，但情形实较东省为严重。盖新省交通完全与内地隔绝，而西与北两方面，均与俄境相毗连也。尤可虑者，近顷苏俄土西铁路完成，与新疆边界成一平行线，衔接贝加尔湖以西之西比利亚铁道。此路通后，凡入新疆者，均取道于该路，即货物转运之出入亦然。故行旅者须先取得苏俄允可。吾人如欲入新，取道陕、甘与晋北，似亦无不可。但沿途须历时七十五日。今如由沈阳经西比利亚及土西铁路入新，则需时只十三日，即可抵迪化。其间十日为火车程，三日为汽车程。迪化与土西路之艾古斯站（Aiaguce）间，有汽车路可通。此外迪化有四路通各大城，通吐鲁番之路计长三百里，通伊犁之路计长一千五百里，通塔尔巴哈台（蒙境）之路计长二千里，通古城子之路计长三百里。

多年之前，道胜银行曾运汽车三十六辆入新，但该车均于中途撞坏，抵目的地后，只有一辆完好。现时新省有汽车约五十辆，大半均系美制。近顷新省代表在沪宣称，将增购汽车二百辆。据称现时由张口赴迪化，十三日亦可到达，惟途中经外蒙古境，须取得苏俄之许可，此事至不易办到。由中国本部入新之二大路，现均控制于苏俄之手矣！

新疆实为中亚细亚之天府，亟待开发。此种事业，不应为个人之私利计，实可与新省人民以及全世界以莫大之幸福。新省境内多山，北有产金之阿尔泰山，中有天山，南有昆仑。亚洲大河之一之塔里木河，蜿蜒省境，长凡一千二百五十英里。其下流并不入海，而消失于沙漠中，其尽端为一小湖，该湖并无支流。据传该河经地下与黄河相通。该省气候悬殊颇甚。吐鲁番于二月间即群花竞发，而在东北二百英里外之昌吉县，则尚冰雪载途也。该省行旅事件，颇为艰难，且多用驼、马。

际此金银风潮澎湃之日，吾人对于新省尤堪注意。盖彼间为全世界产金区域之一。在阿尔泰山从事采掘金矿者约有五六万人之众。用此项古法开采，每人每五个月平均能采十"盎司"，每人每月向省政府纳税四分。此项生金均为苏俄所吸收。有人主张以为办理新疆与内地间之航空事业，即专借运金一事，已可给养此项航空事业。据实地调查者谈，如开采方法仿照美国在菲岛与英国在南非之新方法，则金之产量将大有增加。倘令中国有法开采此矿，归政府保有，则中国币制与财政问题，将迎刃而解。即采用金本位，亦不无可能矣。

新疆出产，除金矿外，尚有其他矿产，如铜、煤、煤油、宝石之类；并有松、柏、赤杨等大森林。据调查人称，新疆所产之煤，品质极佳，内有一种"头煤"，可燃烧二十四小时之久，所余灰烬极少。另有一种"生炭"，热力极大，可供冬季炉火之用。"蓝炭"则无烟无臭，可供烹饪。彼间油井甚多，居民常汲取粗油以供灯火之用，其沉淀渣滓，则可涂抹屋顶。此油样品曾经寄美化验。该省重要输出物品之一为皮毛。凡貂皮、银鼠、灰鼠以及虎、豹、熊、鹿、狐、狼、犁〔牦〕牛、骆驼、水牛、羊羔等动物皮毛，应有尽有。此项出品均系运赴苏俄后，更在德国精制，以销售于世界市场。其中尤以羔皮一项，纤泽〔细〕卷曲，弥足珍贵。其中紫羔一种，在沪售三百元一袭者，在新疆只售二十元。又新疆产棉与蔬果之属，葡萄干运销苏俄者，为量颇丰。近来哈尔滨市上，亦有此物出售。又有香梨一种，鲜嫩异常，苟失手坠地，即可跌成多片。此梨出产丰富，每箱二百枚，只售银洋二元耳。

新疆出品中较金更为珍贵者，有药草一种。此项药草计分三等：曰雪莲；曰雪蛙；曰雪茧。雪蛙草作淡黄色，在中国市上，每本值美金五百元。此种药草产在高山绝顶，出海拔数千英尺，欲往采集，殊非易事。山中有一著名疗养院，即以此种药草，供病人之用。该院所在地为帕米尔之卜喀塔山高原。院临湖上，湖水清澄为水晶。该高原在海拔一万一千英尺至二万五千英尺间。此间游客麇集，除养病外，多为往道院进香之香客。院中缁流约有二千人。

丹伯由天津出发赴新时，为去年九月二十一日。目睹沿途除道路崎岖、盗匪充斥而外，加以关卡重重，征敛繁苛，殆不胜其烦扰。十月五日自张口出发，循张库道前进，此程计长八百英里。据华方声称，由张口前去，至离张口三百九十八英里之乌得地方，始有蒙人。但启行未久，突闻枪声劈拍，有蒙古骑兵一小队，手执来福枪，露刺刀相向。各蒙兵均衣苏俄密探制服，上前盘问，操俄语至精熟。丹伯随蒙兵行二英里，抵一帐幕，中有一蒙古官长，亦衣苏俄制服。丹伯复偕该官长至三十英里外之税关，在彼遍受检查，并呈验护照等。此后途中并未遇任何事件。惟行近库伦时羚羊颇多，见汽车行过，横跃车箱而过，状极矫健，初见之至以为异。张库大道沿路，颇为修整，路上时见运货汽车往来。此种车可装载货物二吨半，并能搭客八人。十月十日行抵库伦，沿路计费时五日。

库伦为外蒙首都。彼间受苏俄影响甚大。有汽车路直达俄境，由彼可直接驱车赴西比利亚铁道之维尔尼·乌丁斯克站。该城在贝加尔湖以东。氏由库出发后，乘汽至车〔车至〕阿尔丹·步拉克，计程二百三十五英里。更乘飞机抵维尔尼·乌丁斯克，计程为一百八十英里。由彼更转搭西比利亚火车入新。

外蒙现已更名蒙古独立民国。然在实际上，政治操自莫斯科。凡蒙古官员〔府〕均聘有苏俄顾问或教练官。行政制度均按照苏维埃政府。外蒙政府有总理一人，阁员八人。因蒙俄接壤，疆界不明。人口约六十五万，其中有二十万人为喇嘛。人民生育率极低，人口日形减少。人口一半均居于库伦，其余则为游牧部落，逐水草往来，并无一定居处。蒙古北境，有中国农民颇多，以耕种小麦、荞麦、菜蔬等为业，垦熟地点约计六万英亩。以前蒙古商业均在华人之手，自苏俄侵入后，华商几全部被逐，商务遂全入苏俄国营贸易机关之手。其中最重要者，为"蒙古转运局"、"蒙古中央合作社"、"施笃蒙"（Stormang，义为苏俄蒙古贸易局），蒙古贸易全在三公司之手，其余惟有中蒙边境之私营贸易。蒙古输出货品有皮毛、革与香肠皮等，每年约值美金三千万元之谱。此种原料，均系输入俄境。以前此种货品均系运往天津而销售于国外。外蒙输入品每年约值美金六千万元，包括烟、茶、酒类、棉货与汽车等。凡此种种均系来自苏俄。其精华均萃于库伦一城，今该地已完全在苏俄之掌握矣。

该城有银行一，名蒙古民国银行，名由蒙政府财部管理，但实际则归莫斯科委任之俄人职掌一切。其币制单位为"土格立"（Tugrig），据苏俄政府所定汇率，为美金四角八分五。苏俄政府绝对不许中、蒙间邮件直接往来，或通无线电讯。中国寄往库伦邮件须经西比利亚铁路维尔尼·乌丁斯克站寄往库伦。二地间并有航空飞机往来。一九二七年至一九二八年，蒙古与外间交通，完全入苏俄之手。苏俄并在蒙古创行一"蒙古五年计划"，内容与苏俄五年计划相等。一九二九年至一九三〇年，苏俄运汽车一百八十一辆入蒙，内有九十四辆为美制，八十七辆为欧制。苏俄在库伦设一汽车交通委员会，凡购进何种车辆，均须经该委员会决定。

本年该委员会决定，拟购客货车三百辆云。

《东方杂志》（月刊）

上海商务印书馆东方杂志社

1931 年 28 卷 5 号

（朱宪　整理）

外蒙的见闻

畏之 撰

绪言

外蒙自从苏俄操纵独立后，除了些头脑单简、糊涂不清之买卖人外，谁也不能进去，故外蒙差不多成了谜样的地方了。虽然近来的报纸都常有外蒙之消息登载，但只不过其中之一二，皮毛上谈谈而已。这块黄沙白草，荒僻人稀的地方，现在已经为人所注意了，苏俄固不必讲，东邻的日本无时不在虎视眈眈中，甚至远处西半球的美国也因满洲问题而联注及她。人们既这样的注意她，可是外蒙现在里面的情形怎样，这个谜尚未见有人解答，纵有，也是答得不完全，一些零零碎碎而已。我前时幸得有机会到过外蒙，时间之距离尚不久，故我现在将外蒙的谜解答出来，使国人对于她的情形稍为明了一些。可惜我留蒙时间不多，而且行动不能十分自由，兼以文字语言不懂，故关于外蒙文字上的材料不能得到（也不肯容易给人），只有将询问他人和自己观察出来的略为一述。

一　去蒙之原因

这是一个夏天的时候，我从欧洲乘火车回国。当火车停在西伯利亚途中伊尔库次克站时，三等客位中多来了一位年约五十余岁的同胞，我们因异地逢同胞，不免了大家倾谈起来。谁知一谈起来，就是从前我在北平时所认识的一间商店的老板。别后，我去了欧洲，他则往新疆和外蒙经商了。这次他由新疆出而往外蒙，于是我们就谈起新疆和外蒙的情形，尤其是外蒙的情形更令我发生兴趣，于是引起我入蒙的想头。因外蒙限制外人入口极严，故想得入蒙之护照极不容易，经我多次恳求他的帮助，于是到了上乌金司克站，他乃用他的手段和情面去托人把我的护照领来。

上乌金司克是由俄入蒙之孔道，是布利雅族蒙人的都会，苏俄的自治邦，处于赤塔与贝加尔湖之间。从伊尔库次克到此，车行约一天多。当车过贝加尔湖（传为苏武牧羊时之北海）时，绕湖边而行，经过五十余山洞，约行十几个钟头方得走尽。当时则见水平如镜，一望无涯，湖边有贩卖熟鱼者，三五成群，邻湖诸山，仍有蒙蒙白雪在其顶上。从贝加尔湖行十几个钟头，才到上乌金司克。此地华侨不少，多做苦力，小买卖的也有，中国亦有领事馆设立，从前冯玉祥联俄时也设立一所交通机关，设主任一人而管理之。我们在此住了一天，乃在晚上乘小轮向外蒙方面去了。

二　入蒙的路径

入蒙的路径，约有几处，现在我大概将这几处的路径讲出来，然后乃讲由俄入蒙这条路的情形。从国内入蒙的路径，一为由张家口，一为由甘肃之宁夏，一为从哈尔滨；从新疆入蒙那一路是最困苦，从俄入蒙的则最便利。由张家口若用汽车，四日可抵库伦，用骆驼要两三个礼拜，用牛车则要三个月。从前未有汽车时，唯一的交通器具就是骆驼与牛车，现在已多乘汽车，而运货亦尚有用牛车与骆驼的。盖牛车与骆驼可以省费，如果货物不是赶来应市的。有一次我遇着几个拉牛车的"老乡"刚刚运货到库伦，于是问他们这批货行了多少时间，他们说："差不多有三个月了。"他们每年往返至多三次，而所得的运费只不过六七元至多十元，有时三四元亦不定。每人要管几辆牛车，各车都是互相牵连，故路上管理尚易。然以数月风餐露宿的生活，有数辆牛车的资本，所得报酬只不过数元，可知北地平民生活之低微，谋生不易了。

　　由宁夏之路，要经过大戈壁〔壁〕，故多用骆驼。用汽车亦可以，但要经过下雨之后。用汽车至多十天便可到，用骆驼要两个多月，且麻烦得很，要预备帐幕、灯火、食料等东西。从前冯玉祥联俄时，所有接济俱由此而行。至于由哈尔滨之路，是用汽车的，时间不多，交通也便，大概两三天便可到，欧美之商品，多由此路输入。新疆那一路是很少人往来（往来的多由西伯利亚乘车转入），闻犯人判决充军的则行此路。这几路的情形已简单地略述了，现在我来讲从俄入口的路径罢。

　　由俄入蒙有两种路径：一种是直接坐汽车，一种是半船半车。如直接坐汽车则两天或多些可到库伦，否则要三天。但半船半车的路径，只在夏天可用，冬日河水结冰，虽欲行而不可得。我们当时是采取水陆各半之路，因这样的路径，较为舒服一点。在一天的夜里，我们从上乌金司克乘火轮向恰克图去。此河是色楞格河之支流，故无风浪，水平不波。从上乌金司克到恰克图约十四五小时的水程，但这只到恰克图码头而已。从码头要乘六七个钟头的马车方得到市内。我们抵恰克图码头时，适为下午八时，故乘马车所过的时间尽是夜里。那时虽在盛夏期间，但在车中要穿皮衣，否则鼻涕时流，身冷脚痛。当时亦甚凄凉。

三　恰克图与买卖城

恰克图是俄国与蒙古接壤之地，我国在十六世纪时所订之《恰克图条约》，就是在此地了。此地距离买卖城甚近，只不过坐二十分钟的汽车便可赶到。华侨在恰地的也不少，他们非做苦力，即做小买卖。此地最特色的就是红色的兵房特别多，一连有二十余座，随地都是兵士，这是在俄国境内所未见过的。据闻此城有二三万驻防军队，可知俄国对边防之注意了。我们在恰克图等了两天，乃有往库伦之汽车。这种汽车是运货的，人坐在行李、货物之上，也如货物一般，殊觉不适。从恰克图出口要经过税关和国家政治警察处之严重检查，得了检过证乃可直行无阻。当车将到买卖城，在半途之中，已有蒙兵上前来阻住要讨护照检验。检查过护照后，乃将我们带到税关处，将所有东西检查一下，然后方得自由行动。闻苏俄现拟从上乌金司克起筑铁路直达库伦。若然，则俄蒙之交通更便。

买卖城约有二三百间店户，商业俱操于华人与俄人手中，蒙人则除了一间蒙古实业银行支店与合作社之外，绝不关事了。

四　从买卖城到库伦

从此晓行夜宿，在路上过了两夜才到库伦。途中约百余里有一站，站中有人贩卖食物和茶水，以便旅客休息之用。一路都是崎岖山道，羊肠小径，几百里都不见人烟，只有荒山白草触于吾人眼帘。间亦可见牛羊，成群结队地在荒山中跑来跑去。忽然在荒郊中有很多帐幕，牛马亦很多见到，这是库伦之附近了。无何，见着一枝红旗竖在一间房子之上的，这是库伦税关了。既见红旗，几疑我身仍在俄境，殊不知外蒙的国旗也是红的，国徽也是星形，只没有斧头镰刀。到了此地要受检查的麻烦，差不多被困一天，然后乃得自由行动。外蒙的检查尤其是库伦的，为我所走过的地方未曾见过的严酷。俄国的检查本是比其他国家严重得多，但多少总有点西方人的色彩，举动较为文明些，且对于身体很少检查，而所检过的东西仍照样放回。一到蒙地，尤其是库伦，就把东方的文明表现出来。他们先把受检查人困在一所臭味扑鼻、苍蝇满地的黑房子里面，至少要困四五个钟头，然后那些蒙官老爷才叫出来逐个检查。不仅要将所有的行李乱翻乱拆，破乱得不堪，而且要将衣服脱得光光净净，赤身裸体地随他检查。从口、头发，而至屁股、阴毛，统统都要看过，没有一点怀疑的东西找出来，然后释放。若是字条书信，凡有字迹的纸张检出来，就有受罪之虞。幸得这种情形，我们预先已经明白，故无事情发生。检查后，领了一张检过证，乃得入库伦市自由行动。这种检查的方法只施于我国人，对俄国人却很随便，这可明白其中的情形了。

五　库伦一瞥

库伦是外蒙的都会，这是旧时的名称，现在已叫做乌兰巴图尔哈图了。所谓乌兰乃是赤色，巴图尔是英雄，哈图是城市，这个名词一气讲，就是赤色英雄城，或赤勇城之意义。上面讲过她以红旗为国旗，便可知其意义了。虽然她改了名字，但中国人仍以库伦为称。此城有东西之分，故有东库伦与西库伦之别。一般人所讲的库伦都是西库伦，因此地为经济、政治之中心，故一般人皆注意于此，而由她代表全库伦。东库伦又名东营子，与西库伦约距二三十里，从前此地商业颇为繁盛，现则已市面萧条，商店关门者居多。盖因外蒙内乱时秩序大乱，商店受劫甚大，过后不能复原，尚留余者亦多移于西库伦了。全库伦之人口约有五六万人，在这几万人口中，华人占了一半，其次则为俄人，又其次则为蒙人。这三种人所住的地方都自然而然地成了一个区域，好像租界一样。华人住的区域大，都是北方式的泥房子，俄人则住洋房，蒙人则住帐幕——蒙古包，若是有点钱且染了些俄国气味的多住洋房，大概以政府中人物为多，这是一件颇奇怪的事。凡到夜晚，若是华人走到蒙人区域，则他们的狗会成群地向华人吠且走近来咬，反之亦然。故在库伦居住，夜晚行路非常要小心的。盖蒙古之狗，世界上有名恶且毒的，所以常有咬死人之事。一到夜晚，整个城市都是一片汪汪的狗吠声。

蒙古的社会是游牧的社会，这是谁都晓得的。我以为一定有人以为在这样游牧社会的城市，必是凄凉孤寞。谁知竟出意料之外，她已是一个有"现代化"的城市了，凡是我们在大都会所享受的东西，在此地多可享受；如西欧式的戏院、洋式旅店、餐馆、各国各式的商品等，交通上比上海较文明的，就是没有人力车，只是马车与汽车。库伦虽是一个现代化的城市，但因地理上之关系，常令初到之人颇觉不适。如气候之不良，风尘之巨大，街道之肮脏，骨头遍地，尿粪满街，苍蝇满天，这些都是令人讨厌的。食水乃用郊外颇清之沟渠水，冬天则将冰块取回屋里融化而用之，故居民常有霍乱、痢症之发生。一日三变，早寒，午热，晚冻，这是库伦夏日之天气。若遇天雨，有如初冬，棉衣固然要穿，有时也要穿皮衣。"大风起兮尘飞扬"，这是在库伦常遇着的。若遇风起，人方走路，此人必要站定，待风稍杀，方能再行，因风起时，尘土吹个满面，不能开眼，否则会有变瞎子之虞。但一下雨，则路途泥泞不堪，有行不得也哥哥之叹。"天晴一炉香，下雨一缸酱"，这两句话，可尽将库伦之地方形容出来了。

六　经济概况

A. 地势

凡欲明白一地之经济状况，必先要晓得该地之地势。盖地理之影响，经济状况因之有所不同，故未讲外蒙经济状况之前，先讲一讲外蒙之地势。

外蒙古之地势，东界黑龙江，东南一小部界辽宁，南界热河、察哈尔、绥远及宁夏，西南界新疆，西界俄领之塞密巴拉敦斯克省，北界俄领托木斯克、叶尼塞斯克、依尔库次克等省。国境延长约一万五千二百余里，接于我国的虽有千五百余里，然接于俄国的有三千里[1]。据王金钺〔黻〕《中国分省地志》所载的面积数目为四，八八六，四三二方里。据满铁俄人那本《外蒙共和国》所载则不过约二百万方里。她的面积约当俄国的十五分之一，较之战前英、法、德三本国总面积还大，等于中国面积九分之一（中国面积合外蒙计算为四四，九一七，五三六方里），大于日本者约二倍半。全境位于我国内地之极北，有戈壁大沙漠横亘其南部，故外蒙全境系一有名的高原。

B. 气候

她既是处于一个高原的地方，故去海甚远，所以发生大陆性之气候，寒暑皆烈。上面讲库伦一日三时变之天气，就可知其气候是大陆性的。全境风多雨少，秋后更多西北风，八九月之交已渐飞雪（岑参诗云：北风卷地白草折，胡天八月即飞雪）。冬期冰厚

---

① 原文如此。——整理者注

达五六尺，常冷至零度下五六十度，须至四五月之交，冰雪才能融化。

C. 产业

她的地势和气候，我们已经晓得了，那么，她有什么出产，亦容易明白了。照她的地势和气候看来，她的生产品当然是很少，农业是很难，假如不用科学的方法；故除了游牧，其他都不相宜，所以她的出产多在于畜牧。虽然她有丛杂的山脉，高原的地势，但是森林和野兽之生产，皆不甚繁盛。盖外蒙因气候严寒，雨水很少，故植物不繁，境内森林极少，只北部有之。至于畜类以牛、马、骆驼、羊及山羊五种为最主要。而牛之中又分犁〔牦〕牛与蒙古产牛之别，故每年之出口皆以此等物与皮毛为大宗，这就是她的产业。因他们之落后，故每年产业受自然支配过甚之损失很大。如冬天青草几绝，家畜受饥而死的很多，尤其是小牲畜生于冬天，更不能免于一死。没有防备豺狼之方法，致每年为狼所毙之家畜很多，据人统计，年达数万至数十万。冬天太寒，受冻而死的畜牲也不少。至于家畜生了病，则无法可施，只有眼睁睁地看着畜牲一群一群地病死。因此，他们的财产，是靠不住的，常常有很多人，早上是富翁，晚间便变为穷鬼了。

D. 家畜之数目

外蒙既以家畜为产业，故外蒙所有家畜之统计是很重要的。他们有多少家畜呢？他们自己对于家畜的统计是很少，不过有些外国人常肯费点气力去研究统计。外人对于外蒙家畜之统计，以马、牛、羊等五种为标准。如俄人的恰克图铁道敷设计划会议的一位参加者谓，外蒙的家畜数目：有马二千五百万头，牛二千万头，骆驼二百万头，羊七千五百万头，合计一亿二千二百万头。俄人的织物会社攸米尔兹伦登里氏则谓，蒙古的家畜数目，在二十世纪初期，马千二百五十万匹，牛七百五十万头，骆驼百万头，羊二千五百万头，合计四千六百万头。一九一〇年莫斯科的商业探险队估计外蒙有马七百五十万匹，牛一千万头，骆驼及犁〔牦〕牛二十二万五千头，羊及山羊二千万头，合计三千七百七十二万五千头。包罗邦氏的调查，马二百万匹，牛一百万头，骆驼十二万五千头，羊八百万只。被尼姑森氏的调查，马五十万匹，牛四十五万头，骆驼七万头，羊二百万只。日人吉田氏的调查，马二百二十万匹，牛一千五百万头，骆驼三十万头，羊二千二百万只。又俄商大布勒西亚氏，当欧战时，曾费去年余的工夫，五千元资本，亲往外蒙调查，计有马二百四十五万匹，牛一千零五十四万头，骆驼二十七万头，羊一千一百五十万只。其中三分之一是蒙古自己消费，其余是运往他处。俄国工商组合会，在一九一九年组织俄国贸易调查特别委员会，推定马三百万头，牛二百万头，骆驼二十万头，羊及山羊一千万头，合计一千五百二十万头。俄人马依斯基，在一九二一年出版的《现代蒙古》一书，根据蒙古一九一八年的调查统计，及他自己的调查，据他自己说是比较的靠得住。他的统计是共有马一，一五〇，五一一匹，骆驼共有二二八，六四〇头，各种牛共有一，〇七八，四〇七头，羊及山羊共有七，一八八，〇〇五头。上面这些统计，多少不一，殊令人莫知所从。然在事实上因蒙古自己无一种科学之正式统计，欲知确数是很难的，这些数目都是一种估计，故皆不免有靠不住之虞，我们只知其大概便罢。上面所述的这些家畜，就是外蒙之产业，也是他们之财产。他们除了这些东西之外，工农业的生产品，全不关他们之事。

E.　商业

外蒙因无工业品和农产品，故粮食及各日用品俱靠外来，因整个库伦市的商业，也是整个外蒙的商业，都为华、俄人所占有。虽蒙政府中人亦有数间稍为大点的商店开设，但仍不能操纵一切，假如不用压力的话。库伦最大之商店为苏俄国立商务股份公司（Gosstrog）和蒙古中央合作社（Moncenkop）。这两间商店有如上海之百货商店一样，各种各式的商品都有售卖，在买卖城与乌梁海等地都有它们的支店。华人多卖米、面、煤油、油、布、茶等日用必需品。俄人则多卖苏俄和欧美之商品。前几年，外蒙之粮食和日用品多来于津、平，故我国北部如有战事发生，亦影响到外蒙。闻当奉直战争时，很多物品不能到外蒙，因此库伦，全外蒙忽然百物腾贵起来，尤其是粮食品。近来俄人天天增多，苏俄的国家贸易公司又助蒙人开设商店，故蒙人经商的也增多，物品亦多来自俄国，所以蒙政府一天天向华人压迫，非抽苛捐重税，则施以严酷取缔，此后华人在商业上势力一天天的衰落，人口也一天天减少。因为现在苏俄已尽力在外蒙，经营商业上多为操纵，加以蒙政府与他们打成一气来组织商店，华人怎能与他们竞争呢？我怕再过几年，如果是这样的继续下去，华人要绝迹于外蒙了。但华人之无商业道德，专做欺骗生意，这也是自取灭亡之道。如一件货品本来是卖一块钱的，若遇着蒙人来买则要三四块钱，或用假货代替，这是我亲眼所见，并不是无稽之言。从前没有俄蒙之大商店的货品来比较，还可骗过一时，可是现在他们已有大商店了，故他们多到大商店去买东西。

F.　金融

外蒙金融，全操于"蒙古实业银行"。不论国际之汇兑，货币之替换，俱由此银行理之。币制划一，无价格时高时落之弊。所有钞票，银毫与铜元之模样，俱像苏俄之卢布与哥比，盖俱监制于俄国。中国大洋亦可通行。当我到蒙不久，就禁止通行市面。后闻因蒙政府要收罗大洋，以铸蒙币，所以不准大洋通行。盖大洋之成色高于蒙币多多，这样的做法，于蒙政府是大有入路的。美金与英镑亦可通用。蒙古实业银行有资本数百万，为国家所办，钞票发行权是她所有，与该行有联络的闻为俄国之远东银行（Dal-bank）。该银行虽名为蒙古银行，实际上不啻俄国银行。盖该行所用之人员、部据，俱系俄人俄文，闻银行之资本，俄国也占了一半；虽内中有几个蒙人，只不过要来装装门面而已。我有一次去银行换钱，见着那些会讲俄语的，很快就完事，否则要等两三个钟头。不仅如此，凡蒙古之大商店和合作社，实权也是由俄人操纵，蒙人只不过听其驱策而已。至于邮局、电报局，完全是俄人管理，这是不用讲的。

G. 生活程度

以一个无工业品、农产品出产，而专靠外来物品的地方，寄于外人经济力之上的社会，生活程度并不低微，这是不用讲的。兹就库伦的生活程度而论，真是令人骇异。在库伦的物品，除了牛羊肉价廉之外，其余都是很贵。如理发一次，最便宜的要四五角，稍为上等的要一元或〈块〉半元。我走过很多地方，甚至在欧洲，我都未曾用过块半钱理一次发，只有在库伦曾用过。一餐的平常饭菜，至少要六七角，稍上的要一块钱或多些。

兹将库伦的物价列表于下：

种类	量数	价格
牛肉	每磅	一角
羊肉	每磅	角半
猪肉	每磅	七角
上米	四斤半	一元
中米	六斤	一元
面	八斤	一元
柴炭	十斤	一元
地球香烟	每包	角半

至于俄国之香烟，则较苏俄国内的贱一半，这又是苏俄之探拼政策（Dumping policy）了。

H. 社会性质

以外蒙之一般经济情形观之，则是一个游牧的社会，若以库伦之经济状况看来，则又是一个商业资本主义之社会。以社会进化之程序言之，由游牧社会进到农业社会，然后到商业资本主义社会，而至近代的社会。但是外蒙一方面既是游牧社会的经济，同时又是商业资本主义社会的经济，这好像有点奇怪。若照经济学上的道理讲，这并没有奇怪，这完全是受现代经济之影响而促成的。

现在的世界，是帝国主义——资本主义最高度的世界。这个时代的社会经济是世界性的，其组织已成连环链式了，故常常因小小地方的事变而影响全世界，就是这个道理。这种世界性之经济力，不论怎样荒僻的地方，都可打破，任你怎样的防备，也防备不来。我国从前不是"夜郎自大"、"闭关自守"吗？现在怎样？整个社会已变为帝国主义之市场，这是大家都看见的。库伦市面充斥了欧美之商品，其他如买卖城、乌梁海，差不多整个的外蒙，也是一样的有欧美商品出现。因此，外蒙虽处于高原之地、荒芜之区，也为这种欧美经济力所震荡、影响，而可缩短了一个时期之进化，走入商业资本主义之路，此所以库伦能有"现代化"之表现。外蒙之社会，虽大多数人仍以游牧为生，但经济主力乃在商业上，所谓经济领导权，实操于商人之手，且物物交换之事已无，所有交易皆以货币，故游牧经济乃前代社会之残遗而已。若是研究社会发展史和经济史的人，对于外蒙这种社会能研究一下，其帮助我们对于社会之发展的认识实为不小。

七　政治状况

A. 政府

我们已明白外蒙之经济情形，是走商业资本主义之路，故前时之统治者实不宜于现时之社会，因她常阻碍社会之经济发展。盖前时之统治者为王公、活佛、贵族、喇嘛等。这些东西都是将外蒙分开割据起来，事事保守，一种封建式的统治，这种统治的方式，于商业之发展甚为不利，故常与那些商业资本者冲突，于是那些新兴分子就发动起来，将前时统治者推翻，将旧时的政治组织变更，于是有现政府之组织。虽然她是中国之属土，但其情形实与内地不同，而且她是一种特别民族，故我论其政府之组织，乃与国内划开特别论之。实际上她已特别离开中国而组织了。我为使人易于明了外蒙社会计，不得不这样划开论述。至于外蒙应该离开中国独立组织政府与否，这是另一回事，不关此文之责。

外蒙之能够独立，完全受苏俄之影响，受苏俄之帮助，这是很多人都已晓得；因此，她的政府之组织也有类似苏俄。所不同的，就是苏俄是无产阶级专政，苏维埃之政府，而外蒙则为民主立宪之政府；而其组织亦为委员制，属于党治。政府之产生，并非直接产生于党部，而产生于国民代表大会，党只居监督之地位，使其奉行政策而已。此种方式，是苏俄之方式。盖苏俄政府之产生，并非产生于共产党，而产生于苏维埃代表大会。

B. 政党

外蒙之政党，只有一个外蒙国民党，在后又成立一个青年党，闻内蒙也有一个国民党，但各自为政，人物也不同，我不讲蒙古国民党，而讲外蒙国民党，乃使易于明白，故内外要分开清楚。外蒙国民党之起始在一九二〇年。其时，俄白党谢米诺夫败至库伦，怂恿活佛独立，但一部分青年蒙人，与布里稚〔利雅〕蒙人，在达乌里组织蒙族中央政府，因不为谢氏所利用，致为他所摧残取消。其后，蒙古青年与志士，及布利稚〔雅〕蒙人等，乃在恰克图组织蒙古国民党，这是外蒙国民党之起始，其首领为巴图鲁。

该党政纲，不外是脱离帝国主义与王公、喇嘛之封建制度的压迫，发展经济，蒙古民族之自由平等等。我们看看在一九二一年三月，尚未占领库伦之前五月所发表的宣言，便可知之。这个宣言虽不是纯然党的宣言，而是外蒙国民政府之建国大纲，但由此我们可以知其意义了。兹将其宣言之要点略述于下：

（1）政府以铲除封建制度为目的，故制定新法律，全国人民，不分阶级，一律有服兵役、服裁判之义务。

（2）制定纳税制度，凡人民不分阶级，一律有担负同一纳税之义务。

（3）废除奴隶制度。

（4）在大国民议会未开会前，以小国民议会为立法机关。

（5）以立宪君主之资格，保存活佛。政府立于其下，图民权之扩张，但活佛无批驳权。凡各政权，属之于政府及大小国民议会。

　　该宣言发出之后，极为苏俄所不满，乃以威胁之手段，提出数项条文要蒙人承认。蒙人受迫之下，不得已承认了有些赤色的条文，内容如下：

　　（1）外蒙之森林、土地、矿产，皆为国营。

　　（2）分配外蒙公有土地于蒙民的贫困劳动者。

　　（3）外蒙之天然富源，不得变为私有财产。

　　（4）外蒙之矿产，由苏俄劳动者共同开发。

　　（5）外蒙之金矿，让于苏俄工会，由俄职工会管理之。

　　（6）外蒙土地之分配，须照苏俄办法。

　　（7）除专利事业及特别权利事业外，保留私有财产之日用品的制造自由。

　　其后，外蒙国民党有些重要分子，不忍苏俄压迫，起来反抗，第因党内已受苏俄之阴谋操纵，起了分化，反抗失败，甚至枪毙了数名重要人物，党之总理包图鲁亦不能免，这是从一九二二年春至一九三二年秋之事。到了一九二四年夏，政府已变左倾，盖党内人物已非昔者，主持者多为拥俄之辈，于是蒙政府宣言，实行苏维埃之共和政治。是年冬，大国民议会开会，通过了《蒙古劳动民权宣言》，将库伦改为赤勇城，也是这个时候。宣言大意如下：

　　（1）蒙古为独立国民共和国，主权属于劳动国民，以国民议会及由该议会产生之政府行使之。

　　（2）蒙古共和国目前之国是，为铲除封建制之残余势力，而于民主制度之上，树立新共和政府。

　　（3）据此原则，政府宜依左列之施政方针施行：

　　一、土地、森林、水泽，及其他之土壤，皆为劳动国民之公产，以前之私人所有权，一律废止。

二、在一九二一年革命前所缔结之国际条约及借款，一律无效。

三、外国人在外蒙专横时代，借给个人之债务，在国民经济上为不可忍受之负担者，一律无效。

四、政府采取统一的经济政策，国外贸易，皆由国营。

五、为保护劳动国民权，防止内外反动势力之发生，编制蒙古国民革命军，对于劳动者，授以军事教育。

六、为确保劳动者的精神自由，应政教分离，使宗教信仰为国民个人之自由。

七、政府应将言论机关付与劳动者之手，以确保劳动者表示意思之自由。

八、政府应供给劳动之集会场，以保证劳动者一切集会之自由。

九、为保证劳动者组合之自由，政府须与以关于组合之物质上及其他的援助。

十、为增进劳动者之智识，政府须普及劳动民众之免费教育。

十一、政府对蒙古人民应无民族、宗教及男女之差别，承认一律有平等权。

十二、旧日王公贵族之称号，及其特别权利，一律废除。

十三、鉴于全世界劳动阶级，咸趋向于覆灭资本主义，建设社会主义，蒙古共和国之对外政策，应尊重全世界被压迫民族及劳动阶级革命之利益，以期与彼等之根本目的相合。

十四、在情势上，对于其他资本主义国家，虽亦以保持友谊关系为善，但对于侵害蒙古共和国之独立者，须断然抵抗之。

外蒙国民党之所以一天天左倾，实因俄人利用青年党以制之。青年党本是国民党之预备党，三十五岁以下之青年入之，此党之性质有如共产党之青年团，但实际上已与国民党对立起来且监督之。青年党之成立，乃在一九二一年之秋，全由俄人主持，党员初仅十三人，数年间增至万余人。一九二六年始表面归蒙人主持，实则后台老板仍是俄人。该党之中坚分子多为留俄之青年，与国民党中之平民出身的失意党员。盖因国民党中之重要分子，多有出身于喇嘛、贵族，苏俄认为这些东西多靠不住，容易右倾，于是乃笼络那些失意分子，而组织青年党以制彼等之死命，这是苏俄之阴谋，也是她的毒辣手段。青年党既〈将〉右倾分子打下，且又受苏俄之帮助，故该党之势力日大，国民党左倾之势亦日甚。

外蒙青年党之第一次大会，乃在一九二二年七月，当时议决一个纲领，其文略如下：

　　本党之目的，是要将蒙古国民，从外国资本主义压迫之下救出来，确保外蒙独立，然后国内求劳动民众之真正自由，并经济与文化生活问题之向上。

同时在大会声明说："蒙古青年党，非共产党，但今后要和世界革命的统一机关第三国际，提携行动。"由此可知其与第三国际之关系了。虽表面上非如共产党之直辖于第三国际，但这不过是一种掩眼法，避人耳目；实际上她已是第三国际之外蒙支部了。因此，外蒙自青年党成立以来，国民党内无时不有斗争，一直到现在仍未停止。其斗争之情形下节述之。兹将外蒙国民党之组织系统列表于下：

由上表观之，其组织系统有类于中国国民党。其全国代表大会乃每年一次，代表选出之法，为每党员二百人选出代表一名。中央党部，共执行委员四十五人，再推定常务委员数人。其入党之手续，须经过候补试验期间，时间以阶级而定，平民四个月，贵族、喇嘛八个月以上，资产阶级不许入党，青年党员到相当时期则升至国民党，这是采取共产党之方法。国民党员最多时八千余人，到一九二七年时，只余六千余人，盖有二千余人已开除了。以外蒙稀少之人口，能有这样多的党员，也算不少了。

C. 党争

外蒙之党争，自青年党之成立，就已发生，这是在上面已经讲过。党争之剧烈，乃在一九二二年春至一九二三年秋，这个时候，叫做恐怖时代，枪毙重要分子不少，甚至总理巴图鲁亦遭其害，这在上面也曾讲过。至于现在恐怕又要恢复到所谓恐怖时代的情形，我们由国民党领袖丹巴多尔基之被害，便可知之。

丹巴多尔基，蒙人简称丹巴，此名在蒙人里，无人不晓，盖他乃由苏俄之扶助而为党之领袖，继前总理巴图鲁之后。他是年约三十余岁，曾在俄国留学过的人物，故他俄语讲得非常流利，北平话亦会讲多少，因他从前曾在北平住过。我在库伦时，曾由一位蒙古朋友介绍见过他，他对人尚大方、和蔼，举动有些外国人之气味。他的家里，有马克思、列宁之像，如中国这样伟大的孙中山先生反没有像，只悬一个冯玉祥之像。后来我同他谈起来，他对冯氏非常钦佩，认为中国之有数人物。在后闻人言，乃知冯氏从前往俄路经库伦时，曾与他深谈很久，且有拜把之谊，因冯氏拟国内失败，则退兵外蒙，所以他有一代表长驻库伦，极力拉拢之，但目前如何，又不得而知了。丹巴既是一个受过俄国教育之人，所以关于俄文书籍，如马克思之《资本论》及列宁的著作都罗列于室中。俄人以为他受过苏俄孵卵，且又是扶他上台的恩人，定可以操纵如意，谁知后来竟有不从苏俄顾问之策划，不听第三国际代表之指挥（第三国际在库伦设了一个办事处，有一代表长驻其地以便指挥外蒙政府），苏俄恨之，祸根便种于此。但当时尚未肯出毒辣之手段，只不过使他的党内人攻击他，想将他打下台去，谁知丹巴之地位仍然如故，苏俄乃用那种卑鄙手段暗杀他了。当我见他的时候，他对于中国的希望很大，希望中国快点在世界上强盛起来，他也有光荣。对于三民主义，他很信仰，只不过因种种隔膜，致不能彼此融和，这是他对于中国的意见。至于对苏俄的意见，他不肯轻易发表，只讲些普通的说话，如苏俄是无产阶级专政之国家，外蒙工农都没有，所以不能有苏维埃政府之实现等等说话，但其眉宇间常溢不快之状，可知其痛苦。所以后来他因了亲华反俄之罪而遭毒手了。至关于外蒙的情形他也不肯多讲，所讲的亦是我在外所见到而且明白的。

　　我在库伦时，适他们的全国代表大会开会，我用了很多方法，乃得旁听，故能见到他们在大会中之斗争。因苏俄的人物想用国民党和青年党中的亲俄派之力量，将丹巴氏打下台，而拥那个蒙人叫他做假丹巴上台，他的真名我不知。这个假丹巴是外蒙的陆军总司令，也曾在苏俄受过军事教育，英、俄文字都来得，对于青年派颇接近，而平日对于苏俄顾问，无不言听计从，所以苏俄认他为忠实同志，而拟拥他取丹巴氏而代之。谁知他亦竟与丹巴合作起来，且丹巴亦有一部分势力屹然不动，亲俄派的人物则失败了，苏俄的计划亦成泡影。当时我见第三国际代表演讲，专向丹巴攻击，想煽动全场人反对他，于是两派争论得非常激烈，这是一位蒙古朋友翻译给我听的。后闻那位第三国际代表因不能将丹巴打下去，也为第三国际所撤换了，其理由是工作成绩不好。我们由上面的情形看来，可知外蒙之政治派别亦颇复杂，不能断以是清一色的。现在因丹巴已被害，或者没有前时那样复杂也未可知，而亲俄派之得势，苏俄式的政治路线，天天的接近，这是可断言的。

外蒙自从组织了政府之后，社会日渐安宁，前时每到夜晚，库伦常有抢劫，路上也常有土匪出现，今则已很少了，这是我从当地之商人探问出来的。就以监狱言之，她已胜于国内的。犯人每天都有一小时之空旷运动和晒太阳，狱中也有床睡。试问国内除了有钱的犯人可以用钱买床的外，一般的牢狱有这样的管理么？他们应否组织政府，这是另一问题，但他们有了这样的事实，这是要讲出来的。或者因有了统一的政府，无乱事发生，且人口又稀少，易于统治管理，亦未可知。

照近来报纸的消息，外蒙苏俄化的事实天天的紧张起来，如果是这样继续下去，不仅会正式宣布外蒙为苏俄之属土，而且会连内蒙都吞并去，这是对于中国有很大意义的问题，也是一个国际上的重大问题。

八　军事

外蒙政治，已为苏俄所操纵，其军事亦当然为苏俄所操纵，这是毫无疑义的。因此，兵士服装，军队编制，俱采自苏俄，军械亦为苏俄所供给。制度实行征兵，教练俱为俄人。军队以骑兵最多，也以骑兵为最精。盖蒙人因地理上之关系，在孩童时已精于骑术，骑兵之精，是在意料之中。我在库伦时，适逢两次他们的纪念日，故有机会参观他们的阅兵仪式。阅兵时，军容颇盛，各种军器都有，坦克炮与飞机都出尽。后骑兵表演技术，种种式式，令人百观不厌，叹为奇技。军队数目，闻约有七八万，兵士之生活，较中国的好。他们每年有两双皮靴（蒙古靴）领受，有军装两套，大衣两件，一绒一皮。训练方法，颇像红军。蒙人有武气，多以当兵为荣，甚至当警察也以为荣耀。

九　教育

外蒙因僻处高原，经济落后，其文化之低微，教育之衰弱，也是意中的。但自独立后，教育积极振兴，所可惜的，也是可惧的，就是苏俄化！蒙政府每年收入，约八九百万元，而用于教育的，约百分之三十。一九二六年时，全境有国立小学九十余处，旗立的（即县立）数处。在库伦有中学校、商业学校、国民大学、党务学校、军事学校等各一所，小学数所。自小学至大学，皆男女同校，完全免费。国民大学之师范部，暨各小学校，学生之衣食用具，俱全由学校供给。教师待遇尚优，小学教员之月薪，约有六七十元，中学与大学之教员，有学位的在百四五十元之间，而至少都有百元。盖蒙政府主席之月薪只不过二百五十元，部长仅百五十元，与此相比，诚不薄矣。小学教科书，全用蒙文，已出版的有国文、算术、地理三种，俱由国家学术院编辑。小学课程，有蒙文、数学、唱歌、图书、体操等科。中学课程，有物理、化学、历史、地理、博物、兵操、音乐、世界大势、外国文等科，而外国文又有中文、俄文、德文。中文每日一小时，德文与俄文，各每周四小时。至于大学的课程，师范科的，有蒙文、数学、历史、地理、伦理、手工、音乐、体操、图画、伦理学、教育学、教育史、教育原理、儿童心理学、儿童教育法、儿童游戏法、教学法、儿童管理法、学校管理法、学校监视、图书管理、国家大势、蒙古经济、实习教学等科。政治及法律科的，有蒙文、地理、数学、世界大势、法学通论、宪法、行政法、行政学、国家学、政治史、外交史、社会学、统计学、国际公私法、政治经济概论、民法、刑法、民刑诉讼法、商法、破产法等科。小学定六年毕业，中学四年，大学亦四年。至于党务学校，毕业期限为十八个月，前十个月习普通学科，后八个月习党义政治，如国民党党纲、各国革命史、列宁主义等。刊物，有国民党出版之《蒙古民报》、《政府公报》、青年党出版之《青年杂志》等。库伦之中学，国民大学，及党务学校等之建筑，完全西式，室内有俄国式之火炉。多数人都会讲俄语，如果不晓蒙语之人，可以用俄语讲。现在除大多留俄的学生外，派往德、日专攻理、工等科的学生也有数十，可知外蒙前途，未可轻视。

十　人口

　　蒙古的人口，所说的没有一定之数目。如照外人计算，将内外蒙及西蒙——宁夏、新疆、青海等处全体合计，其大概当在数百万。据一八四二年俄人约亚金夫所出版的《统计上之中华帝国》所载，则蒙古人口，计有三百万。其后四十年，又有俄人蒲尔塞里斯基谓，蒙古人口约三四百万。在一九一〇年英国《政治年鉴》所载，蒙古人约由二百万至六百万。这是包括内外蒙及青、新各处而言。除此以外，如专就内外蒙而言，则说者亦不一。如洛克奚尔氏的统计，蒙古人口计一百八十万。如威廉氏的统计，为一百万。光绪二十六年，因庚子赔款之关系，曾公布全国面积与人口，是时蒙古之人口，统计为二百五十八万。然在光绪三十四年后，因为预备立宪之故，所公布的人口统计，对于蒙古的却有一百八十万人。又据俄国探险家科基莱夫的调查，内外蒙人口，约一百万。但有人以为此数过大，遂减至六十万。如专就外蒙而言的，若王金黻之《中国分省地志》，及刘虎如的《外蒙古一瞥》等，皆谓外蒙人口有一百八十万。至于外蒙自政府成立之后，俄人与政府方面究有调查与否，因未见确实记载，固无从详知。而根据外人之调查，则可如下表：

年代	人数
一九一八	六四七，五〇四
一九二二	六五〇，〇〇〇
一九二六	七五〇，〇〇〇
一九二九	八一〇，〇〇〇

　　其中由一九一八年至一九二二年之数年间，人口增加甚少，不过数千。而自一九二二年至一九二六年数年间，便增加十万。又自一九二六至一九二九数年间，亦增加六万。在一九二二以后增加之原因，据外人所记，谓系由于内蒙人口迁入外蒙者突然加多之故。

　　若以外蒙二百万方里之面积，以数十万人口之分配，真可谓无人之地，人口之密度，稀疏可知。若与国内人口密度比较，则相差远矣。以这样地广人稀之处，将来若以科学方法整理之，发达未可限量也。

十一　妇女与风俗

　　妇女的地位，从前很低，全无教育可言，现在不仅教育与男子同受，且机关、大商店中，也有妇女的职位，去俄国留学的也天天加多。她们的面孔如鹅蛋式，鼻子如悬胆般，配着长长的眼睛，颀长的身材，一见便觉精神丰满，体格强健，从真正的人体美的观审，这些都是她们的优点，比上海的小姐、太太们造作出来的胜得多矣。当她们姑娘时代，穿着枣红色或菜绿色的长袍，张着不会被铅粉刺伤过的面孔，矫矫然走向人们眼前来的时候，仿佛是一朵美丽的鲜花，开放在无人赏识的荒漠中似的。可是一做了人的妻子之后，就不同了，猩红的胭脂，涂得皮肤起了栗纹，铅质的白粉，使面孔变成苍黄，并且顶上所盘的发髻，不常梳理，以致远看竟像一个鸟窠。她们有狮子般的力量，故当她们拆幄，装车子，常能跟车走七八十里的路程，背上负了很多零碎的东西。一到了有水草的地方，她们就把帐幕盖上，料理小孩，以至弄餐等等。因是她们都很劳苦，盖男人们终日只捏着一根旱烟管高坐谈天，或是赶赶牲畜，凡是拾粪、挤奶、搭幕、缝衣种种的工作，都是她们去干。她们平日的消遣方法，就是当她们出去拾粪或挤奶的时候，总是成群结队而去，粪已拾够，奶也挤好了，她们就开始唱歌，牧羊的少年听见了，也有答以和声。现在那些新式的妇女，很多都把那三千烦恼丝弃掉，也有身穿西装、足踏皮靴、手拿皮夹、面搽香粉的。

　　讲到她们社交方面，很为自由，男女界限，不甚严格；夫妇不合意，离婚也容易，男女两相慕，结合并不难。当她们第一次的结婚，男家也须牵几头羊到女家去作为聘礼，这种聘礼的多少，随家境而异。至于男家须向女家纳聘，这是一定的。再嫁就随便了，没有什么的形式。她们因常在大自然中过生活，且有强健之体格，故也和男子一样的骑马。她们偶然出门访友，在广漠的平原间，一动便须数十里，"天涯比邻"之句，真可为她们咏了。贞操方面，男女都不重视。有夫之妇，可以和别的男子发生性的关系，丈夫知之亦不管，反之，男子方面亦然。

　　至于社会一般的风俗和习惯也很异。如当食餐时，若帐幕门口有人站住，屋内人要请他入来同食，假使不待请而直入来食，也不拒绝。每家都有一人去做喇嘛，但近年来此风俗已稍杀。在闹市中间，可以任意大小便，故在库伦街道，常有男女沿街放尿撒矢者。他们所穿着的都是红绿色的衣服，稍有钱的多穿绸缎。但常常见他们的衣服都是油渍衣面，光可照人，这是因他们常常将衣服揩手、揩面、抹鼻涕等成为习惯。每天要喝十余碗由茶砖所

近代蒙古文献大系·政治卷

煎出之茶，马奶常饮七八碗，而食物以羊肉为主。他们常有别的东西都不食，而只食羊物以充饥，这又是他们的习惯。

十二　华人与苛税

外蒙是我国之属土，故前往谋生之人很多，也很方便，约有十万人，只在库伦的都约有三四万。他们做买卖的固多，但做苦力的则更多。论省份以河北、山西人为多。如果你在库伦随便问一个华人是哪里人氏，他们所答的，不是保府（这是他们的口头禅）就是大同府。盖他们因地理上之关系，对于蒙古较他省为近，故以这些地方之人为多。有些尚辫子垂拖，直不知国内如何，都以为尚有皇帝。盖他们已从前清到现在都是在外蒙生活着，且年来蒙政府不准中国人带寄书报入口，如有检查出来，不仅没收，且要处罚。因此，华人之在外蒙的，直如盲人一样，什么都不能看，不能见；由此看来，便可知蒙政府之居心了。

自外蒙国民政府成立后，我国已无负责之官员，故关于华人与蒙政府之一切交涉，皆归华商总会办理。此商会之权，差不多与官衙一样。凡华人想从张家口入境的，须先将本人相片三张寄至库伦，再由三家商店加盖水印呈请商会转呈内防处请领护照。经数月之久，始能将护照领出发回内地，本人乃持照入境。至于各关卡检查之苛酷，前面已经讲过，不必再述。凡是运往库伦之货物，经过数道兵卡，百般留难，迨至库伦税关，将货卸在该处，先行报告各机关查验，然后购买俄蒙文合璧之三联单填写货色数目，报告税关估价纳税。此种税联单，每张纸费要一元零五分，而只限写货色十三种。按商店所发各种货物，每次必有数十百种之多，而报税联单纸费一项，竟达数十元、百余元之多。其估价之办法又无一定，任由关员信口开河，以喜怒为转移，往往有税额超过货价数倍的。及至报税之后，最早亦须半月或三十天始能验讫，甚至积压两月之久而不能查验的。在税关纳税时间，除估价完纳外，另有过秤捐、看护费等。凡在蒙之华人都要有护照，到期即预〔须〕遵章换领，倘或逾限，少则处以重罚，否则驱逐出境，并将财物充公。若贫苦无靠之同胞，轻则逐出境外，重则以奸宄论罪。出境之人，除护照外，得领限期一月之路照，方能进行。每人只准带路费二十元，并不许多带行李。如带稍新之衣服，即征以重税，否则以最少之价收买之。华商有因不堪苛捐重税，无力负担，而呈报歇业的，政府即声言如报歇业，不许汇银出境，如将来想再行营业，亦所不许。又有商店因特别捐税无处筹措，即求该政府可否以货作价抵补筹款，即指该商店有意违抗定章，即将该商店所有之货物全数没收，勒令商人迅速出境。

各货物之税额列表于下：

物之种类	税额
丝织品、烟、化装品	30%
皮革、磁、木器	15%
铜、铁、锡、糖	16%
棉织品、纸、一切粗笨品	6%
出境皮货、细皮	15%

货物之捐项如下表：

名目	量数	捐额
税关过秤捐	百斤	三分
税关看护费	百斤	一角二分
报税之联单	每张	一元五分
出入税关门件捐	每件	五角
税局拆包费	每件	二角
转运局车费	百斤	一元四角

营业照捐分八等，如下表（时期皆以一年计算）：

等级	人数	捐额
特等	不限	九千元
头等	不限	四千五百元
二等	不限	二千五百元
三等	限十二人	一千五百元
四等	限八人	一千元
五等	限六人	五百元
六等	限四人	二百五十元
七等	限二人	一百五十元

门牌捐分八等，如下表：

等级	捐额	期限
特等	一千二百元	一年
头等	八百元	一年
二等	六百元	一年
三等	三百元	一年
四等	二百元	一年
五等	一百五十元	一年
六等	一百元	一年
七等	八十元	一年

地基捐分三等，如下表：

等级	期限与地量	捐额
头等	每年每步	一角八分
二等	每年每步	一角四分
三等	每年每步	一角

房捐如下表：

类别	期限与间数	捐额
住人房	每年每间	十五元
存货房	每年每间	三十元
厨房	每年每间	五元

　　至于护照，每人一张限期照费九元，薪金捐，商店执事人一百三十元，资本捐，每千元抽二十五元，流水捐，每年抽百分之二十，按实数加三倍或五倍，任由捐局估加。红利捐每年抽百分之五十，不论有无余利，即按流水数目每千元作红利一百五十元。房捐按实加二倍估算，每千元每年六十元。衡度捐，尺子一扞〔杆〕每年捐三十元，小秤一扞〔杆〕，每年捐八元。烟牌捐照，不论何种烟，凡整售者每年一百二十元，零售者八十元。至于酒类，归政府专卖，故酒税也甚重。

　　我们由上面这些捐税的数目看来，华人在外蒙之受虐待，并非虚言。我们再读下德人某氏所著之《苏俄垄断外蒙商务之真相》一文，更可见华人在外蒙之日渐零落了。兹将该文摘录如下：

　　　　蒙古中央合作社成立的时候，就和苏俄国立商务股份公司连成一气，对中国商业组织压迫，并使他们彼此隔绝。后来西东欧贸易股份公司（Wostwag）在库伦设立分行，反和蒙古中央合作社跟苏俄国立商务股份公司一致地经营蒙古对外贸易及当地零售商业，蒙古的商情就被导入别一轨道。

　　　　在最初的时候，中国商号所受的打击，没有像专门采办羊毛、皮革经由张家口出口的欧美商行那样利害。中国商号是多半贩运货物往蒙古去售卖，或经营当地零售商业的，所以俄人只能逐渐地把他们排斥。换句话说，苏俄国立商务股份公司和西东欧贸易股份公司从德、俄两国贩运商品到蒙古的可能性一天大一天，数量一天多一天，在蒙古的中国进口商人所受的压迫也就一天重一天。至于营出口业的中国商号，则自蒙古中央合作社和苏俄国立商务股份公司取得出口商务独占权以后，早就宣告死刑了。

这种直接禁止私人经营出口商业之结果，突使中外有关系商人遭受极大之损失。所有他们在库伦及蒙古各地的营业处所、仓库和羊毛洗涤厂等等建筑，因为只能卖给有出口商务独占权的蒙古中央合作社和西东欧贸易股份公司，而这合作社和贸易公司又以为自己是唯一的买主，所以任意抑价。这样，他们所得的代价，较之实际的价值，不但相差甚远，而且可以说几几乎没有价值了。此外，因为这许多资本雄厚组织伟大的中外商号突遭破坏，所发生的损失，尤其不可数计。

中国人真可怜，不论到什么地方，都是受人欺侮压迫。外蒙不是中华之领土吗？蒙古民族不是五大民族之一吗？为何他们不准我们进去？为何他们用种种方法来侮辱和压迫我们？为何我们没有方法来对付？

《东方杂志》（月刊）

上海商务印书馆东方杂志社

1931 年 28 卷 6 号

（李红权　整理）

告绥远民众书

傅作义　撰

绥远全省父老兄弟们！

我国自九一八事变以后，东三省完全失掉，已经陷于空前未有的危难时期了！我们处在这样危难的时期，只有整顿国内的政治，增加对外的力量，发奋担任起救国的重大责任。作义在这样环境之下，就任省府主席，深知要想救国，须先救民，有了健全国民，才有健全的国家，这是一定不易的道理。我以为要救你们，就像种树一样，第一先该把滋养树的土和肥料弄好，第二凡是害树虫啦，权板啦，都应注意除去，然后这树方能一日一日的长成。

所以谈到整顿本省政治，虽然千头万绪，十分困难，但是只要定出一个兴利除弊的政治纲领，那就不成问题了。我们的中心政治纲领，就是增加绥民的财富，解除绥民的痛苦，换句话说，凡是能增加绥民福利的事情，我们就去实现他，凡是能使绥民痛苦的事情，我们就去铲除他。这就是作义整顿绥远省行政唯一的信念！

现在绥远民众所受的痛苦，就是穷。穷是绥远社会一种普遍现像，地穷，民穷，社会穷，政府也穷，一切人民所受的痛苦，都是由穷造成的，所以作义自就任后，首先就注意到救穷，自然穷的原因很多，最重要的是财政紊乱。现在绥票可以说有办法了，因为已经筹妥稳定基金，可以免去恐慌。但是因为地方财政不能统收统支和不公开，各县人民由此增加了许多的负担。有几县每年国家的正供不过数万余元，而地方各种附加反超过几倍，同时捐款的名目，竟有数十种之多！这就是民众很大的痛苦，也就是绥远行政上的缺陷，作义现在已经抱着最大的决心去彻底整顿这一件事！

其次，绥民所受的痛苦，就是土匪的骚扰了。土匪固然可恶可恨，但大部分土匪的出身是受穷困的压迫，才挺而走险。同时政治不良也是造因之一。所以省政府对于土匪，一面严加清剿，一面仍定有盗匪自首章程，给被诱逼的良民一条觉悟自新之路。治土匪的根本办法，自然要从救穷入手，不过为着目前大多数的人民安宁起见，不能不派出大军认真清剿，现在王英的匪部已被自主任派队消灭了！省政府目的正在进行清查余匪的工作。但是这件繁难的工作，决不是政府与军队的力量所能单独完成，只有民众与政府共同努力，才能得到肃清的结果。所以现在人民要以全付精神和力量帮助政府完成清查余匪的工作，彻底消灭绥远全省的匪患。

怎样来增加人民的福利呢？减轻人民负担，消灭万恶的土匪，虽然在政治上解除了人民的痛苦，但还不能解救人民的穷困，更不是治穷的根本办法。治穷的根本办法，只有努力"造产"、"造产"，这是阎绥靖主任指令给我们一条救穷的大路。只有"造产"才能增加人民的福利，才是治穷的根本办法。修筑道路，开采矿产，以及其他建设事业，都是重要的造产工作。但目前马上要做的是如何来增加本省人民各个人的财富和收入。绥远地瘠民贫，人民多习于游闲懒惰，农作方法既不知改良，又不知防范水患旱灾，每年收获，除了谷物外，什么也没有，我所以提倡农民副业，改良农作方法，和凿井、开渠、种树，这都是轻而易举，事半功倍的生产事业，副业是什么呢？如牧畜、制酒、做醋、纺毛、制革，以及其他各种手工业，如果能认真作去，穷困的绥远自然而然的会变为富足的省份子；现在省府已经编印许多关于造产和救穷的小册子，如《救穷》、《要强》、《防旱》、《官吏与人民》、《教员与学生》、《治安》、《造产救国》等等来指导我们，如果你们愿意增加自己的财富，自己赶快起来努力照着作去，自有成效。

最后还请你们注意，如果省府行政与大家有不利益的，或官吏中有贪污不称职的，你们可以适量的指出，作义无不以诚意接受，尽力铲除。同时更愿大家人人都振作起来，由不好的地步走到较好的地步，由较好的地步走到更好的地步。以自救而救国，并且时时督促我、责备我，使绥远的政治日趋进步，这就是我对绥远父老兄弟们最恳切希望的一番意思。

傅作义

《绥远省政府年刊》

绥远省政府秘书处

1932 年

（李红权　整理）

视察员关恩泽呈报伊盟各旗应行兴革事项

关恩泽　撰

计开：

一、划清省界　查伊盟之准噶尔、郡王、札萨克、乌审、鄂托克五旗与山西、陕西、宁夏三省壤址相接，南以边墙与山、陕分界，西以黄河与宁夏为邻，天然界限，历历均在。今伊克昭盟既归绥省统辖，则边墙以北应为绥省地方，当无疑义，考其实际，乃大不然。该地因远处蒙疆，人鲜注意，而陕北之府谷、神木、榆林、横山、靖边、定边等县，利此时机，以蒙人之易欺，照前清之旧例，非仅将昔时边墙直北五十里之禁留地为其所有，即禁留地以北或五十里或八十里或百里之蒙旗私垦地，亦欲归其管辖，而伊盟南部私垦地内居民税捐之征收，诉讼之事件，均归陕北附近各县管理，有时且将蒙租抗而不与，汉蒙感情由是而劣，频起纠纷，多缘于此。详究其因，实由于省界不清，以致争端屡起，故划清绥、陕省界，不但边墙以北我省可以增设三县，蒙旗地租可以按年而得，实与调和两族感情、消除蒙汉纠纷不无莫大之关系也。为是拟请钧府咨商陕西省政府，双方派员或转请中央派员前往查勘，划清省界，以免纠纷而安蒙疆。

二、规定服制　查我国改元以还，一切旧制多已革新，惟关于蒙古官员之服制，国家既未为之重新厘定，而蒙古官员遂亦仍袭前清之仪制，故伊盟各旗从事公务之蒙人，上至札萨克，下及达拉姑，所衣官服皆沿清制，蟒袍补褂，王公所服，以示尊荣，蒙民谒官，须戴顶帽，以表敬意，出力办公人员，赏以顶子，用资奖叙，各旗办差人员，若头不戴缨帽，则蒙民即不听命。此种服制不为改革，不但观瞻不雅，实属有碍国体。况值此训政时期，秕政旧制均当积极革除，理合拟请钧府核转内政部及蒙藏委员会，关于蒙古官员之服制，应速为之重新规定，以革旧制而雅观瞻。

三、酌定薪饷　查伊盟各旗旗务公署每月轮流值班之人员，上而五事官，下而各夫役，较善之旗尚月给口粮若干以资食用，守旧之旗不但不给津贴，食粮亦须自备，旧制如此，于今仍然。旗中每年收入之款，不为札萨克所费用，即为各事官所中饱，旗中建设事业置而不办，应差痛苦情形漠不关心，此种办法殊属非是。拟请钧府照会伊盟各旗札萨克，以后对于旗务公署每月值班人员，每年斟酌全旗收入之多寡，给与食粮及薪饷若干，以示体恤而资鼓励。

四、限制差役　查蓄奴养婢，国家早经悬为禁例，解放奴隶，仁者视为当急之务。委员此次视察伊盟，各旗之王公深明世界潮流，心怀仁慈恻隐，不欲奴役其境内之蒙民者固居多数，而头脑暗昧，墨守旧惯，以为统率境内之蒙民，备有王公之尊严，遇事夸大，弗知人情，以所辖地内之蒙民皆系其一人之奴隶者亦有其人，招男以充仆，招女以为奴，有时且令未字之闺女以事福晋，十一二岁之童子以牧牲畜，岁月迭更，不令还家，异常劳苦，毫不体恤，心虽不满意，而口不敢言，奴隶生活，不过如是，蒙旗秕政，莫此为首〔甚〕。此种制度不但违背仁道，实亦有干法禁，拟请钧府照会伊盟各旗札萨克，凡关于年龄不满十五之童子及未出阁之女子，无论如何，各旗王公不得任意奴使令之应差，以示限制而重仁道。

五、优待王公　查伊盟各旗之王公，除少数闲散者而外，皆拥有广漠之原野，统率多数之蒙民，虽无有改革进取之思想、有价值之经营，然其习用官府，握有军政各权，俨如一地之草王，境内所辖蒙民无不敢〈受〉其指使，而多数蒙民又思想落后，知识简单，世界如何茫然不知，喜守旧而恶革新，视王公几若神圣，于王公之命令，无论事之如何绝对服从，莫敢稍违，故一般王公于该盟旗尚有甚大之势力，在此赤俄时思南进，暴日计谋西侵之时，欲求蒙边之安宁而免外人之煽惑，拟请钧府对于该盟之王公优加待遇，时为抚慰，疾苦在所必恤，幸福在所必谋。至各王公及其代表之来绥者，尤当派员招待，随时接见，关于蒙地兴利除弊各事，均与开诚磋商，对于彼之困难务为设法解除，以联欢感而去隔阂，则其内附之心日益巩固，游移之念无从而生。

六、联络活佛　查蒙人信仰喇嘛，崇拜活佛，各盟皆同，伊盟亦然。蒙民之所以成为愚懦不振，失去其勇猛善战之精神者，实受喇嘛之潜移默化有以使然。谓喇嘛教为蒙人信仰之中坚，足以左右其倾向，则无人能非之也。元利用之以服被征者之心，清善用之以镇压蒙疆，其殷鉴也。伊盟各旗之喇嘛于该盟旗占有绝大之势力，凡民间之婚丧嫁娶、吉凶祸福、疾病医药无不与其有莫大之关系，以喇嘛乃真神之化身，敬喇嘛即所以敬真神，一般平民则无论矣，以王公之尊严，犹聘喇嘛无间昼夜，常年诵经，以祈福利，遇有大疑，请其卜筮，以决从违。如准噶尔旗之西召格更，郡王旗之贡尼召格更，札萨克旗之札萨克召乌兰格更，乌审旗之噶咱尔庙格更，鄂托克旗新召之墨同格更鄂字板的德，达拉特旗之占单召沙布楞等活佛，一般蒙人异常信仰，彼等所言无不乐从，每年至各该召举行讽经之日，则全旗蒙人空家而往，争相膜拜。拟请钧府对于该活佛等给以名义，与以虚荣，以示尊敬而便联络，使其宣扬政府对于蒙旗之德政，庶唤醒蒙众而振起颓风，以资团结而卫边圉。

七、选录蒙民　查伊克昭盟交通不便，风俗固蔽，一般蒙民思想落后、能力薄弱者固居多数，而脑筋清细、多才与艺者亦非无其人，因环境之不良、王公之压制致使一筹莫展，遂于〔与〕牧草同朽。值兹训政时期，开发边地，坚实国防，训练蒙民使用四权，明了蒙地情形、社会状况、人心趋向、风俗好恶，实为切要之务。今欲洞悉其详况，造就其人才，以使措施悉当，而消蒙汉隔阂，拟请钧府对于该盟思想聪颖、能力稍可之蒙民酌为登庸，给以薪俸，观察其性之所近，使之在各机关服务，以训练其从政之能力，而破除其封建之思想，然后使之改新蒙旗，或可收相当之效益。

八、发行公债　查伊克昭盟物产丰富，利源繁多，荒壤满目，矿产遍野，居民鲜少，人鲜注意，年来国家困于内乱，政府弗暇顾及，遂财货弃于地，利乏人取，而内地各省生众食寡，求多于供，人民生活日见困难，农村经济几将破产，失业之人与日俱增，社会险象层见叠出，欲救内地之贫困，当自开发边疆始。然开发事业，建设伊盟，千端万绪，非财莫办。值此国库空虚、省财奇绌之秋，军政各费尚感不敷分配，奚有余款以从事建设蒙疆。若坐视内地民众之痛苦而不救济，边地之荒芜而不开发，欲我国之已安已治，则戛戛乎其难哉。拟请钧府斟酌事业之缓急，发行建设公债若干万元，以为开发伊盟之经费，则边远蒙地得以开发，国家治安实利赖之。

九、设立银行　查伊盟社会发达之程度甚低，生产之事业既少，合群之企业无多，经济落后，居民贫苦。准噶尔旗与达拉特旗东、北两部之居民行商尚知使用票洋，而票洋在该地方亦能流通，其他各旗不但不能使用，且不知其为何物，若以票洋与人或购物，彼等则以为壁画，一切交易纯用现洋，有时即以物易物，犹存上古之风。故蒙地之经商者多以蒙人之日用品以交换蒙地之产物，地方金融异常滞涩。若欲开发其地方，必先维持其经济活动、其金融，而操其权者实为银行。拟请钧府募集若干万元股本，发行票洋若干，务使信用巩固，不以贪多为是，于伊盟适中地点设一官商合办之银行，以发达蒙人之生计而活动地方之金融。

十、修筑汽路　查交通者乃国防之母，经济之堡垒也，未有交通不便而其他事业能发展者。详考伊盟文化之所以落后，民知之所以不开，思想之所以顽固，盗匪之所以充斥，商旅之所以裹足，实由于路政不举，交通不便。而该盟除乌审旗沙堆遍野、条柳塞途而外，其他各旗地方多能通行车辆，因于道路任其自然，毫不修整，以致凹凸不平，殊难通行。由东胜县往郡王、札萨克、鄂托克、杭锦、达拉特、准噶尔各旗王府均有大路可行轿车，若于各路加以修葺，修以站房，沿站凿井，即可通行汽车。汽车一通，不仅运输便利，实业发展，内地文化易于输入蒙地，蒙地实情外人得以明了，而于预防赤俄之南侵，狡日之煽惑尤有莫大之关系焉。

十一、设置电台　查伊盟位居前套，地域辽阔，一切情形迥异内地，当兹建设时期，关于电信急应设置，以宣布政令而沟通民情。惟该盟广漠，百里沙堆重叠，欲求电信之普通，不但设施殊感困难，一时不易举办，即以财力方面而言，筹措实觉维艰，且有线电工程浩大，设置不易。今斟酌该盟环境之需要，现时之情形，拟请钧府核转中央，先于伊盟适中重要地点设置短波无线电台一座，以为联络感情之利器，而作开发蒙地之初基。

十二、废台置邮　查伊盟地方偏僻，通信不繁，除达拉特旗境内有乡村邮柜一所而外，其他各旗既无公家邮寄机关，亦乏传递函件处所，关于公文之传递、私函之往来，重要者则派专差，普通者多托商号，前者则劳人费财，后者又延时误事，当地情形之所以与内地隔阂，消息之所以较各县迟滞者，即由于是。而国家虽有台站之设置，因经费之不足，站丁多不负责，中央寄往各旗公文尚不速为传送，该盟呈报各地文件，例即不为转达。值此蒙疆多事之秋，日俄觊觎侵略满蒙之际，一旦边地有警，传达消息将谁之责？故设置邮务机关实为伊盟当务之急，为是拟请钧府咨商交通部及蒙藏委员会，将该盟台站取消，急行酌设邮政若干处，并以台站员丁所得之薪饷即塔宾地地租津贴邮政，以补不足，如是则远地消息能以灵通，蒙旗情形易于上闻。

十三、速立学校　查伊克昭盟政治方面官署组织简易粗杂，王公封爵袭自前清，另成系统，不适于今；经济方面交通不便，生产幼稚，日事游牧，生活不丰，以物易物，金融滞涩；宗教方面崇信喇嘛，积习已深，因而怠惰，流为分利，近稍觉悟，不过少数；社会方面一切组织不甚健全，社会团体绝无仅有，贵族、平民阶级显然，今欲刷新其政治、发展其经济、革新其宗教、改良其社会，当先速设学校以开通民智，而造就人才。近来达拉特、郡王、札萨克、准噶尔等旗有少数人士渐知教育之重要，皆设有小学，准旗除外，余皆设备不完，教学无法，学生无几，教师冬烘，询以普通常识，犹多不知，问以教育目的，更属茫然。常此以往，不但徒负提倡者之热心，实更蹉跎求学者之光阴。拟请钧府照会该盟各旗，于适中地方速立小学一处，学额定为一百名，尽先收录王公子弟，食宿、书籍校中发给，聘请优良教师，实行强迫教育。校中经费一半由各旗负担，一半由省内补足，以造就开发伊盟之人才，而作将来改革蒙疆之先锋。

十四、增设法院　查伊盟各旗司法旧制关于诉讼程序之规定，蒙人与蒙人之争讼，则由各旗札萨克等官理之，如判断不公，准赴盟长、将军、理藩院各处上诉，汉人与蒙人之纷争，则归部员、沿边各县、各旗旗务公署审讯。改元而后，中央虽有凡蒙民一切刑事案件及蒙汉互控之民刑案件全归县知事审理之议决案，绥远有增设司法行政署之请求，终因地方较远，权力不逮，未能实行。迄至今日，该盟各旗之汉蒙民刑诉讼案件固多归各旗旗务公署受理，而兵营军官、豪绅、喇嘛操有司法权者亦居多数，其能主张公道、无枉无纵者实占少数，黑幕重重，贿赂公行、非刑拷打、肆意苛罚者指不胜屈，致使含苦莫诉，有冤莫伸，人民痛苦莫此为甚。为保障人权、维持法益计，拟请钧府核转法院，于东胜县境内增设地方法院一处，所有该盟蒙汉诉讼及蒙人上诉等案件均归该院就近受理，遇有重大案件则采陪审制度，以平不平，而正是非。

十五、建筑围堡　查伊盟之准噶尔、达拉特、郡王、札萨克四旗，蒙汉杂处，不分畛域，境内土地多已私垦，陕北各县之人携家前往建筑房舍以开垦者，一切财产多于此，名为陕北县，人渐成该地土著，汉蒙居民星居散处，既无城市，又鲜村落，伏莽盗匪易于隐匿，匪踪飘忽，频年骚扰，剿除、缉捕，兵力不敷分配，稽查、防范亦感困难繁生，以致民多逃迁，土地荒旱，移民实边，此即梗阻。匪不肃清，地面不靖，安居且不能，遑论其他。兹为维持地方治安、安定居民生活起见，拟请钧座照会该四旗之札萨克，详勘各旗地势，酌筹建筑经费，建筑围堡若干所，使零散之住民得以聚族而团居，春夏则往各地耕种，秋获则回堡内以安居，是则地方治安易于维持，土匪即来，捍卫亦易，蒙汉感情愈趋融洽，两方隔膜无形消除。

十六、奖励蒙垦　查吾人多知蒙人逐水草而居，专事游牧，不谙农业，而不知伊盟七旗除杭锦、乌审、鄂托克三旗之蒙人多数不事耕种而外，其他各旗十之四五因十七、八两年天气亢旱，赤地千里，牛、羊、驼、马饿死多半，彼等生活遂感穷困，所有牲畜不资生活，不得不农牧兼务，甚且专赖耕种以维持其生活，富者尚雇佣汉人，贫者皆蒙人耕作，故该盟已由纯牧畜时代而进为半牧半农时代矣。而一闻放垦之言，莫不疾首蹙额，以为土地日狭，则生计日困，又以该盟现在报垦最多之旗，其生计即日形穷迫为殷鉴。委员以为，开发伊盟，提倡开垦以尽地利固为要务，而奖励蒙人自行开垦尤为要务中之急务，拟请钧府一方面照会各札萨克，对于该旗耕种优良之蒙人应设法奖励，以资提倡，一方面呈请中央对于蒙人垦地另定纳租办法，以示优待，则蒙人生活日渐改进，内附之心愈趋巩固。

十七、设置牧场　查牧畜一事，蒙人专业，所获之利较农田倍，昔时蒙人生活实力〔利〕赖之。而伊盟除沙石、干梁、草稀、水咸而外，其他各地多适于牧畜。至达拉特旗西部之柴登，杭锦旗北部之巴拉汗，鄂托克旗西南之黑沙图，乌审旗南部之习边，札萨克旗之甲沙毫赖，郡王旗之王子毫赖，尤水草丰茂，地形最宜，诚天然之大好牧场也。惟蒙人牧畜，遍野青草，牧畜散放，全依天然，不知改良，牝牡交配并不选择，毛质优劣未及顾虑，疫病之来任其传染，预防无术，医治无方，品种不良，蕃殖不繁，蒙人生活遂感困难。拟请钧府照会该盟各旗，于上述地方设置共公牧场一处，由各旗选派富有牧畜常识及经验者经理之，钧府再委专门人才巡环指导，病者设法以医治，劣者设法以改良，以发展蒙人固有之能力而救济其生活之困难。

十八、兴办工厂　查伊盟蒙人赋性颛愚，对于工业素不讲求，器用、布帛运自内地，以该盟之辽阔，仅准噶尔、郡王二旗有汉人开设小规模之织毯铺二所，以故各旗之绒毛、皮革、牛羊肉乳及鄂托克、杭锦之碱产量虽多，用途不广，致使工业原料、养生要品少数供给本地食用，多数销于内地，甚而运往外洋，价值不高，利权外溢，睹此情况，殊为可惜。近二年来，买客不多，毛皮等价较之往昔一落千丈，蒙人生活亦受影响。为是拟请钧府拟定章则，招募商股，于该盟各旗兴办官商合办之大规模毛织、制革、造碱、制□及制造罐头等工厂，聘请优良技师制造，精益求精，以挽回利权而利用原料，务使运出之货皆为精制之品，并应招收蒙人学徒，使之入厂学习，以启发其工作之兴趣而增长其工业之知识，是则于其经济上、生存上实有无限之利益也。

十九、开采矿产　查伊盟矿产蕴藏丰富，达拉特旗南部、准噶尔旗西部、郡王旗东南一带均产煨炭，鄂托克西北一带产炭亦多，杭锦旗之哈拉莽乃古拉半道套淖，鄂托克旗之大池、苟池、脑包池、胡拉素淖、哈马太池、察汗淖、那林淖、巴彦淖、札萨克旗之鄂肯淖，札萨克、乌审两旗之察汗淖则出盐、咸〔碱〕，上述各地虽未经专门家之勘查，然其产量丰富，苗质均佳，委员业已详细调查之矣。惜多为私人所经营，资本微小，难以发展。至准旗南部之硫黄矿与鄂旗西部之石膏及铁，与乌兰莫多山之银、铝矿，其质量究为如何，既未经踏勘，故不得而知。绥省在此财政困难之时，开发财源以济穷困实不容缓，为此拟请钧府规定开矿细则，关于伊盟商人包采之矿与各该旗札萨克妥为接洽，设法收回，务使利益均沾，归为公家经营，以便振兴而资发展。对于未知详切情形之矿，遴选专员，前往亲测，以明真相，方能计划。是则弃地之物变为黄金，土中宝藏得以开辟，富国利民，实赖乎此。

二十、驻军防匪　查伊盟地居荒漠，盗匪甚多，达拉特旗东、北两面几成大小股匪之渊薮，东胜县、郡王旗、札萨克旗、乌审旗之东边，杭锦旗之南界则为土匪辗转往来扰害之区，而各旗所有蒙兵额数有限，各守己境，多不联合，因地方辽阔，殊难以防御，以言剿清，更作不到。故一有匪警，兵士疲于奔命，匪类行踪飘忽，兵来匪窜，兵去又来，四出骚扰，民不安生。况普通军队初至其地，不谙地势，黄沙极天，百里无人，不惟剿除不便，给养实感困难，匪人利此地势，遂即逾形猖獗，若不派遣重兵常川驻守，则该各地土匪无时肃清，居民疾苦无日解除。拟请钧府咨商绥远驻军长官，于东胜县境内常驻强硬头〔部〕队，妥慎布置，严密防范，专事剿匪，以清匪源而安居民，并与各旗蒙兵常相往来，以联欢感，巡行、会哨以资镇慑，是则不但土匪肃清，民得安居，而与防止赤俄之南下，狡日之煽惑、反动分子之宣传亦有重大之关系也。

二十一、开辟商场　查伊盟蒙人不习贸迁，经商负贩多为汉人，街镇商铺寥寥无几，除准旗之那公、那林两镇、鄂旗之宁条梁筑有商铺而外，其余各旗境内虽有商号，多散居星处而不团聚，营商而外兼事农牧，至一般蒙人之用品不购自旗内商铺、负贩、喇嘛庙会，即须亲往邻近县镇从事交易，旗中售物商品价值极高，赊贷重利盘剥，以物易物其利尤大，而各旗之经商者多为陕北汉民，故榆林、神木、府谷等县之小贩在伊盟经营数年而田地连阡越陌，牛羊散放成群者为数甚夥，其利之丰，毋庸疑也。故于该盟而急开辟大规模之商场，以保持其利权而明了其经济之倾向，拟请钧府将郡王旗西北之桃梨庙、西南之哀金何牢两地，选择地点，辟为商场，详切计划，设局筹备，划定街市大道，建筑壮严商铺，招募商人开设商号，轻租薄捐，以广招徕，则伊盟商务日渐繁荣，来日发达不可限量。

二十二、发行商照　查伊盟各旗之商贾负贩，陕北之人则居多数，人数若干无法详查，资本多寡不得而知，若不设法调查，不但该盟之经济实况不能明了了，而于清查盗匪亦有重大阻碍。且近数年来，时有少数蒙兵与商人发出纠纷，非刑拷打，勒索讹诈，遂至辛苦商贩无所保障。今为保障蒙地商民、便于稽查盗匪计，拟请钧府规定一种蒙旗保护商人办法，照会伊盟各旗札萨克遵照办理，凡蒙旗持商照之商人妥为保护，以恤商贩，士兵不得无故凌辱，而于该地营商者发给商照一纸，视其资本多寡，酌收照捐若干，责令邻近伊盟之各县政府依章征收，此种商照收款无多，于公家无甚补益，而商人则受实惠，其于调查经济现象、清查地方盗匪亦有相当之资助也。

二十三、整顿商路　查由包头县垣渡河西南行，有通宁夏、甘肃、青海等省之康庄，行人如织，络绎不绝，旱舟载货，秋冬尤多，因包县之第四区及达拉特旗一带伏莽潜滋，土匪时有，而该区旗亦任其蔓延，不事剿除，因而商旅裹足，行人渐少，而该区、旗利此时机以敛钱财，蒙兵、区兵各派少许，驻于河南之大树湾，借口保商，实则勒索，每驼征捐元余，沿途又扰居民，且有时虽将保护费交纳，而该兵并不负责，驼货犹有被匪以劫去者。详考旗、区之设有蒙兵及保卫团，本为剿除土匪、保护治安，今彼等对于土匪既不严剿，而于商民又行勒索，经过间阎又被扰害，若任其如此，则殊为非事〔是〕。拟请钧府对于此种"保商护路"之组织严行制止，以利商民而免滋扰，并关于此路保护商旅妥筹相当办法，或另组保商团，专事护送商货，以免匪掠，则由包垣往宁夏等地之大路通行无阻，商贾之驼货有所保障，如是不但商旅直接受益无穷，实于我省岁收不无裨益也。

二十四、提倡造林　查造林植树为物质基础建设之最要者，而其利益屈指难计，直接可以保护土壤、利用荒地生长木材供给副产、容纳劳工免去失业，间接可以调和气候、涵养水源、防止霜雪、防备风沙、裨益卫生、增进风景，而蒙地人口稀少，地多沙碛，气候较寒，种植不适，而于造林甚为相宜，理合拟请钧府照会伊盟各旗札萨克，先于王府附近创设苗圃一所，以为造林之滥觞，而作提倡之楷模。

《绥远省政府年刊》

绥远省政府秘书处

1932 年

（李红权　整理）

凉城县二十一年四、五、六月份行政计划

一、举行保卫团会操　查本县保卫团迭经严加振顿暨各教练员随时训练，日见进步，本季拟将各区保卫团调集县城举行会操一次，借相观摩，并备制优胜旗及各种奖品以资激励，庶使优者更加进益，劣者知所振奋。

二、训练乡镇长　查训政时期首在有健全之乡镇长推行庶政，以树地方自治之基础，但乡镇长之是否健全，能否胜任，际此民智未开、文化落后之时，自非施以相当之训练决难造成有用之人材，是乡镇长之训练实为当务之急。本季拟将各乡镇长限以资格，令区按村加倍选出，报县由县府设所分班调入训练，授以乡镇自治普通智识及法令，然后使之归乡服务，领导民众推行庶政，庶地方自治可循序进行，早收完成之效。

三、修建三道营桥梁　查县属第二区三道营村有石桥一座，为由凉至丰必由之大道，因年久失修，十六年被大水冲塌，现今往来车马行人均须绕行大海滩，行旅车马均感困难，拟令建设局勘工重修，以利交通而便行旅。

四、提倡区村苗圃　查本县仅有县苗圃一处，区村苗圃均付缺如，本季拟将各区苗圃限期成立，并由各该区督饬所属乡镇将社地或公地按村之大小拨苗圃地亩，规定大村三亩，中村二亩，小村一亩，切实办理，培植多量树秧，以备植树造林之用。

五、提倡凿泉凿井　查本县河流较少，水利未兴，每遇荒旱则救济乏策，拟令各乡镇依照凿泉凿井方法积极筹办，有泉水者应设法利用以资灌溉，无泉水者应速凿井掘泉以期普及。

六、整理村财政　查各乡镇财政收支素极紊乱，流弊丛生，或用非其途，或暗归中饱，账簿既不便稽核，民众自不足取信。拟令各乡村将收支数目半年核实结算一次，并每月将收支各数公告周知，一面按月呈报该管区公所转报县府备案，以便随时考查，俾清弊窦而昭大信。

七、移建女子小学校　查本县女子小学校地势狭隘，教室无多，原有教室、宿舍早不敷用，拟令教育局与该校相互移住，酌筹的款，重加修筑以资发展。

八、清理学田民欠　查本县原有学田一百顷，年收租金一千元，用作补助小学教育经费。十五年后灾荒频仍，各租户无力交付租金，截至去年已积欠五千余元之谱，拟将此项民欠督催收回，以作兴学建校之用。

九、开办县立图书馆　查本县公立教育机关仅有阅报所、讲演所各一处，兹拟筹办图书馆一处，购置各种普通书籍，俾便任人阅览，以促地方文化之进步。

十、举行小学竞艺会　本县小学教育虽有规模，然欲求学业进步，端赖切磋观摩之益，且为学生造就将来树立伟大事业之预备，计自非先锻炼独立健全体育、智育不可，本府有见于斯，兹拟于暑假期内调集各小学举行文艺观摩及运动联赛会，俾各生智、体两育得借观感而益臻强健。

《绥远省政府年刊》

绥远省政府秘书处

1932 年

（李红权　整理）

绥远省政府二十一年一、二、三月份行政计划

绥远省政府　撰

甲　民政

一、关于整饬吏治计划　查政治之隆污端视官吏之良否，而整顿吏治尤须慎重考核。本府改组以来，对于行政官吏之任用即以慎重人选为先务，以兴利除弊定考程，而尤以察实绩、明赏罚为考核标准，除责成各主管机关对于所属按其职掌进程认真督饬及考其成绩优劣，随时举劾，并遴派视察员分赴各县实地考查外，一面由本府别其职掌，考其成绩，录其功勋，随时随事分别奖惩，并一面录令通传，借资观感，务使人各尽职，政无不举。

二、关于调查户口统计计划　查调查户口关系进行自治、肃清匪祸，极为重要，因户口数目不克明了，促进自治不能着手，匪徒匿迹无从考察，所以调查户口、编制统计用意最深，而包含甚广，非仅使知全国之人数而已。现拟通令各县局转饬各区长督率各乡镇长副，重行按户覆查，不厌求详，遇有民户向无正当职业及行为不正、形迹可疑者特别审查，确有为非作歹情事者密报拘究，以遏乱萌而靖地方。

三、关于厅长巡视计划　查绥省幅帱最广，交通每多不便，民情自难周知。各县局虽派有视察专员明查暗访，随时具报，终恐

耳闻不如目击，或有隔阂，下情不能上达，现拟饬民政厅于本年春季遵照部章暨巡视程序，亲赴各县局实地考查，借悉民隐，并预先期布告，以便到境召集地方官吏、绅耆、民众团体开会讨论应兴应革事宜，并尽量接受人民意见，所有含冤不平之事以及官吏溺职、土棍横行、侵害民权、违反民意者，悉心考查，持平办理，不稍姑纵。

四、关于禁止缠足计划　缠足恶习各省皆有，然终不若绥远之甚也。绥远僻处西北，文化落后，缠足之风深入脑海，迭经布告禁止，不啻六令十申。查各处妇女自行解放者固不乏人，而仍缠未放者亦复不少，拟即令饬各县局对于缠足一项彻底详查，认真办理，但重劝导不重苛罚，必时时派员切实讲演，并编成白话布告，分发各县局向各处张贴，使人民自行觉悟，一律解放，以重人道。

五、关于办理自治计划　查关于地方自治早经令饬民政厅督饬各县局遵照中央各项规章切实举办在案，惟绥省文化落后，民智晚开，且因灾荒频仍，障故迭出，仍恐各县局未克依限办理，有误自治要政，除仍督催切实赶办外，复察酌地方情形，拟定急要举办者如下：（一）筹措经费，现正在通判筹画中，一俟筹画就绪，厘定数目，即遵照部颁《地方自治经费报告表》填表送核；（二）令各县局开办自治训练所，以养成乡镇之人才；（三）令各县局转饬各区长赶选闾邻长，以作人民之向导而免户口之纷乱。以上三项正在督促进行中。

六、关于办理烟禁计划　查禁烟要政迭经三令五申，然利之所在，人所必趋，迨春暖土融之际，正烟苗种植之时，通都大邑附近之处，耳目所及，人民固不敢种，而僻远地方恐不免有零星偷种情事。拟先出简明布告，令发各属广谕通晓，函饬各县局遵照《履勘烟苗章程》切实铲除，并由该厅随时派员密查报告，以期毒卉尽除，不再发现。至禁售禁吸，仍饬各县局分别查禁，治本治标双方并进，烟患不难肃清。

七、关于行政卫生计划　称卫生于开通之地则易，讲卫生于闭塞之地则难，绥远僻处西陲，风气晚开，对卫生一项漫不经意，饮食不清洁，衣服不洗濯，其妨害卫生犹小小也；而最甚者莫过于有病而不治，或治之而不得其人。查绥远行医之人固属不少，精通医术者百人之中不过三五人而已，因为营利起见，无论遇何病症皆能诊治，不能以药治病，乃以药试病，致使有病之人不死于病而死于医，良可慨已。拟即令饬各县局将所有行医之人令其自行报名，严加考试，优者发给执照准其营业，劣者概不与录，以昭慎重而免滥竽。再，街市售卖假药借以射利，害人不浅，令饬各县局严行取缔，以免骗人，而重人命。

八、关于整顿保卫团计划　保卫团有保卫地方之责，剿办土匪是其天职。绥远连年以来土匪滋扰抢掠案件层见迭出而不能制止，良以保卫力量单薄，或子弹之不足，或枪械之不利，以及训练未精之所致耳。拟即令饬各县局认真整顿，所有老弱团兵尽行裁汰，以健壮者补充之，军装、器械修理完备，并切实训练，所有训练章程按日规定，务使无匪足以防，有匪足以剿，剿防具备，地方得以保全。

九、关于清剿盗匪计划　查绥境辽阔，山岭丛杂，以致盗匪充斥，迄未肃清。兹拟修筑各县汽车路，组织剿匪钢甲汽车队以利清剿，一面调查不正当之住户，以杜窝匪寄贼，一面积极整顿保卫团，限一个月内竣事，以巩固地方治安，并令驻军划分防区，协同警团实行清剿，以期根本肃清。

十、关于边防计划　查绥省毗连外蒙，现值国家多难之秋，亟宜预筹防范。兹拟由沿边各县与各蒙旗冲要地方修筑汽车路，先行完成交通网，在内外蒙交界处设立情报蒐多处，侦查蒙俄确情，并履勘内外蒙边疆地形，绘制要图，建筑防御工事以固边圉。

十一、关于各县组织预备团　查各县辖境辽阔，警团力量兼顾难周，一有匪警不免顾此失彼。拟令各县依照《整顿保卫团法》第十二条急须组织预备团，一则充实自卫力量，辅助警团，又可抵制坏人，借除隐患，以维地方安宁。

十二、关于办理统计计划　查行政设施贵有条理，兴革之方端资统计，诚以统计一事最能纳繁于简，察往知来，兴替得失悉寓其中，因革捐益胥资考镜。本省各机关因经费、人材所限，多未设置统计专员职司其事，殊不足以考往绩而策来兹。现由本府着手办理，拟分疆域、户口、警卫、卫生、财政、交通、物产、水利、垦务、教育、司法、蒙务及其他各类，事属创作，力求明确，期将本省政治已往设施之概况与夫人民社会嬗进之情形汇辑缩影，本期辑制告成以后，即按年赓续，力臻详备，亦政治改进之一助也。

乙　财政

一、清理田赋　查绥省各县人民对于应纳田赋向多疲滞，比年以来屡因灾荒拖欠尤巨，核计实收数目较之额征几于不及五成，前经迭次委员会县按照订定办法积极催收，迄未清完，长此拖延永无年清年款之日。现值地方力谋建设，需款浩繁，亟应彻底清查，设法整理，以资挹注。拟即令行各县局长将各该县欠赋原因及整理方法条分缕晰切实呈覆，通筹办理，总期历年民欠扫数完纳，以后年清年款，借免停滞而重赋税。

二、整顿契税　查绥省各县人民典买〔卖〕田房地产应纳契税时有匿报，虽经迭次整顿，而未税未验旧税仍复屡见不鲜，兹拟自二十一年一月起再行展限六个月，通令各县局遵照，凡以前未税未验之田房白契及前清已税未验之田房红契于展限期内一律补税完竣，并规定整顿方法，应由乡村作起，责令街村长副帮同查考，以免隐匿而裕税收。

三、改订征粮串票　查绥省各县征收粮租应用串票向由各县局沿用旧例自行印制，比年以来民欠旧赋为数甚巨，竭力催征，概未清缴，稽核欠赋实属困难。兹为杜绝征粮人员舞弊并整齐划一起见，另行拟订征收粮租填用串票办法，由厅印制三联式征粮串票，令发各县，加盖县印，定期实行，凡征收各年份粮租，按年填给出票一张，其余一联留县备查，一联按月连同收入月报册一并呈缴本厅，以便稽核而资清理。

四、整理县地方预算　查各县财务局早经成立，所有县地方收支各款均划归该局经管，自应按年编列地方收支预算送厅审核。查各县局应造二十一年度县地方预算有已造送者，有未造送者，若不确定标准，难期收支适合，拟即令催各县局长将应造二十年度县地方收支预算从速编造，以资审核而期整顿。

五、促办营业税　查绥省各县应征营业税迭经委员会县调查商业实况，借资进行，嗣因一二商会未能认真协助竭力承办，以致尚未竣事，拟再催令各该县局长将应征营业税按照核定数目商由商会代为征缴，其有商会不愿代为征缴者，即由各征收局兼办，以资抵补而裕收入。

六、催缴牙帖　查各县商民买卖杂货、牲畜等类向有经纪代为说合，所领各则牙帖早已到期，亟应更换以免蒙混，前经令县将到期旧帖一律催缴。惟查各该牙纪应缴旧帖遵令呈缴者固居多数，而未缴销者亦复不少，拟即催令各该县局长将未缴旧帖限日缴销，其有仍愿充当牙纪继续营业者另换新帖，借资整饬。

七、整顿金融　查绥省金融迭经整顿，市面尚属活动，惟丰业银行暨绥远总商会所发纸币久不兑现，影响甚巨，前经财政厅规定，按照平市官钱局收回纸币办法，函令该会行将所发纸币分期收回以资整顿，现在丰业银行业已实行每月收回钞票一万元，定期焚毁，至绥远总商会所发纸币屡经催收，迄未照办，拟即函催该会将应收纸币按照核定最低限度每月至少须收回钞额一万元，定日焚毁，借固金融。

丙 建设

一、国货陈列馆实行开幕　查建设厅在绥远新城西门内大街建修之国货陈列馆自开工后积极兴修，原限于二十年十一月内即行完竣，嗣因改建铁筋洋灰屋顶，俾期坚固而壮观瞻，惟此项铁筋需用各种铁条以及洋灰等均须由平、津购运，以致全工告成稍稽时日，现正督促赶造，行将竣工，一面严催各县迅将征集物品克日送绥，并采购多种国货以便预为装置，拟于二十一年一月内实行开幕，庶资陈列而供展览。

二、成立度量衡检定所　查部定度量衡划一程序本省应于二十一年年底完成，所有绥远省度量衡检定所亟应赶速成立，曾经拟具该所组织章程与分期工作表，及各县检定分所三等检定员训练班规程、招考简章提案省政府公决，以便施行，俟该案议结，组织成立，以免误期而重度政。

三、考核所属机关人员　查建设厅所属机关如农林试验场、淖尔梁牧羊场、包西各渠水利管理局、绥远电信局、路工局以及第二、第三林区苗圃与夫各县建设局等设官分职，各有专司，而建设局统掌全县建设事务，所负职责尤关重要，各该人员平日工作固应随时考查，而成绩如何自当按年统计，每于年终详加考核以定优劣，历经办理在案。兹届二十一年开始，所有以上各属机关在事人员二十年内成绩良否，仍照定章切实查考，评定等次，分别奖惩，俾昭激劝。

四、提倡组织县农村信用合作社　查前为调剂农村经济、发展农业，企图筹办农村信用合作事业，所有总社已于上年组织成立，嗣以注重下层工作，复将该社改为农村合作事业指导委员会，先由各县着手进行，并以前经派赴北平华洋义赈总会之农利股练习毕业之学员袁镒、霍世贤、乌文通等担任指导事宜，暂在归绥县附近各指定一村，分往劝导提倡，尽先组织合作机关，再行逐渐推广，以昭信用而兴农业。

五、督饬各县局修治县里道路　查县道为各乡镇至县治或互相衔接之道路，里道为此村达彼村及至公共事业所在地之道路，故县里道直接关系一县全部交通，间接关系省道、国道之联络，亟应分别修治以利民行。拟即规定办法，通令各县局责成建设局酌定道路段落，分别缓急逐渐修筑，并将拟定县里道路线绘具详图送厅查核。

六、完成绥托汽车路桥梁　查前以绥托汽车路经过大黑河之桥梁极关重要，亟应赶速兴修，所需工料各费即以绥远华洋义赈会结束余存赈款尽数移作建筑该路大黑河桥梁之用，业经派员切实勘估，本拟着手提前兴工，嗣因时届冬令，天寒地冻，未能如期举行，应于三月间春融之际即行督饬工作，限期完竣，以重路政而资纪念。

七、续修民丰渠桥梁闸门　查归绥县属之大黑河原有河身曾因淤塞，每遇山洪暴发动致淹没农田，特就新决河流开挖新渠一道，名为民丰渠，即用赈款勘估兴修，以资宣泄而杜泛滥，并可灌溉荒地，变瘠为腴，洵属一举两得。所有干渠土工及渠口闸门各工程均已完竣，惟干渠经过之南北通行各大路亟宜修筑桥梁以利交通，其他分段之小闸门亦应继续兴修，业经切实勘估，拟于春融即行督饬分别开工，以资完成而兴水利。

八、促成民生渠工　查萨托民生渠为绥远水利之重大工程，计长二百余里，需款七十余万，曾经本府与中国华洋义赈总会订立合同，专聘工师合法修筑，并由建设厅协同办理，所有渠口开门早经完竣，已于二十年六月间举行开闸典礼，所余干支各渠未竟工程继复接续兴修，嗣以招工困难，稍行停滞，拟于明年春融督促工作，务期早观厥成，以利灌溉而裕民生。

九、督饬包西各渠筹修未完工程　查包西十大干渠均系利用黄河，诚为绥远水利之一大部分，关系绥远全省民生至为重要，历经建设厅督令设法整顿，俾宏灌溉而增农产。所有需要工程已于十八年贷给巨款，分别修挖，惟各该干渠复多应修之处，曾于上年经该厅督饬择要兴工以维水利，现届二十一年开始，转瞬春融，仍应令行包西各渠水利管理局督饬各该渠社迅将未完工程切实计画，妥筹款项及时兴修，庶可多灌农田，借收实效。

十、成立第一林区苗圃　查第二、第三林区苗圃均于二十年四月间同时组织成立，复以渠岸造林势顿难缓，拟于临河、五原、包头三县适中地点各设苗圃一处，名为第一林区苗圃，以便育苗而备取用树秧之需。当即拟具第一林区办事处简章及筹设苗圃计画，提案本府议决在案，自应着手进行，拟于二十一年三月以前组织完成，俾得及时播种而备需用。

十一、筹备种树造林　查绥远僻处边塞，气候严寒，谷雨节前方能解冻，在此时期种树造林庶易成活。惟三月十二日恭逢总理逝世纪念，自应遵例举行造林运动宣传周，并于去岁择定之扩大林场先事筹备，以便届时实行栽植而昭隆重。此外如各机关、各法团以及各学校种树办法亦应预为规定，庶免贻误。至人民种树仍须积极进行，按照历年定章提前通令各县局认真督饬举办，务期普及而兴林业。

十二、继续训练农民　查建设厅附设之农民训练所开办已及三年，历届毕业农民计有三百余名，现值二十一年开始，仍拟在春耕以前令饬各县局选送真正农民入所训练，课以农事上科学智识及党义与《村政浅说》等，俟毕业后令其回村如法耕种，一面传于其他农民，俾期家喻户晓，务使农业日益改良。更于训练期间如〔加〕授农村合作要旨，俾知其中利益，以便广为宣传，借资提倡，兼可调剂农人经济而裕民生。

十三、续办委托农民试种　查建设厅举办委托农民试种，专为改良籽种，特于十九年运到各耐旱籽种，贷给各县农民按法试种，以备灾荒；复购工业作物之甜菜、亚麻、黄豆等他省所产优良种籽，委托各县农民试验，俾资改良。并于十九年十一月间征集以上委托试种各品种，在省开会比赛，评定优劣，酌予奖金，以资鼓励。嗣于二十年春耕时仍照上年办法购备耐旱之蓝麦、高粱及工业需用之甜菜、亚麻、黄豆等籽种发给各县局，除兴和一县仍照旧由县选定农民报厅委托外，其余各县即就历年训练毕业成绩优良之农民及上年绥远农产比赛会经审查及格曾得奖金之农民选择委托，复于十一月间在省举行农产比赛会，征集试种各品种扩大比赛，考其成绩均多进步，当经详加审查，优予奖金，俾知奋勉。兹届二十一年开始，仍拟春耕时期照前办理，分别委托试种，以冀日渐推广而著宏效。

丁　教育

一、举行教育行政会议　查学术进步原无止境，行政因革亦无止境，故欲因应咸宜，使全省教育尽量发达，必先集中办理，教育行政人员暨教育专家荟萃一堂加以研究，妥订方案，见诸实行，而后始有整齐划一之效。兹本斯旨，筹备招集，俾资改进。

二、筹办蒙旗教育　查蒙旗教育至关重要，业由教育厅拟具实施方案呈请准行，值此"赤化"南渐、蒙旗恐慌之际，此项教育尤属当务之急，自应积极进行，以资挽救。

三、拟定划一各校经费办法　　查本案曾于前期行政计划案内拟订，嗣因调查需时未能如期办竣，自应赓续进行以资整顿。

四、督促成立各市县文献委员会　　查此案亦于前期计划案规定，虽经教育厅严令督促，据报成立者只有九县局，其余县局正在严催，自应继续督促以符功令而便进行。兹为增加效能起见，并拟厘订全省文委会委员考成办法，呈请核示后施行，以免会务有名无实。

五、整顿民众教育　　查本案已于前期计划案提出，业经拟订整顿计划呈准实行，现正按照计划确实整顿以资改进，自应继续办理以昭核实。

六、筹设幼稚园　　查本案曾于前期计划列举，嗣因的款未能筹定，以致延缓实行，应即继续筹策以应要需。

七、筹设童子军　　查本案甫经着手，尚未筹有头绪，自应继续进行以期完善。

八、筹设平民工厂以推广职业教育　　查本省职业教育颇具雏形，必须积极推广方可有补民生，现在教育厅拟于职业学校内附设平民工厂一处，使一般平民得有肄习切用工艺之所，是不唯有裨民生，且于职业学校学生实习上亦有几多之便利。

九、厉行中等学生奖学金以资奖进　　查奖学金为鼓舞学生向学精神之良好办法，多有采行之者。考其趋向，大都在大学方面着意，而于中学似尚少注目。现在本省最高学府至中等而止，欲采此制，亦自以中等学生为限，非唯事实昭示如此，且其需要亦甚殷切，较之以大学为着眼点者其效率实有过之无不及也。教育厅为策进学子之学业计，并为端其趋向计，拟为中学特设奖金，以资鼓励而策进步，详细办法专案呈核。

戊　垦务

一、劝报垦地　查本局上年十、十一、十二三个月计划劝报达尔罕旗小五约、二里半等处地亩，曾经派委垦务第四分局局长富师蠡前往设法劝报，并咨请该旗继续报垦在案。旋据该局长呈称，现在该旗正在办理旗务，一俟明年五六月间准可照章报垦，并附该旗印文等情，本期内亦仍拟赓续前期进行劝报。兹拟于本期内将前经劝令西公旗集喜寺大喇嘛罗布桑沙拉布报垦之板申兔膳召地五百余顷派员会同该大喇嘛勘收界址，按照该地情形规定办法照章丈放以辟地利。

二、拟清理陕坝等村村基地亩　查清理方面前期所计划清理绥远东五县地亩，本期内已派员调查完竣，呈准由二月十六日于集宁县设立绥远垦务第七分局，专管清丈地亩，催收垦款，并查得前杭锦旗报垦西巴噶地及达拉特旗报垦赔教地内有陕坝等村村基地一并勘查丈放，惟查各该村基地亩外筑土围，内设市廛，商贾云集，人民辐辏，其陕坎、蛮会等处尤为临河县菁华之区，且近年以来后套收获丰稔，而土著并外来之商民纷纷建筑房院，加以伏莽潜滋，时出扰攘，所有附近各村人民为避免匪患计，相率迁于土围之内者络绎不绝，以故分争地址、建盖房屋者有之，其狡黠之户希图渔利、辗转售卖者亦有之，当此建设时期，亟宜积极丈放而安生业。现拟派员前往该地确实调查，从事清理丈放，俾人民得以产权永远确定，杜绝纷争，而公家亦可照章按村丈放，俾裕收入。

《绥远省政府年刊》

绥远省政府秘书处

1932 年

（李红权　整理）

绥远省政府二十一年四、五、六月份行政计划

绥远省政府　撰

甲　民政

一、考核吏治　任官首宜慎选，查吏端资考成。本年第一期行政计划关于吏治部分即以慎重人选为前提，以兴利革弊课殿最，并以察实绩、明赏罚为考核标准，计凡举贤能、去贪暴、除秕政、倡嘉谟诸大端胥不外是。本府前令各县局自本年一月起呈送行政计划、行政报告，实行以来规画周详者固不乏人，而迹近敷衍者亦复不少，拟即通饬各县局嗣后呈送行政计划务从悉心统筹，全盘熟计，注意实际，力矫空谈，由主管各厅随时委查是否按照预定计划逐项实现，并核其行政报告与实地是否符合，如有成绩斐然或庶政废弛者，本府为小善必敦、薄恶务儆起见，除严定功过分别奖惩外，仍拟继续第一期办法，录令通传，俾资观感，如斯递进，不出数年可期政无纰渗，人皆尽职，恒人之言曰：澄清吏治，将于是而聿观厥成焉。

二、调查户口　《周官·司徒》备藏户口良法，由此〔比〕间而推及乡党邦国，既时稽其众寡，复详查其良莠，举凡授田宅、均赋役、诘奸慝、与〔举〕贤能诸端皆自此出，宋王荆公编作保甲，至称精审，只以奉行不善，为此诟病。语云：治人治法，相

应而相成。旨哉斯言！绥境各县局调查户口亦既渐次推行，但依限查报者固属有人，而屡催罔应者仍所不免。本省地方不靖，伏莽堪虞，户口调查极关重要，前已通令各县局转饬各区长负责办理。今年二月间民政厅准军政部陆军署军务司南京办事处函嘱检寄户口调查统计表，以为规画征兵之资，即经函送在案，此后拟对于各县局之每月户口变动表严令缜密查填，并注意性别之登记与幼壮之区分，以为随时实行征兵之准备，盖户口一项与选举、教育、警察、税则、征兵等均息息相关，本省清查户口纵不能预为推行庶政之先着，亦应为肃清奸宄、准备征兵之工具。此调查户口之计划也。

三、军事时期保护名胜古迹古物办法　查本省名胜古迹古物等所在多有，且皆具历史上之相当价值，早经通饬各县局遵照部颁《名胜古迹古物保存条例》切实办理在案。惟承平时代与军事时期不同，则保存方法自必因之而异。本年三月间民政厅奉内政部令饬就当地实际情形妥拟军事期间名胜古迹古物保护之法，切实执行等因，遵即赶速厘订《办法》十条，并《调查表式》、《填表例言》各件，分呈内政部、省政府鉴核施行，一俟令准，即通饬各县局遵照妥慎办理。兹将《保护办法》、《调查表式》暨《填表例言》分列于后：

绥远省名胜古迹古物军事时期保护办法

第一条　绥远省辖境以内所有名胜古迹古物之保护，除照部颁《名胜古迹古物保存条例》办理外，依本办法行之。

第二条　本办法所称名胜古迹古物，如山川、古刹、碑碣、金石、陶器、植物、文玩、武装、服饰、雕刻、礼器、杂物等类皆属之。

第三条　本省各市、县、局境内所有一切名胜古迹古物应由各该县、市、局依照规定调查表式逐一详确查填，列表分呈内政部、省政府及民政、教育两厅备查。

　　第四条　各市、县、局境内所有名胜古迹古物在平时应由各该市、县、局分别情形，依照部定方法切实妥为保护，在军事时期应督促保卫团或会同当地驻军从事防制，以免意外之摧残。

　　第五条　各市、县、局得斟酌情形，组织军事时期名胜古迹古物保护委员会，妥拟办法，分呈民政、教育两厅查核转呈内政部、省政府备案。

　　第六条　各市、县、局为在军事时期保护境内名胜古迹古物，得于不抵触现行法令范围内发布单行规则。

　　第七条　军事时期对于名胜古迹古物有损毁、窃盗、侵占行为者依照军法严厉处断。

　　第八条　各市、县、局调查填表分报后，倘遇必要，须临时查填具报。

　　第九条　本办法在军事时期终了时应宣告废止。

　　第十条　本办法自核准公布日施行。

绥远省名胜古迹古物军事时期调查表						
绥远省市、县、局名胜古迹古物军事时期调查表						
名称	时代	地址	所有者	现状	保管	备考

填表例言

　　一、依照本省《名胜古迹古物保护办法》第二条所列种类分别调查填载。

　　一、名称栏内填载山川名、古刹名及古物名。

　　一、时代栏内填载创始时代如周、秦等。

　　一、地址栏内填名〔明〕何处。

一、所有者栏内分别属于国有、公有或私有，注明姓名。

一、现状栏内填明现在状况是否完好。

一、保管栏内填名保管方法。

一、备考栏内填记其他事项。

四、积谷备荒　查积谷仓储借备凶荒一案在各期行政计划中均拟有详确办法，并经赓续督促办理在案。惟本省各县局连年以来灾燹频遭，十室九空，当前之急难未解，将来之凶荒焉顾，是以办理以来虽属积极进行，而收效甚鲜。去岁年成较裕，民困渐苏，积谷仓储自系刻不容缓之图，经于上年后季先后拟具筹集办法暨奖惩规程，督饬积极办理、依限具报去后。但查所定限期系以四月底为止，在此期限未满以前，拟再督饬赶办具报，免致贻误，至于限期既届，即行按照储积之多寡、办理之敏钝分别奖惩，以昭法戒而定考成。

五　督办自治　查关于办理地方自治早经民政厅督饬遵照中央各项规章切实举办在案，惟本省文化落后，民智晚开，且因灾荒频仍，进行效率自较内地各省迟滞。兹为切实促进计，除仍督饬各县局将应办未竣各事项暨上年进行程序表列各项以及完成县组织事项赶速办竣具报外，拟再督饬按照本年办理地方自治进行程序表列各项，分别缓急次第举办，将来各县局长之成绩胥多视此以定。此办理自治之计划也。

六、整理县行政区域　查现值励行自治之时，县为自治单位，如疆界不齐，于划定自治区时必多窒碍。绥远各县犬牙相左之地固所不少，业经遵照部颁《县行政区域整理办法大纲》及《省市县勘界条例》积极整顿，曾由民政厅呈准本府，由视察员会同县长实地履勘，现在尚未报齐，仍饬各视察员、各县局长速将履勘情形绘图立说克日呈送，以凭核办。

七、整顿保卫团　查各属保卫团团丁多未训练，现在冬防业已告竣，督饬各县局凡未训练之团丁仍应积极办理，此后各团丁非经训练暨考验合格者不得补充，并随时督促整顿，以期日臻完善。

八、办理行政卫生　绥远地居边陲，风气晚开，对于卫生素不重视，现值入春，天气渐暖，所有一切卫生尤须讲求，迭经督饬各县局竭力宣传，清理街衢，严禁道旁倾倒堆积污秽之物、随地便溺，至茶馆、酒肆、澡堂、客店务宜随时检察，不得稍有不净之处，以免传染而重卫生。

九、设立通志馆及文献委员会　查本省原属蒙古地，自清初受降土默特改称归化，始入国家版图，迨征服外蒙、噶尔丹，添设绥远城，控制西北，招民开垦、列市经商二百年之经营，渐趋文化。清季之世虽间有人编诸志乘，而东鳞西爪，不足为文献之征。本府爰于二十年一月组设绥远省通志馆，聘任正副馆长暨编纂各员，遵照部颁《修志事例概要》开始工作，并遵照部颁《市县文献委员〈会〉组织大纲》在各县设立文献委员会，派员分途采访，俾得早日观成。现正积极进行，预计二年零六个月可以完成，一俟编印成册，即行分别呈送。

乙　财政

一、整理欠赋　查绥省财政向系收不敷支，自上年奉令实行裁厘后税收锐减，所有大宗收入仅恃田赋一项，乃以历年荒歉频仍，滞纳实多，固由于各县局长催征不力，其未完民欠飞洒隐匿、抗粮不纳亦属一大原因。值此百端待理、需款浩繁，若不极力整顿殊不足以俗〔裕〕税收而济时艰，爰按欠赋原因及调查所得酌拟《整理粮赋暂行办法》、《村长副催解粮赋办法》暨设立各县粮赋整理处，规定整理期间及应需经费概数，通令各县认真进行，切实整理，以期年清年款而免停滞积欠。

二、整顿营业税　查各县应征营业税业经照章实行征收，惟此项新税创办伊始，有已照章缴纳者，亦有借故推延不肯报税者，自实行征收以来税收多未起色，长此以往实不足以资抵补而济急需。拟即令行各县局会同商会设法整顿，凡各商民应征税款务须一律照章缴纳，不得再有抗阻情事，以维税收。

三、整顿契税　查绥省各县人民未税未验旧契所在多有，前经展限至本年六月，令各该县局将未税未验旧契一律补税完竣，免予加罚，附近县份均已照办，惟绥西五原、临河、安北各县局距省窵远，城内居民典买各契多已照章投税，其四乡居民仍复观望，习以为常，不肯补税，若不积极催办，实不足以俗〔裕〕税收而固产权，业经令行各该县局长督同街村间长设法查催，凡未税未验旧契务于本年六月底以前依限补税完竣，借增收入。

四、整顿屠宰税　查各县城内屠户应缴屠宰税率多照章缴纳，偷漏尚少；其在四乡屠户屠宰猪羊概未缴税者比比皆是，自非酌定办法，严行稽核，殊不足以维税收。兹拟将各县四乡屠宰税规定概数，责令各该县局长督同各村村长照章代为征缴，一面由县派员随时稽查，以免偷漏而裕税收。

丙　建设

一、举行纪念植树式暨各项种树　查本年造林运动宣传周及实行种树日期曾以绥省气候关系拟仍照历年办法移在谷雨节，自应预为筹备以便届期举行。现在绥远车站以西衔接上年植树林场选择林地二十一亩二分，土质中庸，地性潮湿，且有长流河水纵贯南北，植树造林甚属相宜，即行价买以资应用；其他如人民种树、渠岸种树等业经令饬各县局切实办理外，所有各机关种树、省会各马路种树均亦规定办法，分别进行。

二、拟订各县局农业推广人员指导办法　查建设厅曾以中央对于各省训练农业推广人员正在极力提倡，自当参酌本省地方情形切实奉行，特令各县局将建设局之技术员送入该厅附设之农民训练所随班训练，俾可毕业回县，躬亲指导，冀收实效而兴农业。现在各该技术员于四月初间训练期满，即以各该员等兼充各县局农业推广员，并拟具指导办法及应进行各事项，连同各种表式分发各该员，以便按照实行。

三、督饬新农试验场改良畜牧事业　查萨县新农试验场原拟创作新村模范，所有规模自较宏大，关于牧畜部分，除本场大小牛羊不计外，尚有由张家口接收之英国哈利佛牛三十二头、澳洲种美利奴羊与蒙古绵羊混交之杂种羊五百余只，自应设法改进以兴牧业，当经饬该场拟具方案，并妥定进行方针及分工合作办法、本场牛马发放条例与牧夫之待遇，并管理各项，呈由建设厅核定饬遵。

四、筹设绥远畜牧试验场　查本省羊类虽多，惟体格不良，肉量不丰，产毛量微，毛质刚粗，不堪为上等毛织品之用，应即筹设畜牧试验场，以羊为主，骡、马副之，改良饲养管理之法，研究选种蕃殖之术，俾得变更其体质，增进其美点，并以原有之淖尔梁牧羊场地积宽阔、水草丰富、交通亦便，拟仍就该场地方扩充牧放，即用晋绥绥靖署拨交之美利奴羊二百只、马一百四十七匹、骡十九头，连同建设厅所属之牧羊场各种改良羊只四百十五只作为基本，其所需本地牝羊约计一千只，拟由各县局分配选送，将来以美利奴羊及传成改良羊只分别拨还，俾资推广。

五、修订农产比赛会规章　查建设厅筹办绥远省第二次农业比赛会，业于上年十一月间扩大举行，成效渐著，现届二十一年，自应继续办理，以期鼓励改进，逐渐推广。惟该会各项规章按以去岁比赛之结果并参与审查委员之意见，均有重加修订之必要，

应将该会征集农产品规则暨奖励章程分别修正，提案本府例会公
决，以便通令各县局遵照施行。

六、督修新旧城各马路　查绥远省城各马路虽于去岁分别修
治，现值春融，亟应择要补修，如新城南门至北门，鼓楼至东门，
又西门至旧城东顺城街，东口两门至公医院前各马路，旧城北门
至大通桥，由大通桥至车站、塞北关，大十字至大西街西口，大
十字至小东街南口各马路，均饬路工局分别勘估，拟具计划，编
造预算，请拨款项，限期次第兴工。

七、督饬修整包乌汽车路　查包乌汽车路关系绥西交通至为重
要，从前所修路面大都破坏，有碍行驶，应行设法补修以资整理。
当经建设厅拟具整顿计划，并将该管路组织章程重加修正，连同
更造预算经本府核准如拟办理，当即转饬该路局遵办去后。旋据
呈报业经遵照修正章程改组完全，所有工程队亦一并组织就绪，
即日出发，一俟土质解冻，再掘水沟等因。现在天气渐暖，正可
即时兴修，由该厅督饬积极进行，以利交通而维路政。

八、促成丰凉、归托、包安等汽车路　查凉城至丰镇汽车路虽
于十九年间以工代赈着手兴修，迭经建设厅令饬，迄未完成，现
届春融，令县督饬即日动工，确实进行，限于五月内报竣。至归
托汽车路，除桥梁已由公家筹款修筑，其修治路工饬由归、托两
县分段派修，并由该厅委员勘估，以昭慎重。此外如安北设治局
至包头县城亦为商旅往来要道，亟应建修包安汽车路，俾利交通，
所有修治路工即照归托路办法分段派修，在安北辖境由安北负责
修理，在包头辖境由包头负责兴修，以省民力而促完成。

九、督促丰镇、五原、陶林、凉城等县设置各区电话　查建设
厅前以绥远县境极其辽阔，以致县属各区相距远鸯，虽有分区之
协助，并无电信之联络，对于政治之进行及公文之传递终嫌迟缓，
而于防匪御患尤多延误，非速设置电话不足以利通讯而谋安全，

当经通令各县局迅速遵办在案。嗣据各该县局先后呈送计划，次第筹设，惟丰镇、五原、陶林等县尚未具报，亟应严催速办，以资联络而利交通。至凉城县业送计划经该厅核准，并具报称已将材料购妥，亦应督促赶即兴工安设。

十、会同华洋义赈会完成民生渠　查萨托民生渠干渠计长二百余里，业于上年合中外工程师以及军民力量开凿成功，计支渠共十四道，已有九道修而未竣，其余五道尚未动工。现届春融，拟即会同华洋义赈会仍派工师来绥继续修挖，决将支渠自第一道至第九道尽先完成，即可灌田七千余顷，以慰民望而增生产。

十一、督修包西各渠本年核准工程　查包西各渠关系绥远省水利最为重要，自十八年贷给巨款分别兴修，次第完工，复将各渠尚须续修之点督饬勘估，按年进行。所有本年应修工程仍经预令切实计划，呈报建设厅查核饬遵。嗣据包西水利管理局先后呈报前来，如塔布渠有渠工五段，而渠口至工房子浚深之工程至为重要；通济渠由口至少应行劈帮修挖工程七段，而河口第一段尤难稍缓；沙河渠有劈帮下底工程三段；丰济渠亦有工程三段，第一段两面加背，特别紧要；公济渠接挖工程仍按原测高梁处劈帮下底；民复渠勘估修挖未完工程继续兴修。现届春融，应由建设厅督饬分别兴工，以溥水利。

十二、筹拟改良清水河县磁业　查清水河县出产黑白磁器，约有磁窑十五座，惟所制瓶盘碗碟等类对于研泥、制坯、彩画、上釉均欠精美，拟由该县磁业内选拔工友二人，送往阳泉铁厂学习各工专门，以便毕业回绥，借资改进而利行销。

十三、国货陈列馆实行开幕　查建设厅建修之绥远省物产陈列馆，嗣奉部令改为国货陈列馆，所有工程均已完竣，惟征集本省各县物品以及采购外省各种国货，远道运寄，颇费周章，以致稽迟时日，尚未一律到齐，现正积极分别催促，一俟装置完整即可分类陈列，拟于五月内实行开幕，以资展览而供观摩。

丁　教育

一、教育经费管理办法　查绥远各县教育经费类多苦于支绌，而其款项分配又未能独立运用，盖因各县筹定教育专款盈绌迥异，地方支出时有缓急，加以收支款目向不报厅，挪移变更漫无稽考，殊非郑重教款之道。兹拟由厅拟订绥远省管理教育款产办法，俾各县教育款产无论原有或续筹以及直接经收或各局附加，均应依期详报教育厅查核，庶可通盘筹划，分别整顿，以收学款独立、改进迅速之效。

二、成立师范速成班以免师资缺乏　查绥远全省仅设有师范学校两处，初级三年、高级六年，以之应付十八县局之小学师资，既觉造就需时，又且供不应求，是为补救缺乏计，非成立师范速成班不足以资救济。兹拟由各中等学校暨师范学校内附设师范速成班，以资造就而便整顿。

三、广设讲演所、阅报所以启通民智　查绥远社会教育一切设施均因库款支绌、筹计不易，速难实现，长此以往，欲求民智之开通、教育之普及，殆将无由说起。兹拟由二十一年度起，遵照部颁《划拨社会教育经费办法》，并先于各县所在地一律创设讲演所、阅报所若干处，责成教育局长主持其事，并由厅随时遣派督学明密考查，分别殿最予以奖惩，务使多数平民咸有求知之机会，庶于民智补救万一。

四、确实改良私塾　查绥省地处边陲，文化落后，加以年来天灾匪患迭乘交集，教育设施益复成绩无睹，上年岁收虽称中稔，而谷贱伤农，元气迄未昭苏，故教育进行仍未能加以强迫。但民众为子弟求知节省销费计，多以私塾作识字逾径，此亦时会所迫，未可厚非者。惟私塾之影响社会非仅设备简陋，而其思想锢蔽尤为恶劣，盖塾师之品类大都思想落伍、缺乏常识，所授课本又系《百家姓》、《杂字》之类，其足以贻误青年实匪浅鲜，故改良私塾实有万不可缓之势。兹拟由厅规定取缔办法，严格督饬各县县长、教育局长，就城乡各村已有私塾按照办法一律改为代用学校，并遵照部章改授中央审订普通课本，如党义、国语、常识、珠算之类，责成村正副另延名师，送教育局考试，确能合格方准设帐，并随时责成省县督学巡行考查，切实指导，酌量奖惩，似此因势利导，未有不收事半功倍之效也。

五、彻底调查学龄儿童以便实施义务教育　查实施义务教育必以学龄儿童为根据，惟年来绥远以年荒匪扰户口流亡之故迄未实行调查，所有学童确数卒无所据，兹拟由厅规定表式，责成各县县长督饬教育局局长暨各区区长挨村逐户切实调查，一俟调查完竣即行按照各县实际情形妥订实施义务教育方案，督饬进行，以收普及之效。

六、通令各县拟具义务教育实施方案以凭汇核规定进行计划　查绥远僻处边隅，五方杂处，各县情形迥难强同，故欲实施义务教育必先由各县县长、教育局长详考各地实际情形，拟具方案送厅汇核，方能审订划一办法，推行尽利〔力〕，兹拟通令各县县长督同教育局长妥拟方案送厅汇核，以凭厘订适当方法而资实施。

戊　垦务

一、劝报垦地　查本局本年一、二、三三个月计划劝报西公旗集喜寺大喇嘛罗布桑沙拉布报垦之板申兔膳召等处地亩，曾经派委本局劝垦专员孙文彬前往，按照报垦印文会同该大喇嘛勘收界址在案，旋据该专员呈称：现在西公旗扎萨克因此地系蒙民养命之地碍难报垦等情出而阻扰，当经一再向双方磋商，该大喇嘛仅报板申兔等处地内滑子补隆地亩一段，约可放地一百余顷，并另补报秦一滩等处四段地亩，约放地二百余顷，并取具报垦印文呈送到局，当经本局饬令第三分局按照印文四至界址妥速勘收具报，以便拟订办法丈放。又查四子王旗于前清同治年间曾卖给升恒号淖尔忽洞荒地一段，约可放地七百余顷，已由本局饬令第二分局就近与该升恒号经理设法劝报，以辟地利而裕收入。

二、拟清理前鄂旗报垦陶乐湖庙滩等处地亩　查清理方面前期所计划清理陕坝等村村基地亩，曾经本局饬令第六分局查覆在案，嗣据报称：以该处现因土匪窜扰未能派员勘查，一俟匪气稍静，速即派员往查等情，当经本局饬令迅速妥为相机查勘具报在案。又查鄂托克旗于前清曾报垦陶乐湖庙滩等处九段地亩，自应一并勘收查丈以辟地利，惟查此地自前清光绪二十九年报垦至现在，除先后丈放过七百余顷外，尚有水旱地二千七百余顷，土质较沃，出产丰富，兹以离省窵远，人民不明真相，兼之其时正丈放杭、达两旗，领地之户莫不舍远就近，以致迄今尚未丈放。现在该处惠民渠业已开挖成功，将来支渠修讫，附近各地均能变为水田，自应乘时勘查丈放，业由本局令饬沃野设治局详查具覆。将来此地如能继续清理丈放，不惟垦殖借以进展，而荒价收入实于公家不无裨补。

《绥远省政府年刊》

绥远省政府秘书处

1932年

（李红权　整理）

绥远省政府二十一年七、八、九月份行政计划

绥远省政府 撰

甲 民政

一、整饬吏治 查本省各县局对于各项行政计划尚能见诸实行，核阅按月列报之行政报告亦尚鲜虚构之处，此后仍拟继续第二期办法，随时委查，详考其政绩之优劣，以为严定功过、分别奖惩之标准。关于县长之任免早经遵照程序办理，奖惩员名及事由并经分别具报。至本年第一期巡视计划原为力求民隐，预为整顿秕政之地，本厅制定之巡视程序业于十八年十一月间分呈内政部、绥远省政府鉴核，并奉有民字第四一九号部令及秘字第二九四九号府令准予备案在卷，其巡视情形如何，将来自当遵照《巡视章程》第十三条之规定办理。此整饬吏治之计划也。

二、调查户口 查王英匪部经驻军痛剿业已东窜，惟经过各地肆意摧残，居民多散之四方，户口之变动滋甚，拟即通饬各县局注意清查户口，一面借悉变动之程度如何，一面可使奸宄不能匿其踪，俟匪气稍靖，应即招集流亡妥为安抚，并重行统计，用觇已否还原，仍继续上期计划留心性别之登记与幼壮之区分，以为随时征兵之准备。惟此项调查表各县局具报过迟，以致本厅未能按期核转，此后当从严限期办理。此调查户口之计划也。

三、督饬各县文献委员会之计划　查上年八月间奉内政部令发《市县文献委员会组织大纲》，即经转饬所属各县局遵照办理；嗣准本省通志馆函请通令各县将前项委员会早日组设，以便接洽采访完成修志工作，复经饬遵各在案。兹查各县局大半先后呈报成立，仅丰镇、五原、托克托、安北、沃野五县局尚未具覆，现又分别严催，不日当可办齐。惟沃野设治局情形特殊，县界迄未划定，关于文献委员会之组织自不免迟延时日。至修志事例概要向由本省通志馆办理，但种种材料多由本厅供给之。此督饬各县文献委员会之计划也。

四、禁止缠足　查禁止妇女缠足一项早经雷厉风行在案，凡属明达维新之流固多闻风先趋，彻底革除，而乡野守旧之辈仍难免执迷不悟，苦海自沉，兹为扩大宣传、切实劝导计，拟再督饬省县天足总分各会暨各属有责长官会同当地党部分别切实劝禁，期收实效。至蓄发、佩环亦经明令取缔，现在除各旗蒙古人暨少数顽固者外，其余多半无此恶习，仍拟通饬各属一并劝导革除，借免向隅之憾。

五、办理自治　查办理地方自治早经本厅督饬遵照中央各项规章切实办理，并先后拟具二十年及本年进行程序，发饬赶办，具报各在案。惟本省灾荒频仍，匪患迭乘，民生痛苦有加无已，地方凋敝日甚一日，故对于划定自治经费、开办自治训练所等事，虽经迭次督促赶办，尚未见有相当成效，本季拟仍督饬各县局将前令应办未竣各事项暨进行程序完成，县组织各表赶速分别缓急次第举办，一俟具报到厅即行分呈备查。

六、行政卫生　查行政卫生迭经整顿，尚未臻于完备，现值入夏，天气炎热，一切卫生极为重要。绥省各属医院及治疗所均付阙如，对于预防传染及疗治病人极感困难，本厅有鉴及此，现拟分途督促进行，对于卫生努力宣传督饬，未设医院及治疗所之县局务期设法筹设，并召集各医师研究传染之预防及治疗方法，以杜瘟疫流行；责成各县局长督饬各区、乡、镇长竭力宣传清洁卫生，并须切实提倡，于卫生前途必有相当成绩。

七、关于整顿保卫团剿匪之计划　绥远匪风素炽，现在加以王英股匪逃窜，因之各处无业游民不免乘机蠢动，是以各县地方治安极关紧要。兹拟定督饬各属积极整顿，以期准备，或联络邻封各县堵剿，或协同军队随地设防；至未筑围堡之乡镇，令速设法务期完成，借资捍卫，使跳梁小丑既无藏匿之所，亦无乘隙抢掠之可能，庶盗匪断绝，地方自安。此整顿保卫团剿匪之计划也。

乙　财政

一、催收赋税　查绥省连年匪旱频乘，被灾奇重，以致粮赋官租民欠累累，各项税捐收数短绌，兹经分别酌定《整理欠赋暂行办法》暨《村长副催解粮赋办法》，通令各县切实办理，业经上届行政计划折报有案。兹拟继续前功，积极督催，务于短时期内整理就绪，俾收实效。一面将屠宰、营业、牙当等税或招商承包，或托商会代征，或由征收局自收，均经分别规定办法，饬令认真进行，务使杜绝偷漏而期收入畅旺。

二、统一税捐　查绥省征收斗、车驼等捐及屠宰、契、牙等税，东五县始于民国十八年一月划入，仍循察哈尔省旧制，与西十二县局名目既不尽同，税率亦非一致，畸重畸轻在所难免，兹拟察酌情形，通盘计划，将各项章程逐渐修改，务使商民担负平均，免滋口实，而公家收入亦可借此整顿，以期畅旺。

三、整理金融　查绥省金融迭经实行整理，市面渐形活动，惟归绥市商会所发兑换卷迄未收回，现已规定办法，限令该会每月至少收回一万元。又各县人民因十六年间被灾困苦，准以房地契据抵借之善后流通卷历年收回仅及半数，亦经规定迟还加成办法，严限催收，统拟于本季内分别切实督催，期收实效而重金融。

四、规定印花税比额　查绥省印花除归、包、丰三县设有专局委员办理外，其余各县均系委托县政府代销，而各县县长以事非专责，每多敷衍，推销数目差额太巨。兹为督促进行起见，拟按各县商务状况、户口多寡由厅分别酌定比较数目，督令照销，以杜取巧而裕收入。

五、改定征收猪羊肠捐手续　查猪羊肠捐向由各征收局经征，但按之事实，稽查偷漏诸多困难，兹拟将此项捐款由局划出，或商包，或委征，均与屠宰税取一致办法，庶便稽征而杜偷漏。

丙　建设

一、考查各项种树第一期事项　查历年举行造林运动，各界参加植树暨各机关、团体、学校植树并人民种树等向分两期查报，所有种植地点、树种、株数均归第一期考查，本年以上各项植树业经分别举行，现届考查时期，各县局尚未报齐，亟应严催以凭派员实地查考。

二、考查农民委托试种生长状况　查委托农民试验，历经本厅举办在案。本年春间复经本厅购备多量工艺作物及耐旱作物等各项籽种，发给各县农民暨第五期毕业训练农民分别委托试验在案，所有生长状况亟应令催查报，派员实行考查，以凭研究而资改进。

三、考查第二、第三林区苗圃作业实况　查本厅所属第二、第三林区苗圃简章第七条内载各苗圃每年应将春季作业情形、秋季成绩实况分期列表呈报以凭考核等语，本年各苗圃春季作业早经完竣，亟应催送播植育苗报告甲表，以凭派员按照表列各项前往考查，以重林业。

四、汇核调查各种矿产　查绥远境内矿产丰富，时多发现，如据报陶林黄花圪洞之宝石、水晶等矿，究竟矿质优劣，产量贫富，均应实地勘查以资研究，特经函准北平实业部地质调查所派技师孙健初来绥，协同本厅科长王永寿先往陶林调查宝石等矿，继赴绥西调查石棉各矿，现已勘查竣事，现正根据报告汇总详核何者有开采之价值，何者无研究之必要，分别办理以兴矿利。

五、督饬包乌路局修复五临汽车路损坏桥梁　案查先后据包乌汽车路管理局呈报，该路五原境内之蔡家地三盛泉渠十三号桥梁被匪烧毁，满圪素十九号、二十号桥梁，邬家地二十六号桥梁，雄万库二十八号桥梁以及临河境内孟于子油房三十三号桥梁，魏羊渠三十七号桥梁均被匪损坏桥板多寡不等，当经分别令速估工补修完整在案，各该桥梁已否工竣尚未据报前来，亟应督饬该管路局赶速修复，以利交通。

六、试探绥甘汽车路　查绥远至甘肃省城计二千七百余里，长途迢遥，交通滞塞，往来行旅恒感困难，亟应行驰汽车以利运输，曾经饬由克利汽车商行特备汽车两辆前往试探路线，嗣以时局不靖，中途停止。兹以西北交通关系商业发展，开拓汽车路势难稍缓，仍拟速由该行备车往探，赓续进行，俾明真相而资试办。

七、完成归绥市西茶坊河坝　查绥远省会旧城西茶坊通顺召东之西河河岸不固，河身浅狭，每于山洪暴发之际河水不能顺向东流，致有泛滥之虞，拟于该西河东岸修筑片石河坝，以资巩固而顺水势，当经饬令路工局造送工程预算呈请拨款兴修在案。此项河坝现已动工，应即督促早日完成，俾免水患。

八、督促包西各渠完成续修工程　查包西各渠为绥省重要之水利，虽于十八年贷给巨款，择要兴修，而各该渠道尚有应行续修之处，历经按年督饬办理在案。所有本年应修各工程如塔布、通济、丰济、公济、沙河等渠均有渠工段数，多寡不等，前据该管水利局呈经本厅分别核准，饬即及时动工去后，已否完竣，尚未据报前来。应再令行该局督促赶修，务于七月内一律完成，以资灌溉而溥水利。

九、促成未完之计划各渠　查本厅计划兴修各渠除民生渠干渠业于上年开闸成功，举行开闸典礼，所有支渠现正会同华洋义赈会继续修挖，不日藏事，以及民利、民阜、民丰等渠均以先后告成外，其余如固阳裕民渠、包头民福渠、兴和民乐渠、萨县之兴岁渠、富农渠、和林之磐山渠、小沙梁渠尚皆修而未竣，前经本厅令饬赶速分别动工在案，仍应严催加紧工作，限于七、八两月内一律报竣，以资引用。

十、拟修托县民康渠　案据托县政府呈拟由该县什力圪兔村旧有洋渠开渠一道，长约十里，可浇荒地二千余顷，并请以经收荒价作为修筑工费等情。当以事关开发水利，变瘠为腴，核其所请尚属可行，呈奉省政府令饬会同财政厅拟具修渠招垦办法，并将该渠定名为民康，一俟呈经核准，即行由厅督饬该县分别进行，以增农产而裕民生。

十一、调查托县出产之土硝　查硝之一种用途极广，除供工业而外且可制造肥料，然须含氮量在百分之十二以上方堪适用，本省所属之托县境内出产土硝甚多，惟其质量如何，亟应详加研究，当经拟就表式发交该县政府遵将县境所产之硝代购若干，填表送厅，一俟送到即行设法化验，以凭鉴定而资提倡。

十二、筹备举行本省产马比赛会　查绥省向为产马区域，亟应举行产马比赛会，庶使养马者咸知兴奋，争相改良，贩马者闻风而来，群集省会，西北马市定可日见发达。现奉省政府令饬筹议，拟于十一月间举办此项赛会，本厅正在妥拟办法，一俟呈奉核准，即于八、九月间着手筹备，以便届期举行而兴牧政。

丁　教育

一、组织绥远省教育参观团　查教育事业宏远高深，羌无止境，故其进步亦月异而岁不同。其在近海各省交通便利，灌输自易，若大绥远僻处西北，与内地名都巨埠接触之机会绝少，文化落后，又乌足怪。欲求同时迈进、互相观摩之效，非由绥远教育界人员组织参观团，每年至平、津、江、浙等地参观各该处教育状况，以作旋绥改善之资，庶于教育前途裨益非浅，兹拟由厅厘定参观办法，以期实施而资借镜。

二、确定社会教育经费以资扩充社会教育　查社会教育之良窳关系于国家之强弱，故社会教育之地位大有日渐增高之趋势。本省社会教育设施简陋，办理困难，如照例应有之公共体育场、民众博物馆、民众剧场、民众美术馆、民□娱乐社、风俗改良会、戏剧鼓词改良社以及特殊教育机关、感化教育机关等等，形体既未具备，进行又多牵掣，推原其故，则以社会教育经费短绌，且不按部章，由全教育经费中提成分配有以致之。兹拟由厅确定宽筹经费办法，俾可按照正当步骤渐次筹备，以资整顿。

三、推广职业教育以资灌输农工智识　查教育之所以为贵者，在得其用而已，如改进生产方法、增高农工技能、改正乡村组织、改善农工生活，舍教育莫由，但本省教育向颇着重普通课程，而于职业教育似少提倡，殊非所以重民生而策国是之道，亟应推广职业教育，养成实用人才，俾资增加生产而植国富。兹拟由厅详密计划，务使职业教育较其他教育日形推广，生产效率日见增多，以符育才致用之旨。

四、各学校一律添授国术并增加预算以资提倡武术　查国术为强种救国之要图，乃一般人士所公认，值此国难临头之际，非举国上下同具尚武精神，断不足御外侮而雪国耻，惟过去各学校对于国术一道未经重视，加授与否一任自由，殊非提倡国术之道，亟应于各级学校一律增加国术，定为必修科，并令增加预算，设定国术教员地位，以便进行而树强国强种之基础。兹拟由厅规定详细办法，分令遵办，以重国术。

戊　垦务

一、劝报垦地　查本局本年四、五、六三个月计划勘报西公旗集喜寺大喇嘛罗布桑沙拉布报垦秦一滩等处四段地亩，业经第三分局派员会同该寺大喇嘛将界址勘收清楚，拟具办法呈请丈放。其板申兔、滑子补隆地亩已令第三分局会同蒙员勘界，俾资进行。至四子王旗卖给升恒号淖尔忽洞地亩一段，曾经第二分局与该号马经理迭次交涉，由该经理出具报垦正式呈文呈送到局，业由本局拟具丈放办法呈请照章丈放。

二、拟清理前杭锦旗报垦元亨利贞四段地亩　查清理方面，前期所计划清理鄂托克旗于前清曾报垦陶乐湖庙滩等处九段地亩，曾经本局令经沃野设治局查明，将该地前后丈放情况并拟具丈放办法呈请到局，当经本局审核，将办法逐一修正，分别转呈在案。嗣奉钧府指令，以此项地亩现正与宁夏省政府划分界址，一俟省界划清再行办理等因，遵办在案。又查杭锦旗于前清光绪年间报垦东中两巴噶、元亨利贞四段地亩已陆续丈放四千余顷，惟考核此地面积约在万顷以上，除河、石、高粱等地三千顷并已放之地外，尚有未放地三千余顷，近来人民彼此侵占，纠纷时生，亟应乘时清理查丈，以裕收入而定产权，业由本局令经第五分局详查明确，拟具办法呈经本局核明转呈，一俟奉准即从事清丈。

《绥远省政府年刊》
绥远省政府秘书处
1932 年
（李红权　整理）

绥远省政府二十一年十、十一、十二月份行政计划

绥远省政府　撰

甲　民政

一、整饬吏治　查本省各县局呈拟各项行政计划，经审核饬遵后尚能逐渐实施，每月列报之行政报告亦均详实，且极有条理，现在仍拟赓续第三期办法，随时委查，用觇政绩之优劣而课考成之殿最。本年七月间奉内政部令颁《修正各省民政厅巡视章程》，本厅当即根据第二条之规定将十八年呈准备案之巡视程序从新修正，不日定可分呈内政部、省政府鉴核。至前拟之巡视计划，以王英匪部到处窜扰未克实行，此后自应亲赴各县局视察，借求民隐，剔除秕政，并遵照《修正巡视章程》第十三条之规定办理。此整饬吏治之计划也。

二、整顿区政　十九年本省曾举办区长训练所，毕业后由本厅以区长任用，嗣以财政艰窘未能继续办理。兹查训练及格各区长多有去职者，遴委接充各员不过系临时补苴，原属不得已之办法，刻正筹划续办区长训练所，以为预储区长人材之地，一切仍遵十八年部颁《区长训练条例》办理。此整顿区政之计划也。

三、拟定各县局办事细则　查本省各县局办事章则多欠周密，

于事务进行上不无窒碍，兹由本厅根据十八年九月间部颁之《县政府办事通则》第二十七条之规定拟订《各县局办事细则》分发各县局遵照办理。

四、督饬各县组设文献委员会　查《市县文献委员会组织大纲》自上年八月间奉内政部令发以后，即经转饬各县局遵照办理。第三期计划因各县局多已先后成立，仅丰镇、托克托、五原、安北、沃野五县局尚未具覆，就中沃野设治局以情形特殊，一时不能组织，业经陈明并分别令催各在案。兹查丰镇、安北、五原三县局或迄未呈覆，或手续不完，拟再严催，限期竣事，总期在本季内一体观成。此督饬各县组设文献委员会之计划也。

一〔五〕、积谷仓储　查积谷仓储为备荒要政，本省近数年来屡缘灾歉频仍、匪患迭乘，民生痛苦有加无已，地方凋敝日甚一日，故虽历经督饬积极办理，终亦收效甚鲜。今秋收较丰，整顿仓储、筹积新谷自属刻不容缓之图，拟于本季督饬所属一面酌量地方情形筹建仓廒，一面遵照历颁章则广积新谷，并饬先行拟定建仓积谷各具体办法，呈候核定后督饬切实进行，统俟年终办竣报齐，依法列册汇转，庶于备荒前途裨有补〔有补裨〕。此积谷仓储之计划也。

一〔六〕、督办自治　查办理地方自治为训政时期急要工作，本厅前为提高效率计，曾遵部颁各项章则，现拟二十一年份办理自治分期进行程序，饬属积极办理。兹届农忙已毕，按照规定程序督饬对于乡镇闾邻各自治人员及民众之训练遵章切实办理，以冀促进，至于其他各项应办自治事务仍拟随时督率进行。此督办自治之计划也。

一〔七〕、厉行禁烟　查本省烟害最深，自非彻底清除、雷厉严禁不足以收速效。乃近年以来地方多故，环境恶劣，政府功令虽极森严，而私售私吸仍所不免。现今时届冬季，对于禁种一项因本省气候酷寒无法下种，禁运禁售另有专办机关，至禁吸一项仍拟督饬所属遵照前颁章程筹设戒烟所，切实戒除以清烟害，所有各属办理情形随时详密考查以杜阳奉阴违之弊。此厉行禁烟之计划也。

一〔八〕、兴办救济事业　　查本省各地方对于救济机关向以筹款维艰多未实行筹设，此种现象固属环境所迫不得不然，而因噎废食终非久远之策，本厅有见及此，前于规定本年自治进行程序时曾将此项特意列入督饬，酌量切实进行，第恐各属仍不经心，拟再通饬按照前颁《各地方救济院规则》及《县市设立民生工厂办法》分别积极办理，并饬建筑平民住所以广救济。此兴办救济事业之计划也。

一〔九〕、清查余匪及办理清乡　　绥远盗匪自经今夏痛剿后大股已渐消灭，其残余部分复窜河西者不过数百人，业经省府指定军队专司剿办，并颁市〔布〕《清查余匪临时办法》十四条，通令各县设立清匪办事处，以县长、公安局长为正副处长，督同区乡长实行清查；一面分配军队驻扎重要地区协同办理，对于变装潜伏之匪与变卖潜藏之械加以严密之搜索。以上办法实行后，并拟继续办理清乡，厉行户口登记，实施保甲连坐，以期永绝根株，不使再有死灰复燃之虞。此清查余匪与办理清乡之计划也。

一〔十〕、整理保卫团　　绥远匪气素炽，由于剿未彻底者半，由于民无实力者亦半，现大股盗匪既已剿除，并拟厉行清乡，自应同时整理保卫团以充实民众武力。查本省保卫团大多仅有形式，并无训练，且名目繁多，各自为政，间有收编不良分子以冀苟安一时，究之恶性不改徒为民害，故虽有保卫团之名，迄不能改〔收〕保卫地方之效。兹拟就各县现有团丁先从划一编制入手，凡老弱与不良分子严加淘汰，不正当之团会与保卫团之不合定制者悉令照章改编，并由省府委派训练专员，专司各县保卫团训练事宜，务使团丁作到纪律化、技术化，养成人民之自卫力与自信力，打破以前畏匪、纵匪、通匪之恶习。此整理保卫国之计划也。

〈十〉一、整顿警政

（甲）划一公安局编制　绥远地处边荒，各县公安局设立之初大多自为风气，员警设置漫无标准，不合实际需要，警士等级不分，勤无以劝惰无以惩，加以名称歧出多与章制不合，实有亟行划一之必要。本年夏季经前公安管理处将各县警额、薪饷等级重新厘定，列表呈奉省政府核准，通令各县局遵照改编，计已编者已有十分之七，其余未编之局当于本期内催令完成之。

（乙）确定各县警额　本省警饷极不划一，有由田赋附加者，有由杂捐征收者，名目繁多，时征时辍，加以近年来天灾匪患百业萧条，往往收款不及半数，警察时有断炊之虞，本年夏间经前公安管理处呈请省政府通令各县确定警饷，终以情况复杂，办到者不及十分之三，其余仍借口地方穷困延宕不办，迄无彻底办法，且往往由各县财务局开一米粮单据，交公安局自行派警下乡征收，以致警察办公时间大部分为收款所占去，本身联〔职〕务反不能充分执行。事关经常支出，长此漫无底款，警察生活日在恐慌之中，实无以固警心而策进行。兹拟赓续前案，通令各县务于本期内将警饷确定，有款者重加整理，不敷者另筹补助，并革除警察向市县自行收款收粮之恶例。

（丙）筹设警士教练所　绥远警察教育以地方财政困难未能积极进行，前曾迭令各县筹设长警补习所，迄未正式成立，即间有，设备、授课大多参差不齐，核与章制不合，且警额过少之县除勤务外听讲不过数人，亦无以引起教学兴味。前公安管理处为划一全省警察教育起见，拟在省垣筹设全省警士教练所一处，分期抽调各县长警各带原饷来省训练，此案本期秋间成立，已报部有案，无如各县警饷积欠三月至六七月不等，多以各带原饷势难猝办，一再请求缓送或免送，以故迄今未能成立。边地情事特殊，无可讳言，惟事关警察教育，未便因噎废食，自应赓续筹设，期于本期开学。

以上三项本系前公安管理处筹办之件，兹该处裁并本厅接管，自应继续饬办以重警政。此整顿警察计划也。

乙　财政

一、催征田赋　查本省田赋规定分忙征收，上忙自四月一日开征，七月底截数，下忙自十月一日开征，次年一月底扫数。惟历年以来人民完纳田赋极为疲滞，民欠累累，屡催罔应。本年下忙应征田赋已届征收期间，亟应照章开征以重国课，当经通令各县局将本年下忙应征田赋仍照向章于十月一日实行征收，一面将上忙未完民欠及十七、八、九各年份民欠粮租分别带征，务期扫数完纳，以免停滞而裕收入。

二、整理契税　查本省各县未税未验旧契所在多有，前经展限至本年六月底一律补税补验，免予加罚。嗣经迭据报告，前次展限正值农忙，青黄不接，民间未税未验之契为数尚多，本年岁收丰稔，若再酌予展限，自必踊跃投税，察核情形，尚属实在。拟自本年七月一日起再行展限六个月，通令各县局长督同街村长副认真催办，切实整顿，一面并拟另定彻底整理办法，俾杜隐漏而裕税收。

三、招包屠宰税　查本省屠宰税除归、包两县向设屠宰检验厂实行照章征收外，其余各县局应征屠宰税有招商承包者，有由县局或征收局代征者，本届旧包商包届满，亟应核定标额另行招包，当经令行各县局按照标价布告投标，如有与包额相差过巨不能出包者，仍由县府或征收局兼办，以资进行而免遗漏。

四、筹设营业税稽征处　查本省归、包两县营业税前由该市县商会代为征缴，本年八月底代征期满，各该商会一再呈请不愿代办，自应设局办理，照〈常〉征收。兹经筹拟于归、包两县各设立营业税稽征处一处，并派委调查员分往调查各商号营业状况，以便设法整理，切实稽征。

丙　建设

一、督催速修包固、包安两汽车路　案查前以固阳、安北僻处山后，交通迟滞，匪警时闻，亟应建筑包固、包安两汽车路，以维治安而便行旅，当经本厅分行包、固两县政府及安北设治局，按照归托汽车路办法，各依辖境分段派修，既省民力，复形捷便，饬由各该县局妥速会商，务期早日兴工。迭经催促进行，修至若何程度迄未据报到厅。转瞬地将结冻，拟即严令督催，限于冬初一律报竣，以重路政。

二、成立民生渠水利公会　查萨托民生渠干渠工程上年业经完成，所有支渠自第一道至第九道去岁虽已分别动工，惟皆修而未竟，曾于本年春间商同华洋义赈会积极筹画，继续修挖，现已次第告竣，即行放水试渠。兹为维护水利、促进农业起见，亟应提前筹立水利公会，以利进行。除将该会章程会同华洋义赈会妥为拟订呈奉省政府核准外，现正推选董事，不日组织成立，俾资管理而便浇水。

三、督促各县完成未竟渠工　查本厅计画开挖各渠，除托县之民利、民阜两渠，归绥县之民丰渠，兴和县之民乐渠均已先后告成，以及萨托之民生渠现已放水浇地外，尚有固阳之裕民渠，包头之民福渠，萨县之兴农渠、富农渠，和林之盘山渠、小沙梁渠，所有未完工程前于本年春融经厅督饬分别筹维均已先后开工，刻将秋尽，复由本厅严令各县对于渠工积极进行，限于地冻以前一律完竣报请验收，不得再延，致误引用。

四、继续举办省农产比赛会　查本厅为提高农民智识、增加农民技能起见，筹办农产比赛会，以资鼓励而促改进，曾于十九年开始举行，复于上年扩大范围继续办理，其应征农民人数增加数倍，送会各项农产亦增数倍，审查成绩较十九年亦优数倍，特于本年按照去岁比赛结果并参照审查委员之意见，复将《征集农产品规则》暨《奖励章程》分别修正，仍拟于十一月间在省继续举行，呈奉省政府核准，当即通令查照在案。现在会期瞬届，除令各县局遵照新颁章程认真征集，先将办理情形呈报查核外，并由本厅预为筹备，以免届期贻误。

五、继续举行县农产比赛会　查本厅定于本年十一月间继续举办第三次省农产比赛会，所有各县局征集之农产统限十月二十五日以前呈送来绥，以便分配陈列，惟于尚未送绥以前，应将征到之农产品遵照部令第一条之规定各在县内选择相当地点先期举办县农产比赛会，再以成绩优良产品选送省农产比赛会汇列比赛，业于上年十月十五日分饬各县一律举行在案，本年仍应继续办理，以资研究而图改进。

六、派生前往阳泉实习磁业　案查本厅前以清水河县制磁为业者计有多家，惟所制黑白磁器殊欠精美，以致销路难期畅旺，举凡研泥、制坯、彩画、上釉等均应加以研究，力求改良，饬由该县选拔工徒二人送往阳泉铁厂实地练习，以便回绥借资指导，当即函商该厂，已经取得同意，并据该县选妥生徒卢永祥、赵相国二名呈报前来，拟于十月内即行转送阳泉铁厂，俾资学习而兴磁业。

七、继续训练本年第二期农民　查本厅前为筹裕民生起见，设立农民训练所，分期调集各县农民入所训练，借以灌输农事智识、提高作业能力。计自开办，四载于兹，历届毕业农民已达三百数十名。本年第一期农民训练业于二月间举办，并以中央对于各省训练农业推广人员正在极力提倡，尤当切实奉行，量予推广，复将各县局建设局之技术员一并召集入所训练，于毕业后兼任该员等为农业推广员，由厅拟订本年度应进行及注意事项，分发各该员遵照办理。现又秋收将竣，瞬届农暇时期，拟即分令各县局选送本年第二期农民入所训练，定于十一月间开学授课，以宏造就而裕农业。

八、举行产马比赛会　查绥省地处蒙边，水草丰茂，天然牧场，向产名马，徒以积习相沿，漫不注意，驯至马种衰劣，日益退化，若不设法提倡，无以昭激劝而促竞进。前奉省政府令饬筹开产马比赛会，俾使知所兴奋，得以日渐改良，发展畜牧、繁荣马市莫善于斯，当即组织筹备委员会，拟具纲要、规程、办事细则、比赛须知及罚规等，先后呈奉省政府令准照办，现正积极筹备，定于十一月十二日举行比赛，以兴牧政。

九、考核各县局种树造林　查本厅对于各县局种树造林定有考核专章，复又重订严厉办法，通令所属一体恪遵，经此促进以来，尚能咸知注意，良以举行造林运动固当积极提倡，而督饬人民种树尤应格外认真。所有每年考查共分两期，其第一期考查办理情形暨栽植树株数，第二期考查成活株数暨保护情形，现在第二期查报表业据各县局依限呈送到厅，究竟成绩实况如何，拟即派员分往各县局切实查考，以凭年终汇案考核，分别奖惩，以昭激劝而重林政。

十、考核二、三林区苗圃育苗成绩　查本厅前拟造林计画案内除以五、临一带划为第一林区外，复以兴、凉、丰、陶、集五县为第二林区，以安、固、武三县局为第三林区，并于丰镇、武川各设苗圃一处，以备供给各林区苗木之需，在丰者称为第二林区苗圃，在武者称为第三林区苗圃，以上各苗圃去岁四月间均已成立，由厅派员专司其事。所有各苗圃每年应将春季作业情形、秋季成绩实况分期列表呈报，以凭按照章程严加考核，现在各该苗圃应报乙表均已先后呈送到厅，拟即派员分往各圃实地查考，以凭年终分别优劣而定奖惩。

丁　教育

一、规定省立各中等学校经费标准　查绥远中等学校之设置年限参差不齐，故其经费支出颇不一致，不惟待遇上相形见绌，即以效率上考之亦难得到同等之进步。本厅有鉴于此，拟将中等学校之经费规定划一标准，以收平均发展之效。

二、筹办短期义务教育　查短期义务教育收效最大，而在绥远尤有推行之必要，盖本省户口年来颇形繁滋，而长期义务教育既为财力所限未能积极进行，所有失学青年亟应遵照部颁办法办理短期义务教育以资救济，业经本厅按照实际状况积极筹划，拟俟具体方案大致确定，即行专案呈报以资进行。

三、督促私立学校立案　查绥远私立学校日形增多，大都未经正式立案，殊于行政上之统一指挥监督大有窒碍，兹拟由厅厘订整顿办法，督饬各县一律遵行，凡本省私立中小各校无论何人设立，均须正式立案，否则一律取缔，以资整顿而收一道同风之效。

四、举行民众识字运动　查绥远僻处边隅，文化落后，所有社会教育未能普及，故一般人民多无求学之机会，以全省识字人数比较，未识字者殆居十之七八，非实行民众识字运动弗克以济其穷，现拟由厅规定运动方案，以求识字者逐渐增多，应俟办法确定再行另案呈请核办。

戊　垦务

一、劝报垦地　查本局前拟计划劝报达尔罕旗二里半等处地亩，迭经派员劝报，迄无成效，曾于本年春间复派第四分局局长富师蠡前往劝报，仍无效果；又经本局查叙报垦利害情形，咨请该旗从速报垦，并令饬该分局长仍往该旗劝报去后。旋据该分局局长覆称：局长奉令后遵即前往该旗，会议多次，仍系推延，嗣经晓以利害，一再开导，几至舌敝唇焦，并托熟识该旗事官从中斡〔斡〕旋，而该旗始允报垦二里半等处地亩一段，并准该旗出具报垦印文。局长为便利免生枝节计，当复至该旗，邀同该旗蒙员将此项地亩勘收清楚，约可放水旱地三千余顷，呈请核示到局。当由本局查照该地情形，拟具丈放办法，呈请照章丈放。又查西公旗衍庆寺大喇嘛壹喜达格登在黑沙兔地方有户口地一段，已由本局饬令第三分局就近于该寺大喇嘛设法劝报，以辟地利而裕收入。

二、拟清理达拉特旗报垦河套地亩　　查清理方面，前期所计划清理杭锦旗报垦东中两巴噶、元亨列〔利〕贞四段地亩业经本局饬令第五分局详查明确，约可清理未放地亩三千余顷，平均每顷以六十元合计，可收洋一十八万元，并由本局拟具丈放办法呈奉令准，饬令该分局照章丈放在案。又查达拉特旗于民国十四年间报垦河套地亩一段，业已先后陆续丈放四千余顷，惟考查此地面积约在八千顷余以上，除河渠、道路等地二千余顷并已放之地以外，尚有未放地二千余顷，近以人民前领之地多系插花，丈放所遗余荒、夹荒此侵彼霸，纠纷日繁，自应积极清丈，以裕收入而定产权，已由本局令饬第六分局确实调查，一俟查明，呈由本局拟具办法，呈准后即行照章丈放。

《绥远省政府年刊》

绥远省政府秘书处

1932 年

（李红权　整理）

清水河县县长王士达呈报出巡情形

王士达　撰

计开：

一　物产

（甲）农产物

本县全境皆山，可耕面积除清水河槽四五十顷较为平坦外，其余尽系山坡地，耕种不易，施肥甚难，且一遇山洪，肥料悉被冲去，故地多硗瘠，收成不佳，今岁丰稔，上地每垧不过七斗，下地尚不足五斗，每垧以五亩计之，平均每亩收成不过一斗二升。丰年如此，凶岁可知，所赖以维持者，地亩较多耳。每户平均能种地一百五十亩左右，丰年能足全年之用，其有余则以粟易布。所纳正杂各款，全靠牧羊，每户平均养羊十头上下，计全县一万二千余户，可养羊十余万头。农产种类以莜麦、荞麦、黍、糜、谷子及马铃薯等为大宗，东、南两区以气候、土壤关系多种莜、荞麦，西、北两区地多沙梁，则以糜、谷为主，收成亦劣。总合全县地亩论之，中区因兴隆、青龙二渠关系，能灌溉者不过三二十顷，东、南两区虽系坡地，比较肥沃，西、北二区地最瘠薄。

（乙）工业

（1）制纸业　县城附近有手工业抄纸房二处，以破麻绳为原料，每日共出纸二三千张，供本县商家、学校、机关之用，出口甚少。

（2）制麻业　本县每年生麻及麻绳出口约一万余斤。

（3）毡帽业　土人农余之暇用羊毛、羊绒制无檐毡帽（苦力用），每年输出归绥者约二三万顶，但制法未改良，式样颇欠雅观，故价值甚廉，每顶仅售洋一角上下。

谨按：此业若能聘请工匠改作礼帽，销路必能增加，并可抵制外货。

（4）瓷业　本县瓷业分黑白二种，黑瓷以烧水缸为主，此外日常所用之黑瓷器均能烧制，除供给全县应用外，悉数由黄河运往河套、后山一带销售。惟价格甚廉，水缸一个仅售洋五角上下，因不知改良，税款、人工又贵，渐呈衰落之象。产地为西区挂罗嘴村，瓷窑共十五座，每窑可装水缸二百个，需炭三万斤，六日夜可烧成。此村遍地皆煤，六分洋可买炭百斤。原料土附近甚多，故成本异常轻微，制造方法过涉细微，兹不赘述。以上系黑瓷大概情形。白瓷以烧碗碟为主，产地为西区属之黑矾沟村，此村居民十余家，原籍均为山西保德县，全业瓷窑共十余座，窑之槽〔构〕造与烧黑瓷者大同小异，每窑可制碗碟三万余个，需炭五万斤，四日夜可烧成。该村附近煤窑甚富，除碗面一种釉土购自山西保德县外，余均本产，故成本最轻。碗十五个为一套，每套仅售洋一角余，除供给全县使用外，附近各县无不用之。据云今年销路日见缩小，生活甚感困难，此白瓷之大概情形。

谨按：以上二处土质细腻，产煤丰富，惜土人墨守旧法，毫无学识，若能加意改良，研究釉土，茶壶、茶碗、痰盂等类均能一一仿造，抵制东洋货而有余。日前呈准建厅由县拣选聪颖子弟二人赴山西阳泉瓷厂学习，食宿、旅费二百元，限期一年，刻已选定，不日即可起程。

（丙）矿业

（1）煤矿　本县煤矿尽在西区用土法开采者，为（一）楝木沟；（二）刘胡梁；（三）黑矾沟；（四）挂罗嘴四处，兹分别叙之。楝木沟共窑八处，均系横窑，排水无术，遇石即停，所掘者均系最上层炭，故其质不佳。刘胡梁窑共六七处，炭质最佳，产量已〔亦〕富，用人力通风，其方法与楝木沟同，可惜所掘者均系最上层，一遇石层即成废窑。黑矾沟窑计五六处，其开采方法与前同，其炭层露于外者高处达一丈余。挂罗嘴炭量最富，炭层露于外者到处皆是，最异者掘地尺许即能发现炭层，且其质甚佳。

谨按：以上四处距离虽有三四十里之遥，其矿脉必系连续。假定阔以十里计之，三百方里之炭田有多无少。惜乎崇山峻岭，交通不便，工法开采，为量无多，约略计之，全年充其量不过出煤七八万吨，以日本人所办抚顺炭矿较之，不足抚顺炭四日之产量。若能修一轻便铁路，大量开采，在西北炭田中确居重要位置，无地可耕之清县人民亦可借此赡养也。

（2）铁矿　本县铁矿夹产于陶磁土中，业磁者咸视为障碍物，弃而不顾。产量甚丰，民六郭前县长曾经雇工制炼，结果每斤矿石可出铁六两。扰〔据〕土人云，此矿仅能制熟铁，不能制生铁，此实不经之谈。若能用新法制炼，每斤矿石必能出生铁八两，依化学方法计之，含铁量在百分之五十以上，矿学上称为富矿，大量开采，获利无疑。

谨按：产铁区域不仅以上二处，据县长考察所得，产煤区域往往发现铁矿，若能令矿学专家精密考察一次，埋藏量不难估计，有无大量开采价值亦可断定。

二　教育

　　本县县立学校共计男女小学十二处，学生七百余人，区立小学四十余处，私塾约二十余处。除县立者略具规模外，区立学校概无桌凳，均在窑内炕上课读，私塾设备与区立相差无几，所不同者区立资格较高，采用新式课本亦较多，私塾则完全用《三字经》、《百家姓》、四书等课读，师资甚复杂，尤以落伍商人居多数。村民不识字者约居百分之九十五以上，村长中不识字者至少在半数以上，其间、邻长更无论矣。

　　谨按：文盲太多实政治推行上一大障碍，村、间、邻长不识字尤为目前最大症结，实有训练之必要。刻下因区立及私塾师资不良，已于十一月一日招考学生三十名成立师范讲习所一处，半年毕业，刻已上课。因经费及教员关系，对于训练村、间、邻长一事实无力兼顾，拟俟明春师范生毕业后再行着手训练。对于私塾，拟强迫令其更换课本，不应遽予取缔。教育本不发达，勒令更换课本并令督学下乡讲解新式课本之有益，自不难逐渐改良，若遽予以取缔，恐一线之读书种子，行将绝其根株。将来师范讲习所学生毕业之后，勒令区立各小学及私塾聘请，数年之后新式课本可以普遍，全县私塾自然消灭，何用取缔？

三　缠足

　　本县缠足风气仍如往昔，除县立女学及南区北堡等村少数天足女生而外，无不缠足。估计缠足者约占百分之九十九以上，县城虽有天足分会，徒挂招牌，有名无实。据县长下乡征询乡民对于缠足意见之结果，多数均赞成天足，并知缠足之害，只因困于环境，狃于积习，不敢作冒险之尝试。

谨按：每改一种制度或习惯，绝非单凭劝导感化所能奏效，必须劝导行之于前，法令施之于后，执法如山，惩一儆百，乡民知所畏惧，自能勉强改革，久之多数都成天足，少数人虽复强迫令其缠足亦不可能，剪发一事其明证也。将来由厅制定切实划一奖惩办法，或由县察酌情形，颁布单行，决令二年之后必见大效。

四　古迹古物

本县古迹最大者为内外长城，〈内长城〉自西区老牛湾起，迄平鲁县境止，长约三百里。外长城自偏关滑石口起，至平鲁县七墩沟止，长约二百余里。内长城成一弓形，外长城适当其弦。惟外城工程不大，仅余土迹，然犹历历在目，一望而知其为长城也。西区下城湾与隔河之准葛尔地俗呼东西二城，昔时华夷之争，此处必系要塞。下城湾上有一塔，县长于颓垣中发现一金代（明昌四年）断碑，其文虽不全，而大意尚可辨识，系颂扬河阴县令宋愈之德政。清水河在金时或称河阴县，碑文系东胜县人（或有此，不清）所撰。俗称西城者，即现东胜县之前身。此外尚有俗所称为大、二、三、四王墓者，亦在西区，距县城三十余里。位于墓西五里许有东西二土城，痕迹尚显，据考察结果不似墓形，绝似墩台，后有二土城必是古驻兵之所，前有墩台无数，台周围尚留有修筑痕迹，故断定其非王墓，而确系古之烟墩也。清初四公主在县建筑花园，开渠溉花，遗留碑记。古迹而外，尚搜得古物不少，最著者为金代碑竭〔碣〕数座，万年以前之巨兽头骨，并宋代陶磁、铁器，明代铜炮，宋代墓志等。以下所获各物饶有历史价值，拟建筑新屋设法保存，以备考古者之参考。为明了起见，谨将所获古物列表附呈。

　　谨按：本县全境皆山，沟崖最多，山水暴发，古物最易出土，惜历来无人过问此事，任其流落散失，损失之数，不知其几千百件。要知秦、汉、唐极盛时代，本县早已成腹地，金代统治一百余年，文化灿然大备，古物没入地中者当然不在少数，拟今后成立古物保存委员会，悬赏搜罗，十年之后必成巨观。据县党部某执委谈，伊言民国三年，因修盖房屋，掘出高一丈余之全人骨骸，其头之大，普通门窗都出不去，其腿骨中尚有古箭头一把，系古大将受伤而死之遗骸也。当时家人以为不详〔祥〕，投诸河中，令水冲去，诚可惜也。

五　植树

　　本县因全境皆山，乡民尽依崖穴居沟中，借以避风。惟地湿故，村落附近树木多萧然可观，然从山上观之，童山濯濯，荒凉无比。询之农民山上何以不植树，据云山高无水，时有大风，虽勉强植之，亦不能活云。

　　谨按：山上植树不易成活，亦系实情，植树委之民间，终无成效，若主管机关筹备有经费，专人培养保护，或能有效。

六　积谷

　　本县前清盛时曾建筑仓廒六座，每座可容谷二千五百石（合新斗五千石）。民国以后迭遭兵燹，仓内木料多被烧毁，现除一仓完全拆毁外，尚余五仓。此五仓中四仓已改建营房，仅余一仓，因民国以来无积谷之举，故任其坍塌，无人修理。县长此次下乡考察民间积谷情形，县府自民十八以来年年令民间自行积谷，县府备案而已，讵料案中有积谷四百余石，实际上除一二村稍有积谷外，余均系应付公文，仅书数目，实际并无颗粒之积。县长睹此情况，始知年来改治都在档案中，档案以外无所有也。回县之后，即召集地方士绅，说明积谷之紧要及年来办理积谷之无成绩，一力主张从本年起，决计办理县积谷，每主村摊谷十石，全县七十二主村，可积七百二十石（合新斗一千四百石），即日成立仓储管理委员会，督饬修理仓房。刻仓房业将竣工，预计年内积谷可以告竣。

谨按：修竣之仓，每年积七百石，三年内可以积满（约新斗五千石），一遇歉年，可供四千人一年之用。本年丰稔，固可多积，然因谷贱伤农，多积则势有不能。本拟每主村十五石，因多数人不同意，始改为十石。此本年积谷之大概情形。本年积谷办成，实民国二十年来未有之创举也。

七　水利

本县全境皆山，实无水利可言。惟县城附近朱家山有一小泉，经土人设法经营，仅能灌地八顷余，名曰兴龙渠。此外引清水河之水横贯城内，原系清初四公主引以灌花园者，后公主移住归化，此水遂归民间用以溉田，名曰青龙渠，其溉田数目与兴龙渠相将。其他西区沿黄河各村庄有称杆地数顷，可称为半水田，总计全县沿清水河、浑河、黄河所有水田、半水田不过四千余顷。

谨按：清水河流经县境者一百余里，水量虽不大，而河槽甚宽，年来附近居民经营河滩地者，成绩颇有可观。本年夏山洪暴发，水势浩大，数十年经营之滩地冲刷净尽，实数十年来未有之奇灾。若能疏浚河床，两岸栽树，河水无泛滥之虞，滩地即不难变为沃壤。约略估计，可得沃壤二百余顷，每亩以百元计之，约值二百万元。惟工程较为浩大，非地方之力所能举办，若政府能派水利专家先行测量，如果有利，不妨发行公债，以滩地变价作为还本付息之用。再，本县除河槽而外均系山梁地，丰年收获每亩不过一斗半，且全系谷、黍之类，其价甚低，河滩地土沃耐旱，且可利用河水，小麦及其他高贵粮食均能耕种，故地价独昂，较之山地约贵三四十倍，且常有买无卖，故如果河道成功，以地变价，偿还公债绝非难事，此亦富民之一道也。

八　道路

本县全境皆山，不能行车，一切农商用〔运〕输专恃驴骡，近年始有养轿车者两家，专行和林及绥远，总计能勉强行车者仅由县城至和林，不过四五十里。即此区区之路，亦须每年修理，否则即轿车亦不能行。其余万山重叠，无法修理，尤以西、南两区为甚。能骑马处，不过十分之一。县长此次下乡，西、南两区全恃步行，道途之艰，恐绥远全省无足比也。

九　烟民

此次考察结果，印象最佳者为烟民除县城附近少数村庄而外，农村吸食鸦片者约略估计不足二百分之一，其体格均甚壮健。推其原因，可分为三：一则全境皆山，水田甚少，不能种烟；二则地土瘠硗，衣食艰窘，无力吸烟；三则除县城有商号二十余家外，乡间概无商号，购买不便。

谨按：本县农村现象如此，彻底禁烟绝非难事，若政府实行禁烟，一年之内种得〔植〕即可根绝，二年之内吸者亦可肃清，禁烟成绩必为各县之首。因目下少数吸者多系自己种烟，估计全县禁种之后，有力购买外土吸食者实无几家也。

十　剪发

全县完全剪发，无蓄辫者。

十一　民间生活状况

全县居民生活状况，除县城附近及东、南两区出产莜麦、荞麦，生活较为丰裕外，西、北两区农产物以糜、谷为主，能吃莜、荞饭者甚少，白面则数年不一见，菜蔬除县城附近夏季较为完备外，乡间则全年以酸菜为主，每饭仅用河口贩来之土盐，此外无所谓调料，用醋者亦少。因不懂作法，果类除少数海棠、海红而外别无所有，农民一生未曾食果类者比比皆是。住宅以土窑为主，石窑次之，除极少数家庭而外多数不知卫生为何事，亦穷使之然也。一院之内，猪羊圈、马厩无不在内，磨子即在卧室炕上，安小磨者亦多。西北乡炕上无席者居多数，衣服除春、秋、冬季衣羊皮外，夏季则多用口里土布。百分之九十以上全年不着袜，农民无论男女衣无补顶〔丁〕者百不得一。乡间用舶来品者绝无仅有，帝国主义者之经济侵略尚未到此，诚可喜之现象也。以上系民间生活状况之大概情形。

十二　区村长办事成绩

全县共四区，区长办事成绩大体上均过得去，然究不得谓之事事求实，完全无此。清廉与否，询之民间，均谓无贪污之处。村长多不识字，且多数均不愿担任，成绩亦不佳，此盖初步推行自治必经之过程，亦应有之现象也。再过数年，民智渐开，村、闾、邻长均经过相当训练，一般人知道自治乃权利非义务，争之惟恐不得，断无推诿之理。

《绥远省政府年刊》

绥远省政府秘书处

1932 年

（李红权　整理）

安北设治局二十一年四、五、六月份行政计划

作者不详

甲　民政

一、考核区政　查各区公所最与民众接近，凡行政之设施及自治之进行，关系极为密切。惟区长办事勤奋廉洁与否，若不严加考核，则勤奋廉洁者无由鼓励，贪污怠惰者无由惩儆。兹拟按区长考核办法认真实行，规定一个月考核一次，分别等第，如三次列入甲等者专文呈请民政厅给奖，两次列入甲等、一次列入乙等者记功，两次列入乙等、一次列入甲等者免议，三次列入乙等者警告之，庶各知所策励，区政不致腐化。

二、训练团警　查教练员现经奉派到县，亟应招集预备团丁开所教练。兹拟先由第一区抽调八名，第二区抽调五名，第三区抽调八名，总团抽调五名，公安局在省县警士训练所未成立以前亦抽调十名暂加入保卫团训练班内轮流训练。

乙　财政

一、整顿差徭　查本县差徭近年因军队过往频仍，支应草料、

给养为数颇巨，当时均系挪借垫用，现下除摊派归垫及经军事机关发价外，尚亏粮石价款约七千余元，兼之目前驻军仍须垫办粮石，支应处实有不能支持之势，拟定自夏季起，一面整顿现时支应，一面设法补还旧欠，以免办事人员困难。

二、清查摊款　查本县地方经常、临时各费，地亩向按丈青办法先行预算，平均摊派，牲畜捐由财政局按登记办法起收，历经办理在案。惟近年以来支应浩烦，各乡乡长每将摊款挪垫支差，以致积欠地方各机关经费至五六月之久，各机关几有不能维持之势。拟自夏季起实行清查各乡账簿，如所欠实在花户，应由财政局派员加紧催收，如系乡长挪用，应责成乡长照数归还，庶各机关经费得有清厘之一日。

丙　建设

一、垫筑城内马路　查本县城内道路自城垣筑成后迄未修垫，极为崎岖不平，每遇天雨则蓄水一汪，天晴则尘土飞扬，匪独交通不便，与市民卫生影响尤大。拟由建设局督饬城厢镇闾长等每闾拨定民夫十名，将街道筑成马路，形势平垫整理，借壮观瞻。

二、划分街道　查本县自城垣筑成后，所有街巷虽经划分，但应拆让之房屋迄未拆让，以致街巷参差不齐。兹拟将东门至西门列为正街，正街南为前街，正街北为后街，各留官街一道，计宽三丈六尺，凡有碍官街房屋悉数拆除，另给相当地址使其迁移，并编订各街巷之名称，以资便利。

丁　教育

一、整顿各小学办法　（子）建筑校舍。查第四小学因无校址终未开学，现经在莽盖图村举定学董，并劝乡长筹款建筑教室、自习室、宿舍共六间，业已完竣。又第三小学亦因作用民房，诸多不便，已令学董、乡长等积极筹备建筑。又第一小学尚无操场，拟在校门前收买空地用作运动场。（丑）召开学校观摩会及恳亲会。学校互相观摩，裨益甚大，拟定每半年各学校连同私塾由教育局召开观摩会一次，以资观感而便改进。又规定每半年召开恳亲会一次，以便学校明白学生家庭状况。（寅）认真考试。学生每学期开始时由教育局派员认真甄别，优者升级，劣者降班，以期有良好成绩。平时每月之终亦由教育局随时择定科目考试，以促学生实地用功。（卯）组织教学研究会。教授不得法势难使学生进步，拟由教育局购备多种教习法，使各校组织教学研究会随时研究，并每星期日教育局再召集各教员开谈话会，借询教授情形，公开批评以资改进。

二、检定小学教员　查安北人才缺乏，教员极关重要，拟规定暑假期内由教育局招集有教员资格者择定科目考试一次，不及格者不准应聘教学，并组织小学教员讲习会，凡考试及格之小学教员均须入会讲习，授以新教学、新管理各法及教育大意等科目，以除其故步自封，有误青年。

戊　公安

添设卫生警察　查本市居民多不注意卫生，秽物脏土随地倾倒，习惯成性，虽定有公共垃圾处所，每为贪图便利不肯送至该处，公安局虽设有清道夫，无如人数无多，难于普遍，无补实际。现在天气炎热，时疫流行，亟宜提倡清洁以防发生传染疾病。拟设法增添卫生警察三名，实行检验食品小贩、扫除街巷道路、厕所，以重卫生。

《绥远省政府年刊》

绥远省政府秘书处

1932 年

（李红权　整理）

安北设治局二十一年七、八、九三个月行政计划

作者不详

甲　民政

一、继续筹办积谷　查积谷为备荒要政，只因本县连年灾歉，储存仅杂粮三百余石，现值秋收在迩，正人民亟谋盖藏之时，拟继续派员分赴各乡积极办理储存事宜，并责成各区区长帮同清查，如呈报储存之数不实不尽，应由区长负责。

乙　财政

一、整理乡村支差　查各乡每遇过往军队摊支差款，漫无限制，流弊滋多。兹拟定各乡于支差完竣后，当将摊支数目详细开折，连同证据呈报支应处记账，每月由支应处统计全县公摊，并按月呈报区公所自查。至各乡经公各费或其他临时特别摊款，非呈报财政局转呈县政府核准不得自行摊收，否则所收款项应归乡长赔垫。

二、规定乡公所经费　查各乡公所自经成立后，所有公杂各费迄未厘定，每由乡长垫支，事后向人民摊派，多寡殊不一致，易

滋流弊。兹拟规定乡长每月支旅费十元，司账支薪工八元，乡役二名，每月各支工食六元、公费十元，按年编造预算，报由财政局列入地方收支预算内，以资统一，倘于预算外私行多收时，依法严厉处罚。

丙　建设

一、疏复大佘太渠道　查大佘太召地渠道今年泥淤沙压，概多堵塞，从前每日能浇地一顷余，现时只能浇地二三十亩，缘由渠道不通，水多散失所致。拟由建设局招集地户，派夫疏复，但渠道蜿蜒十余里，应分段照地摊夫，庶水利可以普及，而免此通彼塞之弊。

二、测绘县界乡村地图　查本县自设治以来，所有界址、乡村讫无精确记载，遇有行政系统上发生纠葛时，殊觉无所依据。兹拟由建设局详为绘测全县界址、乡村及渠道、山势、已垦未垦各地，并注明宜于种树、畜牧各地点，以便全县形式展图即可了然。

丁　教育

一、召开学董、乡长会议　查乡村学校之组成及维持，一切须由学董、乡长负责办理则收效自易，盖学董、乡长与学校实有密切之关系。兹拟各大乡村均各成立学校一处，所有筹款建筑及起收公费等事非先开会议定办法，殊难即行，故拟每月召开学董、乡长会议一次，从容讨论，以资着手时有所依据，务期实现每乡有学校一处。

二、推行社会教育　（子）倡办阅报处：发扬文化及唤醒民众，报章最为有效，拟在教育局筹备阅报室一处，并于通街设置粘报牌，以便公共阅览而收普及之效；（丑）实行讲演：普遍宣传，首重讲演，兹拟定教育局职员除每日在稠人广众中讲演外，尚令各学校教员于星期日出外讲演，或绘具图说宣传，以期唤醒民众，灌输常识；（寅）设法采购通俗图书多种，置放阅报室内，以便民众检阅。

戊　公安

一、添设巡逻警班，加设警箱　查城内街道曲折，僻巷过多，小偷窃绺极易藏匿，必须多设岗位，耳目方灵，但公安局仅有马步警察二十名，外勤殊多，若加添岗位，人数颇难分配，拟添设巡逻警察一班，并多设巡逻箱，如有事变，准将报告投入巡逻箱内，届时由他警代为转报，庶消息灵通，防范周密，并免分配不敷之虞。

二、严查留人小店　查安北地方偏僻，盗匪出没无常，此次王英余股被击四散，难保无残匪混入城中，变装隐匿，待机蠢动，若不严加防范，影响治安殊非浅鲜。兹拟对于城内外留人小店除由公安局设置巡环部，令店伙详细登记过往客人姓名、职业外，另由本局加派密查员二人，随时侦查，以绝匪患而保安宁。

《绥远省政府年刊》

绥远省政府秘书处

1932 年

（李红权　整理）

包头市公安局妇女救济院章程

作者不详

第一章　总则

第一条　本院系照奉颁《救济院规则》，参酌本市情形，制定章程组织成立，命名曰包头市公安局妇女救济院，以救济妇女、维持人道为宗旨。

第二章　组织

第二条　本院设置左列职员、夫役：

一、院长一员，由包头市公安局长兼任；

二、主任一员；

三、女管理员一员；

四、女教员一员至三员；

五、男司事一员（须年岁稍长、品行端方）；

六、男女役各一名（男役可由恤老院夫役兼充）。

第三条　本院各职员主任以上由院长遴选，呈请公安管理处委任，主任以下由院长自行遴任，并呈报公安管理处备案。

第四条　入院妇女在十人以内时得不设女教员，其教育事项由女管理员担任。

第三章 经费

第五条 本院经费按月由市公安局核发具领。

第六条 本院收支款项由主任按月造具清册，连同单据呈报市公安局转报核销。

第七条 临时开支须造具概算，呈准市公安局方得支用。

第八条 本院账目、册籍等项市公安局得随时调阅检查。

第四章 权限

第九条 本院职员之职掌如左：

一、院长主持院中一切事务，监督指挥各职员分别办理；

二、主任承院长之命管理院中一切事务；

三、女管理员掌管院内庶务，约束妇女行动、出入及工作、眠食等事项；

四、女教员专司妇女教养及训育事项；

五、男司事管理庶务、会计及门禁事项。

第十条 院中添置公用物品由主任办理，各妇女应用物品由女管理员商承主任置办并经理之。

第十一条 在院妇女来往函件须有女管理员检验，经主任许可后方准收发，信件内容如与院规有碍得扣留之。

第十二条 本院概不收受或转递颂词、呈件，但系自行投院妇女带有禀词、呈件者得转送市公安局查核讯办。

第十三条 主任及女管理员、教员等对于违背院规及不遵守约束之妇女应照左列各款酌量处罚，其情节较重者得送市公安局办理：

一、训诫；

二、面壁端坐（一小时至三小时）；

三、禁止室外运动；

四、入悔过室（不拘时限，自知改过而后止）。

第五章　入院

第十四条　妇女愿入本院请求救济者得依左列各款行之：

一、亲身到市公安局或分局所呈诉者；

二、喊告于守望或巡逻警察者；

三、邮寄署名函呈于市公安局或分局所者；

四、自用书面或口头告诉于本院请求救济者。

第十五条　妇女经法院或市公安局讯实合于下列各款之一者，由市公安局交本院教养择配：

一、诱拐、典卖来历不明之妇女；

二、受人羁束不能自由之妓女；

三、受人虐待之妓女；

四、不愿为娼之妓女；

五、身负重债不能解脱之妓女；

六、被逼卖淫之妇女；

七、无宗可归、无亲可投之妇女；

八、被主人虐待之婢妾或买女而横施毒打者；

九、妇女以密秘卖淫为业，经查获处罚在二次以上尤不悔改者，得勒令入院教养择配；

十、身已怀妊或染重症尚逼操皮肉生涯之妇女。

第十六条　遇有第十四条第二、三两项情事，市公安局或分局所须立时饬警护传，或由守望巡逻警察径行护送市公安局或分局所。

第十七条　凡投入本院妇女，如私有财物被妓院、领家或他人扣留者，得由局署追回，交本人带入院内，由管理员登记保管。

第十八条　凡入院妇女，由市公安局将该妇女年岁、籍贯、亲属、案由详细列表送院，月终由院造表汇报市公安局。

第六章　教养

第十九条　院中妇女应授左列之课程：

一、**修身**；

二、**算术**；

三、**浅近文字及普通常识**；

四、**缝纫**；

五、**烹饪**；

六、**体操**；

七、**音乐**。

第二十条　院中房屋规定如左：

一、**讲堂**；

二、**操场**；

三、**食堂**；

四、**寝室**；

五、**浴室**；

六、**养病室**；

七、**悔过室**；

八、**厨房**；

九、**女管理员、教员室**；

十、**女役室**；

十一、储藏室；

十二、女厕所；

（以上均设在内院）

十三、主任室（司事附内）；

十四、接待室；

十五、相片陈列室；

十六、男役室；

十七、男厕所。

（以上均设在外院）

第二十一条　授课时间每日六小时，以四小时讲授功课，二小时实习，工作细则临时酌订。

第二十二条　院内妇女饮食及内院屋之内外清洁事项均由妇女自行操作，以期养成节俭、涤去恶习。

第二十三条　起居饮食时间规定如左：

一、早起七钟；

二、夜眠九钟；

三、早饭九钟；

四、晚饭四钟。

第二十四条　休息日期照女校章程办理。

第二十五条　妇女有病者移居养病室，由院延医调治，有传染病或重大病症送医院治疗，病愈再回寝室，医药费用由本院担负，但本人带有钱财者尽其钱财付给。

第二十六条　教养期间定为三个月。

第二十七条　入院妇女衣食规定如左：

一、衣服、被褥均用国产，棉衣按季制备，其鞋袜等件应由女教员指导自行制造，不得另行购买，所需材料由院置备；

一、每日二餐限于米面、简单菜蔬，每人饭费每月至多不得过四元，以期养成平民生活；

一、禁用奢侈物品；

一、入院妇女带有衣被者不得再行制发，如不完备再行补给。

第二十八条　住院妇女遇有死亡，由院备具衣棺葬于义地，如自带钱财，应归自备，其有亲属者并准予领尸归葬。

第七章　择配

第二十九条　入院妇女须教期满后方准择配，但非娼妓者得酌量情形准予随时择配。

第三十条　住院妇女除未及笄者外，各拍相片一张，注明姓名、年岁、号数，悬之陈列室，以备请领人观览。

第三十一条　请领人选择相片具有诚意时，得请求本院派员导入接待室，与被选妇女相见谈话，须双方认可方准婚配。

第三十二条　请领程序另行规定，宣示门首。

第三十三条　院内妇女私有钱财、衣服择配时均准自行带去。

第三十四条　院内妇女经教养期满，有亲属请领代为择配者，须呈明本院查核无讹，经本妇女之同意，取具妥实铺保，方准领出自行择配。

第三十五条　妇女无论因何案由入院者，除前条之规定外，均须由院择配。

第三十六条　妇女择配时须将该妇女年岁、姓名、籍贯及请领人姓名、年岁、籍贯、职业详细列表，呈由市公安局核准方得择配。

第八章　参观及入观

第三十七条　以官署或团体名义请求入院参观者，须先期通知市公安局转知本院派员招待。

第三十八条　入院参观者须遵守本院规则，由招待员指导一切。

第三十九条　妇女请求参观者，由女管理员导引，无庸先通知市公安局。

第四十条　凡入院妇女之亲属请求看视时须派员监视。

第四十一条　参观或入观人如有不循礼法举动时，招待或导引人员得命其退出。

第九章　附则

第四十二条　凡入院妓女，该领家无论典买，其身价概不给还。

第四十三条　院中妇女择配后，如有人借端滋扰，准其夫家就近呈明公安局所究治。

第四十四条　妇女救济院既隶属于市公安局，凡所属职员、长警均不得领娶，以免嫌疑而杜流弊。

第四十五条　妇女携带子女入院，或已怀胎在院生产者，于出院时均准带出，惟入院子女年在六岁以下者为限；其生产时由院代觅产婆，并由女管理员照料一切。

第四十六条　入院与出院妇女月终列表汇报市公安局。

第四十七条　本章程如有未尽事宜得随时呈请修正之。

第四十八条　本章程自呈奉核准后施行。

《绥远省政府年刊》

绥远省政府秘书处

1932 年

（李红权　整理）

包头县二十一年一、二、三月份行政计划

甲　民政

一、筹办积谷　查本县近年频遭灾祲，民鲜盖藏，每遭凶岁，一般垂死灾黎啼饥号寒，触目伤心，若不速筹救济方法充裕民食，势恐仍蹈覆辙，故拟令赶三月底，按照前议，每收一石积谷五升，最低限度须积百石以外，此项积谷由各区、乡、镇长负责保管，以防灾歉。

二、训练保卫团　查本县地处绥西，接壤河套，向为土匪出没之区，若仅赖驻军追剿，深虑限于地理不熟，事实上恐难肃清，非恃民间力量协剿不易奏效。故拟定绝本省府屡颁训练保卫团办法认真训练，俾得于最短期间借收清匪宏猷。

三、编查户口绘制县图　查本县各区户口往年以来概未实行编查，以致本县户口迄无确实数目，现已由县政府招集全县各区乡长等开会，议决由县府督饬各区于本月内购齐户口编查表，下月内实行编查完竣。又查本县全县地图向未绘制，举凡筹办一切政治事项，殊深感觉困难，现已由县府会同各区长、乡长等将全县地图绘制就绪，正在着手翻印数百份，以资分发全县各村。

乙 财政

一、整理田赋　查本县田赋额征较少，红簿不全，以故飞洒漏租之处在所难免，症结所在，虽叠次呈请财厅在案，但未奉具体办法，仍感催缴不便，是以每年田赋收入几不及额征五分之一，而一切随粮附征警学等款，碍于事实，尤属无法进行。此种影响所及诚匪浅鲜，所以整理田赋为刻不容缓之举。现拟定整理田赋办法，计分三种：（一）整理现有红簿；（二）请财政厅转咨垦务总局，请将本县已报垦地各村而未颁发到县之升科清册从速查明，迅予抄发，并令行萨县移交已归本县各村之官租红簿；（三）清查各区黑地。依此办法渐次推行，彻底整理。

二、统一财政　查本县地方财政素极紊乱，一切地方机关既无确定预算，且为自收自支，以故公款诸多虚糜，无法核计，而于地方建设事业因之亦感经济奇绌，难以进行，所以现在统一财政计划实亦趋势所必然者也。现拟督饬财务局及地方各机关通盘筹画，妥商办法，编定预算，撙节开支，冀期地方一切收入均归财务局负责经理，而一切支出亦均照预算饬由财务局核发收支，既有精确预算，而地方财政庶几可望渐归统一。

丙 建设

一、建筑各乡围堡　查本县地方辽阔，向为土匪出没之所，现在大股虽告肃清，而小股仍在出没无常，时形骚扰，揆厥原因，实缘乡村多无自卫工事及围堡，以致民众多有逃亡，土匪得以横行。屈指转瞬春耕之时，补救方法惟有首先计划建筑各乡围堡，当经本府于本月二日招开区乡长会议，已择定各区重要乡镇十八处，督饬各该区长、乡长等加紧修理自卫围堡或简单自卫工事，以期民众渐多回乡，借资繁盛。

二、修理道路　查包头城内均系土路，地极洼下，每届春融，翻浆泥陷，不便行人，且查由城内富三元巷至城南车站一带马路尤属坎坷不平，拟即先事兴修，以利路人，现正着手筹办。

三、水利计划　查改进农业，水利当先，包头居河套下游，土地肥沃，宜于农殖。本县三、四两区地方原有民福、公济等旧渠数道，年久荒废，上年夏季已由建设厅拨发赈款从事兴修，嗣因冬季寒冷无法工作，暂时停止。此刻春融已届，地冻将解，现由本府督饬各该渠社经理，仍照前令计划加紧兴修，俾资富利不致永弃于地。

丁　教育

一、调查乡村失学儿童，创设乡村小学　查本县自民国十五年国民军退却后，天灾奇重，盗匪猖獗，各乡居民大多流离逃亡，原有乡间小学即行停顿。上年收成较佳，乡村景象稍渐兴复，拟于本年内饬由县教育局会同各区乡先行调查乡村失学儿童，一俟查竣，择选各区重要乡镇，督饬加紧筹办，以备恢复或创设各乡村小学，而期市乡小学教育渐臻发展。

二、检定塾师、取缔私塾　查本县学校有限，不能容纳多量之儿童，故所有私塾未便遽予废止。惟查各塾师学识程度未免参差不齐，亟应严加取缔，以资改良而期补助学校教育之不及。现于本月上旬内已饬县教育局举办塾师检定考试，分别去留，以杜流弊而重教育。

戊　公安

一、甄别员警　查本县公安局员警精神萎靡，体育欠缺，拟即实行考察有无废弛职务，分别劝惩，以资整顿。

二、训练长警　查本县公安局长警多有未受相当教育，势非实行训练、灌输智识弗克收其宏效，现已于本月一日起由该局长、巡官在本府内创设教室，开始训练长警，以培警材而臻完善。

三、增加警力　查本县城外二里半、南海子等村系属本县公安局应行职权范围，宜仍划归本县公安局负责维持，故拟增加警力，专任剿匪游击之责，所有警费即应由各该村负担，以昭公允而符名实。

《绥远省政府年刊》

绥远省政府秘书处

1932 年

（李红权　整理）

包头县二十一年四、五、六月份行政计划

作者不详

甲　民政

一、统一差徭　查本县差徭向不统一，以致事权多所纷歧，一遇紧要军差，诸感困难，且各该经事人等从中把持，贪图渔利，因之弊窦从生，虚糜过巨，地方、人民两受其害，长此以往，殊非佳象。故拟召集地方各机关人士共同商议，对于现在之不合法支差机关如船筏会、马王驼社及现已归公之代雇所实行统一，另立全县差徭局，内分车马、骆驼、船筏三股，专司支差事宜，俾得事权归一，容易应付，而地方、人民亦获双受其益。

二、取缔缠足　查本县僻处边陲，文化晚开，一般无识女子犹然狃于旧习，缠足之风盛兴闾阎，虽经本府一再取缔，终以嗜为习尚，积重难返，以故预定仍旧〔就〕原有之天足分会大加刷新，对于取缔缠足不稍松懈，一面派遣女稽查员协同警士分赴城内各街巷严行查禁，一面督饬各区长在该管区境以内痛加取缔。但进行方法首重劝导，罚款次之，庶几可以使全县人民妇女咸知缠足之害、放足之利，借以速收解放天足之效。

三、甄别乡镇长　查本县所属各乡镇长品行端正、办事热心、能为村民造幸福者固不乏人，而人格卑污、作事敷衍、借端剥削

人民者亦大有人在，值此训政时期，办理地方自治全恃乡镇长之好坏以觇成绩之优劣，以故拟将全县乡镇长按照过去办理村政之成绩，及现在供职是否热心为甄别去留之标准，如能为民众造幸福、有相当成绩者，仍令继续任职，从优鼓励，倘有品行不端、办事敷衍者，即行另委贤能充当，似此淘汰，留良去莠，庶能村政日臻上理，而地方自治前途亦有希冀矣。

四、训练人民　查本县远处溯〔朔〕漠，教育锢蔽，一般人民程度甚属简单，农村经济极不发达，似觉办理庶政颇多碍难之处，倘不设法补救，即一切应兴应革之事实虑无法进行，故拟遵照颁发《绥远省二十一年份办理自治分期进行程序表列训练人民办法》，由县府实地督饬区、乡、镇、闾、邻长协同党部共任宣传工作，厉行人民识字运动，编订白话刊物广为宣传，并由本府派员分别各区举行巡回讲演，务使个个人民均具有普通常识及运用四权之能力，借作他日民治之张本。

乙　财政

一、整理契税　查本县收入契税年余以来比较额征数目短绌甚巨，曾经分令本县各区、乡、镇长等，并一面分派干警协助各该区、乡、镇长等分投严查田房白契，杜防隐漏，行之经年，虽觉稍著功效，究属未能十分生色，若不改弦更张彻底清查，仍恐难收宏效，是以预定于本季内敬遵财政厅颁行整顿契税暂行各办法，并参酌本县地方各实际情形，拟定房院地亩调查表，由县政府印制，令发各该区、乡、镇长按照调查表式，负责严查所属民户院房约据，分别已税、未税，详填具报，再由县政府按据表呈各户，饬派得力人员分投逐一详细覆查，以期核实，务使有契皆税，庶几可以杜免隐漏而裕收入。

　　二、规定乡镇公所办公费　　查本县各乡镇公所办公费用向无精确规定，以故派摊用费无准可绳，影响所及，摊派各款不免发生畸轻畸重之嫌，流弊所至，其公帑消耗亦属诸多虚糜，是以人言啧啧，颇有訾议，若长此以往，非特乡镇公所失人民之信仰，而于统一地方财政之进程中亦殊有重大之关系。现已有见及此，故于本季内预定整理之，其办法拟对于本县各乡镇公所费用分别各该乡镇公所事务之繁简厘定费用之多寡，俾得确有准绳，一定限制，并一面饬其按月将各项用费呈报各该区，再转呈县政府，以备稽核；再一面将费用各项细数分别旧管、新收，开除实在四柱办法，榜示该乡镇公所门首，以昭平允而示公开。如此整理，既有限制又免虚靡，法至善也。

丙　建设

　　一、造林计划　　查本县土质高燥，四乡素少树木以资调济，现拟饬由建设局于城外西脑包乡农林场栽树二千株，并在该乡前冯督办所划之西营盘地基内栽树一千株，定名为纪念林园，借示观感而资提倡。

　　二、种树计划　　查本县地处边荒，土质既属高燥，气候又复寒冷，在国历一、二、三三个月以内因气候关系实属不宜种树，故拟在本季期内依据向例并遵照颁发种树定章切实举办，现经预定饬由第一区至少植树二万株，第二区三万株，第三区四万株，第四区四万株，此项种树办法由建设局长会同各区区长，遵照规定数目，督饬各区乡人民赶备树秧，于谷雨春发时期并本县各界同时一致认真栽种，兼将保护办法令即确实奉行，俾资成活，庶使他日森林繁茂，材成栋梁。

　　三、修竣水渠　　本县土性燥烈，时苦旱荒，缘是主政者莫不倡兴水利，以裕民食为志旨。兹查本县所属第二区洪水渠由昆独仑河前口子拉嘛坝起，至韩盛基窑村北，长约二十余里，每届春水发展，该渠因年久失修不克畅流，时有淹没之患，拟即从事修浚，以防不测而裨民生。

四、修筑桥梁　查本县第三区水泉子湾之公济渠及该区之三湖河、李二偏南之东大渠与黑柳子东大渠等四处面积较诸他渠颇属宽阔，故灌溉田亩亦较他处为多，虽不得谓之沃壤，而民间亦能常获丰收，惟因民智未开，对于各该渠桥梁未加适当修整，时或洪水暴涨，迭出危险，若不有坚固之工作，实难护其安全。兹为民众性命及交通计，故拟在该区各渠之必要口岸约量修筑桥梁，亦地方与人民无上之福利矣。

五、修理道路　查本县所属石拐沟为出炭最富之地，包头各界所需无不仰其供给，惟通包路间有魏峻坝一处，山径崎岖，路途狭小，输运车辆时感困难，一过隆冬，坡□冰滑，苦力、车夫不为冻毙亦多摔伤，因之车价既高，炭价亦随之昂贵，乃以地方天然之出产，而人民不能享受其利益，殊深浩叹。故拟饬由建设局督同该地附近各村庄，量察形势，再行辟宽六七尺，以便运输而利地方人民。

丁　教育

一、举办观摩会　查本厅近年来对于普及小学教育虽经竭力提倡，大事扩充，小学数日〔目〕渐次增多，而各校学生之学业成绩尚未有确实之比较，孰优孰劣无从鉴别，殊不足以激发学生之进取心。故拟举办县属各小学校学业成绩观摩会，并一面将全县公私立小学校自民国十九年起至观摩会开会之日止所有学生之学业成绩，分别科目，悉敦〔数〕提出观摩会以供观瞻，再一面聘请对于教育稍有研究之人士充当评判员，评定分数，分别殿最，借资观感，更拟由教育局制定奖状，发给各成绩优良之学生，俾示鼓励，庶可激发学生力求进取之心，而本县教育亦有蒸蒸日上之望，则学校教育当不难从此日渐发达矣。

二、举行运动会　查本县教育进行方针，对于德、智、体三育力求并重兼施，决不愿其畸形发达，故虽有观摩会之举办，只不过求其智力发达而已，对于体育尚未帮助，非专有一种体力上的竞争，难期学生养成健全之身体。况当此外患日急之际，能不讲求体育之锻炼，以借〔供〕他日荷戈御侮、效命疆场者乎？以故本县拟于夏季择日举行全县第三次小学聘〔联〕合运动会，将县中各小学校之学生结合一运动场中，比赛各种运动科目，一如铁珠、铅饼、蓝〔篮〕球、石球、赛跑以及其他运动技术，并拟备置各项奖品，例如优胜旗、奖状、奖金以及其他零星物件，分别赏给运动成绩优良学生，以资激劝，俾各校学生均具有尚武之精神，注重锻炼，不难尽成建〔健〕全之国民也。

三、扩充各小学班次　查本县各小学自开学以来求学新生日见踊跃，校内因生数过夥，班次无多，大有不克容纳之势。兹为免除儿童失学起见，预定于本季内招开地方教育会议，筹划相当经费，俾能于各学校内酌增各级班次，务使一般莘莘学子皆有饱受教育机会，借免向隅之叹。

四、建设高小礼堂　查本县立第一高〈小〉学校虽经该校教职员和衷共济竭力整顿，内容外表均见其色，惟无大礼堂以资应用，殊感困难。兹拟就原住马王庙于去年捣毁偶像后之正厅内，筹措相当建筑费，创设大礼堂，俾使该校开会时占用，以利观瞻而利校务。

五、创设阅报处　查本县城各小学以前对于报纸新闻多不注意，甚属非是，兹为启发儿童智识以及明了现时社会情形起见，拟在各小校校门两旁创设阅报处，粘贴各种新闻报纸，以及揭示校内一切消息，对于学生智力方面实觉裨益匪浅。

戊　公安

一、提倡筑围　查包头境内除县市外，最大村庄首推西脑包村，该村正副户约有九百余户，每年黄河结冰后各区村人民因受土匪滋扰，稍有家资者皆避居该村。该村街道长约三四里之遥，北靠山坡，南临平原，街市颇称繁荣，惟向无围墙，一遇匪惊〔警〕，人民终难安堵。若议筑堡挖濠，限于财力，恐难办到。经与该公安局长一再筹划，拟即商同该村乡、闾、邻长，简就该村原有墙壁设法修筑，接连完成之后仅修东西门二处，如有匪患发生，即将堡门闭固，除堡门外再无进村之路。所需之款设法捐募，既属事半功倍，又觉轻而易举，庶几防匪有据，公安可期。其余各区重要村庄亦拟次第酌量倡修，借以有备无患。

二、建设厕所　查包头乡村民人知识锢蔽，风气未开，对于卫生一道素不注重，诸凡住户家宅多无厕所，无论何人竟在街巷随意便溺，似此行为已成习惯，不惟妨害公共卫生，抑且大伤风化。经与该公安局长一再计划，势非积极建设公共厕所实不足以除恶习，故拟于本季内首在西脑包村择定僻静、人烟较稀之处建修公共厕所十数处，借以挽此颓风而资卫生。

《绥远省政府年刊》

绥远省政府秘书处

1932 年

（刘哲　整理）

丰镇县二十一年一、二、三月份行政计划

作者不详

（甲）民政

一、积存仓谷以备荒年　查本县地瘠民贫，濒遭荒旱，积谷要政未遑举办，以致哀鸿遍野，施赈无方，极应赶速积存仓谷，以备年荒救济之需而副功令。定由各区分投妥速进行，限每区各暂先筹集二百石，并合同地方士绅协议征集，所积之数一律送县，妥派负责人员保管。

二、修筑仓廒存储积谷　县内原有旧仓，自晚清来概未存谷，年久失修，倒塌不堪应用，仅存破坏房屋数间，上年十月失慎被焚一间，现经设法筹款，已筹有建筑费一千四百余元，计划春季赶将被焚仓房修复，其余仓廒分别修理，使完全能用以备存储而防荒歉。

三、训练区保卫团兵、扩充乡保卫团以维地方　查本县保卫团上年奉令整理，经遵章进行，颇有起色。但因冬防期间非任防务，即出剿匪，回团时间甚短，故未能长期训练，纪律尚难十分整齐。兹酌定抽调办法，责成各副教练员认真训练，不良者加以淘汰，使人人有保民剿匪之能力。其各乡村设立之保卫团为数较少，已令各区长负责一律照章改组，凡大村庄均劝令组设，以厚自卫

实力。

四、厉行清乡、调查户口　查本县辖境辽阔，居民星散，值此国步艰难期间，难免有不良分子溷迹为非，或盗匪潜伏贻害闾阎，殊堪忧虞。兹为除暴安良、一劳永逸计，非厉行清乡、彻底调查户口不足以分别良莠从事剿抚，已令各区区长负责切实办理矣。

五、查禁妇女缠足以强人种　查妇女缠足不惟有伤身体健康，实关种族强弱。本县缠足妇女经成立天足会派员一再查禁，颇有成效，奈近据报告一般无智愚妇仍有勒令幼女缠足情事，此风一炽，恐一时劝戒难收实效等语，除一面由县政府张贴布告切实晓谕，并责惩〔成〕女稽查员暨村、闾、家长挨户彻查，年龄过长者令其解放，二十岁以下者迫令限期放展，十岁以下者绝对不许缠足，违者即时报府罚办其家长，力除陋习。

六、严禁赌博以维风化　赌博一事，小之失检逾闲，大之荡家破产流为匪寇，为害社会实非浅鲜。本县厉行禁止，平时尚不多有，每年春节赌风犹盛，亟应严行查禁，以除恶习。除出示布告禁止外，一面拟定禁赌办法，饬令公安局、各区严厉查禁，务期禁绝。

（乙）财政

一、催缴积欠田赋以裕国课　查本县教育、警团各项经费向依粮赋附加为经常收入，兹查十七、八、九各年本县民欠为数尚多，以致各项经费诸感拮据，若不严行催清，不惟国库未能充裕，即地方财政将有不堪设想之处。迭经派员调查积欠原因，除逃亡、绝户、贫无立椎〔锥〕者实具特殊情形外，尚有许多大户暨少数教民田连阡陌、仓箱盈积，率存观望态度，不肯踊跃输将，除由本府一面召集各士绅切实晓以大义，并令各区长随时催劝，并由县长亲函各教堂主教，请其劝导各教民速完国课而免拖欠。

二、整顿契税以裕税收　本县由清至民国，未税未验之田房白契暨清季已税未验田房红契未经税验者为数尚多，亟应彻底调查，以裕国库而固产权。遵奉财厅令颁《整顿契税暂行办法》及《人民已未税验典买田房契据调查报告表》，依式印刷多份，分发各区，督饬各区长责成村、街、闾长等切实查填，限期送县查核，另委派员警比户严催，务须一律拉府税验，以资整理。

三、履查荒地清理田赋　查本县原有地亩三万六千四百零九顷四十三亩七分七厘，迭据各区报告，历年荒废不堪耕种之地已有八千零一十九顷有奇，前已呈报有案。惟此项荒地是否石滩、沙梁，抑系河塌水占，自非实地履勘，难明真象。兹拟令各区长并加委专员会同村、闾、邻长分投清查，容俟查竣专案呈报。其已垦殖而未升科亦即严令升科，借免粮户影射，捐熟为荒，拖欠粮租之弊端。

（丙）建设

一、开荒凿渠以利民生　本城西有荒滩百余顷，近接大黑河，为天然之水利，拟先辟干支渠一道，业经绘图呈报建设厅有案。现拟着手进行，先令由该村村长依照粮册登记花户地亩，再行派员丈量，规定召工开渠方法，丈量完毕即刻动工。又有五区属黑土合荒滩一段，约三百余亩，上年十二月由县长亲往勘验，一经开垦立成膏腴，现计划与西滩同时丈量开渠，以利民生。

二、试种稻米以兴农业　查本县去夏曾经建设局在西滩水渠地内试种稻米，收获甚佳，县城附近永月湾、河口滩各村水地尚多，今年拟令试种，派由建设局长赴大同采购稻籽五六斗，酌给村民播种，以期逐渐推种，提倡农业。

三、筹款购地扩充苗圃　本县所属苗圃于十八年以后陆续试验播种、插条，已无余地，本年计划再购地二十亩，分别设置干支林道，划分播种，试验插条。各区整理高低苗床，设置栅围，并购买肥料、树秧等项，均拟于春初令建设局拟具支出预算，以便筹款购地，切实进行。

四、整理树秧以资造林　查本省种树期规定于谷雨时节，当此春季天寒地冻，距种树之日尚远，拟先于三月以前预将各林区之树秧选拨分配，专备造林之用，以免临时树秧缺乏。

五、修治全县里道以利民行　本县四围多山，道路崎岖，全县面积过广，里道甚多，方向、宽度未经修治，高低泥泞，以致农工商等运输物品均感不便。特督饬建设局长协同各区区长、村长等计议进行，按照县里道路线缓急逐渐修治，并宣传修道之利益，使附近村民于农暇时分别修治，庶收事半功倍之效。

六、重修街市道路阴沟以便交通而重卫生　本县县城倚山砌石，街巷漫散，道路湾曲坎坷，不维行人不便，每遇雪雨，不为流通，积存污秽，实于卫生有碍。拟即行整理，重修街道，设置阴沟，借用建设厅平板仪器，饬建设局每街测量，大街修成马路，添设阴沟，流通秽污，其余各街均行起高垫低，使街市清洁，道路平坦，以免积污而重卫生。

（丁）教育

一、筹补亏欠教育经费　查本县教育经费大部分系由地亩附加征收，但因连遭荒年，正税仅收至半数以上，而附加之款更无从收足。自民国十六年后，历年积欠教款，竟至断绝，势有停止之虞。瞬届春季开学，正宜学童求学之时，自应积极设法筹款，如期开学，逐加整理，并设添乡村小学而宏造就。

二、改良私塾提倡新式课本　　查本县文化晚开，民智愚顽，一般守旧人物每以现代青年一入学校非运动罢课即浮华嚣张，平等自由尤为旧家庭所不容，故反对子弟在校读书，私塾林立，迭经饬教育局劝导，尚未完全取缔。拟饬由教育局视察，加以改良，多购备教科书，分售各私塾内，一律添读，以资改良。

（戊）公安

一、筹设警务训练所以资改良公安　　查本县警察废弛由来已久，其最要原因，多数警士素乏训练，以致未能措置适当。该黄局长任职以来，无不力求整顿，但格于警款支绌，设施为难。兹为促进警政起见，拟于本年春季先筹设警务训练所，实行训练该局巡官、长警、警士等，均以资改良公安而利警政。

二、筹颁新式枪弹以资充实警卫　　查本县公安局现有枪枝均系老式毛瑟枪，朽坏不堪应用，每值驻军调防或遇地方不靖之期，实苦警力单薄，捍卫无资，拟请购领新枪弹，以厚警力而资防卫。

三、注意公共卫生以防时疫　　查本县地处边塞，回汉杂居，加以风俗简陋，智识晚开，对于公共卫生多不讲究，普通民众不问食品是否洁净，只图口腹是娱，以致街头肉、面、水果等食物苍蝇丛集，灰尘秽污，皆种病之媒介。兹拟严令公安局责成各巡官督率县警，将街市所售食物切实检查，其腐败者认真取缔，并着各商铺暨陈市面小摊，售卖水果糖点易于腐败之食，均须加盖纱罩，庶免食物不洁之弊。

四、清理街道以防时疫　　查城区街巷住户比栉，人烟稠密，所有污秽之物及粪土、灰渣原有设置垃圾箱，逐日由公安局督率卫生队搬运，规〔现〕值春令之际，尤宜注意清洁。拟已〔已拟〕令公安局转饬各分驻所，传谕各住户及商户自行打扫门首污物，并加派卫生车拉运，以利交通而防时疫传染。

《绥远省政府年刊》

绥远省政府秘书处

1932 年

（李红权　整理）

丰镇县二十一年四、五、六月份行政计划

作者不详

甲　民政

一、修筑仓廒存储积谷　查属县于本年春季行政计划内已筹有建筑仓廒费款计洋一千四百余元，鸠工庀材，赶速兴修，自应赓续办理，以备积存仓谷而防荒歉。

二、厉行清乡调查户口　查本县辖境辽阔，又为绥东交通便利之区，五方杂处，良莠难分，且盗匪潜滋，隐患堪忧，已令饬各区长积极进行，俟总清查汇报后，仍应按月抽查，以收实效。

三、崇尚节俭以敦风化　查本县地居朔塞，民智晚开，素称俭朴，近以交通便利，习风大开，日趋侈靡，甚有游手好闲之人喝雉呼卢，寡廉鲜耻之徒秘密卖笑，非认真查禁不足以崇俭德而维风化。

四、督促社会卫生　查本县僻处边隅，风气晚开，对于卫生，经卫生运动大会实行大扫除数年来之宣传晓谕，已知观感，时当夏令，卫生尤关重要，在政府方面已招集各机关行政会议，规定《清理街道暂行办法》十一条，切实办理，以期人民之彻底觉悟，而资观感，裨益民生。

乙　财政

一、赓续催缴积欠田赋　查本县民国十七、八、九年民欠，业经呈请蠲缓者外尚欠一千余元，此皆贫户，未能扫数催缴，但此项民欠为本县教育、警团各项经费，向依粮赋附加为经常收入，仍应继续办理。

二、赓续整顿契税　查契税一项仍未办清，现仍遵奉财厅令颁《整顿契税暂行办法》及《人民已未税验典买田房契据调查报告表》，督饬各区及粮赋整理处事务员比户清查严催，以裕税收。

三、履查荒地催办升科　查属县历年荒废不堪耕种之地计有八千零一十九顷余，为时已久，未必尽属石滩沙碛、河塌水占，想亦有垦埶隐匿匪邂不报验者，当此全县田赋极积〔积极〕整顿之际，粮赋整理处已早成立，非彻底清丈真象莫明，前已分别进行，自应赓续办理。

丙　建设

一、谷雨时节督令人民种树　查本省因天气寒冷关系，种树运动改在于谷雨时节举行，历经遵照办理在案。今年国难当头、缩节政费之际，虽未能扩大进行，而督劝民人种树之办法仍宜遵令认真办法〔理〕，以资木料逐渐增加，挽回利权。当〈由〉建设局苗圃内选出〔由〕榆树秧十余亩，布告各村人民着其赴局领取栽种，不令出资，以示提倡。并印发劝导人民种树宣言一千张，标语五百份，《造林浅说》五百本，及布告五百张，务期各〔令〕人民达到每人栽种二株之目的。

二、觅工仿造平板水平合用仪器以备测量之用　查本年计划修理县道、里道及修理街市阳沟，并拟开挖西荒滩及集丰、民生各渠，在在以测量清晰为先务，惟因短少仪器，而勘丈诸感困难，现经建设局长按该仪器规模绘具图样，分觅工匠监视督造，业经成工，共用款洋五十六元有余，虽不及外来之精良，然亦堪供丈量之需矣。

三、重修丰隆汽车路经过之石桥　查本县丰隆汽车路经过阮家窑之大石桥及土塘村石坝，于二十年夏间被山水冲坏，当时由工赈局主办一切情形前已呈报在案，本年计划重行修建坚固之石桥，以便交通。

四、筹办安装第二、第三两区电话　本县长途电话尚有合少胡同之第二区、老平地泉之第三区尚未安设，殊与传达消息甚感困难，本年已拟具计划列入，务期设法安装，早观厥成，现已由建设局将装设之电话需用电线、电机各件共用款洋二千八百三十九元八角四分分别估计预算，连同图说已呈请本府筹款，以便购办装设，而期消息灵通。

丁　教育

一、甄别私塾教员　查属县民智晚开，私塾颇多，今春已将各私塾严加取缔，并令添置新学制各种教科书以资教授，但私塾教员程度不齐，遗误青年尤非浅鲜，势非举行甄拔不足以资改善。兹事体大，甄别后之设施与财政方面拟提交会议解决，以利进行。

二、调查失学儿童　查属县版图辽阔，人烟众多，合计全县达三千村以上，偏远村庄之学龄儿童强半误于私塾，贫素儿童更少入学机会，综计以上两项，为数当不在少，势非积极调查，分别勘令强迫一律入学，殊与普及教育之主旨大相刺谬，且小学教育为国民之根本基础，尤不容忽视者也。

　　三、劝令农民识字　查属县荒村僻壤，村、间、乡长强半幼年失学，不识之无，而一般农民更是目不识丁，与自治前途横生障碍。拟利用各村小学教员，于每日饭后茶余，当此夏令，不论任何处所，粉笔版书日用所需简单各字之浅近白话相告语，按日课功，庶可事半功倍。

　　四、扩充小学校操场　查第一模范小学校操场狭窄，对于锻炼儿童身体殊有妨碍，拟交会议价买附近民房地基以资扩充。

戊　公安

　　一、关于修筑街道　查城区各街巷道路多年失修，参差不齐，崎岖不平，一遇霪雨，泞泥坎坷，或积水成渠，行人不便，驱使车马均感困难。兹为整顿路政起见，业经令本县公安、建设两局会同筹划修筑马路、添设阴沟，并由公安局督饬街间长接段兴修，平治道途，以利交通。

　　二、关于劝种牛痘　查丰镇幼稚孩童狃于旧日习惯，多数向不种痘，每至天花发时，不但传染堪虞，医治失效，多遭危险。兹经责令公安局暨各分所传谕各住户一体知悉孩童种痘之益处，随时切实劝导，并令各医院减收半价，以示优待。

　　三、关于检查屠兽　查城区各肉铺宰杀猪羊向无一定地点，其中难保不无疾病之猪羊夹杂混卖，时届夏令，对于公共卫生实有莫大之影响。兹拟筹划经费设立屠兽试验所，以便随时检查，严行取缔，以重卫生而免传染之虞。

　　四、关于取缔街市猪犬　查城区各住户养猪喂犬，往往任意散放巷市，随处奔跑，横卧道旁，口啮秽物，污泥飞溅，不第有碍交通，而且妨害卫生。值此清理街道之期，凡有喂养猪犬之户，务须设置围栏收养，不准任意纵放街市，以示取缔。

《绥远省政府年刊》
绥远省政府秘书处
1932 年
（李红权　整理）

丰镇县二十一年七、八、九月份行政计划

作者不详

（甲）民政

（一）备荒　　自来荒政贵乎未雨绸缪，方免临渴掘井。本县自改革以还，时和年丰者历十数载，在民殷物阜之时，宰斯土者既鲜备预不虞之思想，而地方士绅亦乏时识远虑之人，不但不于丰稔之秋力谋积储，反将旧有仓廒抛弃不顾，遂致有清百年仓储硕果仅存之若干仓谷皆乘兵燹时机不翼而飞，迨十四、五、六、七、八等年荐逢师旅、饥馑，内则仓乏红陈，外则泛舟无自，哀鸿遍野，纵食尽野草树皮，终不免于流亡沟壑。官绅百计呼号，博得些许宫〔官〕赈、义赈，然灾民多至十数万，只恃百十担红粱、小米、万数千元纸币现洋，奚啻杯水车薪，遑论救命不能，即人得一餐饱食亦属无由办到。痛定思痛，辄为惨然。县长十九年秋到任时，虽幸岁逢中稔，第频年乏食，春间籽种难求，牛犋亦缺，全县平均计算种仅及半，且粮价骤落，石谷不敷还春间斗米之债，登场以后，依然粒食维艰，所以迭令劝办积谷，成效几等于零。满期二十年再占大有，庶几能立仓储根基，不图春末夏初点雨不滴，俟得透雨已过忙种时期，急迫播种，气候已迟，讵意正在扬花吐秀之际，忽陨早霜，惨状较十八年为甚。县长目击心伤，除

勘报灾情，议请捐缓田赋外，益感县境储政空虚之危险，不得不于无可劝募之中努力谆劝，但究因盖藏太乏，舌敝唇焦，百端晓谕，截至今年春季止仅募集积谷一千一百七十余石，以全县二十余万人口相比拟，无益沧海一粟，自应继续加劝以广储蓄。本年春虽苦旱，入夏以后尚称旸时，若若秋间别无意外摧残，约计可望有秋，爰就备荒范围计画如左：

（元）修建仓廒

　　徒劝积谷而乏仓廒可储，苟经管不得其人或发生天灾人祸，则年月稍久势必前功尽弃。本县城内仓门街原有仓廒，年久失修相继颓圯，若及早赶修，旧材尚有许多可资借用，今则日晒雨淋木料半皆朽腐，兼又无人看守，仓板等项陆续被人窃去，甚至去年裕三廒五间竟因失火而遭回禄，曾经报奉厅令赔修在案，从前本县仓政之废弛于兹可见一班〔斑〕，业经县长设法筹款鸠工庀材，凑以旧料，督饬建设局长蒿蔚惨淡经营，历十个月之久，改筑东首新仓十四间，甫在封檐盖瓦，内部构折，七八月间可望完成，俟落成后再续修西首大廒十五间（连烧毁五间计算在内），如年谷顺成，另无阻碍，则秋末冬初天未冰冻之前外部或可观成，其内部工作不虑冰冻，视款项能否筹足，届时尽力为之。尚有南首五间大廒，按诸颓朽情状，允宜同时葺治，无如限于财力，恐难一气呵成，悉心估量，只可以待来年耳。

　　右计画系专就旧日城内常平、社义仓故址现在附设建设局与农会部分而言，因甫经度过荒年，加以频罹兵灾匪祸，民力困穷达于极点，筹措万分为难，是以不敢扩大规模，反致言难实践，一年以来牵萝补屋，挹彼注兹，力谋事半功倍，已觉行之如此其难，但统盘核计，将来连西、南两面各大廒全部修葺补建完成，亦不过储谷一二万担，按诸全县现在人口及预计日后人口孳生，十年以后必达三十万人以上，即使目的完全达到，脱逢灾祲，仍若储备空虚，势非分建区村社仓，充量筹储，难期康济斯民，拟俟秋后察酌收成丰歉，续筹曲突徙薪之计，兹姑不赘。

（亨）续办积谷

全县六区现已收起积谷一千一百七十余石，待新仓内部构成，即可饬运来城储入，借作积谷初基。然为数太微，自应续令劝积，但本县地广人多，欲筹大规模之积储，既非旦暮可期，倘仅特〔恃〕铢积寸累，又虑无裨实际，况天灾流行，国家代有，更难逆料，此古人所以有耕九余三之深谋远虑，又有国无三年之蓄国不可以为国之警惕危言，如天之福，今岁果能阖境丰收，拟分左列三种办法以为备荒初步：

公众积谷：

此项积谷系向农家普劝，每区最低限度丰收募集五百石，歉收减为募集三百石，嗣后逐年续积，专备储入城内仓廒之用，俟城仓储满，即分储各区区仓，庶将来偶遇偏灾，就近散放急赈，既无运送之烦，又免迟延之误。救灾如救焚，为便捷急救计，备之不可不早也。

私人积谷：

此项积谷专劝各编村与附村内殷实大户按其地亩多寡量力捐出，以三年或五年为限，每年每一编村连附村在内，户口繁盛者至少捐谷五十担，其余户口少者以次递减，捐起后公举该编村内家道殷富、热心慈善、式孚众望者为长期经理之仓长（村长时有更换，万难交托），报县备案，责成代为保管收藏，每年出纳规定春借秋还，于立夏前后借给贫农，立冬前后收回本色，每斗加收息谷二升，以一升作为人工出纳、风□鼠耗，以一升并入原积谷内，便可岁增十分之一，待年月稍久，积储日多，可将息谷半数周济穷乏，不责归偿，而积谷仍无损丝毫，立〔且〕能岁有增益也，但均须按本色收放，不许折价盘剥贫民。

筹建区村社义仓：

专恃城仓，容积太少，已如前述，然各区各村白地建屋，谈何容易。凡事豫则文〔立〕，自宜先事绸缪，况劝募公私积谷既已实行，如无相当存储之仓廒，势必久而久之耗散无形，迨至谷无着落，发生追赔纠葛，徒滋扰害，无益地方，则建筑区仓与村仓诚万不可缓之要举也。惟建仓与建寻常居室不同，其砖瓦木石等材料悉宜较普通房屋特别坚固厚实，需款殆增一二倍，非预先逐年筹备〈不可〉。当此农村几滨破产之时，奚能指顾集此巨款，兹拟就各村习惯，每年就大地摊收村公款之便，每顷随同村公款摊收现洋五角，大编村熟地二百顷以上者即可年筹百元或二百元，即极小编村仅止熟地百顷上下者亦可岁筹数十元，此款分配标准，应以五分之二备建区仓，五分之三备建村仓，款由各村长负责催收，定期赍〔查〕缴区公所，由区公所解县发交商会代存，可靠钱庄或当铺酌量生息（息率应低），如此三年或五年，必可着手购地建筑矣。上列三种办法先于七八月内分令各区长及分区主任转谕各村长副及间邻长积极预备，其详细手续另定县单行规章，分发实施。

（二）防疫　查每年夏秋间，因天气炎热，溽暑熏蒸，往往发生易于传染之伤寒、霍乱、赤白痢等症，究厥原因，皆由社会一般民众咸不讲求个人及公共卫生之所致，因而造成违反卫生之环境，即有志者，亦往往为环境所压迫，不易造成一家庭最小部分之共同卫生。此项责任虽半在于警政取缔不严、设备欠缺，而人民之习染已深，勘之不理，惩之不改，亦居其半。查伤寒、霍乱、赤白痢等病症皆因病菌入于肠胃而起，俗有病从口入之谚，《乡党》有沽酒市脯不食之戒，足征我国数千年前对于时疫早有发明。

兹拟令公安局长及各区区长按照左列各项晓示商民维持公共卫生，一面由公安局长与各区长暨分区主任积极筹备，严厉进行，借以防杜疫疠传染及染病后之各项救济：

（甲）加意督饬卫生警察（或区警）及各街村长等清洁街巷厕所。

（乙）严行取缔倾弃或堆积粪溺、秽物、垃圾等于众人往来行走之处，免致秽气洋溢，蝇蚋群集。

（丙）明白谆劝民众加谨家庭卫生，勿饮不沸之水，勿食自死之肉，家常所用饮食器具如锅、盆、碗、筷、杯、盘等类用时必须净布揩拭，用完必用沸水煮过消毒，然后洗净拭干方可再用。其屋内及厕所、院地亦必逐日打扫干净，剩余食物必须遮盖严密，勿任蝇吮鼠仓，如其再食仍须沸水蒸馏，万勿冷食。若食瓜果之类务宜洗净去皮，一切对于饮食之动作皆先洗手使净，刀砧亦必洗刮干净，尤应注意不时为小孩洗净两手及面目、口唇，万勿任其汗手持取食物入口，并忌食天然冰。

（丁）取缔街市肉铺或摆摊或肩挑或手车所卖熟肉、饺饼、糖果、桃杏、西瓜、凉浆等，均令用纱罩遮盖或玻璃匣装储，勿任苍蝇等六足虫停足，严禁用天然冰和入酸梅汤等凉浆之内，零整猪羊等肉皆宜用纱罩或冰储藏，不得堆置、悬挂街头，任蝇蚋停落，传染秽污毒菌。

（戊）公私水井一律督饬制盖加锁，以时启闭，井旁一丈周围尤不许人溺便及倾倒污水。

（己）迩来虎烈啦、猩红热等疫症平、津一带已大发见，山西、榆林、府谷等处蔓延已久，汲汲波及本省临、五等县，本县为平绥铁路经行之处，往来旅行者络绎不绝，将来难免疫菌侵入，允宜备预不虞。在城组设防疫委员会，由公安局召集各机关及绅商、医学界组织开会，筹备成立，一面募集款项，购备药物，俾资临时应用。如果疫势炽盛，各区亦当另设分会，以期普遍救治。

（庚）住户、摊铺、小贩等有不遵取缔者，均按违警法罚办，罚后再犯加倍处罚，责令改正（如应加纱罩、用玻璃匣及除去原倾弃之污秽等是），经罚三次仍未遵取缔者，摊铺、小贩勒令停业，住户递加罚金，情节重者酌予拘役，但至多不得逾一星期。

（辛）此外未尽事宜如指定倒秽地点，将秽物运出郊外，以及其他种种防疫范围内必要事务，均由公安局长或各区区长临时斟酌，因地制宜，期臻妥善，随时开会分组执行。

（三）农田水利　查丰镇地处高原，河流稀少，是以全县三万数千顷地亩可资引水灌溉者不及千分之二三，水利之不讲由来久矣。县长到任后见附近城厢之东河尚有任长水草之河滩，不图开辟引灌污澄，未免弃利于地，业合组织水利公司，于去年开成渠道，引水入地，今已变为良田数顷矣，可知事在人为，能否相度形势、因地制宜耳。虽县境山峦盘绕，平原而带河流者并不多觏，不能开发大规模河渠水利，但畎浍〔浍〕汲引，小结构之水利自可随处振兴，只以辖境面积较宽，暂时既勘测不周，而兵荒匪扰绵历数年，富庶村庄半成墟里，民力凋敝，逃生救死以不遑，殊鲜余力经营御旱防灾之事业，遂致因循延误以迄于今，殊非注重民生、增益生产之道。兹拟除建设部分筹开各渠外，酌量民力进行左列各种计画，借为敦俗重农之嚆矢：

（1）谕令各区、村、间长于大雨时行之际察看各村山洪流量，筹开洪水渠，利用洪水凿渠引灌，免致泛滥为害。

（2）继续劝令农民在旱地内多开水井，俾资汲灌。

（3）将岱海滩附近荒滩或类似此等荒滩择土质相宜者逐渐押荒展垦。

（4）从前因水灾而水冲沙压之地，于农隙时劝勤谨贫农设法垦复，免致日久抛荒。

（四）治安防务　县属频年被匪扰害，迭经剿办，迄未肃清。维持治安首重地方防务，时当炎暑，虽不如他省之青纱帏起，然以天气已热，不虞冷冻，匪徒随处可以彻夜潜藏，则团警查罗巡缉应较冬春益形严密。兹拟计划如左：

城区防务：

除于建设部分拟筑北山围墙及三面土堡外，城内应设立军警宪联合稽查处，盘诘、检查火车及各城门往来形迹可疑之人，以杜盗匪窜入发生危害，并由驻军及警察、商团暨县府侦缉队每夜分布议定扼要地点，各负责任，担任守望防御及分段、分起巡逻大街僻巷，严查旅馆、客店、娼寮、烟馆，勿任宵小潜踪托足，城外则责成第一队保卫骑团分班周遭往复巡察，距城较远要道隘口悉设防卡，分驻团丁扼守，并不时巡行查缉，遇警即联合出发，剿击追捕。

各区防务：

分令第二、三、四、五、六各队保卫团各拨一部分团丁，相度地势择要分驻，并与邻封各县定期会哨，其余各队团丁周流出入、循环游击，一遇道路、村庄盗匪窜入，如系大股即与外区驻军或邻区团队联合兜剿，若为三五成群小股匪徒仍由各队各自缉捕。

筹筑各村土堡：

分令各区长召开村长会议，劝令预先筹款，以备秋后农隙将各编村之较大主村人口、烟户比较繁盛或地形利于设险防堵者均筹筑土堡，以资守御而卫闾阎，其村落散漫遇警不易守卫者劝令酌量迁并以避危险。

（五）搜剿余匪　大股悍匪前经由省调军清剿次第击散或被邻省收编，可云告一段落，惟王匪数千人闻已散股东窜，如不被察省堵击回窜，城防既经布置严密，度不敢贸然扑入城厢，但四乡余匪难免尚有潜藏，或受本地匪类勾引，则为害民间殊非浅鲜，自应督饬团队认真搜剿余匪，并与后项清乡调查户口相附进行，庶期内绝根株，外杜勾结。

（六）继续清乡调查户口　此案本应仍照夏季计划赓续进行，惟屈计本季正值各区努力查铲烟苗吃紧之际，深恐各区长一时不易兼顾，只可先其所急，将清查户口事宜缓至秋后接续办理，庶免草率而臻翔实。

（七）禁烟　本县遵奉功令厉行禁烟，除禁种部分因农民贪图厚利历年查铲未能尽绝，本季自当查照历办成法严厉搜查督铲借期净绝根株外，其尤要者在于禁吸。惟以烟禁放弛已久，沾染烟癖者人数过众，而且尤以劳动贫苦之人为多，若遽执法相绳不仅近于不教而诛，抑且办不胜办，兹经拟定渐进立义之办法，将本藉〔籍〕吸食鸦片者分别年龄老少，勒令限期戒断，而外来客民有在旅馆、店栈、烟馆、娼寮等处吸食或吞服过瘾者一律分别登记，按灯按户收捐，俾可日渐减少，以至完全戒断而止，则贩售烟土烟膏者亦可积极查禁，兹已拟具办法，呈请本省府厅核示，一俟奉准，即分令公安、财务两局会同调查登记，约计七月底八月初即可切实举行，并以所收捐款补助警、教两费，仍严惩新增吸户，以杜烟毒之扩张传染。

（八）取缔看青　查本县向有一种凶恶棍徒，招集无赖游民以为党羽，霸看各村田禾，如果村长、农民将其拒绝，即肆行攘窃或糟害作践以图报复，是以各村农户畏其凶焰，莫敢拂逆其要求，一经揽定，非监守自盗即互相偷窃，或巧图索诈（如中秋按户分送月饼、果子勒索抽丰之类），或滥摊重款（秋收时按亩摊款，无敢不出者），或借端苛罚，实为农民一大蠹害。而且彼辈各视首领势力大小、党羽多寡为揽看村庄之标准，有包揽至二三十村者，从前时和年丰，农民虽苦剥削，尚无意想不到之飞殃，近因频年匪扰，若辈亦沾染匪风，明则看田，暗率通匪，或为盗线，或作匪伙，久而久之若辈亦自行结伙抢劫（如现在审办判决之王海揽看田禾竟达二十余村，杀人之夫而占其妻，又于冬月结伙持枪行劫，甚将事主架至郊外，衣服剥尽始行打伤放还，即其一也），更有诬陷良民、偷窃谷麦、刀伤人命者（如现在判监禁之犯周全红是），此等恶风若不严禁，农家终岁勤动，横被若辈侵害，即无天灾匪祸已觉痛苦难堪矣。兹拟令饬各区区长，将此项霸看田禾之恶习一律严加禁革，归各村村长、大户自由雇人看守，不许若辈包揽霸看，倘敢违抗或别滋事故即严拿重办不贷。

（乙）财政

（一）预备征收新旧田赋手续　本季时值农忙，为全年田赋征收极淡时期，况二十年应征粮租除蠲缓外业已扫数征解完竣，时值青黄不接，新赋尚未开征，旧欠亦无款可完，如果严催，反恐阻碍农务。但今年新赋拟于十月提前开征，其一切手续非常繁重，均应乘此较为闲暇时期将征粮红簿等赶紧攒造齐全，方免临时局促。其应带征二十年以前历年因灾缓征田赋，亦应分别清理有无流抵及拖欠与本年应行递缓或带征各款，俾便同于新赋开征后一并催完。

（二）赓续查催过拨粮名　查本县民间以典卖田房均未立时过割，历时既久，地已迭易数主，粮尚仍挂原户，以致粮警往催，持久已亡故之旧粮名，不能寻得现管该地之新业主，实为拖欠田赋之一大原因。去年县长拟定办法，呈奉核准一律彻底过拨以便催征，原冀以六个月办竣，无如灾荒、匪患接连不断，未克如期过割清楚，而各街村长亦勤惰邪正不一，难免从中舞弊，将手续费全数吞没，粮名延不过割者业已发见多起，先后押追在案。现虽时值农忙，势难严迫责催，但八月以后、秋收以前农务即可稍微告一段落，拟趁此时积极催令赶速过拨，则俟新赋开征即可直向本户催完，免去无数困难。惟地广户多，察看情形，本季内恐难扫数过清，尚次〔待〕于下季接续催办耳。

（三）整顿契税　近来契税之疲几达极点，整顿之法亦已力竭计穷，即如屡次奉令展期免罚补税一案，民间亦司空见惯，绝不对于展定期限有何感动鼓舞，推究原因，不外迭受兵灾、荒灾、匪灾以后，已至民穷财尽，人民心理不但不思巩固产权，将契约投税以为不动产之保障，且鉴于绑票劫掠之苦害、捐款摊派之负担，既不克奠厥攸居，又不能安服先畴，迁徙奔逃几无宁日，太半皆视房产、地土为身外之重累，咸思变价轻资以便播迁，此真环境造成之契税致命伤，任何方法不能打消其此种心理也。然税收攸关，事实虽系如此，岂能听其自然乎，除尽力维持治安、剿捕盗匪减少民间痛苦外，惟有别开生面，恢复验契而不补税办法，或尚可收几许效验，容于另案呈请核示，兹不赘述。

（四）整理地方财政　查本县地方财政自晋、秦、国民等军迭次交相进退，地方积蓄罗掘俱穷，嗣又连遭荒旱，县地方税岁入骤减，积年亏累达一二十万元之巨，和前县长任内屡发纸币，借资救济，终以积亏太巨，无计挽回；濮前县长力图整理，设法兑现，亦以入不敷出，等于画饼充饥。截至县长十九年秋到任时，尚有无法收回流行市面各期饷糈等票六万有奇，此项纸币市面实价因过期不能销兑跌至每元三四角，而人民持纳县附税，仍作一元照收，故无形中亏蚀三四万元。县长坚决主张先将此项纸币收回销毁，免使地方公款耗损无形。按照县长计划，二十年秋间借禁烟罚款附加之收入，依市面实价收买，本可悉数收尽，完全焚毁，不图被旅外学生等任意捣乱，巧借名目强攫烟款，而教育经费以积欠过久，亦纷纷索领，不容刻缓，遂致不克如数收领。计至现在，犹有未曾收回财务局原发纸币一万七千余元，拟在本年禁烟附加罚款内仍照上年办法尽量收毁，惟该局公款之支绌，今年较去年益甚，地方机关员薪公饷五六月间已无计应付，仅发米面维持口食，届时能否全数收清尚无把握，只可察酌情形，兼筹并顾，在可能范围内尽力为之，然无论如何，抱定专收不发之主意，总可日见其少耳。

（五）清理学田以裕租资　查本县学田因求管理方法之简便，大抵均系将十数顷、二十余顷之原拨整块未分之地招人包租，租率既轻又不包险，一遇灾荒包租之户即借口亏赔拖欠不缴，以致预算列作经常收入之田租岁有短绌，其实包户早向分租之户预收一宗定租，租款作为赢利，而以秋收后散户续交之款抵为缴纳学租，迨逢荒歉，散户续交之款不能如数交清，包户即指散户拖欠尾数，向县府禀请传追，而预收之款匿不声明，是利则包户享有，害则地方承受，事理不平莫过于此。而且此等包户食利已久，从中把持，欲期另包亦必多方掣肘，拒人承租，而管理学田者又若〔苦〕于地多人少，照顾难周，积习相沿，殊鲜善策。且承种之户又恃学田历年久远，界址欠明，择便耕种，致被邻畔乘机侵占，往往无人过问，自非彻底整理无以正经界而保公产。兼之此项学田如在二区之南学堂荒地尽有开渠引用洪水之可能，亦应设法相度地势开辟渠道借资引灌，俾土壤得以改进肥沃，兹特计划如左：督饬教育局会同财务局于本年秋后将所有学田一律实地逐段丈明，切实亩分，埋立四址公产界石，界边均开较深之沟，一则可清界限杜绝邻畔侵占，二则可使遇有大雨或山洪暴发时地内不至积水坏苗，并将整块大段之地划作三五亩若干小块，编列某段某号，便于就近勤谨农民直接永远长租，或有期限之年租，租率可比较邻地酌减一二成，惟须于未播种前先交二分之一租价，余俟秋后补交，倘遇灾荒由经理人员至地勘明，就未缴一半租价范围内酌量减免，其先缴之款不准发还，以示平允而维教费。其有浑水

（即洪水）可浇之地详加勘察，果系有利无害，应赶速筹提经费，乘本年秋末冬初农隙之时妥为开成干支各渠，以备来年灌溉。惟洪水渠与清水不同，必须岁岁修浚，公家办此稍嫌烦琐，最好于租地定约时责成租种此地之各佃户协同负责，抽工于冬春间修理清浚一次，普通工程即由各佃户公尽义务，倘因山洪过大，冲毁太甚，佃户力弱难胜，报由教、财两局派员查看，估计工费，量予贴补，以示体恤。

上列四种计划一以杜包租之把持，则利可不归中饱；二以绝邻地之侵占，则地可不至蹙削；三以利用洪水开渠，则土壤日见改良；四以轻租优惠佃农，则保护学田俨同己产，苟能实事求是，均于学校公产、教育经费深有俾〔裨〕益。

（丙）建设

（一）建筑北山石围墙及东、西、南三面土城　查本县因连年被匪扰害，各区人民身家稍为殷实者以不克安居乐业，往往相率迁移来城寄寓，遂致县城居民日益众多，而盗匪之股分较大者因乡间五〔无〕大宗租物可劫，时有窥伺入城之企图。又以本县素乏城垣，倘遇盗匪潜行出入，既无城门可资扼守，稽察防范极感困难。是以去夏曾经绅商提议建筑城垣以防意外，嗣经测量估计，因工程浩大需款较巨，呈请立案与拨款，均奉省政府、建设厅合〔令〕驳不准，而就地筹款又因早霜谷禾岁成灾歉，是以因循未果。今年地方绅商鉴于绥西王英叛扰，屡陷名城，风生鸠〔鹤〕唳，咸有戒心，故旧事重提，公同议决缩小范围，先就北山筑一宽五尺、高八尺石围，如款能加筹，再就石围两端继续将东、西、南三面包围筑为土城，以资守御，业由建设局测量绘图，并分投向在城商民募捐，一面定于六月中旬鸠匠兴工，约计本季内可望全部告竣。

（二）继续振兴河渠水利　查本县开辟渠道，引水灌溉，使旱地变成水地，近年因已成各渠农民颇获厚利，不无观感兴起之机，除民政部分分令察勘相度及广劝凿井外，兹拟续开左列各渠：

三区梅力盖图村浑水渠：

查该区梅力盖图村前经勘明有南北浑水一道，每植〔值〕夏雨时行，山洪暴涨，水势汹涌，因无储蓄渠道，遂致往往泛溢汪洋，□淹禾稼，且察看水分，含有充分污泥，以之淤澄地面，即为无上肥料。拟由九苏木起，循绕东山山麓，顺流而下，辟作宽二丈、深随地势高下、长六七里之干渠一道，于附近地亩甚有利益，且渠成以后水有归缩，亦免泛滥冲泻之患。已令建设局长督同技术员测详图、拟具工程方案，报县转饬筹款兴工，俾资利赖民生。

筹开西滩水渠：

查本县城西留云窑、保全庄一带有荒滩一片，面积颇广，向皆视为不毛之地，前经县长详加察勘，该处距离大小黑河甚近，去年曾饬建设局人员实地测量完毕，以工程较巨，筹款不易，暂未举办。现拟集腋成裘，妥订规章，招集股款开挖成渠，引水澄地，开垦种植，俾将无用荒滩变作优美肥地。

勘测三区二苏木碱滩：

查该滩北临霸王河（与集宁县境相近），南濒黄旗海子，以土壤含有矿质，是以历久荒废，无人耕种。近有该区绅士南永奠等，拟请开渠引水澄地，已饬建设局长派技术员前往勘测，如开渠引水完成，大约可澄地一百四十余顷，俟测绘图说呈报到县，再往覆勘，督饬原请绅士于秋后积极进行。

（三）取缔街市建筑侵占道路　查县城街市原有商铺及住家房屋，以设县之初无若何规画，本系参差不齐，若日后市面益见繁荣，开辟马路，自非大加折让不可，但现尚说不到此。第商民专图私利，不顾公共交通，每遇修葺改造，往往侵入街道占作屋基，以致日征月迈，互相效尤，市街成为湾曲凹凸，街道左右犬牙交错，阻碍车马，颠扑行人，不仅有碍交通，抑且极不雅观。兹经令由建设局参照京市建筑法规，酌量本地民间习惯，拟订《取缔街市建筑规则》，呈由县政府备案，并转令公安局长及第一区区长会同公布周知，定于本季内实行。

（四）委托农民试种各项作物　查近年委托训练毕业农民试种各项耐旱籽种颇着成效，今年遵奉厅令，责成技术员孟守先专负劝办推广农业之责任，并将奉颁各项籽种转给农民吴孙等按时播种，皆已先后出土，本季内即由该技术员分往各村实地考查，并顺便指导施肥、留种、驱除害虫等项事宜，俾收良满效果。

（五）试种各项农作蔬菜　查去年曾就建设局院内栽种各项蔬菜及农作物品，借作试验，其成绩已略有可观。今年复由技术员孟守先在绥垣农林试验场带回各样种籽，并选购蔬菜各籽，均仍在该局院内试种，以期岁有进步。

（丁）公安

（一）操练长警　查本县警务办理有年，因初基不立，募集长警既无相当资格之标准，成立以后又不讲求训迪操练，以致对于警务必要术科几等毫无知识，近来虽经轮流训练，然以根柢程度太低，训练多时甚鲜效果，若彻底更募、重新组织，又于治安、防务虑受影响。兹拟自本季起，令饬公安局长重行规定一定时间，实行授课教练，并侧重操练枪法及紧急防御与射击正鹄等最要术科，练身练胆，务期纯熟敏捷，以备冬防担任守御维持治安。

（二）取缔医士　查本县因文化落后，往往有等不学无术之徒

滥竽医界，率尔悬壶为人珍〔诊〕治，甚至以陈腐江湖欺人渔利
之打□等术愚弄良懦，行同诈骗，竟有误投药石、滥施针灸害人
殒命者，虽经历任公安局长考试取去，给证为凭，然庸医杀人之
事实迩来仍不少，概见显有学识敷浅、未领证书或外来游民混充
医士，儿戏人命，贻忧社会殊非浅鲜。况值夏秋之交疫症繁兴，
偶一不慎即有性命之虞，加以本县交通便利，五方杂处，江湖流
氓冒医士之名行诈欺之术者势必在所难免。兹拟令饬公安局长先
行传谕各医院医士暨曾经考试合格给证各医生，务必按照管理医
院规则暨历来检验医生办法认真办理，一面严行甄别切实取缔，
凡有未领证书及外来四方游荡、毫无学术之流氓一概不准悬壶治
病，倘有打针卖技或妄投药不对症之方剂因而酿成事故戕害生命
者，不问病家愿否诉究，均应从严拿送惩办。

（三）禁止巫觋　查本县有等女性游民，不事中馈，专以供奉
狐仙为人治病、预言吉凶游食城乡，名之为顶大仙，无知愚民以
其妄言偶中，莫不求医疾病、问卜休咎，趋之若狂，此等无稽神
方，信口谰言、诡画符录，不特贻误病人，抑且麻醉社会、导人
迷信，益中隐患于人群，自应严加禁止，打破神权，庶可纳民于
正轨。特令饬公安局长、各区区长，遇有此等妄说祸福，谬以神
仙方药、丹砂符咒治人病症者一律分别禁止驱逐，有父母、翁姑、
夫男者，责成其父母、翁姑、夫男严加管束，勒令改业，或在家
安分操作妇女应尽事务，不许复出仍蹈故辙，倘系外来游女荡妇，
应立即驱之出境，不准在县逗留。又有一种愚民，每遇病图省医
药之费，迷信无知妄语，对多年古树焚香叩祷，剥采树皮、树叶
携归，令病人煎服，倘因无效病死，则皆诿之天命，未尝自咎迷
惑，此尤甚于牛鬼蛇神之昏迷不醒也，亦应一并禁绝，以矫正民
众之视听而免邪说之蛊惑。此外如清洁厕所、扫除污秽、取缔小
贩等公共卫生事宜已详民政部分防疫各节，兹不赘述。

（戊）教育

（一）组织学董会　　世界人类任何阶级均有所谓中心人物为群众所信仰，于其一言一动每有命令式吸引力之成效。我国办学数十年，所以教育迄未普及者，太半由于专任学界办学而不利用乡镇中心人物代为领导指挥之，故本邑僻居边塞，民智闭塞较内地为尤甚，是以一般乡民扭〔狃〕于旧习惯，几成卑不可破，凡遇未曾经历之举动，莫不诧异怀疑，甚且因误会而妄造谣言，不啻无形作梗。即如调查学龄儿童，本为办教育者一种统盘筹画之必要手续，亦为极其寻常之一种教育统计，乃每次派员下乡调查，往往再三开导，至于舌敝唇焦，而乡民仍深闭固拒，遮掩百端，非以多报少，即托故回避，究其所以，不愿将儿童就学之最大原因，则皆由于陈腐脑筋之见解，谓一经读书即不能辅助耕牧，殊不知耕牧职务正有赖于灌输学识而日求进步也。县长督同教育局长悉心考虑，认为民智不开由于官厅与愚民情感不无隔阂之故，自非利用乡村中心人物使之彼此沟通，不能收声应气求之效果，爰拟于本季内督饬教育局长选择各区较有智识、式孚众望之村民组织各区学董会，协助教育局办理左列各事务：

（1）确实登记各村学龄儿童；

（2）筹措各村教育经费；

（3）劝导成立各村学校；

（4）宣传劝导有关教育设施计画。

（二）重定考核办学成绩　　各区乡村学校平时设备不周，教课敷衍，几成通病，每遇派员视察，虽均有一度振奋，借以遮视察员之耳目，迨视察离校则事过境迁，依然懈弛因循，纵不能谓全县如此，要不免于此居多数。此固咎在办学人员之无责任心，而考察方法之不周密亦属重大原因。兹拟自二十一年年度开始起，重新订定考核学校成绩方法，使办学人员不论有无视察人员到校，始终不敢松懈，现正督饬教育局长草拟规程，一俟拟定，另文呈报。

（三）改私塾为代用学校　本县地瘠民贫，苦于经费难筹，未能按照学童比例广设城乡小校，加以连年天灾匪祸，民力益见困穷，原有各校教费尚虞应付为难，更难推广新校，遂致城乡私塾林立，业于夏季因势利导，将城乡各私塾教师举行甄别试验，拟自本季二十一年年度开始起，凡属曾经甄试合格者，均准依旧设帐教授，惟塾中课本均应一律改用中央审定者，俾与正式初高两级小校程度相等，随时可令学童转入正式小校插班上课，并令督学、视察各员于分途视学之便顺道巡行考查，遇有欠缺之点，即予切实指导，俾便补正，但绝对不许试未合格之教师滥竽充数。

《绥远省政府年刊》

绥远省政府秘书处

1932 年

（李红权　整理）

公安管理处派员分赴各县视察各公安局情形

作者不详

一、据视察员报称　查丰镇县公安局对于警政设置均不完备，一般长警不知职责为何事，街道犹为秽污，行人多感不便，以故民众对于警察甚为膜〔漠〕视。闻有少数巡警在外勒索乡民情事，该局长亦不查问。警饷来源系由妓捐店簿等捐收入，不敷之数经财务局补助，自十九年四月至二十年十一月未曾正式发放，云系财务局经费困难所致。长警人数共八十三员名，分为一、二分驻所，各长警二十三员名，警察力量不为单薄。杂色枪械共五十七枝，尚堪使用，惟长警老弱不齐，未加训练，知识浅薄，不克尽职。

一、据视察员报称　查包头县公安局设在县政府内，赁占民房，对于警察勤务因有市公安局担任，该局只在县政府门前设有双岗，其他街道均无岗位。一般警士以办理县府杂差为专责，闻有勒索乡民情事，局长亦不查察。警饷来源系由妓捐、灯捐项下开支，不能按时发放。长警人数共三十二名，亦无分驻所之设，杂色枪械共十九枝，堪用者十二枝，长警吸食鸦片者占全数八分之一，且做事粗暴，颇欠训练。

一、据视察员报称　查陶林县公安局对于城内岗位、路灯设置缺如，街市秽土狼藉，极不卫生。局长对于剿匪事务颇见认真，惟驭下失之过宽，以致有巡官等人勒索乡民之事。警饷每月八百四十二元，均由粮赋代征，因粮赋收入不畅，按五成先行发放。马步长警共六十名，均在二十岁以上，并无孱弱情形。杂色枪械共五十二枝，手掷弹六十二个，保管擦拭尚称适宜，亦敷应用。警察识字者仅三四名，其不识字者五十余人，智识简陋，多不明警纪，有私马三十一匹，均尚肥壮。

一、据视察员报称　查武川县公安局住址系在城内赁占民房，近来地方安靖，尚无匪情。距城东北一百二十里乌兰花镇居民、商户与武川相等，颇可设立分局。该局长到任后，定有学术课程表，对于长警每日照表训练，颇有进步。警饷每月四百九十二元，由地亩捐项下加征。共有马步长警三十名，因县城内并无岗位之设，足敷应用。杂色枪械十五枝，手掷弹四颗，均皆损坏，应当补充以便自卫。有私马十匹，尚见精壮。长警训练稍欠，精神尚好。

一、据视察员报称　查兴和县公安局毫无警事设置，住户散漫，又无城垣，类似乡村，街道污秽，不讲卫生。该局长懒惰性成，且嗜鸦片，警士纪律废弛，在外设有〔有设〕赌局诈骗商民情事。警饷每月三百四十八元，由粮赋代征，因收数不畅，不克按时发放。长警共三十名，除办理县政府杂差外，并无岗位之设。杂色枪械共三十八枝，尚堪使用，长警缺乏训练，致多蛮横，不知服从。

一、据视察员报称　查集宁县公安局对于警事殊少设置，各街巷道路污秽，甚欠清洁。该局长对于局务尚知整顿。警饷每月四百六十二元，由商捐、店薄捐、田赋项下开支，因田赋收入不甚畅旺，仍欠两个月饷未能发放。长警共四十一名，设分驻所一处，驻巡长一名，警士九名。各街巷均无岗警，对于勤务上实不敷分配。杂色枪械共二十一枝，私马十匹，惟警士短于训练。

一、据视察员报称　查托克托县公安局对于警事毫无建设，县城内除前大街外，其他各街巷均不洁净，亦无路灯、岗位之设。该局长对内外勤务不加整顿，一味敷衍，以致一般警士在居住棚内设有烟灯。警饷全年共二千七百三十八元九角，由托、河两商会屠兽检验费等项下开支，因来源不统一，对于警饷亦不能按月发放。长警二十名，在河口设分驻所一处，驻巡长一名，警士二名。平时无自卫能力，遇事亦不能执行职务。杂色枪械共八枝，保管无方，多生红锈，不堪使用。警士老弱不齐，缺少训练，染鸦片嗜好者已占全数四分之一。

一、据视察员报称　查清水河县公安局长警共二十二名，完全为县政府催收粮款、草料之役，对于警事无一设置。该局长懈怠殊甚。警饷全年共洋四千三百二十元，由地亩捐项下带征，每月终即行发放。杂色枪械共十一枝，堪用者仅有三枝，亦不加意保管，致生红锈。共有骑马六匹，亦系警士自备。长警孱弱不加训练，难期服务。

一、据视察员报称　查凉城县公安局警务设置大体可观，各处卫生均还讲求。该局长对于职务颇著勤劳，一般舆论尚好。警饷每月四百四十元，由粮赋及地方杂捐项下拨发。马步长警共三十三名，在街市设岗三处，局门设岗一处，其余警士轮流巡逻，尚属周密［密］。杂色枪械共二十二支，均堪使用，保管方法亦较妥善。一般长警身体活泼，因每日按时训练之故。

一、据视察员报称　查和林格尔公安局系赁住房屋，甚矮小，且系土房，惟内部尚清洁。该局长到任未久，尚知极力整顿。警饷全年四千二百九十五元三角，由钱粮官租项下拨领，按月发放。全局长警共二十二名，在该县各城门及县党部设岗五处，现有警额实不敷分配。杂色枪械共二十五枝，内有毛瑟枪数枝，已窳锈不堪再用。长警因局长督率训练极严，精神尚佳。

一、据视察员报称　查归绥县公安局对于警事毫无设置，该局长于往来公文自己不能核阅，委请雇员处理，往往发生错误。警士训练亦不躬亲教育，委巡长代理，似自己缺乏整顿能力。长警精神颓靡，殊欠振作。警饷每月共四百四十元，由粮赋项下拨领，按月发放。警察人数共二十四名，内有马警十五名，除给县政府守卫及催收赋税、杂差外，并无其他勤务，亦无分驻所之设。杂色枪械共十三枝，均痀锈不堪，保管甚属不合，极应加以整顿。

一、据视察员报称　查包头市公安局局长对于局务极力整顿，商民舆论尚佳。警事设施如路灯、路标、指定粘贴广告处均甚整齐，训练长警甚严，破获窃盗案件甚多，拘留所亦加改良。警饷由杂捐项下开支，因出入不能相敷，尚欠警士两月薪饷未发。杂色枪械共七十六枝，由各分局保管，颇属合法。全局长警共二百六十九名，设分局三处，分驻所三处，在大街共有岗位二十六处，仍觉甚少。

一、据视察员报称　查安北公安局局内甚为污秽，警室肮脏，灰尘满室，服装多白羊皮短袄，与乡间农民无异。该局长在广义栈有地百顷，租给农民，不论收获与否，强农民按时交价，以故不洽舆情。警饷由财务局拨领，每月按七扣发放。全局长警二十二名，除在该局门前设岗一处外，其余均给县政府办理杂差。对于长警毫不训练。杂色枪械共十枝，因保管方法不善，均生红锈。

一、据视察员报称　查固阳县公安局对于街市毫无警事设施，殊欠清洁。警士住室及被褥均皆污秽，房屋亦湫隘，惟该局长个人尚属勤劳，商民舆论亦洽。警饷来源由财务局拨领，因收入不畅，尚欠三个月警饷未发。长警共二十二名，在街市设岗四处，轮流值勤，其余警士加派巡逻。杂色枪械共四枝，均堪使用，惟数目太少，不敷分配。长警吸食鸦片者占全数七分之一，且多颓靡，缺少训练。

一、据视察员报称　查萨拉齐县公安局对于城内街市尚有路灯、路标之设备，惟街巷秽土狼藉，亦无厕所，甚欠清洁。长警所着制服均系灰色，精神尚佳。警饷由财务局拨领，仍欠一月未能发放。长警共三十三名，在沿河设岗四处，轮流守望，其余警士为县政府催收杂捐事务。杂色枪械共二十七枝，内有冲锋机关枪一枝，均堪使用。该局长到任未久，商民对之亦无毁誉可言，惟对长警训练极严，颇知整顿。

一、据视察员报称　查沃野公安局地处边远，住户散漫，类似乡村，各街巷亦无厕所与路灯之设备。该局长到任未久，对于职务尚能尽责，地方舆论亦少毁誉。长警共十一名，完全办理设治局杂差，毫不训练，知识甚差。警饷由地亩项下拨给。共有湖北造枪三枝，擦拭妥善。有骑马三匹，亦系警士自备。惟警额甚少，不敷分配勤务，似应补充以利警政。

一、据视察员报称　查临河县公安局对于警事毫无设施，街巷秽土堆积，甚欠清洁。该局长干练有为，地方和洽，警饷由县政府地亩项下开支，以平市票二元折现一元按月发放。杂色枪械共二十六枝，均堪应用，保管合法。长警五十四名，除县政府门外设有岗位，余均担任游缉、催款等差，颇欠训练，极应加以改善。

一、据视察员报称　查五原公安局对于警事设备因款项难筹，仅有计划。城内有商民称便，惟缺乏路灯，每到夜间甚觉黑暗。该局长到任未久，颇能热心整顿。警士精神尚佳，惟知识稍欠。警饷由摊铺、妓捐项下开支，因收数出入不敷，不能按时发放。长警五十四名，均办理催收县政府杂差，对于街巷未设岗位。杂色枪械共三十九枝，不堪使用者十一枝，其余枪械由警士保管，随时擦拭。

一、据视察员报称　查东胜县公安局局长能力薄弱，职务懈弛，商民舆论多不融洽。沿街秽土堆积，甚不清洁。长警衣服破烂，精神萎靡，亦无训练。警饷由财务局支拨，因收数不畅，不能按时发放。警士人数共二十名，均提充县政府差役勤务，无警察学识。杂色枪械共十枝，保管不当，均生红锈。

《绥远省政府年刊》

绥远省政府秘书处

1932 年

（李红菊　整理）

固阳县二十一年一、二、三三个月行政计划

作者不详

甲　民政

一、整顿全县保卫团，编制预备团丁　查全县现役团丁统计一百九十名，以各团丁挑诸民户，向未受军事训练，对于学术两科未能完全了解，遇有战事深恐以〔不〕明战略进退，难免失当，已呈奉省政府委派副教练员三员，兹由县延聘四员，共七员，分区教练；复经编制预备团丁二百名，分派各区保卫团附带训练，用备发生股匪时协助剿办。

二、积谷仓储用备灾荒　本县仓谷向未积储，遇有灾祲除仰给赈恤外他无救济之方，兹按全县五十乡每乡征谷两石，计积一百石，连同十八年征集未收之四十八石五斗，共计一百四十八石五斗，暂交建设局负责保管，倘遇凶年，用资救济。

乙　财政

一、整理官租借裕收入　查本县应征官租，自十五年迄今，以连年荒旱，逃户孔多，每年征起之数不过五成之谱，致民欠年复一年，愈积愈多，究竟逃户共有若干，并逃户应缴官租若干，终

年含糊，催收向未彻底考查，拟由本府遣派调查员分头彻查，查明全县官租现存花户照数缴纳者若干，已逃花户无法启征者若干，分晰造册，呈报备案后再行责成各催款员严厉催征，以期年清年赋，不准拖欠。

二、整理地方财政借免流弊　本县地方财政自十八年财务局成立伊始，所有地方机关经费暨保卫团薪饷每于年度开始之期由财务局预算全年需款若干，既照青苗亩数平均摊收办理三年之久，恒虞入不敷出，本府为预防流弊起见，无论若何为难，务要设法撙节，不准浮摊苛派，免滋弊端。

丙　建设

一、修筑汽车道路以利交通　查包、固道路向未来往通衢，以山路崎岖，交通恒感困难，拟饬建设局长商同包头建设局双方筹款（或由固阳建设局集股商办）修筑汽车路线，以利交通而期繁荣。

二、散放耐旱籽种以期改良农业　查固阳僻处山后，气候严寒，普通禾稼以筱〔莜〕麦、麦子、荞麦、糜子为大宗，遇有年岁荒歉，恒虞颗粒不获，兹着试种农民将去岁所收耐旱杂粮除留籽种自种外，余者分与真正农民播种，以期种者愈多，收获愈广，不数年间农业渐次改良，用备亢旱为灾。

丁　教育

一、筹备的款扩充学校　固阳设县未久，风气晚开，教育事项幼稚殊甚，加以民国十五年以还荒旱连年，地方已成破产之象，以教育经费无几，致学校扩充维艰，兹拟附加田房税契学捐，每收契税一元附加洋二角，又制备婚帖由教育局出售，每婚帖二件为一套，每套价洋二元四角，除印花税洋八角暨婚帖工本费外，所得之价连同契税附加款洋尽数充作小学校的款，以期学校林立，教育普及。

二、筹设长期师范用造师资　　查固阳教育幼稚，固由于经费拮据，其教师不良是属一大原因，拟令教育局迅筹的款，设立长期师范，延聘优良教师，招考合格学员，严定课程，用期宏造师资，以为扩充学校教育儿童之基础。

戊　公安

一、训练长警用维治安　　本县公安局长警均系来自田间，素乏警务经验，兹着公安局长逐日按时训练，以期增长智识，用以维持治安。

二、扫除污秽以利卫生　　本县街道向不整齐，但积存污秽，实于卫生有碍。已令饬公安局长以讲求卫生必先扫除污秽之意义逐日讲演，务使商民家喻户晓，一面责成各商民按时洒扫，俾道路清洁，有益卫生。

《绥远省政府年刊》

绥远省政府秘书处

1932 年

（李红权　整理）

固阳县二十一年四、五、六月份行政计划

作者不详

甲　民政

一、令各区队定期会操　查本县各区队自加派教练员分赴各区实地训练之后，所有各区团丁对于学术、战术均已稍窥门径，惟各区成绩不一，各有短长，已由县府通令各区长协商适宜地点，选定日期，实行会操，以资观感而促进步。并此后每季终了，即须举行一次，永久着为成例，预防一旦有事可收划一之效。

二、积极劝令妇女放足　查妇女缠足为弊甚大，亟应积极劝禁，期收速效。本县劝禁规程除遵照民政厅各项办法进行外，并兼用本县五月份县政例会议决之改良履式办法，双方并进，当能于最短期间收莫大之效果。

乙　财政

一、成立田赋整理处　查本县因连年荒旱，积欠官租为数太巨，此项欠租固缘荒旱之后民力未苏，急切不易征收，而较为殷实之户故意玩疲者亦在所难免，且逃亡之户甚多，亟宜赶速查明，设法办理。春期虽经责成催款员分头调查，终因头绪太繁，未能

得其具体真像，现奉财政厅令成立田赋整理处，应即遵照成立，责有专归，自能定期清理。

二、督饬行政警察赴乡催收欠租　查职府行政警察一项，因近数年来有名无实，致滋物议。传薪到任后，即委黄幹臣为队长，并添招行政警察刘耀山、王增职等八名，关于办理行政案件积极加以训练，俟以黄某辞职回里，改委赵承玺担任队长，其警察八名分班担任赴乡催收欠租职务，责成其所到之乡，会同乡村长催收十八、十九、二十各年民欠官租，以期款不虚糜，催缴有效。

丙　建设

一、严饬各区积极凿井　查固邑地处大青山北麓，地势崇高，易兆旱灾。传薪自客岁到县后，即通令各区厉行凿井灌田政策，业经呈报建设厅备案。比月以来，据各区长呈报，新行掘得之井每区均添加二十眼或三十眼不等，现复督饬各区均系〔需〕成立凿井会，同力合作以收众擎易举之效，应由各区长督饬乡长责成各花户于农隙时强制办理，赓续多凿。

二、谷雨节种树　查本县谷雨节举行种树由来已久，均因限于功令，勉强塞责，迄今统计全县成活树株殊不多觏，本年无论如何，应实事求是，力矫此弊，万不获已，宁令所种之株数减少，然每种一株必期成活一株，切不可仍蹈往昔故辙。以本县论，二、三、四各区气候尤寒，似应专植榆树，其他各区仍种杨、柳，着各区长赶速筹划办理，报府转呈。

三、续开裕民渠灌田　查去岁所开之裕民渠所费不赀，始终未能沾其实惠，应即先期筹划应否继续动工，去岁所勘渠线是否适宜，抑工有未逮，功亏一篑，已令知水利社招集内行人拟定具体方案，积极办理，期竟全功，以资结束。

丁　教育

一、检定职教员，调查学龄儿童　查春季拟办乡村师范，已令教育局积极筹备在案，俟的款有着，即行开办。在此项师范学校尚未成立或成立尚未毕业之前，对于各区初级小学校长、教员尤应不时考验，认真检定，着教育局督学员分赴各区实行视察所有管理、教授各法是否相宜，极应随时改革，免误学童。至督学至乡，对于已久〔及〕学龄，尚未入学之儿童并应特别注意，详细造册，作为秋季开始添设初级小学之预备。

二、筹办社会教育　查本县农民居最大多数，所有农民子弟入学极感困难，亟应在各区所暨各乡较大村庄于可能范围内筹设半日学校或半夜学校及自由讲所等，以补助正式学校之不及，此外如图书馆及公众阅报处等在县城内尤有设立之必要，以上各节均已令知育教局分别拟覆，预备择要办理。

戊　公安

一、建筑土堡土围暨防匪工事　查各区建筑土堡土围几经三令五申，其各区区长业经妥行筹款，并将拟筑地点呈报在案。但此项工程需款甚多，在此灾患之余，实难急切普及。惟三、五各区现已将款筹足，已令克日开工，其他各区正在筹收款项，俟秋收后再行令其赶速修筑。至防匪工事已商同郭副团总暨李军事处员随时下乡督饬办理，其办理情形随时具报。

《绥远省政府年刊》

绥远省政府秘书处

1932 年

（李红权　整理）

固阳县二十一年七、八、九月份行政计划

作者不详

甲　民政

一、整顿预备团丁促进自卫　查人民必须安居始能乐业，本县十数年来屡遭匪患，其最安谧时间纵无大股土匪，而零星小股亦所在时有，以致各种事业均受莫大影响。县境地面辽阔，仅有现役团丁一百九十名，一但〔旦〕有事，实系不敷分配。本年第九次暨十一次县政例会议决，遵照《整顿保卫团暂行办法》第十二条之规定，编制第一批暨第二批预备团丁各二百名，其第一批名册业经呈报，第二批名册始终尚未编造齐全，应严催各区迅速造送转呈，以便派员分赴各乡实行点验，俟秋谷登场、农隙之后，即由各该区派员就地训练，教以军事上最浅近之常识，或能渐资补助军警之不及，促进自卫，保持治安。

二、实行取缔妇女缠足　查本县地方时患不靖，所有在乡妇女一闻匪惊〔警〕动须代步，往往因此发生重大损失，故妇女缠足为害最大。本县劝禁缠足办法除遵照民政厅各种规则外，并兼用呈准之改良履式法，双方并进，期收速效。其改良履式法自七月十一日以后即为实行查办期间，应即实事求是，期在必行。

乙　财政

一、严催官租　查本县官租积欠太巨，屡经严厉比追，始终罔效，洵因数年以来屡遭灾患，所遗少数浩劫余生，救死不暇，实系无款可缴，将来人民对于禁烟收有余款，定即督饬催款员加紧比追，尽先报解。

二、督饬整理田赋处届期蒇事　查本县成立田赋整理处已两阅月，一切手续均有端绪，俟烟禁之后民有余款，除将逃亡各户地亩遵章撤回招种外，应向现在地户勒令清交积压田赋，不得拖欠。

丙　建设

一、购置新农器　查本县完全农产区域，因数年以来屡遭匪患，将所有牛犋损失殆尽，以致荒地遍野，不能耕种。拟于烟案附收建设费项下酌购耕地之新农器，以廉价租给农民使用，复以所收租价积有成数，再陆续购置以补耕牛之不及，已令建设局拟覆矣。

二、创设毛织工厂　查本县建设局已将织毛机器购置到县，惟因款项拮据，未能开办，俟烟款开征之后建设费收有成数，即当尽先开工，已令建设局具体筹划共约需款若干，并拟具工厂规程，呈由县府转呈建设厅核示遵照。

三、继续多种榆钱　本县夏季县政例会议决之花畦种榆案，自蒙建设厅核准后，由县府督饬乡民即已零星实行种植，惟县境榆树无多，觅籽无几，是以未能普及。现奉建设厅令将厅存榆籽分给本县四石，现由各绅董集议，拟请多领二石，共计六石，日内由建设局派员赴省承领，俟领到后即当分发各区乡民赶速及时补种。

四、继续开渠凿井　查本县去岁开渠未著成效，以致今春渠工因而中止，屡奉建设厅令，仍应继续动工，早日完成，已经县府令知水利社筹拟具体办法，呈转核示。总之今秋无论如何必须将已开之渠修理完整，并将修渠余款之一部酌拨若干，借给乡民凿井，以资提倡。查本县对于凿井一案在春夏间即已极力提倡，并经一再招集各区长暨全县乡长来县会议，竭力劝导，嗣据各区报告有掘地尚未及泉，因财力不及而中止者比比皆是，结果全县仅得六十余眼。拟于烟案之后乡民稍有存储，仍责成各区乡长继续督催，一面由公款项下酌借少数，一面仍由乡民个人设法筹措，其最底〔低〕限度须将春期掘未及泉之井一律完成，预备明春灌溉，以补水利之不及。

丁　教育

一、创办乡村师范　查本县师资缺乏，故教育未能发达。前令教育局筹设乡村师范，已蒙教育厅核准，嗣缘的款无着，未能实行，俟烟亩开征之后，教育费收有成数即行开办，已令教育局筹备矣。

二、办理社会教育　烟案附收教育费除创办乡村师范外，所有平民学校、半日学校、半夜学校、自由讲所、露天讲演暨图馆书〔书馆〕、阅报处在在均应设置，已令教育局拟覆呈候教育厅核示择要创办。

戊　公安

一、设街巷户口牌暨卫生土车、路灯等项　查本县设治未久，所有警政尤为幼稚，现在县城内暨附郭一带住户渐多，对于户口牌暨卫生土车、路灯等项均应遵章设置，已令公安局具体筹办。

己　军政

一、修筑土堡土围　查土堡土围之修筑各区均已筹有端绪，所需款项由牲畜、车辆暨羊只等项分别派收，均经各区乡长一再开会议决，并经各该乡民一体承认，惟以时值农忙，尚未开工，拟于烟案之后督饬克日动工，以期早日完成，预备冬防，借资保卫。

二、建筑营房　查本县向无营房，以致客军驻扎诸感不便，已与各绅董会商议决，由财务局筹现洋两千元，购置建筑料暨木瓦工费等项，再遵照省政府令，请驻军帮助土工，在县城东南隅土坡之上建筑营房一百间，准于九月间实行动工。查本县将来一切设置即以建筑营房为第一步，营房建筑之后，则现驻县府之客军迁出，即将建设、教育、公安、财务四局迁入，对于一切监督指挥均感便利，则所有设施自易进展。其四局原住之房屋除公安局系暂住民房发还外，其余三局房屋均系公有，即归教育局、建设局分别创办学校、工厂暨图书馆、阅报处等项，是建筑营房洵为事半功倍、一劳永逸之举，故本县决于秋间实行办理。

《绥远省政府年刊》

绥远省政府秘书处

1932 年

（李红权　整理）

固阳县二十一年十、十一、十二月份行政计划

作者不详

甲　民政

一、组设村治训练所轮流召集乡长来所实施训练　查乡村自治为民治之基础，我国农村衰落，急待改进，不独经济上生产应速谋增加，即村民常识尤应特加灌输。十月三日奉民政厅第四四七号令附发《劝导民众息讼治家书》等项，以本省财政困难，暂难设所训练，然亦必加以讲解，方易宣传。兹于十六次县政会议时已议定暂借学校房舍先开村治训练班以资提倡，约计费用无多，即由县长捐廉担任，一俟乡长招集满额即行兴办。

二、实行筑堡筹画新农村　查筑堡自卫迭奉省令办理，然迄未见诸实行，兹已规定本期内务必完成土堡两个，第三区刻已兴工筑成一半有奇，第一区刻已开工，预计今年总可筑成，并拟由建筑费项下酌提款项补助，即于筑时将经济、教育、保安、公益等协社规画于其中，以产消协作主义之办法使乡民经济生产上得有正当之发展，则乡民在此新农村内自然能安居乐业，他乡人民亦将有所观感而自动办理矣。

三、实行清查户口以清匪源　查清查余匪早奉省府令办，惟固

阳实际并未办理，无容讳言，不过余匪不清即为地方一大隐患，兹已于十五次会议议决，应商订官民合作办法，设法将匪扫除，以安闾阎。

四、整顿保卫团及预筹冬防计画　训练保卫团业奉民政厅颁有规则，整顿保卫团办法业于十六次例会提出详密讨论，议决有案，兹拟趁农暇时分区实行训练，并抽调团丁分别轮流游击县境边界，并拟具防边办法，防他处流匪窜入，免致星火燎原。

五、积谷备荒　查积谷为备荒要政，耕三余九为吾国极有经验之言，现已秋收已届，今年年景尚佳，自应继续办理以收实效。拟定每乡以六石计，全县共五十乡，可积谷三百石，惟旧有仓廒纯系土房，拟将此仓廒加以修理，土地砌砖，约需砖二千五百个，共洋二十五元，需石灰一千斤，计洋十二元五角，人工约需洋十三元，统计共需洋五十元，已议定暂由建设局垫付，将来由财务局筹还，此项要政今年务期办到。

乙　财政

一、催收本年下忙官租　查本县官租自十八年以来连年荒旱，民力未逮，应征官租只及三成，自系实在情形。本年年成稍好，亟应由本府派令行政警察全赴各村严加催征，并令各乡长等帮同办理，务期忙清忙款，以年终为止，不准拖欠分文。

二、整顿历年民欠田赋　查整理民欠田赋，前年财政厅令设立田赋整理处，限期四个月，于五月五日起告报成立，惟曾前县长任内并未办有成效，天彻到任后因期限将满，事未完竣，业经呈请展限两月在案。现在一切手续已有端绪，容俟烟款催完，民有盈藏，即当勒令清交旧欠，不许稍缓，其逃亡各户地亩拟遵照财政厅八八九号指令另案办理。

三、征收田赋必须另设催款员　查本府向有行政警察以为催征官租专员，并带催税契、印花等项，每月经费由官租附加项下开支，惟因历任县长多未招足额数，不免啧有烦言，天彻于到任后即将此项警察如数招足，派往各区乡催征田赋杂款等项，按月报交，以期款不虚靡。

丙　教育

一、建筑孔子纪念堂借备办理乡村师范班暨民众教育馆兼星期讲学会之用　查创设民众教育馆统办各项社会教育实为要举，刻已由教育局筹画乡村师范班，暂在小学校内附设，拟定十月十日开学，惟小学地址甚窄，亦须另筹妥当办法，则添筑房舍势不可少。复查固阳新创，不特智识应即开发，即道德方面尤应根本培养。总理天下为公之标语，实根据孔子大同主义而提倡者，兹拟趁建筑民众教育馆时，兼作孔子纪念堂及乡村师范班并星期讲学会之用，冀于社会教育中俾民众道德上得所信仰。

二、统区教育经费兼划定区立学校校址　查本县各区区立学校经费概由区教育委员自由摊派，历来概未统一，而各校校址亦无一定处所，往往一年数易，以故因摊派学款而起纠纷以致停顿学校者有之，为争执校址发生龃龉使不能开校者亦有之，种种情形极为复杂，承办人员力感不便，常此以往，非惟区乡教育诸多障碍，即县城学校亦恐受影响而难于进展。查各区全区财政早经归财务局收支，惟对于区教育经费一项而令其自由摊派，于财政统一之道似有未合，拟自二十一年度起一律归财务局征收，再由教育局会同各区长领发，并于十五次县政会议议决区立学校经费应由财务局统一，乡立学校经费由地方自由摊派，俾于统一教费中使乡村教费得自由，具有最大的弹性。

丁　建设

一、包固汽车路计划　查包固汽车路为发达固阳之命脉，且包、固间只有一坝稍费工程，余均平坦，若能统修三叉口土坝，路线虽多二十余里，而工程较省，兹拟趁今年烟亩附加建筑费项下赶速修筑成功，将来不特输入输出交通便利，并可抽收护路费及车捐等费，亦生利一道也。刻已令建设局拟定具体计划。

二、兴修十字街土马路并建筑钟楼　查固阳新城房舍零落，今年年景既好，将来在城中建筑房舍者必多，如道路不先修整，不独于街市规画极不雅观，即交通亦极感不便。查欧美新开一商埠，必先计画交通，修筑马路，然后依次建筑房舍，兹拟先筑十字街土马路以定城内中心，俾由中心分四周发展，实于城市交通及繁荣大有裨益。此项工程现已督饬建设局积极修筑，已达二分之一以上。至建筑钟楼一项，已于十六次县政会议议决，由财务、公安、建设三局会同计划筹办。

三、城内设立市场采用习惯上市集办法以资繁荣市面　查旧城各小摊往往沿途摆设，实属有碍交通，而新城空地则甚多，兹拟画定一广场，先将各摊及买卖杂货小商聚集一处，逐渐将售卖牛羊牲口者亦分别一定售卖地点，由日常一小市场渐成为定期之大市集，且无须用款，将来市集繁盛，抽收各捐，兼可地面多一种收入。前于旧八月十五日开会一次，尚形踊跃，俟粮食、牛羊上市后再拟定期开集一次。

四、开凿泉流化旱地为水地　查凿泉较之掘井费钱少而收效速，山下出泉，古有明训，固阳山脉绵连，其下必藏有泉源。凿泉之法，县长于十四年时曾在包头转龙藏山下从事工作，结果尚佳，兹已令各区行知各乡长将原有泉水情形调查报府，再由县长亲自勘验后，分别从事开凿，实有利无害之举。

五、冬季植树　查年年植树而成活者甚少，原因塞外气候较差，办法亦不相宜。县长于十四年间在西北垦务会时曾在包头东关外试行冬季植树，次年全体成活，不过另有方法，俟后拟另编一简单白话小册子，分别印出，以备地方上参考。现在建设局新有林场计划，业已呈建设厅有案，并择定县城学校附近地八亩有奇，设立农事试验场，即以一半为林场，俟冬季适当时期即在划定林场部分实行冬季植树，先行试办以资提倡，并令各区就地试验。

《绥远省政府年刊》

绥远省政府秘书处

1932 年

（李红权　整理）

归绥县二十一年一、二、三月份行政计画

作者不详

（甲）民政

一、训练乡镇长副　查各乡镇长副均属农民选任，智识幼稚，思想落伍，对于应负职务未能完全了解，遇事难免错误，若不认真训练，于行政之进行、村政之改良均有滞碍。本府拟设立乡镇长训练所，将各乡镇长副分别调集入所训练，灌输党义之知识，教授应用之课程，以期整理村政，促进自治。上年曾经拟具简章呈奉民政厅核准，嗣以经费无着，致未实行，刻已筹有经费，拟即举办。

二、训练保卫团　遵照奉颁《保卫团整理办法》，并由军事训练员及副教练分赴各区认真训练。

（乙）财政

一、清查各区地亩等则，以期摊款平均　查各区摊款标准有按地亩者，有按地银者，以致各区情形不同，乐苦不均，曾经本县行政会议决议各区地亩定为四等，所有摊款及差徭均按地亩等则摊派，以昭画一而资公允，业经责成各区长清查地亩等则，切实

进行。

　　二、整理田赋　查本县田赋额征每年征收数目不过七成之谱，民欠甚巨，考其原因极为复杂，实行整顿非彻底清丈不为功，曾经本府拟定整理方案，呈请财政厅核示。

（丙）建设

　　一、修治县道、里道　查修治道路关系民生，运输便利则工商事业因而发展，故县道、里道直接关系一县全部交通，间接关系省道、国道之联络，拟即遵照建设厅颁发《拟定县里道路线办法》，饬由建设局召集各乡镇长副举行道路会议，拟定县里道路线，分别缓急，逐渐修治，并宣传修治道路之利益，使各乡镇人民彻底认识，得于农暇之余就原有道路实行修治。

　　二、种树造林　查本县迭经灾患，人民流离，以致种树成效未能显著。去岁秋收尚稔，元气稍苏，拟由建设局举行造林大会，以期人民明了种树之利益，务使每人种树一株之规定实行。

（丁）教育

　　一、取缔私塾代用学校并检定教师　查各乡镇私塾林立，其实际教授多不合法，当经令饬县教育局切实取缔，并试验检定各私塾教员，如经检定合格者，准其改为代用学校。

　　二、增设条〔第〕四区区立第二小学校　查察素齐镇居民约有四千余户，仅设小学一所，以致失学儿童甚多，势非扩充学校不足以收救济之效，兹拟在该镇增设区立第二高小学一所。

（戊）公安

　　一、训练长警　查县公安局长警素乏训练，兹尊〔遵〕照奉颁《第一期警察行政计划》切实训练，并每日教练警察应用课程，以期警察知识健全，保卫公安。

　　二、警察与保卫团实行联防　冬防期内由公安局分派马警，与各区保卫团实行联防，拟定会哨日期及地点，以期消息灵通，维持治安。

《绥远省政府年刊》

绥远省政府秘书处

1932 年

（李红权　整理）

和林县二十一年一、二、三月份行政计划

作者不详

（甲）民政

1. 整顿现役保卫团，编制乡保卫团　查绥远各县地面辽阔，土匪时有，若全赖军队维持，则军队有限，势难顾及，此各县保卫团之所以必要也。若保卫团不加以整顿，则分子复杂，良莠不齐，御匪不足，扰民有余，影响治安至为重要。兹为增进人民之自卫能力起见，拟遵照《保卫团法》之规定切实整顿现役保卫团，使之有充分自卫之能力，并编制乡保卫团以补现役保卫团之不足，如是则各县虽无驻军，而治安定能维持也。

2. 积谷　查绥远僻处边塞，十年九旱，而和林又为地瘠民贫之区，迭受天灾，无法补救，本县自奉令饬设积谷仓后，即按照公布《仓储管理规则》赶速筹设，以备灾荒而免流亡。

3. 整顿闾邻　查训政时期最重自治，而闾邻复为自治之基础，若闾邻不加整顿，则自治即无从着手。本县前此虽有闾邻之组织，究系乱无头绪，拟从本季起彻底整顿，以便自治之推行。

（乙）财政

1. 组织地方财务整理委员会　查本县地瘠民贫，人民之负担甚重，地方各款虽异常支绌，而人民之疑窦终莫能释。兹为财政公开、使人民明了地方财政情况起见，拟组织地方财务整理委员会，以期群策群力，共同整理地方财政。

2. 规定摊款标准　查本县财务局摊款标准系依据各区村厘股摊派，查该项厘股纯系十余年前所规定，而现在各区村因天时、地利、人事之关系变化甚巨，贫富悬殊，以致摊款轻重未能平均，拟由本季起先行调查各区之贫富，另行规定摊款之标准，以免纠纷而昭公允。

3. 取消财务局割串办法　查本县因地方穷苦，财务局时有支绌之虞，各机关为救燃眉之计，当由财务局索取串票，向各乡自行催收，此种办法未免扰民，拟自本季起取消割串办法，应由财务局设法催收，按月拨发。

（丙）教育

1. 筹设师范讲习所　查本县人材缺乏，师资不良，各乡立学校之教员尤欠训练，贻误学子，何堪设想。兹拟筹设一年期师范讲习所一处，以培养良好之乡村教师。

2. 增设乡村学校　查本县乡村学校向少设立，农家子弟虽有向学之心，而无求学之所，故拟由本季起调查可设学校之乡村，竭力举办，以扩充乡村教育，借收普及之效。

3. 合并县立一、二两小学校　查本县虽设立男小学校两处，而肄业儿童究属有限，兹为节省经费、扩充设备起见，拟将第一小学校与第二小学小合并，以谋设备完善而求实质的发展。

4. 实行强迫教育　查县立学校与乡村学校之学生人数太少，均因经济困难及其他原因无力上学，以致失学之儿童实不乏人，故拟于开学以前由教育局督学及乡立小学校之校董认真调查失学儿童，实行强迫教育，督促其上学。

（丁）建设

1. 整理苗圃地亩　查县苗圃之地势甚形狭小，若不设法扩充，殊难整顿，兹拟设法扩充，力加整顿，似〔以〕备今春播种树籽。

2. 修路工作　查全县道路分为县道（本县与邻县交通之道路）、区道（县城与各行政区交通之道路）、乡道（此乡与彼乡交通之道路）三种，绘具全县道路图说，以备按次修筑而利行人者，本季不能完成之工作须于下季继续修筑。

3. 拟由外省购买优良之籽种试种　查农业试验场专为试种农产物，非有优良之籽种不足以获良好之结果，为促其农产物之进步，拟由外省采买优良之籽种，期得成效。

4. 提倡种树工作　查种树一事可以调和气候、防御水旱等灾，拟于本季调查各乡村上期所植树株及其死伤数目，饬令于下季植树时切实补栽，凡无树之乡村令于植树时种植。

（戊）公安

1. 训练长警　查本县公安局之官长、士兵多未受有相当之教育与训练，若遇剿匪捕盗等事即无所措手，拟于本季遴选专门人才从事训练，庶使办事敏捷，俾得剿匪能力。

2. 提倡社会卫生　查卫生事项关系个人、国家至为重要，不讲卫生则传染病易于发生，影响社会实非浅鲜，应随时剀切劝导使人民皆知卫生之有益身体，对于街巷之厕所尤宜注意清洁，以防发生传染等病症。

《绥远省政府年刊》

绥远省政府秘书处

1932 年

（李红权　整理）

和林县二十一年四、五、六月份行政计划

作者不详

（甲）民政

1. 修筑围堡以御匪患　查绥远各县土匪出没无常，若不修筑围堡，一遇匪警无以御防及调集团丁往剿，团丁未至而匪已饱掳而去矣。乡村受匪骚扰者大都如是，本年奉令筑堡，当即督饬各区乡依照奉颁方式修筑围堡，以御匪患而安地方。

2. 成立各乡镇监察委员会监督各乡财政及乡长副违法失职事　查乡长副办理村务是否得当，财政收支是否清白，关系全乡利害实非浅鲜。一般乡民因无从参加，难明真相，而负责之乡长副往往违法舞弊，浮支捏记，以致各乡因财政关系时起纷纠，势非组织乡镇监察委员会以监察乡镇之财政收支，及纠正乡长副违法失职等事宜，不足以杜弊端而免纷纠。

3. 清查余匪　查绥远一省向为产匪之区，盘据五、临之大股匪徒虽经剿除，而隐匿各地之余匪在所难免，若不彻底肃清，则星星之火可以燎原，为患地方何堪设想。奉令办理清查余匪，特组织县区清匪办事等处，以期彻底肃清而靖地方，兹拟依据《清查余匪临时办法》切实办理。

（乙）财政

1. 成立粮赋整理处以裕税收　查绥远连年灾荒，民不聊生，以致十七、十八两年之粮赋至今尚未征起，各种款项异常困难。本县依据奉颁《各县粮赋暂行办法》，成立粮赋整理处切实整理，以期年清年赋。

2. 整顿税契　查本县人民对于税契一事大多数不明其利害，故匿契不税者比比皆是，遵章税契者寥若晨星，若不设法整顿，实不足以裕税收而保产权。兹依据奉颁《整顿契税暂行办法》，督饬各街村长副切实整顿，以重产权而裕税收。

3. 规定乡镇公所季入季出决算表　查本县各乡镇年来负担各款甚巨，且名目繁多，不一而足，常有不肖之乡镇长假借名义从中舞弊。兹为免除积弊，计拟由本季起，规定乡镇公所季入季出决算表，将乡镇中所摊各款逐项分别列表公布，实行财政公开，免生疑窦，每于年终将四季出入款项造成决算书，汇报财务局查核，并分别予以奖惩。

（丙）建设

1. 催促各乡实行人民植树　查种树一事关系民生至重且巨，既可免除灾荒，又可调剂气候，且于实业上、财政上亦有莫大之补助，总理《建国方略》之《实业计划》对于提倡植树亦称重要。近年以来每值植树之期，官厅多注意公共植树，于人民自己种植未免漠视，本县自本季起，催促各乡人民利用荒山、沙地实行人民植树，一则以供民用，再则可增社会之生产。

2. 调查本年各乡人民所植树株之确数及成活数　查提倡植树

重在成活，本县对于人民植树甚为注意，前于春季植树时即督促各乡实行人民植树，但所植树株之确数及成活数各若干，若无详切之统计不足以资改善，拟于本季调查各乡人民所植树株之确数及成活数各若干，借以提倡改善，务使年年增加数目而期全数成活。

3. 催促各乡继续修理上期未完成之道路　查衣食住行为人生四大需要，缺一不可，所以修理道路应列为重要事件。上期已令各乡镇将本乡镇范围内之大小道路全行修理，务使平坦无阻，来往便利，且应与其他乡镇接联，以便行旅。各乡镇如期修竣者固不乏人，尚未完工者亦所在多有，拟于本季内催促各乡镇继续修理上期未完成之道路，以利交通，并可次第实现总理之《实业计划》。

（丁）教育

1. 整顿乡村学校之经费　查本县各乡立小学校之经费尚无规定，米面、燃用供之于乡镇，年久相传成为惯例，但往往因校董与教员之感情不洽，或因其他关系致起纷争者数见不鲜，兹为祛除弊窦起见，拟对于乡村学校之经费、教员之薪水以及所需食物由教育局规定办法，令财务局统收统支，以一事权而免纠纷。

2. 调查县境荒地充作学田　查本县县立学校经费有限，不敷分配，每拟扩充，苦无的款。惟本县辖境荒地颇多，拟将荒地亩数详细调查，分别等次，收归公有，充作学田，由教育局经管，招民承种，缴纳租金，作为各校经费或作教育基金。

3. 于街衢中设置阅报牌　查本县地处偏僻，民智锢塞，对于世界潮流、国家大势殊为隔阂，推原其故，皆因人民不知阅报所致，若欲灌输智识、开通风气，舍阅报别无他法，拟于县城通衢设置阅报牌数处，张贴报纸，俾众阅览。

（戊）公安

1. 调查户口，消弭隐患　查绥远土匪迭出不穷，虽经大军痛剿，零散窜逃，但偏僻之处难免不无隐匿余匪，若不严加搜剿，贻害地方何堪设想。兹拟调查户口，实行人事登记，务使隐匿余匪无从藏身，彻底肃清，永无匪患，以靖地方而安闾阎。

2. 修理厕所　查公共卫生较之个人卫生尤为重要，因街市中为商业集中、人烟稠密之区，公共卫生若不讲求，则空气污秽，易生病菌，如无相当处所，任人便溺，不但有碍观瞻，抑且不合卫生。拟于适当地址修理厕所数处，既利行人又可免除病菌发生。

3. 建筑马路　查区乡道路已令建设局督饬各乡妥为修理，惟县城之街道因土质疏松，沙土甚多，一旦遇风则尘土飞扬，以致大街小巷沙土载道，下足达胫，来往行人诸感不便，兹拟于城内建筑马路，以利行旅而壮观瞻。

《绥远省政府年刊》
绥远省政府秘书处
1932 年
（李红权　整理）

和林格尔县二十一年七、八、九月份行政计划

作者不详

（甲）民政

一、安设北区电话　查本县原分五区管辖，嗣因第一区地面狭小，村庄稀落，经地方会议决议裁撤，以省冗费而便管辖，当经分呈省府暨民政厅批准裁撤在案。现在计分四区，东、南、西三区均已设有电话，土匪数次窜入，悉赖电话通息，故县城居民以及该区所皆得以保全无恙，此诚设置电话之功也。惟北区一区迄未安设电话，故一遇匪警，传达消息殊觉困难。本县有鉴于斯，特召集地方会议讨论安设，当经一致通过，业于本年七月间着手进行矣。

二、整顿政务警察　查本府政务警察共分一、二两棚，传递公文、催收粮赋以及传唤政务案件悉归该警办理，因是接近民众，唯恐该警等沾染旧日恶习，下乡勒索乡民，不但违反本府爱民之旨，且与本府名誉攸关。兹为剔除弊端、免除骚扰人民起见，拟对于现役警察认真整顿，优秀者分别奖励，恶劣者按情撤换。

三、修理看守所　查我国狱所之腐败污秽、不讲卫生，中外人士莫不皆知，对于囚犯视若牛马，直不以人类看待。本县看守所

自创设以来，因限于经费，仅有房屋数间，押犯稍多，不免拥挤，且屋少人多，空气既不流通，光线亦不充足，于犯人身体之健康大有影响，拟自本季起设法扩充，以重人道而免死亡。

（乙）财政

一、整顿催款办法　查本县各乡村向以公雇或轮流甲头、会首办理村中财政事项，因系雇佣性质，所以良莠不齐，弊窦丛生，虽设乡长监督其事，无奈乡长仅有其名而无其实，长此以往何堪设想，拟由本季起凡各乡村一切款项均由各乡乡长直接负责监督，以除积弊而免纷纠。

二、召开财务整理委员会讨论摊款事项　查地方各款业已摊至本年六月底，至二十一年度地方各款又届摊派之期，拟于七月初召开财务整理委员会，以便讨论摊款数目，并审查前期出入各款是否相符。

三、实行财政公开　查本县地方各款名目繁多，不一而足，村人交款多莫知所出，以致弊窦丛生，纠纷时起，缴款者寥寥无几，而地方各机关之经费因之异常困难，拟由本年七月起将摊款种类及数目分别公布，以便实行财政公开。

（丙）建设

一、调查各委托农民试种成绩　查本省地处塞北，气候较寒，各种植物不易成活，曾经征集各地耐旱籽种实地试验，并于各乡选择经验较富之乡农试种，现在时值秋令，一切田禾瞬届收获，拟于收获之期派员调查，考其成绩之优劣，以定明年试种之标准。

二、预掘树坑　查本省气候严寒，森林稀落，秋季植树较易成活。本县沙土达胫，黄风时起，虽经官厅历年劝导种植，并规定奖惩办法，但成绩究不显著。拟自本季起，催促各乡镇依照奉颁距离，按各乡镇人口数目，将植树坑预为掘妥，以期土性风化，易于成活，于立冬前实行种植。

三、续修道路　查本县道路业经建设局于上期计划内积极修理有案，惟查沿途各乡镇往往怠于修筑，以致迄今未克完全成功，拟自本季起继续修筑上期拟修之舍选里道（舍必崖至选力索）、公舍区道（后公喇嘛至舍必崖）以及包和县道之舍托段（舍必崖至托县境内之一段），以资遄行而壮观瞻（附图）①。

（丁）教育

一、另择新址建设图书馆　查本县旧有之图书馆原来附设于教育局院内，地址狭小，房屋简陋，阅览者咸感不便，加之经费缺乏，负责无人，故拟迁移该馆于人烟稠密、便于阅览之所重新建筑，另行组设，并附设阅报所一处，俾便启迪智识、开通文化。

二、教育局附设贩卖部　查本县文化落后，向无书馆之设立，所有全县各学校应用之书籍、文具等物均系赴省购置，往返时日，诸感困难。兹为各学校便于应用起见，拟筹的款，组设贩卖部一处，专供各学校随时购用，既省时日又甚便利，诚一举而两得之事也。

三、筹拨的款建筑校舍　查本县县立各校校址虽广，而房屋无几，入学者逐年增加，办学者限于经费碍难扩充，以致寝、教各室不敷占用，业令各校鸠工建筑，惟工程浩大需款甚巨，前筹款项早经用罄，拟与地方磋商筹款办法继续修筑，以免功亏一篑。

---

① 未见附图。——整理者注

　　四、规定旅外学生奖金办法　查本县旅外学生之津贴历经办理有年，嗣因旅外学生逐渐加多，而地方窘困，筹款维艰，始将津贴改名贷金，继而变更规定，按学生在校学业成绩之优劣分别等次，酌给奖金，于每学期终结时函请各该生之原校将学业成绩通知教局，然后分别奖给，借资鼓励，以免滥糜公帑，实为负教育之责者用尽心思所谋之妥善办法也。

（戊）公安

　　一、逐日清扫街道并赴各旅店内实行检查　查各地虎疫流行，日甚一日，本县虽未传及，但惟恐外来旅客无意带入，一旦发现，防不胜防，本县为防患未然计，拟将全城街道逐日清扫，并派有医学研究之妥人亲赴各旅店内实行检查，以资防预而杜传染。

　　二、清查户口　查王英匪部虽经驻军痛剿，但西剿而东窜，东剿又复西返，经过各地人民涂炭，闾阎为墟，子离妻散，不一而足。现在大股匪氛虽告平靖，而零星残匪不无隐匿，前曾奉令清查，事关治安要政，不敢稍事延缓，故拟依照奉颁调查表式从事办理，以期彻底清查，永无后患也。

　　三、训练侦缉　查本省灾荒频仍，匪患迭乘，地方凋敝日甚一日，民生痛苦有加无已，此其致盗之所由来也。故各地盗案时有，所属虽经派警侦缉，多未破获，公安局负有维持地方治安之责，对于长警若不教以侦缉之术，遇事难收破获之效，故自本季起，对于长警拟加紧训练侦缉之术，使其遇事有方，不致令犯罪者漏脱法网耳。

《绥远省政府年刊》

绥远省政府秘书处

1932 年

（李红权　整理）

集宁县二十一年一、二、三月份行政计划

作者不详

甲　民政

（一）整理春耕　查本县近年连岁荒旱，民力凋敝，富有之家十成之地不能耕种一半，贫穷之户除逃徙之外而对于固有之田亩不过仅种十之二三，所以荒地日多，年收减少，生计艰难，诸政不能建设。兹拟于本年春种之始，饬令各区调查耕地，凡有不能按地尽数下种者，造具名册呈报本府，以便筹贷籽种，使其有地尽数播种，以期秋收有获，民生解决，而一切庶政则自能进行无阻也。

（二）兴修围堡　本县市面辽阔，自设治以来从未兴修城垣，故每遇冬防之际，以警团不敷分布之故，往往发生意外情事。兹经与地方法团及绅民等商妥，拟待春融之后招工修筑，如能将该围墙完全修成，则以后市面之治安虽无多数驻防军队亦可保无［化］虞也，至于工程详细计划，俟拟妥另案呈报。

（三）催办乡镇会议　查本县各区乡镇公所虽然成立，而对于应行筹办事项多未进行，兹拟于本年春季督催各乡镇招开会议，讨论乡镇之财务、教育、建设、治安各要务，并借此以训练人民运用民权，而期协助地方政府得以刷新县治。

乙　财政

（一）稽征地方亩捐　查本县地方收入以随粮带征之亩捐为大重〔端〕，按全县共有粮地一万零三百余顷，每顷平均征收地方亩捐洋三元，在民国十五年以前年征八成余，嗣因荒旱连绵数载，而民间逃亡荒地约在三四千顷之谱，以故近年所收之亩捐约仅十之四五，因是入款锐减，所以每逢开支甚感困难，若不实地稽查，其中隐匿情弊终难明确，兹拟委派专员分途下乡协同区村长逐户详查，以明真相而杜取巧。

（二）整理学田地租　查本县中持〔特〕拉有学田五十顷，至今荒芜未开，兹拟委派专员前往该处招民租种，按照农民开荒租地办法从优待遇，将来此地成熟，每年每顷可得租资洋四五十元，按照五十顷计算，通年约二千余元，以此补助地方学款，则获益亦属不浅。

丙　建设

（一）劝导植树办法

子　本县人民对于植树之利益向不注意，非加劝导督促无人栽种，兹拟派员先行下乡调查，不能耕种之田地而适于植树者尽量划为植树之地，并将颁发《种树浅说》翻印多本散给人民，俾便知种树之利益。

丑　本县气候严寒，至谷雨节时始能植树，故本局先行调查种树地点，劝导人民，以期届期一致栽种。

寅　援照上年筹款方法，按商民甲、乙两等起收植树款，甲等每户五角，乙等三角，收起款后，先雇工人将本县南河渠纪念林区较大之树砍伐枝梢作为树秧，除由建设局种植外，并散给各乡农民自行栽植，一面派员随时指导之。

（二）调查县里道路线及兴修方法

调查本县县里道路方向、长度、现况、应修情形、乡镇名称、人口、来往货物、桥梁、河流情形、俟将上列各项调查确实，即行绘图列表，召集区长、村长会议，拟定县里道路线，分别缓急，规定办法逐渐修治之。

〈（三）〉收买耐旱籽种及散放办法

查本县连年荒旱，经费拮据，关于事业费概未筹有的款，收买籽种不能预先备价，拟先订购农产比赛会得奖农民之籽种暨试种耐旱籽种农民之籽种多样，俟下种时再价发各农民培种，以资试验而便推广。

〈（四）〉劝导掘井及借款办法

查本县前借到本省赈务会掘井款洋二千五百元，散给各乡村农民掘井，现下还回者已有半数，再拟派员赴各区村实地勘测，如有相宜掘井之乡村，再借给农民限期掘井，以资普遍而利民生。

丁　教　育

（一）整顿各小学校办法　查本县连年荒旱，经费拮据，一切建筑设备势必因陋就简，徐图改进，而实质方面绝不能因噎废食，必须严厉认真，极积〔积极〕振兴，以期进展。兹拟整顿办法如左：

1. 建设事项　查第一小学校教室多系两间改造，狭小拥挤，不适应用，拟掏空换梁，改成三间，以资展大。又第一女子小校校院不大，学生体操又在一院，对于运动及教室上课均属碍有〔有碍〕，拟在该校门前收买之空地四围筑墙，用作运动场所。以上二事实属当要，且需款无几，其余虽系重要，而艰于款项不能进行。

2. 组织教学研究会　查学生之长进与否，全依教者之教授得法不得法为断，尤其小学校，教授最关重要，若不得其法，虽有优良学生，亦难得其益。且近来学术日进，教授方法亦日新月异，若不研究求新，仍故步自封，老守旧法，不特不合潮流，抑于教授学生难以进步。故拟组织教学研究会，备购多种教学法，除随时研究外，并于星期日由教育局督同各校校长、教员分定实地教授，公开批评，以资实习。所有研究会章程另定之。

3. 定期召开恳亲会　查近来学校对于学生家庭彼此不明情况，且毫无联络之机会，故对于训练学生常感困难，兹拟令各校每学期至少开恳亲会一次，以便考查而资训练。

4. 认真考试　查近来各学考试校〔校考试〕生多系敷衍了事，不加认真，以故学生在校时即不踏实用功，毕业后又无校可以考取，遗误青年莫此为甚，是以学校非认真考试而学生不能有良好成绩。兹拟定考试办法三项如下：

A. 开学试验：各校开学时由教育局派员认真甄别，优留劣降，不得迁就。

B. 月终试验：各校学生每月终由教育局随时择定学科考试一次，并备奖励物品，分别奖赏以资鼓励。

C. 学期试验：各校每届学期终由教育局派员认真考试。

5. 召开学董、乡长会议　查学董、乡长对于村乡学校有密切之关系，负重大之责任，如建设学校、起收公杂等费以及维持一切，均由学董、村长负责办理，故非事先开会议决办法，不能依据进行，兹拟各校开学之初，即定期召开学董、乡长会议，俾便讨论学校进行事宜。

（二）扩充社会教育 查本县社会教育本属初创，虽有社会教育所专司其事，但因经费困难，所内附设之讲演所、阅报室、图书室本皆略具规模，不能积极前进，兹拟设法筹捐的款，择要扩充，其办法如下：

1. 扩大讲演 查讲演原在讲演所每日按时讲演，而听讲者虽属踊跃，然不能普遍，拟令除在讲演所讲演外，每日在人多广众之地暨附近乡村，或绘具图说按图讲演，或自由讲演，以期唤醒民众、灌输常识。

2. 添设阅报处 查阅报室原有一处，不足普遍阅览，拟在桥东、桥西繁华街市各设一处，并在通衢安设报牌两个，以便公共阅览。

3. 捐购通俗图书 查原有图书室所有书籍本属无多，拟设法捐款购买通俗书多种，并设图书室于阅报室一处，以供众览。

戊　公安

（一）市街巷地段之整理 查集宁在初设县治时，本有大规模之计划，以故四方人士争购地基，重资建筑，屋宇连绵，极一时之盛。嗣因政局变易，兵旱频仍，预定之计划既不能见诸实施，竞相购产建筑者亦分崩瓦解，已成房屋半多丘墟，民户住所零散断续，则市衢路巷日渐不振。近一二年间，稍有余裕者就其原有院址或商店屋基展建屋舍，究属侵占公地与否无从查该〔核〕，而街衢日见狭隘，房舍亦现参差，不惟外观不雅，且于防卫上诸多困难。拟于建设局将官衙、公路勘划明晰，并会拟取缔管理公私建筑等规则，以资整理。

（二）卫生之设施　查卫生关系民族之强弱甚大，除公私厕所督饬增修外，关于贫民病疫拟筹设一诊疗所，拟定章则，饬本县检定合格之中西医士轮流担任诊疗，不另支给薪俸。

（三）户籍门牌之改定　查各商民户门牌原系各镇公所办理，纷乱已甚，俟市街巷整理后，则门牌一律更换，以期完整而便稽核。

（四）取缔暗娼　查本县市明娼不过十余名，而暗操皮肉生涯者甚多，若非加以取缔则影响地方治安殊非浅鲜，兹拟定取缔章则，予以权便，经查确系因生活不着者，准照明娼办理，如系被迫，予以保护。

（五）筹设化莠所　窃以匪盗易剿，宵小难防，至于土棍、地痞、无业游民尤属行政之障碍，社会之莠民若依法惩处，颇觉过当，纵之不理，亦有未便，拟酌筹经费，设一化莠所，凡属形迹可疑或一切败颓之徒查传所内，施以感化，促归于正，则社会亦可日臻良善。

《绥远省政府年刊》

绥远省政府秘书处

1932 年

（李红权　整理）

集宁县二十一年四、五、六月份行政计划

作者不详

甲 民政

（一）整顿保卫团　查本县僻处边陲，素为盗匪出没之地，今春大伙土匪虽经官军大加痛剿，究以众多之故，即刻未能肃清。况彼辈凶毒成性，诡谲异常，不法黠鼠之夜行，即营狡兔之三窟，甚则利诱本地莠民，勾引败类，增厚匪势，或则冒充良民，暗袭官兵，纵或官兵努力奋剿，东击则西窜，西击则东窜，官军既防不胜防，剿不胜剿，而我各区各乡之良民亦早受害于无穷尽矣。兴念及此，是以到任伊始，即拟先从整顿保卫团入手，以安闾阎而便建树。其预定整顿之方有三：（一）对团丁去弱留强，选用本地有身家良民。缘团丁既系土著之民，当必此认彼识，于逃兵散匪易于缉获；（一）优定奖赏。古谚不云乎，"重赏之下必有勇夫"，该团丁虽云自卫身家，要亦杀匪立功，势必舍业忘身，不厚奖何以鼓励除暴安良之久志；（一）对团丁赓续认真训练。缘团丁既系土民，军事知识定然缺乏，其职守严查追剿，诸方策在在均关重要，若非大加训练，实不足以资得力，故现拟督饬各教练及各区区长积极认真进行。以上数端虽不得谓之训练完备，要于守望相救、攻剿互助颇能收指臂之效，实则不为金汤之固，亦不至

有瓦解之虞矣。

乙　财政

（一）整顿粮赋　查本县连年荒歉，频遭匪患，以致民不聊生，十室九空，因此历年粮赋收入顿行锐减，故于本季计画决拟遵照所颁行整理各办法实行整顿。

（二）整理平康里房租　查本县城内第一马路有地方公产房屋一处，共有房舍二百余间，向系乐户及零星小铺所租，乃近年均被客军驻扎，刻下客军已经腾出，而该处房屋拟由公安局派警看守，一面招租，所有此项租资仍照前案充作地方社会教育经费，如此办理则房舍不至圮塌，而社会教育经费亦有所着落。

丙　建设

（一）造林计画

子　沿河两岸植杨柳树：

一、沿南河渠将植杨柳树八千余株；

一、沿霸王河两岸预计植杨柳树三千株；

一、沿霸王河所开河渠两岸植杨柳树五千株；

一、沿二道沟一带植杨柳树五万株。

丑　各村植杨树、榆树计画：

一、将劝导各村民自行沿乡周围及田地边沿栽植杨柳榆树木。

一、使各村民择相宜空地播种榆籽，酌量播种若干亩。

（二）开渠计画

1. 查本县西北寒庆坝沟流出泉四道，测量此水由沟口开渠挖连土城子、马莲滩至祥盛等村可灌田一百八十余顷，两岸均植树。

2. 查本县全玉林河源出本县四区白彦沟，径流一区至四区祥盛庄、□盛庄，流长百里，宽一二里，由两岸开渠可得水地二百余顷，现祥盛庄已由该乡开掘，预计本年可得良田二顷。

3. 查本县阿□河水源出四区财旺庄，流经卓资山，长约四十余里，开渠可灌水田一百余顷。

4. 查本县索旗河源出二区亨茂庄，流至德丰庄，长约十五里，开渠可灌地二十余顷。

（三）修理道路计画

1. 查由本县至商都，路经三岔口河一带之泥滩五里，及大六号一带梁沟八里难行，皆拟积极修理，并霸王河上本路前有废桥，亦拟修筑。

2. 查本县至陶林前拟开行汽车而筑成汽车路，后因汽车公司未能如愿开办组织，全路被民车通行轧坏，倘汽车开行时全路皆得修理，并白彦沟一带三十余里难行拟修。

3. 查由本县至兴和路经索旗河，拟修桥梁，鹿角坝一带三十余里难行拟修。

4. 查由本县至丰镇及丰属隆盛庄路经榆树湾一带五里难行，拟积极修理。

5. 查由本县至本县三区路主干经三岔口河一带，泥泞难行，将急修五里余。

（四）扩大农事试验场计画　查本县农事试验场自开辟以来，因地方政费支绌未能再行整理，复念本县农事落后，除种麦而外，其余农产几不闻也，本场拟划分三区，扩大试种，兹详□如下：

1. 试种农产籽种区：本区将拟试验一切农产籽种暨耐旱籽种，以期农业之改进。

2. 试种蔬菜籽种区：本区将拟对吾人大有补益之蔬菜或多含铁素之蔬菜而试验播种。

3. 花□试种区：本区拟将试种工业原料植物如棉花及富有染色等之花草，倘能滋长茂盛，庶有补益于吾绥□工业也。

（五）建筑牧畜场计划　本县以产马著，但牧畜业颇不发达，殊觉可惜，用是拟建筑公共牧畜场，牧畜各种动物以富农业，以代民劳而裕民生。目前暂以各区中心地带设一牧场，以四区设四场，将采公私合组企业制度而办理。

（六）修筑城围计划　查本县僻处高原，土匪出没无常，因防患未然计，将修筑土围。查本县桥东西筑围须一千九百丈，筑高须一丈五尺，此内下基一尺五，收顶须三尺五，垛口高五尺，筑石基须五尺，其余用土筑基，宽五尺，如斯每丈长、宽、高须工料费洋十三元，共须现洋二万四千七百元，至修理办法将开会讨论。

丁　教育

（一）整顿乡村教育　当此训政时期，一切建设正事举办，民权运用转瞬实行，而一般农民尚不谙个人在社会之责任及中国在国际之地位，若不迅为整顿乡村教育，开通农民智识，不惟农业难期改进，一切自治建设俱无由着手。本局为培植人才发达地方并促进自治起见，拟积极整顿本县乡村教育，兹将整顿办法分述于次：

子　整顿现有学校　本县现有之乡村小校共十二处，除第二、第三小学校校舍适宜、设备颇可外，余皆赁占民房，既不适宜又不敷用，至于设备方面更形简陋，即学生之桌凳亦无款添购，以致学生拥挤不堪，无法多收。本局拟责成各该村村长、学董迅速筹款，分期建设，第一期建筑教室、校舍，第二期购置桌凳、校具等，第三期购置运动器械及简单之标本、仪器并挂图等物。

丑　恢复旧有学校　本县因荒旱频仍，学款拮据，以致乡村小学大半停顿，无法维持，迄今停办者尚有十处。本局拟派督学会同各该乡乡长、学童商定恢复办法及期限，务求早日开办，以免贻误青年子弟如恢复之后，其整顿办法仿照整顿现有学校分期办法办理之。

寅　扩充小学校　查本县共有五十六村，每村拟设一国民补习小学校，教员暂由村公所书记兼任，一俟各村办齐后，本局定期甄别，或于假期内开一乡村小学教员讲习所，以资实习。

（二）改进各学校办法　查社会潮流一日千里，教育事业日新月异，办教育者若不因地制宜、随时改进，难免步人后尘。本县因成县未久，款项拮据，各学校落后之点在所不免，第关于需款过巨者于最短期间势难改进，兹将目下需款无几而收效实大，急应改进者分述于左：

子　各学校组织学生讲演竞赛会　教授学生固在使其品高学粹，但对于儿童发言能力亦不可漠然视之。本局拟由各学校学生组织讲演竞赛会，每星期日在本校聚集一起，分组讲演，每月各校联合竞赛讲演一次，并由本局酌给奖品，以资鼓励而利练习儿童语言。

丑　各校加授各种运动　本县各校因运动器械缺少，儿童课外运动未能充分发展，本局拟令各校一面增设运动器械，一面加授国术，以锻炼儿童之身体，发扬国术之技能。

寅　第一高小校组织雅乐队　查雅乐为调节精神、陶冶道德之工具，故中外各国皆重视而提倡之，本县第一高小校学生年龄少长，体魄渐大，所学之功课亦较为烦难，应组织雅乐队，于课余之暇共奏合弹，以资调节精神、修养心性。

卯　女校改授毛织手工　学校之中教授工艺固为引进学生之美感、技能，但与适用方面亦当顾及，本局拟将女校手工改授毛织手工，既不失手工之原义，又可收实际之利益。

（三）扩充社会教育　查集宁位居边蒙，民智晚开，亟应扩充社会教育以开发人民智识，辅助学校之不足。且当此国难方殷之际，对于日本侵略我国事件如并吞东省、攻打淞沪、炸毁商埠、残杀人民种种残剧更应作普遍之宣传，以图唤醒民众之注意。兹将扩充社会教育办法分列于左：

子 张贴壁报 本县阅报室仅有二处，一在桥西社会教育所内附设，一在桥东集贤镇公所内设立，地址狭小，设备简陋，同一时间未能容纳多数阅者，殊属憾事。本局拟令社会教育所每日张贴壁报，以资扩大宣传，俾众阅览。

丑 出印《社会周报》 本局拟由社会教育所出印《社会周报》，以促进地方文化、阐扬三民主义。

寅 出印各种宣传品 凡关于日本侵略我国之事实及国耻纪念图表等项，于各纪念时期由社会教育所分别出印多种，张贴各处，以资纪念而利宣传。

戊 公安

（一）关于市街巷之灰渣 查市街巷年久堆积之灰渣，拟分饬各商民户按各该就近地段自行运送城外，至于公共地点处所有之灰土则由差车处派车陆续运送，以资清理。

（二）关于公私水井之整理 查水井为人生饮料之最要部分，拟彻底调查公私水井，并筹添木盖，按时担挑，以重卫生。

（三）关于警察训练事宜 查训练警察业奉公安管理处令饬办理在案，惟因地方财政支绌，尚未实行。兹求简便起见，拟将课程择要刷印，需款既少，由财务局尽先设法筹备。

《绥远省政府年刊》

绥远省政府秘书处

1932 年

（李红权 整理）

集宁县二十一年七、八、九月份行政计划

作者不详

甲　民政

（一）积谷备荒　查本省各县连年荒旱，灾祲频仍，本县地处边陲，气候寒冷，每年下种较晚，收获尤迟，倘遇霜冻早降，田禾不熟而萎，影响农收至深且巨，纵逢乐岁狼戾，亦不免有三五报灾村落，为防患未然，顾计来兹，积谷备荒乃无上良策，应亟遵照奉颁积谷办法积极进行，以裕民食。

（二）坚壁清野　本县距省辽远，面积辽阔，村舍零散，最易窝匪，以致萑苻不靖，闾阎难安，人民罹匪荼毒者曷可胜计，迄至乃今，频报匪惊〔警〕，歼之则窜，或化为民，若不速图补救，贻害胡底。再四思维，则坚壁清野尚焉，以清剿清查灭其根，以坚筑堡垒堵其势，两两相辅，其效可睹。应饬各区于已筑未竣之围堡加紧赶葺，至未筑各村积极进行，并饬保卫团速歼境内余匪，协助区长严行清乡，以达除恶务尽之旨，庶乎匪患可平，民得而安枕矣。

乙　财政

（一）改修平康里为市场　查本县城内第一马路有地方公产房屋一处，共有房舍二百余间，向系乐户及零星小铺租赁营业，每年约收租资一千余元，充作地方社会教育经费，乃近年均被客军驻扎，刻下虽已腾出，而房垣墙门圮塌不堪，无人租赁，若不筹款重修，势必成为废院。兹拟将此房院改修市场一处，除原有材料外，再筹工料费洋三十余元①，借资修理，由地方共同筹措以便实行建筑，将来工程告竣，每年地方即可增加收入一千余元。

（二）组织征粮所　查本县附征地方亩捐向系县政府随粮带征，委因县政府经费有限，用人无多，故每逢征收畅旺之际，粮户纷挤而来，征粮者势必兼顾难周，以致粮户在城久待，影响征收，诸多未便。兹拟本年开征时，由财务局选派妥员会同县政府原有征收人员共同组织征粮所专办征收事宜，庶几征收敏捷，稽核便利。

丙　建设

（一）修筑土围　查本县修筑土围，因用费关系，致于五月方可开工，迄今将修全围三分之二，缘水量缺少，碍及工程之速率，延展完工期限，本局拟于一月内完成该围，将会同管理城围之两镇公所商酌取水，或另想他法也。

（二）兴办水利　查本县僻处山岗，在一般情形论，良田为数极少，在特殊情形论，迭告旱灾，水利事［事］业不兴，吾县终

---

① 原文如此，似应为"三千余元"。——整理者注

于穷困，故继续努力开浚如下河渠：

子、浚河：

（1）阿旦河流域已详夏季计划，故秋收后于卓资山附近开掘水渠也。

（2）索旗河流域亦详前划，拟于同善庄开掘河渠。

（3）寒庆坝泉水亦由该地村人已有之私渠再掘为大规模之渠道也。

丑、掘井　本局于去年助民掘井时，所借出之款皆由财务局代为收支，前者因不得收还，致不能再借，后者因该局经理此款未与华洋义赈会订借手续，复不得借发，本季商同该局继续发借，助民掘井也。

（三）推广耐旱籽种

子、下乡宣传：本县农民智识浅薄，籽种不能改良，本局仍继续下乡宣传籽种耐旱对吾人之方便也。

丑、提高奖赏：

（1）精神的奖嘉：对于广为播种籽种耐旱〔耐旱籽种〕，乃将发给奖状。

（2）物质的奖嘉：种耐旱籽种收获优美而过五石者，奖赠农产二具与现金若干，但此二点得经县政会议通过。

（四）举行农产比赛会

子、督促各乡民踊跃参加：本局拟在比赛前一月通知各乡长，使各乡民到期参加，以资激励农民。

丑、扩大征收农产品：本局拟将本县所出产一并收集，比赛后良者扣留一合或数合，以作成绩，优者仍发还，比赛时将使各农民携带五升以上，并事先说决不尽数扣留及详情。

寅、从优奖励，严格比赛：本局召开农产比赛会及奖励农民，除遵照钧府、厅所颁发规程外，能于县政会议另提奖品而被通过时，则严格比赛后从优奖励，以资激励之。

（五）植树

子、植杨柳树于各河渠：拟于秋季植树时于二道沟拟植五千株，霸王河拟植五千株，全玉林河渠拟植三千株，由河渠拟植三千株，阿旦河拟植三千株。

丑、人民植树：本局将严厉饬各乡镇民，于秋季植树时，除择各该村镇潮湿空地播种榆籽外，并使在各该村镇周围及附近河渠，以其人口比例令植若干株树，至详情容后再报。

（六）修理道路　本县修理县里乡道办法已详前计划报告，兹饬各该村镇于秋季积极修理，务于秋季修妥为要。

丁　教育

（一）筹款办法，查本县教育款大部分取给于地方亩捐，而客岁旱魃为虐，今春又受土匪骚扰，地方收入几等于零，而本局每月支教育经费一千余元，值此青黄不接之际，后季开学实难维持。本局拟暂将禁烟罚款项下拨留之四成教育款约可收洋八百元，借用维持而免各校停顿。

（二）学校教育

子、城市学校：

（1）建设方面　城内各校原计前季大兴土木，嗣因经费拮据未能如愿，秋收之后应即筹款从事建设，所建筑者如次：

改筑第一小学校教室　查第一小学校教室多系两间掏空改造，光线既不充足，学生又异常拥挤，对于卫生方面、教学方面在在无不受其影响，拟将各教室掏空换梁，改成三间，以利教学而重卫生。

修筑第一女子小学校运动场围墙　查第一女子小学校学生体

操、游戏皆在校院，院之面积甚小，既不适于运动又妨碍教室上课，殊属不便，前季即拟将该校门前收买之空地四围筑墙以作运动场，奈因款项支绌，卒成划〔画〕饼，秋季亟应筹款建筑，俾其早日落成。

建筑第二小学校校舍　查第二小学校虽有校舍数间，但皆湫溢〔隘〕狭小不堪应用，且椽歪檩斜，岌岌欲倾，拟于秋季彻底破毁重新建筑，取其土而用其木，计划之下需款甚微，想亦易于举办也。

（2）召开观摩会　查学生之成绩优良，全在学校办理之精神，但欲学校有精神，必须一方面自强不息，一方面受外界之指导督促方克有济，本局秋季拟召开一观摩会，将各校所有成绩分类陈列，并开运动大会，俾学生之家长与各机关、学校人员以及一般热心教育人士共同观览，以博相当之指导与批评，并期学校与学校互相观摩比赛，以资激励。

丑、乡村小学：

（1）县立小学校

整顿现有学校　本县现有之乡村小学校除第三、第四小学校校舍适宜、设备颇可外，余皆占用民房，既不适宜又不敷用，至于设备方面更形简陋，即学生之桌凳亦无款添购，以致学生拥挤，无法多收。本局前季已派员下乡督促各该村村长、学董迅速筹款，酌量各乡村情形与各学校现状分期建设，第一期建筑教室、校舍，第二期购置桌凳、校具等，第三期购置运动器械及简单之标本、仪器并挂图等物，迄今各该乡村有购得木料计划建筑教室者，有筹得款项觅购桌凳者，尚有正在进行起款者，前途颇可乐观。但教室桌凳等之尺度与样式非经指导，则有用之材势必制成不适用之物，故本局拟于秋季派员分赴各乡村指导乡长、学董按图制筑，以资适用。

恢复旧有学校 本县因荒旱频仍，学款拮据，以致乡村小学迄未完全恢复，本局前季虽派督学下乡督促各乡乡长、学董筹备恢复，但结果恢复者仅有三处，其余七处仍在停顿间，拟于秋收后次第恢复，所有恢复之后其整顿办法悉依照整顿现有学校之分期办法办理之。

寅、区立小学校：

（1）增设国民补习学校 本县共有五十六村，本局前季拟于〈各村〉设立国民补习学校一处，嗣因土匪骚扰，仅于二区各乡村成立国民补习学校七处，一、三、四区尚未成立，拟仍派督学分赴各区，会同区长劝办成立。

（2）检定国民补习学校教员 各乡国民补习学校因经费困难，未能专请教员，暂由乡公所书记兼任，俟秋收后经费有着，拟定期检定之。

卯、改良私塾：

关于乡村私塾，本局拟于秋季派督学赴各区会同区长召集甄别之，其不合格者令其停止教读，否则由区公所强制查封；如试验合格者，由本局给以许可状，遵照学校章则准其设立，并改为代用学校，其所教授之课材须一律采取学校所用之课本，由本局规定课程表遵照教授之，并由本局规定其第几名称字样，以后均得接收本局之命令及指导。

辰、社会教育：

查集宁县位居边蒙，民智晚开，亟应扩充社会教育以开发人民智识，补助学校之不足，且当此国难方殷之际，对于日本侵略我国事件如并吞东省、攻打淞沪、谋袭热河以及炸毁商埠、惨杀人民种种残剧更应作普遍之宣传，以图唤醒民众，共济国艰。兹将本局所拟扩充社会教育办法分列于左：

（1）出印《社会周报》 本局前季即拟由社会教育所出印

《社会周报》以促进地方文化、阐扬三民主义，奈因款项奇绌，印刷不便，以致迁延今日尚未刊印，秋季拟与本县区党部合同编印，经费既可分担，材料又能丰富，概无任何困难再为之发生也。

（2）张贴壁报　本县阅报室仅有二处，一在桥西社会教育所内附设，一在桥东集贤镇公所附设，地址狭小，设备简陋，同一时间未能容纳多数阅者，本局有见及此，拟令社会教育所每日除在各大街衢张贴壁报外，并于各大乡村每周张贴一张，以广宣传。

（3）出印各种宣传品　凡关于日本帝国主义侵略我国事件以及各种国耻纪念图表等物随时由社会教育所出印多种，张贴本埠各大乡村，以资唤醒民众。

戊　公安

（一）整顿警察　查集宁县警察名额公安管理处规定长警五十名，委因地方款项维艰，迄未实行，拟俟秋后粮款附加征收有数，商同财务局遵照令颁新预算实行拨款，以便遵令照章添足警额而资服务。

（二）警卫布置　查集宁市街辽阔，散漫不联，欲待岗位呼应相通，势须数十岗位、百余岗警难敷分布，而窥诸地方财力，即旧饷尚积欠累累，何能谈及新猷，空作文章无补实事，拟俟秋后警款稍有办法，果能财务局照新预算划拨警款，先将令定五十名长警募齐，在重要市街择要设岗以资守望，改现行之巡逻制为岗逻双用制。

（三）训练警士　查集宁困于警款，关于警士教育事项无力举办，除最近实施逐日精神讲话以补素养教育之不足外，拟俟秋后警款有着，筹设讲室实行讲课教授。

（四）公共卫生　查济宁市街宽散，商民杂居，公家限于款项，设备即〔既〕属不周，而商民土客杂居，动作难期一致，除每日由公安局之卫生夫数人清理重要街衢外，其偏僻处所实属力有未逮，拟劝导各街公所督同居民自行清理。至于僻巷灰渣，由来年久积如山，拟劝导各街公所筹夫拉运，并注重民众清洁事项，及现正在整理之公共厕所实施定期扫除，以免有名无实，等于虚设。

（五）整理市政　查集宁商号开设停止向无请领执照，建筑亦未实行报告，公家测勘一切漫无稽考，拟查照警察定章，实行商号营歇业执照以便登记而瞻市况繁枯，实行建筑报告而维交通以齐市容。

《绥远省政府年刊》

绥远省政府秘书处

1932 年

（李红权　整理）

集宁县二十一年十月至十二月份行政计划

作者不详

甲 民政

（一）积谷备荒 查本县各区乡村旧日并无仓廒，积谷亦属有限，虽遵奉上令迭经催令各乡村长按照地亩收积，并于秋季计划有案，惟皆互相观望，置若罔闻，延至于今尚未举办。兹复重申前令，剀切善诱，使人民深明大义，莫为目前之饱不虞日后之饥，遂责成各区长协同各乡村长，按种地之户每顷须纳谷三斗或五斗，务各尽量乐输，只冀多多益善，令于明年春期实行建设仓廒，认真收积，加意保管，以备荒年之需。

（二）联防剿匪 查绥东各县土匪出没无常，虽有团勇堵剿，非失之于枪弹缺乏，即失之于人力单弱，故此击彼窜，殊难一网打尽，而人民受其害者曷可胜计。将届冬防吃紧之际，尤须先事布置以保无虞，拟即咨会邻封，通知各属区团无分畛域，联络会哨，一旦遇有匪警，相皆群策群力，互助兜剿，期收奇功。如此办法，匪患可歼，则人民得赖相安□无忧矣。

（三）扩充警察 查本县警察原有三十名，地面辽阔，勤务过多，遇事分配辄患人少，拟于本季内实行改编，扩充二十名，计共五十名，对于冬防之布置庶免疏忽之虞。

乙 财政

（一）改善催粮办法 查本县征收钱粮沿用向例，票差粮警下乡催粮，今知其法已玩，弊窦丛生，乃顾各粮警多非守法奉公者，每逢下乡催粮也，往往住宿粮户家中，对于平民索扰不堪，以达其敛财之目的，而对于疲玩之户，彼此利用，互相隐瞒，官厅任何比追终属置若罔闻，近年来本县欠粮之巨，半系逃户，半由于此也。兹拟取销粮警，另由地方推选公正干员二人至四人，亲往各区村会同区乡长逐户稽催，庶免前项弊端，则征粮自必较前畅旺。至催粮员薪旅等费，拟由裁减粮警工食项下酌量支配，以资办公。

（二）整顿差车 查本县地处绥东交通要隘，近年来驻军过往，需车甚繁，花费更巨，商民疲于供给，曾经地方会议议决由过往粮货等车每辆抽收补助费洋三角，暂为办理差车用人、火食以及代雇零星差车之用，凡平时驻军需要差车，均由差车处发价代雇，不准拉用，如遇大批差车，应由各乡分配供给，乃查近来往往随便抓车，以致粮货客车来县者视为畏途，较前减少，不特累商病民，而阻碍市面、影响征收莫此为甚，且所收差车费手续欠妥，难免弊窦丛生。兹拟令各乡长公买差车若干辆，雇用车夫若干人，推选公正人员经理其事，常驻县城，有差派车供给，无则自由营业，每年花费若干，除由收入车费项下补助外，其不敷之数由各乡匀摊，并规定差车办法，取缔前弊，以期实事求是。

丙 建设

（一）修筑城楼 查本县城围业经修理完竣，惟为于军事上防卫便利计，拟于桥东一马路城门顶修筑城楼一座，以便作军事上之观望台及炮台而兼壮观也。现本局在勘测之中，不日会〔绘〕图呈送。至用款用工情形，因工程未勘竣，故皆不得详细估计也，此项容后另报。

（二）开辟林场　查本县县城北有已垦空地一块，系官有，本局已在场播种榆籽并计划植松、柏、杨、柳等树，惟因该处时有牧畜牲畜者，致有碍林务，本局前在夏季内已呈县政会议修筑围墙，决议通过修筑，前因无款不得开工，现开始征粮，稍有收入，故不日开工也。

（三）补修道路及重修桥梁　查由本县至陶林之集陶汽路有数段复被水冲坏，并该路乌得沟木桥亦被大车轧坏，本局已派员前往勘测，重修石桥，并补修毁路，各该工程勘测完毕即呈送图说，报告工程情形也。

（四）掘井　本县自劝导乡民掘井以来，各乡掘井者尚不乏人，本局仍努力进行，并借以掘井款，务期掘修一千余眼则足矣。

（五）导水灌地　查本县多岗，山间亦多泉溪，本局已饬乡民清理各泉溪之淤泥，开渠引水灌地，可免旱患，较之开渠引河水则轻而易举也。

（六）通沟引雪水灌地　本县多山亦多沟，每到冬季雪降被风吹聚沟中，本局已劝乡民等先掘开渠道，待来春雪解则可灌地也，且该水洪大，亦可变劣地而为良田也。

一①开辟牧畜试验场　本局斯项前已呈准县府，因该时地方经费拮据，不得开垦，现因秋收有期，已派员前往第一、二区霸王河、全玉林河、涧河一带丰富之草滩勘测开辟牧畜场三处，将在冬季内进行办理，以资牧畜而利生聚也。

---

①　按顺序此处应为"（七）"，而以下需顺延。——整理者注

（七）修筑市场　查本县市场除繁盛街渠〔衢〕一概无之，颇不利于交易与街市交通也，本局有见于此，拟于城内平康里东空场改建市场，以利交易而便交通也。

（八）兴办毛织工厂　本局有见于本县毛质便宜，拟于烟款项下拨充若干而兴办毛织工厂，不仅有裨益于绥东工业，且亦可抵仇货而倡国货也，至其详细章程另报。

（九）修筑老虎山为小规模公园　查老虎山蹲于本县东邻，乃吾人极善之游赏地也，近年来地方人多停尸其上，既碍卫生，终害观瞻，本年虎疫之来即此作祟，本局前此已呈准县政会议决议，由公安局负责清理，待清理完毕，本局即栽植杨、柳、松、柏等树，而造成游览胜境，庶可充为小规模之公园也。

丁　教育

（一）筹款方法　查本县教育经费每年支出不下万余元，皆以随粮带征之亩捐及售卖婚帖等项为的款，此数宗款项本为数无几，而近年来因天灾人祸，人民困苦已达极点，所征各项捐款均催收不起，大形减色，以致历年积欠各校经费不下万余元无法弥补，长此以往，教育前途曷堪设想。本局兹拟定下列三种筹款方法以资维持：

1. 拟请征收鸡卵捐　查本县开设之鸿记打蛋厂、裕民收蛋公司等处皆营业宏大，生意畅旺，为本县最大之商业，拟由各该处收蛋一枚捐抽制钱一文，如斯办理在该厂不过受涓滴之损失，而教育则受莫大之利益。

2. 拟再征收皮毛附加捐　查本县征收皮毛附加捐充作教育经费，于民国十八年业经实行在案，嗣因各羊商呈请缓征，声称以后如本县学款拮据可再继续实行，于是十九年、二十年均未征收，现在本县教育因款项竭蹶庶几停顿，应即继续征收皮毛附加捐以资维持。

3. 赴中特拉一带起收地方特别捐　此种计划虽早经县政会议通过在案，但每亩仅增一元，迄今尚未收齐，现在教育款既经拮据异常，应将增加之一元早日收齐，而后再增加一元，着手起收，完全充作教育款，略事补助。

（二）调查学龄儿童　查扩充小学教育须先调查学龄儿童，本县关于学龄儿童数目向无精确之调查与统计，其总数若干，每区若干，除入学者外未入学者若干均不得而知，本局拟于冬季先派员赴各区调查学龄儿童，作精确之统计，然后按乡村之大小、学童之多寡计划学校之数目，确定学校之地址，一俟将来款项有着，即照计划实行之。

（三）设立平民夜校　查本县地处边陲，文化落后，固当积极扩充小学教育，以便一般学龄儿童有读书之机会，但对于一般不识字之文盲，亦应设法使其读书，具有公民之资格。但一般文盲大都系农民，终日忙碌不暇，欲使其从事读书，舍夜晚而莫此由也，本局拟于每乡村设立一平民夜校，俾一般不识字之成人昼工夜读，即〔既〕可启迪其智识，又不误农家之工作，如此则本县文化将不难迈进矣。

戊　公安

（一）冬季户口调查　查本县居民率多农业，即小本商贩亦兼有指农田为生者，是以每年夏季居户多有携眷全家上田工作，秋收后全眷回城，因之城市居民户口四季激增锐减状况悬殊，本局刻已着手调查冬季户口，以期明了城市户口现状而便整理稽考。

（二）实行新预算及改编警额　查本局警额改编及实行新预算

案迭奉上令严催迄未实行者，因地方款项维艰，无力举办，刻正提交县议，以期谋得解决筹款方法，一俟款有着落，即可实行遵令改编。

（三）办理冬防　查集宁交通便利，人烟复杂，时届冬季天寒，宵小最易生事，关于维持地方、预防宵小，除由本局呈请县府援照向年办法加添冬防警以厚警力外，并拟联合驻军及在县城之第一行政区县保卫团，联络各方兵力、团丁，讲求分防布置，并查照向年民商各户筹丁查夜办法，举办民团查夜，以期周密。

《绥远省政府年刊》

绥远省政府秘书处

1932 年

（李红权　整理）